Weiß · Alte Keramik neu entdeckt

Gustav Weiß

Alte Keramik neu entdeckt

Mit Anleitungen für Hobby-Keramiker

Ullstein

Verlag Ullstein GmbH Berlin · Frankfurt/Main · Wien

Fotos: Matsufuji Shohei, Jürgen Liepe, K. H. Paulmann, Stasys Vaytkus
Zeichnungen: Jean Claude Lézin

Printed in Germany
Gesamtherstellung: Augsburger Druck- und Verlagshaus GmbH

CIP-Kurztitelaufnahme der Deutschen Bibliothek
Weiß, Gustav:
Alte Keramik, neu entdeckt: m. Anleitungen für Hobby-Keramiker /
Gustav Weiß. –
Berlin, Frankfurt/Main, Wien: Ullstein, 1979.
ISBN 3-550-07799-8

INHALT

Einleitung		7
Wie man mit diesem Buch arbeiten kann		9
Wählen Sie den Typ, der Ihren Möglichkeiten angemessen ist		11
Urkeramik		17
Zehn Grundregeln für das Arbeiten mit Ton		19
Zehn Grundregeln für das Arbeiten mit Engoben		20
Zehn Grundregeln für das Brennen im Elektroofen		21
Zehn Möglichkeiten, ein urkeramisches Schwarz zu erzielen		22
Ur- und frühgeschichtliche Zeit	Typen 1– 19	23
Antike	Typen 20– 26	67
Mittelalter	Typen 27– 28	91
Vorkolumbische Zeit	Typen 29– 35	99
Glasierte Keramik		115
Zehn Grundregeln für das Arbeiten mit Glasuren		119
Machen Sie mehr aus Ihren Fertigglasuren!		120
Was hinter den Rezepten steckt		122
Zehn Möglichkeiten, mit Glasuren ein Blau oder Grün zu erzielen		124
Zehn Möglichkeiten, mit Glasuren ein Rot oder Gelb zu erzielen		125
Zehn Möglichkeiten, mit Farben unter, in und auf der Glasur zu arbeiten		126
Zehn Möglichkeiten, mit Eisen, Kupfer oder Titan Effekte zu erzielen		127
Islamische Keramik	Typen 36– 50	129
Europäische Keramik	Typen 51– 67	165
Ostasiatische Keramik		219
Zehn Orientierungspunkte für das Arbeiten mit Aschen		221
China	Typen 68– 85	223
Korea	Typen 86– 89	271
Japan	Typen 90–100	281
Anhang		
Vorbemerkungen zur Beurteilung von Analysen		305
Scherben- und Glasuranalysen		307

Exotische Rohstoffe und ihre Ersatzmischungen 319
Europäische Rohstoffe, die in den Rezepten verwendet wurden, und ihre Bezugsquellen 322
Als chemisch rein angenommene Rohstoffe 327
Beispiel für die Berechnung eines Rezeptes aus chemischen Analysen mit dem Taschenrechner 329
Rezeptbeispiele zu den Glasureffekten auf Seite 127 330
Register 331

Die in diesem Buch mitgeteilten Ergebnisse sind in der Arbeitsgruppe Keramik e.V. in Berlin und in Reproduktionszirkeln der Volkshochschule Zehlendorf von Berlin erarbeitet worden.

Einleitung

Neu entdeckt wurde die alte Keramik durch die Archäometrie. Sie untersucht die chemischen und mineralogischen Bestandteile und Texturen von Scherbenfunden und schließt daraus auf die Herstellungsbedingungen, die Herstellungsorte und Verbreitung historischer Keramiktypen.

In den letzten Jahrzehnten erwachte ein allgemein zunehmendes Interesse an der Geschichte und öffnete die Augen für bisher unterschätzte künstlerische Leistungen der Vergangenheit.

Wer sich mit Keramik beschäftigt, den interessiert beides: die Technik mit ihren naturwissenschaftlichen Erkenntnissen und die Kunst vor ihrem historischen Hintergrund.

Dieses Buch enthält 100 der schönsten und interessantesten Typen unter Berücksichtigung der in den letzten Jahren gewonnenen Ergebnisse. Als Typ soll eine bestimmte, originelle Art und Weise, Keramik herzustellen, verstanden werden. Die Typen sind durch ihre geographische und zeitliche Begrenzung, durch Material und Herstellung und durch eine bestimmte künstlerische Auffassung gekennzeichnet. Die Keramiken eines Typs bilden eine organische Gemeinschaft innerhalb eines kulturellen Lebensraumes, der mit einem Biotop in der Natur vergleichbar ist. Jeder Typ stellte ein begrenztes – nicht uferloses –, aber für die künstlerische Erfindungsgabe unerschöpfliches Feld dar.

Die Erforschung dieser Typen hat nichts mit Nachahmung oder gar Fälschung zu tun. Wollte man sie genau reproduzieren, so müßte man die Rohstoffe aus der Umgebung, in der sie jeweils entstanden sind, verwenden. Eine solche Chance ist kaum jemals gegeben. Dazu kommen noch die Kenntnis der Mischungen, das Verarbeiten und Brennen unter den originalen Bedingungen. Das sind so viele unerfüllbare Forderungen, daß man nur eine Annäherung an das Typische erwarten kann. Es ist jedoch bereits von Gewinn, wenn man versucht, den Einfallsreichtum, der hinter den speziellen Verfahren steckt, auf die eigenen Möglichkeiten zu übertragen. Dazu braucht man einige Hinweise, um zu wissen, in welche Richtung man sich bewegen muß, wenn man beim ersten Anlauf noch nichts Zufriedenstellendes zustandegebracht hat. Bei solchen Reproduktionsversuchen hat schon mancher etwas Neues entdeckt, das ihm wichtiger war als die Reproduktion selbst.

Dieses Buch soll Ihnen Spaß machen und Ihnen zu neuen Ideen verhelfen. Alles, was Sie darin finden, läßt sich im Elektroofen herstellen – manches schon bei 700 °C, anderes erst bei 1300 °C. Ebenso kommen Sie mit den im Handel erhältlichen Materialien aus, wenn Sie auch immer wieder ermuntert werden sollen, sich selbst in der Natur nach allen möglichen brauchbaren mineralischen Rohstoffen umzusehen. Das wird Ihre Spannung erhöhen und Sie noch neugieriger auf das Ergebnis machen.

Dieses Buch soll auch eine unterhaltsame Geschichte der Keramik für Sie sein – eine praktische Geschichte. Es will Sie nicht mit Bildung peinigen, auch nicht mit Chemie oder Mathematik. Wer sich dafür interessiert, der findet die Analysen und Berechnungen im Anhang. Wenn Sie keinen Sinn dafür haben, kommen Sie auch ohne sie zurecht. Vor allem, wenn Sie darauf brennen, erst einmal etwas zu formen und ein praktisches Ergebnis zu erzielen, sollten Sie Ihre Spontaneität und Aktivität nicht durch zuviel Theorie verschütten. Handelnd und spielend sollen Sie sich über die versteinerte Verarmung der Keramik des Industriezeitalters hinwegsetzen.

Ende des 18. Jahrhunderts hatte Wedgwood mit seinen »etrurischen« Vasen, die in Wirklichkeit attische waren, eine historistische Strömung in Gang gesetzt. Hundert Jahre später, Ende des 19. Jh., war der Markt beherrscht von Erzeugnissen eines Historismus, der Muster verschiedener Stile nach seinen eigenen Produktionserfahrungen reproduzierte und in Weltausstellungen zur Schau stellte.

Die alte Keramik, die in diesem Buch neu zu entdecken ist, ist von anderer Art. Sie ist das Ergebnis eines weitverzweigten historischen Interesses, das sich hütet, die Probleme mit unseren Erfahrungen abzutun, sondern im Gegenteil, neue Methoden auffindet, die wichtiger sind als die Nachbildung von Vorlagen. Diese neu gewonnenen Erfahrungen sollen dem, der sich praktisch mit Keramik beschäftigt, dazu verhelfen, einen eigenen, originellen Weg zu finden, auf dem er sich entwickeln kann.

Dieses Buch wendet sich an den Amateurtöpfer, der sich frei von Produktions- und Erwerbszwang mit Keramik beschäftigt. Wie sich in Japan durch die Initiative von Männern wie Hamada Shoji die Mingei-Bewegung zum Wiederaufleben der einfachen, rustikalen, funktionalen Schönheit der Gegenstände aus der vorindustriellen Zeit bildete, so kann sich auch in Europa die Beschäftigung mit der Keramik ausbreiten, sobald sie als interessantes Freizeitangebot erkannt ist.

Wie man mit diesem Buch arbeiten kann

1. Fassen Sie einen Typ so auf, als seien Sie in eine alte, traditionreiche Werkstatt geraten, in der Sie versuchen, mit den vorhandenen Mitteln Ihre eigenen Ideen zu verwirklichen. Jeder Typ gibt Ihnen Spielraum für eigene künstlerische Erfindungen. Beispiele moderner Verarbeitung finden Sie bei den Typen 28, 36, 63 und 96.
2. Nehmen Sie sich nur etwas vor, das Ihnen leicht fällt, denn die positive Verstärkung kommt nur durch den Erfolg. Entscheiden Sie sich auch nach der Ausstattung, die Ihnen zur Verfügung steht (Seite 11, 12).
3. Wenn Sie sich für einen Typ entschieden haben, notieren Sie sich auf einer Liste, welche Zutaten Sie brauchen. Im Anhang finden Sie Firmen, die sie Ihnen liefern können. Im Fachhandel bekommen Sie sämtliche Rezeptbestandteile.
4. Wenn Ihnen etwas nicht gleich gelingt, halten Sie sich an die praktischen Ratschläge auf den umrandeten Seiten, bei den Glasuren auch an die Leittypen (Seite 130, 166, 220). Sie leiten Sie in die Richtung, in der Sie Ihre Rezepte verändern müssen. Wie man Glasurfehler beseitigt, steht auf Seite 119, 122, 140, 172 und 201.
5. Die Rezepte geben nicht an, wie man eine Sache am besten machen kann, sondern wie sie nach Aussage der Analysen oder der alten Rezepturen gemacht wurden.
6. Die Rezepte sind aus einfachen Mischungen (Seite 116) historisch gewachsen. Aus dieser Sicht werden Sie leichter mit den Glasuren vertraut.
7. Für viele Typen können Fertigglasuren verwendet werden (Seite 120).
8. Giftige Bleiverbindungen, die man früher bedenkenlos verwandte, sind in den Rezeptvorschlägen durch unschädliche Fritten ersetzt.
9. Probieren Sie erst alles aus, ehe Sie es endgültig machen. Ausprobieren gibt Erfahrung.
10. Wenn Sie sich mit der Chemie angefreundet haben, können Sie nach den im Anhang angegebenen Analysen jedes beliebige Rezept auch auf andere Rohstoffe umrechnen.

Zeitliche und geographische Verteilung der 100 Typen

Zeit	Europa: England	Europa: West-Europa	Europa: Deutsch-land	Europa: Spanien	Europa: Italien	Europa: Griechen-land	Vorderer Orient: Türkei	Vorderer Orient: Ägypten	Vorderer Orient: Irak	Vorderer Orient: Iran	Ostasien: China	Ostasien: Korea	Ostasien: Japan	Amerika: Nord-	Amerika: Meso-	Amerika: Süd-
6000 v. Chr. – 5000							1		2							
5000 – 4000									3							
4000 – 3000						7, 8		9, 10	4	5, 6	18					
3000 – 2000			17				14									
2000 – 1000						12	15	11, 13		16			19			
1000 – 500			25			21										
500 – 0			26		20, 23	22					72					
0 – 500 n. Chr.					24										29	32
500 – 1000			27						38	36	68-73				30	33, 34
1000 – 1500			28, 56	49	51					37, 39-46	74-81, 82, 83	86-89		35	31	
1500 – 1550		52	53	50	54											
1550 – 1600							47				84		90-96, 97			
1600 – 1650										48			98			
1650 – 1700	60	55	57								85		99			
1700 – 1750	63		59													
1750 – 1800	62, 66, 61	65	58										100			
1800 – 1900	64		67													

Grenze der Urkeramik

Zeit ↓

Wählen Sie den Typ, der Ihren Möglichkeiten angemessen ist

Ihre Möglichkeiten werden zunächst durch Ihre Übung und Erfahrung bestimmt. Wenn Sie Anfänger sind und erst den Ton kennenlernen wollen, so suchen Sie sich etwas unter den frühen japanischen, iranischen, anatolischen oder präkolumbischen Typen aus, etwas, das ohne Töpferscheibe entstanden ist, ohne irgendwelche technischen Hilfsmittel, allein aus der frischen und unmittelbaren Berührung des plastischen Tones mit den Händen. Um Sie anzuregen, sind auf Seite 25 einige phantasievolle Formen und bei den folgenden vier Typen außer der farbigen Abbildung auch noch einige weitere Beispiele von Tonfiguren gezeigt. Sehen Sie unter 7 Hamangia, 15 Kültepe, 16 Marlik und 19 Jōmon nach.

Zur Fertigstellung dieser Keramiken brauchen Sie lediglich Ton und die Möglichkeit, das geformte Stück irgendwo zu brennen.

Nicht viel aufwendiger ist die Ausstattung, mit der sie ein Drittel aller Typen ausführen können. Es ist die **Ausstattung I** in der folgenden Liste. Zu ihr gehört – außer der Möglichkeit, bis 1100 °C zu brennen – eine Tischränderscheibe, die der historischen langsam laufenden Töpferscheibe (Tournette) entspricht. An Materialien brauchen Sie in dieser Gruppe verschiedenfarbig brennende Tone, Ocker, Eisen-, Mangan-, Kupfer-, Kobalt- und Chromoxid, Graphit und Holzkohlenpulver. Wer einen in der Liste mit r gekennzeichneten Typ reduzierend, d. h. unter Luftmangel, brennen möchte, der sei auf die Ratschläge auf Seite 16 verwiesen. Lesen Sie aber auch, was über das Brennen im Freien auf Seite 17 und über das Brennen im Elektroofen auf Seite 21 gesagt ist.

Wenn Ihnen außer der unter I angegebenen Ausstattung auch noch einige der im Handel befindlichen Fertigglasuren und Glasurrohstoffe zur Verfügung stehen und Sie bis 1200 °C brennen können, so machen Sie sich mit dieser **Ausstattung II** ein weiteres Drittel der 100 Typen zugänglich. Vor allem, wenn es Ihnen darauf ankommt, eine künstlerische Vorstellung schnell zu verwirklichen, sollten Sie von Fertigglasuren Gebrauch machen. Zu dieser Ausstattungsgruppe gehören noch:

- ein Sieb mit 900 Maschen/cm^2,
- eine Feinwaage,
- eine aufgerauhte Glasplatte mit Farbreiber für Glasurproben,
- möglichst eine Töpferscheibe (auf ihr lassen sich neue Formen am besten erfinden) und einige weitere Rohstoffe:

- Quarzmehl,
- Kaolin,
- Kalifeldspat,
- Natronfeldspat,
- Kalkspat,
- Dolomit,
- Kalziumborat,
- Bariumkarbonat,
- Zinnoxid,
- Zinkoxid,
- Rutil,
- Antimonoxid
- sowie die Fritte A 1316 (oder M 70 oder D 90001).

Fritten sind gewissermaßen Halbfertigglasuren; es sind geschmolzene Rohstoffmischungen, die feingemahlen in den Handel kommen (siehe Seite 326) und in Glasurrezepten wie Rohstoffe verwendet werden. Man benutzt sie, um den Umgang mit giftigen Bleioxiden zu vermeiden und um Alkalien oder Borsäure in wasserunlöslicher Form einsetzen zu können.

Mit den aufgezählten Rohstoffen können Sie Fertigglasuren abändern oder eigene Glasuren zusammenstellen. Einfaches Verrühren in Wasser und zweimaliges Durchsieben ist das mindeste, das Sie zum homogenen Vermischen mehrerer Stoffe tun müssen. Sind diese nicht feinst gemahlen, so reicht das Verreiben im Mörser nicht aus. Schaffen Sie sich lieber eine kleine, elektrisch betriebene Glasur-Büchsenmühle zum Naßmahlen an. Dann können Sie aus billigen Fertigglasuren teure Farbglasuren selbst herstellen. Auch Farbkörper für Glasuren und Engoben müssen stets naß vermahlen werden.

Eine Büchsenmühle besteht aus einem zylindrischen Porzellanbehälter mit festgeschraubtem Deckel, der sich über zwei rotierenden Walzen dreht, wobei Kugeln auf das Mahlgut herabfallen. Man füllt ihn mit 30% Mahlgut, 20% Wasser (oder insgesamt 50% Mahlgut + Wasser) und 50% Kugeln und mahlt 3 – 4 Stunden lang. Bei Glasuren, die Fritten enthalten, sollte das Mahlgut mindestens zu 10% aus Kaolin oder Ton als »Mühlenversatz« bestehen. Kann die Glasur nur aus Fritten zusammengesetzt werden, so vermahlt man sie (gegen steinhartes Absetzen) mit Essig statt Wasser, wasserlösliche Substanzen mit Alkohol.

Die **Ausstattung III** ist für das restliche Drittel der 100 Typen erforderlich. Mindestens die Hälfte dieser Gruppe können Sie sich erschließen, wenn Sie über einen Ofen verfügen, der bis 1250 °C geht. Der Rest erfordert einen Ofen für 1300 °C. Zu dieser Ausstattung gehört ein Vorrat an verschiedenen Rohstoffen, die bei der Beschreibung der betreffenden Typen angegeben sind und deren Bezugsquellen Sie im Anhang, Seite 322 bis 328, finden.

In der folgenden Typenliste bedeuten die einzelnen Spalten: Nummer, Typenbezeichnung, Charakteristik, oxidierend (= o) oder reduzierend (= r) gebrannt, Brenntemperatur (°C) und Ausstattungsgruppe I-III.

Die 100 Typen, ihre Charakteristik und die zu ihrer Herstellung erforderliche Ausstattung

Urkeramik

1	Can Hasan	Manganschwarz	o	750	I
2	Hassuna	Eisenschwarz aus Ocker	r	800	I
3	Halaf	Reoxidationstechnik	r	800	I
4	Obed	Eisenschwarz aus Eisenerz	r	1100	I
5	Sialk	Manganschwarz	o	1000	I
6	Susa	Manganviolett	o	1100	I
7	Hamangia	Figurenkeramik	o	900	I
8	Dimini	Kohlenstoffschwarz	r	900	I
9	Amrah	Eisenrot mit Weißmalerei	o	850	I
10	Gerzeh	Eisenrotmalerei	o	1000	I
11	Ägyptische Fayence	Kieselkeramik	o	900	I
12	Kamares	Eisenschwarz,	r	1100	I
		alkaligesteuert	r	1100	I
13	Amarna	Kobaltpigmentmalerei	o	900	I
14	Troja	Kohlenstoffschwarz	r	700	I
15	Kültepe	Figurengefäße	o	1000	I
16	Marlik	Figurengefäße	o	850	I
17	Rössen	Tiefstichkeramik	o	900	I
18	Yang-shao	Eisenrotmalerei	o	1020	I
19	Jōmon	Schnurkeramik	o	900	I
20	Bucchero	Kohlenstoffschwarz	r	900	I
21	Attika	Glanztontechnik mit Reoxidation	r	850	I
22	Tanagra	Terrakotta	o	850	I
23	Terra sigillata	Glanztontechnik	o	950	I
24	Terra nigra	Glanztontechnik mit Reduktion	r	850	I
25	Hallstatt	Graphitierte Keramik	r	600	I
26	Latène	Graphittonkeramik	r	700	I
27	Badorf	Rollstempelverzierung	o	950	I
28	Weisdin	Plastische Verzierungen	o	900	I
29	Teotihuacán	Schabetechnik	r	850	I
30	Maya	Engobemalerei	o	1000	I
31	Plumbate	Sinterengobe	r	950	I
32	Recuay	Negativmalerei	o	900	I
33	Moche	Pfeifgefäße	o	1000	I
34	Nazca	Engobemalerei	o	900	I
35	Pueblo	Halbscharffeuerglasuren	o	750	II

Islamische Keramik

36	Afrāsȳab	Sgraffitotechnik	o	900	II
37	Nišāpūr	Engobemalerei und Reliefkeramik	o	700	II
38	Samarra	Zinnglasur	o	940	II
39	Sari	Engobemalerei	o	750	II
40	Amol	Ritztechnik mit Unterglasur-Chromgrün	o	750	II
41	Garrus	Champlevétechnik	o	700	II
42	Laqabi	Gefleckte Keramik	o	720	II
43	Mīnā'ī	Unter- und Aufglasurmalerei	o	750	II
44	Qāšān	Lüsterfliesen	o	1000	II
45	Lāǧwardina	Aufglasurmalerei	o	950	II
46	Sultānābād	Engobemalerei	o	950	II
47	Iznik	Unterglasurmalerei	o	1000	II
48	Kubači	Engobemalerei	o	1050	II
49	Paterna	Inglasurmalerei	o	970	II
50	Cuenca	Glasurmalerei	o	1050	II

Europäische Keramik

51	Majolika	Zinnglasuren und Farbglasuren	o	970	II
52	Palissy	Farbglasuren	o	1050	II
53	Hafnerware	Farbglasuren	o	960	II
54	Fayence	Zinnglasur, Inglasurmalerei	o	970	II
55	Delft	Zinnglasur, Aufglasurmalerei	o	970	II
56	Siegburg	Salzglasiertes Steinzeug	r	1200	II
57	Kreussen	Steinzeug mit Emailmalerei	r	1200	II
58	Bunzlau	Feuerfestes Kochgeschirr	r	1280	III
59	Böttgersteinzeug	Rotes Steinzeug	o	1200	II
60	Toft	Schlickermalerei	o	970	II
61	Wedgwood	Farbiges Steinzeug	o	1280	III
62	Steingut	Unterglasurmalerei, Umdruck	o	1050	II
63	Feinsteinzeug	Weißes Steinzeug	o	1300	III
64	Parian	Biscuitporzellan	r	1250	III
65	Frittenporzellan	Weichporzellan von Sèvres	o	1150	II
66	Knochenporzellan	Englisches Weichporzellan	r	1130	II
67	Segerporzellan	Weichporzellan von Seger	r	1300	III

Ostasiatische Keramik

	China				
68	San ts'ai	Dreifarben-Bleiglasuren	o	970	II
69	Neriage	Fladerung	o	970	II
70	Chia-hsien	Laufglasuren	r	1250	III
71	Liao	Bleiglasuren	o	970	II
72	Yüeh	Ton-Kalk-Glasur	r	1200	II
73	Nördl. Seladon	Ton-Feldspat-Glasur	o, r	1250	III
74	Tz'u-chou	Unterglasurmalerei, Ölfleckenglasur	o	1250	III
75	Ting	Weiße, porzellanartige Keramik	o	1300	III
76	Chün	Kupferblaue Glasuren	r	1300	III
77	Chien	Eisenschwarze Glasuren, Hasenfellglasur	r	1280	III
78	Chi-chou	Feuille mort	o, r	1250	III
79	Kuan	Craquelée-Glasuren	r	1230	III
80	Lung-ch'üan	Ton-Kalk-Feldspat-Seladon	r	1250	III
81	Ch'ing-pai	Weißscherbiges Seladon	r	1250	III
82	Ching-tê	Chinesisches Porzellan, Unterglasmalerei und Farbglasuren	o, r	1300	III
83	Fa-hua	Emails sur biscuit	o	1300	III
84	Tê-hua	Blanc de Chine	o	1200	III
85	I-hsing	Braunes Steinzeug	o	1250	III
	Korea				
86	Koryo-Seladon	Seladon aus farbloser Glasur	r	1280	III
87	Schwarzes Koryo	Schwarzglasur aus Eisenengobe	r	1300	III
88	Punch'ong	Seladon mit Unterglasurmalerei	r	1280	III
89	Ido	Eisen-Sand-Glasur	o	1100	II
	Japan				
90	Bizen	Rotes Steinzeug mit Aschenanflug	r	1300	III
91	Seto	Aschenglasur	r	1300	III
92	Shino	Weißglasur aus Feldspat	o	1300	III
93	Karatsu	Dunkles Steinzeug mit Kalkglasur	o, r	1250	III
94	Oribe	Kupfergrünes Steinzeug	o	1250	III
95	Satsuma	Schwarze Schlangenhautglasur	r	1280	III
96	Raku	Abgeschreckte Blei- und Boratglasuren	o, r	850	II
97	Iga	Zerklüftetes Steinzeug	r	1300	III
98	Takatori	Schwarzgeflecktes Steinzeug	o	1280	III
99	Kyo-yaki	Steinzeug mit Aufglasurmalerei	o	1200	II
100	Kutani	porzellanartiges Steinzeug	o, r	1200	II

In der vorangegangenen Liste ist vermerkt, bei welchen Typen ein **reduzierender Brand** erforderlich ist. Am einfachsten läßt sich diese Forderung erfüllen, wenn man – wie es schon Hermann Seger tat – gegen Schluß des Aufheizens einige bleistiftdicke, kienige Kiefernholzspäne durch das Schauloch in den Ofen stößt. Es werden so viele Hölzchen verwendet, daß der Ofen sich mit dickem Qualm füllt. Das wird zwei- bis dreimal wiederholt. Dabei erhält man eine rauchig-reduzierende Atmosphäre, in der sich neben der Reduktionswirkung auch Kohlenstoff auf der Ware abscheidet. Will man das Abscheiden des Kohlenstoffs fördern, so wirft man bei 700 °C (während der Abkühlung) noch einmal Kienholzspäne ein. Will man dagegen das Abscheiden von Kohlenstoff verhindern, so nimmt man anstelle des Kienholzes Holzkohle. Die reduzierende Atmosphäre braucht bei der Glanztontechnik nur so lange aufrecht erhalten zu werden, bis die Glanztonschicht gesintert ist, bei Glasuren bis sie erstarrt sind, beim Glanzkohlenstoff bis zur Abkühlung auf 400 °C. Auf jeden Reduktionsbrand muß ein normaler Brand im Elektroofen folgen, damit der Zunder auf den Spiralen verbrennt und sich die Heizdrähte regenerieren können.

Ein anderes Verfahren, das die chinesischen Töpfer von Ching-tê Chen anwandten und das auch in anderen Weltgegenden bekannt war, verläuft ohne Rauchbelästigung. Man benutzt dazu eine handelsübliche Schamottekapsel, das ist ein zylindrischer Behälter von etwa 20 cm Durchmesser mit einer runden Platte als Deckel, alles 2 cm dick aus feuerfester Schamotte gearbeitet. In dieser Kapsel wird die Keramik entweder in Holzkohlepulver eingebettet oder durch ein Gefäß mit durchlöcherter Wandung, das man sich selbst herstellen kann, vom umgebenden Holzkohlepulver getrennt. Über alles legt man den Schamottedeckel und dichtet die Auflagefläche mit Kaolinbrei ab. Der Erfolg des Verfahrens ist von der Abdichtung der Kapsel abhängig. Die Kapsel wird mit der übrigen Ware gebrannt, nur in ihrem Inneren entwickelt sich die reduzierende Atmosphäre.

Bei Glasuren haben Sie noch die Möglichkeit der Zumischung innerer Reduktionsmittel, die auf Seite 127 genannt sind, oder bei Rakuglasuren (Typ 96) der nachträglichen Reduktion durch Umwickeln mit einem ölgetränkten Lappen, durch Begießen mit Öl, Tauchen in Öl oder schnelles Einbetten in Sägespäne oder Tannennadeln, solange die Glasur noch zähflüssig ist.

Urkeramik

Als Urkeramik soll hier die Keramik vor der Glasur verstanden werden. Genauer gesagt, betrifft sie die Zeit, bevor die Glasur Allgemeingut wurde. Das ist eine relative Zeitbetrachtung. In Ägypten gab es glasierte Perlen schon in der frühdynastischen Periode. Trotzdem ist die Glasur erst unter den Fatimiden für die Keramik charakteristisch geworden. Damals herrschte in Europa noch die gallische, germanische und slawische Urkeramik vor. Auch China übernahm die hellenistische Erfindung des Glasierens erst in der Han-Zeit. Kleinasien war in dieser Entwicklung am weitesten fortgeschritten, Amerika am weitesten zurückgeblieben.

Die Urkeramik ist durch Naturverbundenheit gekennzeichnet. Den Töpfer als spezialisierten Handwerker gab es seit der Seßhaftwerdung und Arbeitsteilung. Als man Kupfer zu schmieden begann, bauten die Töpfer ihre ersten Brennöfen. Sie verfügten damals schon über einen mehr als tausend Jahre lang angesammelten Erfahrungsschatz in der Beurteilung von Rohstoffen und in ihrer Verarbeitung. Für uns wäre es heute unmöglich, so nahe an der Natur zu leben. Vieles von dem Reiz der Urkeramik ist durch die natürlichen Verunreinigungen des Materials und die einfachen Brennverfahren bedingt. Die heute handelsüblichen Fertigtone sind aus dieser Sicht von unnötig hoher Qualität. Wer Gelegenheit hat, sich Ton direkt aus der Grube zu beschaffen, oder wer gar selbst in der Natur Ton findet, der sollte dieses Material verwenden, um etwas von der Natur zu spüren, die in der Keramik steckt.

Ähnlich ist es mit dem Brennen. In unserer Umwelt mit ihrer dichten Bebauung, die Rücksichtnahme auf die Nachbarn verlangt, ist es wegen der starken Rauchentwicklung kaum mehr möglich, im Freien zu brennen. Wer aber in einer Gegend lebt, in der es noch erlaubt ist, im Frühjahr und Herbst Laub und Zweige im Garten zu verbrennen, der kann sich für diese Aktion einige Tongegenstände, am besten aus rotbrennendem Ton, zurücklegen, sie gut getrocknet zusammen mit dem zerkleinerten Gezweig und Holzkohle zu einem Haufen türmen, ihn mit Rasensoden bedecken und auf diese Weise einen Meilerbrand durchführen. Man erreicht zwar nur etwa 700 °C (mit Schafsmist auch mehr), das genügt aber, um den Ton zu verfestigen. Unter solchen Bedingungen ist es leichter, Keramik reduzierend als oxidierend zu brennen. Reduzierender Brand zeigt sich durch starke Rauchentwicklung und das Zurückbleiben unverbrannter Holzreste, weil das Feuer trotz Stocherns nicht genügend Luft bekam. Wenn man aber die Rasensoden entfernt und offen weiterbrennt, dann bekommt das Feuer Luft, und der Kohlenstoff, der sich im Rauchfeuer in die Poren des Tones eingelagert hatte, brennt wieder heraus. Das Eisen im Ton, das in der reduzierenden Brandperiode Sauerstoff an den unverbrannten Kohlenstoff – das Kohlenmonoxid – abgeben mußte und dadurch schwarz geworden war, geht wieder in die sauerstoffreichere Verbindung über: Die Keramik wird rot. Nur dort, wo sie mit dem Rand, umgestülpt, oder mit ihrem Spitz- oder Rundboden im Rasen steckt, hat die Luft keinen Zutritt. Dort bleibt sie schwarz. Die Archäologen nennen diesen Typ *black toped* (schwarz gehöht). Es ist der Urtyp der Keramik mit einer technischen Besonderheit. Es war der erste Trick, den die Töpfer anwandten, um die Keramik zu verzieren.

Später erfanden sie weitere Methoden, um das Schwarz vor der Reoxidation zu schützen: 1. durch die Auftragsdicke von aufgemalten Tonmustern, so daß nur die dünnen Schichten reoxidierten und rot wurden; 2. durch Zusatz von Natron, wodurch sich die Oberfläche durch Schmelzen versiegelte; 3. durch Schlämmen, wodurch sich die Oberfläche mit feinsten, alkalihaltigen Illitkriställchen anreicherte und verdichtete. Sie fanden Stoffe, mit denen sie das Schwarz auf andere Weise erzielen konnten: Mangan und Graphit. Damit war es einfacher, eine mehrfarbige Keramik herzustellen.

Den geeigneten Ton zu erkennen, zu wissen, wie man ihn schlämmen, wie und wo man den Ofen bauen und wie man darin brennen muß, das waren die technischen Schlüsselkenntnisse der Urkeramiker, mit denen sie schließlich die überragenden schwarz- und rotfigurigen attischen Vasen und die marktbeherrschende Terra sigillata hervorbrachten. Sie waren so erfolgreich, daß sie die Verbreitung der Glasur im Römischen Reich verhinderten, obwohl diese bereits bekannt war.

Die Töpfer vor der Glasur schöpften alle Möglichkeiten, die der Ton bietet, aus. Wenn Sie ihren Spuren folgen und sich dabei Enttäuschungen ersparen wollen, sollten Sie sich an die folgenden Grundregeln für das Arbeiten mit Ton, für das Arbeiten mit Engoben und für das Brennen im Elektroofen halten.

Literatur. *Scharff, A.* Grundzüge der ägyptischen Vorgeschichte. Z. dt. morgenländ. Ges. (1927) H. 12 S. 19f. – *Dayton,* J. Minerals, Metals, Glazing and Man. London: Harrap, 1978.

Zehn Grundregeln für das Arbeiten mit Ton

1. Naturton muß geschlämmt werden, um Holzreste, Steine und Mergelkörner auszuscheiden. Fertigton ist frei von Verunreinigungen. Beim Lagern soll er nicht austrocknen.
2. Fetter Ton neigt zum Reißen. Man magert ihn mit 10 bis 30% Schamotte (= zerkleinerter Ton) oder grobem Sand.
3. Tone verschiedener Farbe sind untereinander mischbar. Die Farbe des roten Tones läßt sich korrigieren: Eisenoxid vertieft sein Rot, Kalk macht ihn Gelb, Manganoxid Schwarz, Kaolin Braun. Weißer Ton läßt sich mit 10% Unterglasurfarben (= Farbkörper) färben (siehe auch Seite 306).
4. Der Arbeitston, auch der Fertigton, muß geknetet werden, um Ton, Magerungsmittel und Wasser gleichmäßig zu verteilen und Lufteinschlüsse zu entfernen.
5. Der Ton darf nicht an den Händen kleben. Ist er zu feucht und klebrig, knetet man ihn auf einer saugenden Unterlage oder setzt Ton- oder Schamottemehl zu. Ist er zu trocken, so verknetet man ihn unter Wasserzusatz.
6. Beim Modellieren und Aufbauen ist folgendes zu bedenken: 1. Das Gewicht der oberen Teile drückt auf die unteren Partien. Deshalb sollen die Wände senkrecht aufsteigen und unten verdickt sein, damit man eingezogene Standfüße nach dem Festerwerden aus dem Vollen herausarbeiten kann. 2. Aus den Rändern verdunstet das Wasser stärker als aus den Flächen. Deshalb soll man sie zwischendurch befeuchten. 3. Die Wandstärke soll 1 cm nicht übersteigen. Dickere Teile müssen ausgehöhlt werden. Die Höhlung muß ein Luftloch erhalten.
7. Beim Zusammenmontieren von Teilen sind die Verbindungsflächen aufzurauhen, mit Tonschlicker zu bestreichen und zusammenzudrücken.
8. Während längerer Arbeitspausen muß das Arbeitsstück feucht gehalten werden, jedoch nicht zu feucht, sonst kann sich der Ton nicht verfestigen.
9. Der lederhart getrocknete Ton läßt noch Korrekturen zu, der spröde getrocknete nicht mehr.
10. Das fertige Arbeitsstück soll langsam, zugfrei trocknen.

Zehn Grundregeln für das Arbeiten mit Engoben

1. Engobe (Slip) ist Tonschlicker, der auf die rohe oder auf die vorgeglühte Keramik aufgetragen werden kann.
2. Roh engobiert man einen weißen Grundton mit einer Engobe aus dem selben Grundton + 1 bis 10% Farboxid. Der Gegenstand muß, sobald er so weit angesteift ist, daß er sich hantieren läßt, engobiert werden. Ist er zu trocken, platzt der Schlickerauftrag beim Brennen ab.
3. Das Vorschrühen empfiehlt sich, wenn ein bunter Ton weiß engobiert werden soll oder die Zusammensetzung des Tones und der Engobe nicht bekannt ist. Vor dem Glasieren muß aber nochmals geschrüht werden.
4. Die Auftragsdicke der Engobe soll 0,2 bis 0,5 mm betragen.
5. Die Engobe über buntem, verschrühtem Ton soll aus 35% Ton, 65% Quarzmehl und 15% einer Glasur bestehen. Zum Färben setzt man noch 10% Farbkörper oder -oxid, für besonders weiße Engoben Zinnoxid zu.
6. Sinterengoben erhält man, wenn der Glasurzusatz auf 30 bis 60% erhöht wird. Sie sind dicht und glänzend.
7. Engoben werden durch Angießen, Tauchen, mit dem Pinsel oder dem Malhorn aufgetragen.
8. Zur Schlickermalerei muß der verschrühte Grundton gut saugfähig sein. Der Wassergehalt des Schlickers ist so zu bemessen, daß er 2 bis 3 Sekunden nach dem Auftragen seinen Wasserglanz verliert. Wird er sofort trocken gesogen oder bleibt er länger naß stehen, so ist Gefahr, daß er beim Trocknen und Brennen abplatzt.
9. Bei dem dicken Schlickerauftrag der Barbotinetechnik soll ein zu stark saugender Scherben erst mit einem sehr dünnflüssigen Schlicker überzogen werden. Der Barbotineschlicker wird mit Sirup oder Zuckerwasser angemacht und sofort, vor dem Trocknen der dünnen Untermalung, reliefartig aufgetragen.
10. Das Einritzen von Zeichnungen bei der Sgraffitotechnik muß entweder sofort erfolgen, ehe die Engobe ausgetrocknet ist, oder man überstreicht sie mit Glyzerin, wodurch sie geschmeidig bleibt. (Vor dem Glasieren ausglühen!)

Zehn Grundregeln für das Brennen im Elektroofen

1. Man unterscheidet Schrüh- und Glattbrand. Meist ist der Glattbrand höher, nur beim Steingut und Email sur biscuit ist es umgekehrt.
2. Beim Einsetzen für den Schrühbrand kann sich die Ware berühren. Für den Glattbrand muß sie frei stehen. Will man gemischt brennen, so muß die längere Aufheizzeit der Rohware berücksichtigt werden.
3. Während der Aufheizperiode wird das Anmachewasser ausgetrieben (»Schmauchen«). Das darf nicht zu schnell erfolgen, sonst sprengt der sich ausdehnende Wasserdampf den Scherben. Man rechnet 4½ Stunden bis etwa 500 °C. Hat der Ofen einen Schieber, so wird dieser danach geschlossen.
4. Beim Brennen über 500 °C entweichen immer noch gasförmige Spaltprodukte aus den Rohstoffen. In 4½ Stunden ist der Ofen auf 1000 °C, in weiteren 2 Stunden auf 1100 °C und 3 Stunden später auf 1200 °C. Er braucht immer länger, um noch höher zu kommen. Die Endtemperatur ist mindestens ½ Stunde zu halten.
5. Will man reduzierend brennen, wie auf Seite 16 beschrieben, so beachte man die Vergiftungsgefahr durch Holzgas. Raum lüften!
6. Jedem Reduktionsbrand muß ein normaler Brand folgen.
7. Ein Ofen mittlerer Größe kühlt innerhalb von 8 Stunden von 1000 °C auf Raumtemperatur ab. Es ist nicht möglich, das Abkühlen zu beschleunigen, wenn dabei eine reduzierende Atmosphäre aufrecht erhalten werden soll.
8. Bei oxidierender Atmosphäre läßt sich das Abkühlen beschleunigen, wenn man oberhalb 500 °C die Ofentür einen Spalt öffnet. Die Temperatur von 230 °C muß jedoch langsam unterschritten werden.
9. Soll die Temperatur langsamer sinken als normal, z. B. um der Glasur Zeit zum Kristallisieren zu geben, so muß der Ofen neu eingeschaltet werden.
10. Zur Pflege des Ofens entfernt man den Staub, vor allem von den Heizdrähten, mit einem Staubsauger.

Zehn Möglichkeiten, ein urkeramisches Schwarz zu erzielen

1. Das Eisenreduktionsschwarz erfordert einen rotbrennenden Ton, den man reduzierend brennt. Dies ist das älteste Schwarz. Der färbende Stoff ist Hercynit ($FeO \cdot Al_2O_3$).
2. Ein glänzendes Eisenreduktionsschwarz gewinnt man in der attischen Technik mit einem illitischen Glanztonschlicker. Er sintert im reduzierenden Brand bei 850 °C.
3. Die bequemste Art, ein Schwarz im Elektroofen zu erzielen, bietet Braunstein, 15:85 mit einem rotbrennenden Ton vermischt. Manganschwarz ist matt. Das Farbpigment ist Jakobsit ($MnO \cdot Fe_2O_3$).
4. Kühlt man die Ware in einer rauchig-reduzierenden Atmosphäre ab, so bildet sich an der 600–1000 °C heißen Wand Glanzkohlenstoff. Dies ist die thessalische Kohlenstofftechnik.
5. Mischt man dem Ton 10% kohlenstoffhaltige Substanz (z. B. Holzkohlepulver) zu, so erhält man ein Schwarz in reduzierender Atmosphäre, wenn man z. B. die Ware in Holzkohle eingebettet in einer dichten Schamottekapsel brennt. Dies ist die Bucchero-Technik.
6. Man kann den Ton mit 10% Graphit vermischt als Malschlicker verwenden. Die Brenntemperatur dieser »graphitierten Keramik« darf nicht über 700 °C liegen, sonst muß man reduzierend brennen. Dies ist die thrakische und Hallstätter Graphitbemalung.
7. Für die »Graphittonkeramik« der Latènezeit gilt die gleiche Brennbedingung. Sie wird aus Ton mit 10% Graphitzusatz geformt.
8. In einem gesonderten Brand bis 400 °C läßt sich ein kohlenstoffhaltiger Aufstrich (Pflanzensirup) auf die gebrannte Keramik aufkohlen. Der Kohlenstoff lagert sich in die Poren ein. Dies ist die Technik der Pueblo-Indianer.
9. Beim »Blaudämpfen« wird Kohlenstoff in Wasserdampfatmosphäre (nicht im Elektroofen) eingelagert.
10. Nach einer alten ägyptischen Methode kann man einen mit 50% Ruß vermischten Kasein-Kalk-Mörtel als schwarze Farbe nach dem Brennen kalt aufmalen.

Ur- und frühgeschichtliche Zeit

Die Töpferei kommt mit der Seßhaftigkeit auf, aber sie beginnt nicht dort, wo diese am ältesten ist, in Palästina, wo es schon im zehnten Jahrtausend Wohnhäuser gab und man Nahrungsmittel zubereitete und konservierte. Sie wurde erst von Nomaden in Jericho eingeführt, die die Stadt nach ihrer Zerstörung zwischen 5000 und 3000 v. Chr. bewohnten. Daß sie aber schon vor 7000 angefangen hatte, bewies ein Brand in Ganj Dareh Tepe im iranischen Teil des Zagros, im Bezirk Kermanshah. Man fand dort aus dem 8. Jahrtausend kleine Töpfe, große Krüge und flache Schalen ohne Bemalung. Aber es hat über tausend Jahre gebraucht, bis sich die Töpferei von ihren Anfängen in West-Iran und anderen Teilen des Vorderen Orients zu den dünnwandig geformten Gefäßen entwickelte und bis die Erdfarben gefunden waren, die nach dem Brand haltbare Muster hinterließen.

Die älteste Keramik ist in unerklärlicher Übereinstimmung überall strohgemagert. Es gab nebeneinander unverzierte und verzierte Gefäße. Man hat dies damit zu erklären versucht, daß die Korbflechterei der Keramik vorausgegangen sei. Die *basked-marked ware* Nordbeludschistans und die mit Schnur- und Flechtwerkabdrücken versehene älteste Keramik Chinas lassen vermuten, daß dort Körbe als eine Art Formgebungshilfen dienten. Im Vorderen Orient, in Ägypten und Anatolien hingegen waren Flechtwerk und später Webmuster dekorative Vorbilder auf der Keramik wie auf den Wänden der Wohnhäuser und bei den Stiftmosaiken der Tempel aus der Uruk-Zeit. Andere Vorbilder für die Keramik waren Gefäßfrüchte wie der Flaschenkürbis, der in den vorderasiatischen Ursprungsgebieten der Töpferei heimisch war und der noch in der Gefäßkeramik des Donauraumes zu erkennen ist, wo diese tropische Pflanze nicht gedieh, womit sie einen vom Vorderen Orient bis nach Ungarn vorgedrungenen Kultureinfluß anzeigt. Eine zweite Gefäßfrucht war der Granatapfel, dessen Halbschalen man in Jericho in Holz nachgebildet fand. Holzgefäße läßt die geriefelte frühe Badari-Keramik Ägyptens ebenso wie später kretische Keramik aus Knossos mit aufgemalter Holzmaserung als Vorbilder erkennen. Marmor imitierende Schrägstreifen fand man schon auf frühen Tongefäßen des Zagrosgebietes, gefleckte Steinsorten imitierende in der Naqadakultur Ägyptens. Seit der Bronzezeit überwiegen Metallgefäße als Vorbilder.

Rundbodige Gefäße und solche mit Standflächen kommen nebeneinander vor, spitzbodige aus dem südöstlichen Iran stammen aus der

Mitte des fünften Jahrtausends. Sackartige Gefäße findet man schon zu Beginn des sechsten Jahrtausends in Mesopotamien, zipfelige erst später, vor allem in der jüngeren Bandkeramik Mitteleuropas. Gebrochene Konturen sind bei komplizierten Formen herstellungsbedingt, da sie aus mehreren Teilen zusammenmontiert wurden.

Henkel kamen erst mit der Töpferscheibe auf. Vorher gab es nur Knöpfe und Ösen. Hochgezogene Doppelhenkel sind für Anatoliens frühe Bronzezeit charakteristisch, Spulenhenkel für Süditalien um 3000 v. Chr. Tüllen gibt es seit der Mitte des fünften Jahrtausends.

Die Töpferscheibe entwickelte sich aus der langsamlaufenden Tournette, auf der aufgebaut wurde, und verbreitete sich seit der Uruk-Periode, 3500 v. Chr. von Ur aus nach Westen und Osten.

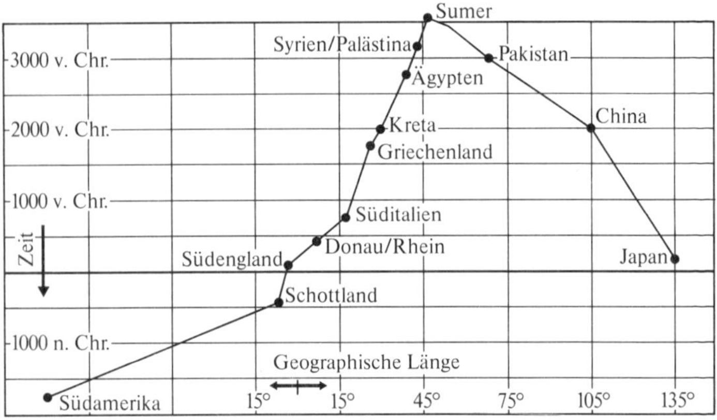

Die Verbreitung der Töpferscheibe

Das Begießen des Grundtones mit einem Feinschlamm (Slip), dem zur Verstärkung der roten Farbe auch Ocker beigemischt sein konnte, läßt sich bereits im 7. Jt. im anatolischen Çatal Höyük feststellen. Der Feinschlammbeguß wurde in der Regel poliert, und man polierte auch Muster in den matten Überzug ein. Die Politur war der in der Jungsteinzeit üblichen Steinbearbeitung angemessen. Sie war der *erste Schritt* zu einer farbigen, dichten und glänzenden Keramik.

Formen der Urkeramik. 1. Zeile: Cypern, 2. Jt.; 2. Zeile: Bulgarien, 4. Jt., China, 3. Jt., Kreta, 2. Jt.; 3. Zeile: Griechenland, 4. Jt., Cypern, 2. Jt. v. Chr.

Formen der Urkeramik

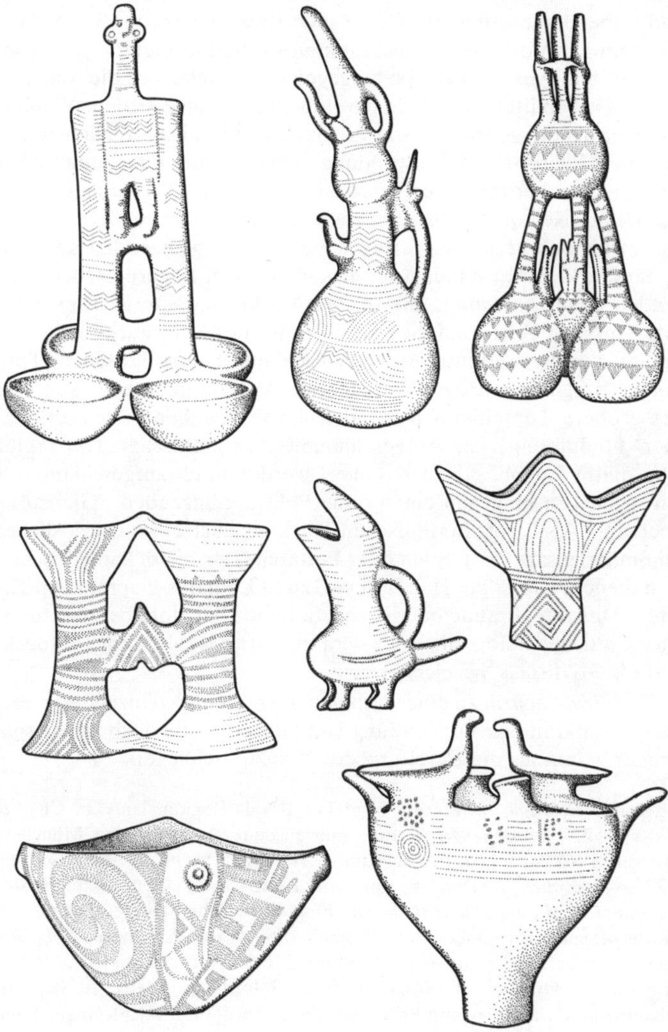

Während der mit Slip bezeichnete Überzug (Engobe) stets gebrannt wurde, gab es auch einen rohen Stucküberzug (Wash) auf die gebrannte Keramik. Es war ein Tonschlamm mit Zusatz von Kalk und färbenden Stoffen, wie Ocker oder Ruß. Dieser rohe Stucküberzug kann als Vorläufer der gebrannten Barbotineverzierung angesehen werden. Aus der Engobe hingegen entwickelte sich die Malerei.

Als Färbemittel für die Malerei dienten farbige Erden. Weitaus häufiger als die gebrannte war die ungebrannte, nachträglich aufgebrachte Malerei unter Verwendung anorganischer oder organischer Farben. Das berühmteste Beispiel ist die Scarlet-(Scharlach-)Ware der Dijāla-Region Mesopotamiens um 2800 v. Chr.

Der *zweite Schritt* zu einer farbigen, dichten und glänzenden Keramik bestand in der Anwendung der gegenüber dem Polieren arbeitssparenden Glanztontechnik, die für die Antike charakteristisch wurde. Ihre Anfänge gehen auf die Halaf-Töpfer des 5. Jt. zurück. Sie beruht in der Verwendung eines Feinschlammes aus illitischem Ton. Illit ist ein glimmerartiges Tonmineral, das Kalium enthält, während das gröbere Tonmineral Kaolinit frei von Alkalien (=wasserlöslichen Flußmitteln) ist. Aufgeschlämmter kaolinitischer Ton ergibt eine matte Engobe, die erst poliert werden muß, aufgeschlämmter illitischer Ton hingegen einen ohne Politur glänzenden »Glanztonüberzug«. Als Ersatz für illitischen Ton kann auch ein wasserlöslicher Flußmittelzusatz (z. B. Soda oder Pottasche) zu einem kaolinitischen Ton dienen, wie es die Halaf- (Typ 3) und Kamares-Töpfer (Typ 12) taten. Der rote, braune oder orangefarbene Glanztonüberzug wurde zuerst auf der Peloponnes aus dem mittleren Neolithikum entdeckt und als »Urfirnis« bezeichnet.

Der *dritte Schritt* zu einer farbigen, dichten und glänzenden Keramik bestand in der Verwendung von Glasuren, die noch arbeitssparender waren als die Bereitung des Glanztonschlickers.

Literatur. *Delougaz, P.* Pottery from The Diyala Region. Univ. of Chicago Press 1952. – *Strommenger, E.* Fünf Jahrtausende Mesopotamien. München: Hirmer, 1962. – *Amiet, P.* Die Kunst des Alten Orient. Freiburg: Herder 1977. – *Mazaheri, A.* Der Iran und seine Kunstschätze. Genf: Skira 1970. – *Hauptmann, H.*, und *Milojčič, V.* Die Funde der frühen Dimini-Zeit aus der Arapi-Magula, Thessalien. Bonn: Habelt 1969. – *van der Leeuw, S. E.* Studies in the Technology of Ancient Pottery. 2 Bde. Amsterdam, Diss. 1976. – *Arnold, V., Busch, R.*, und *Hoika, J.* (Hrsg.) Informationsblätter zu Nachbarwissenschaften der Ur- und Frühgeschichte. Schriften des Schleswiger Kreises. Bonn: Habelt, 1976.

Typ 1

Can Hasan

Geschichte. An der natürlichen Verbindungsstraße zwischen Mersin am Mittelmeer und Çatal Höyük im anatolischen Hochland liegt Can Hasan. Alle drei Orte sind bedeutende Siedlungen der Steinkupferzeit (5600–5000 v. Chr.) mit weitreichenden Handelsbeziehungen, die sich aus den gefundenen Keramiken ersehen lassen. Die Menschen wohnten in rechteckigen Häusern, öfters mit zwei Stockwerken, mit Pfeilern in den Mauern und mit geometrisch-bemalten Wänden aus verputzten, luftgetrockneten Lehmziegeln. Auch ihre mit der Hand aufgebaute Keramik bemalten sie mit geometrischen Mustern.

Herstellung. Technologisch interessant ist die steinkupferzeitliche Keramik dieser südanatolischen Siedlung durch ihren erstmaligen Gebrauch von Mangan zur Erzielung einer dunkelbraunvioletten Malfarbe im oxidierenden Feuer. Diese Technik, die in späteren Jahrtausenden in Griechenland, im Donau-Moldau-Raum und auf den Kykladen zu einer rot-schwarzen Mattmalerei fortentwickelt wurde, erlaubt es, diese beiden Farben ohne die beim Eisenreduktionsschwarz erforderlichen Kunstgriffe nebeneinander zu erzielen. Gewöhnlich sind manganschwarze Muster auf roten Grund gemalt. Dazu übergießt man den Formling mit einer Engobe aus rotbrennendem Ton, aus dem man unter Zusatz von 5 bis 10% Braunstein auch die schwarze Malfarbe herstellt. Je höher die Gehalte an Eisen und Mangan, desto mehr verwandelt sich das Braun in Schwarz, desto

Abbildung. Krug aus Can Hasan, Anatolien, H. 51 cm, 1. Hälfte 5. Jt. v. Chr. Ankara: Arkeoloji Müzesi.

matter wird aber auch die Farbe bei der Brenntemperatur von 750 °C.

Abwandlungen. Das beste Rot erzielt man mit einem kalkfreien oder kalkarmen Ton, der 4–9% Eisenoxid enthält (z. B. Ton V 10 der Grube Vallendar) und nicht höher als 900 °C gebrannt wird. Reicht der natürliche Eisengehalt des Tones nicht aus, so kann man ihm etwas natürlichen Ocker hinzufügen, der selbst etwa 17% Eisenoxid enthält. Statt des roten Naturockers (Rötel) ist auch gelber Ocker oder künstliches Eisenhydroxid verwendbar; es hat 75% Eisenoxid. Gelber Ocker geht bei 180 °C in roten über. Anwesenheit von Kalk läßt das Rot verblassen. Für Schwarz kann man auch den im Handel erhältlichen Manganton benutzen.

Literatur. *French, D. H.* Excavations at Can Hasan. Anatolian Studies XII (1962) S. 27–40 bis XVI (1966) S. 113–123.

Typ 2

Hassuna

Geschichte. Tell Hassuna, im Nord-Irak, unweit von Mossul, gelegen, ist ein Ort, dessen Keramik bis auf die Anfänge der Töpferei in Nordmesopotamien zurückgeht. Hier entstanden schon im 7. Jahrtausend sackartige Gefäße mit Tonkügelchen, die – mit Einkerbungen versehen – zu den charakteristischen Kaffeebohnenaugen früher Gesichtsdarstellungen führten. In der Samarra-Periode (5600–5000 v. Chr.) trat die sogenannte Hassuna-Standard-Ware auf: Krüge mit kurzem, zylindrischem Hals, auf die Muster geritzt oder gemalt waren, die häufig Flechtmuster nachahmten. Im Inneren flacher Schalen wurden zum ersten Mal Tiere und menschliche Figuren in die Ornamentik einbezogen. Die Hassuna-Standard-Ware war weit verbreitet. Daneben nahm die Herstellung kleiner Tonfiguren einen starken Aufschwung. Die Menschen lebten in Dörfern mit Häusern aus Lehmziegeln. Die Keramik wurde von fähigen Künstlern hergestellt.

Herstellung. Die Töpfer verwendeten einen kalkreichen, eisenhaltigen Ton, der beim Brennen bei etwa 800 °C gelblich wurde. Der Töpferton von Hassuna hat 16–20% Kalk in der Analyse. Zum Malen – wie auch zum Bemalen der Fußböden in den Häusern – verwendete man tonhaltigen Ocker, der in reduzierendem Feuer schwarzbraun wurde (Eisenreduktionstechnik).

Seltener als die schwarze ist in Hassuna die rote Bemalung, die man durch oxidierendes Brennen der Ockerbemalung gewann (unter

Abbildung. Hals eines bemalten Gefäßes, Gesicht mit »Kaffeebohnenaugen«, aus Tell Hassuna, Samarra-Periode, 5200 v. Chr. Bagdad: Iraq-Museum.

den primitiven Brennbedingungen war eine reduzierende Atmosphäre leichter zu erzielen als eine oxidierende).

Zur Reproduktion der Hassuna-Keramik genügt ein beliebiger Töpferton, möglichst ein hellbräunlich brennender (z. B. Ton 732 von Wallmerod), dem man noch 28–30% Kalkspat zusetzt. Der hohe Kalkgehalt hat hier die Wirkung, die Brennfarbe aufzuhellen. Zum Malen rührt man gelben oder roten Ocker, halb mit Ton vermischt, mit Wasser an.

Abwandlungen. Um den Kontrast zwischen Malfarbe und Grund zu verstärken, kann man den beigefarbenen Arbeitston mit einer weißen Engobe versehen. Dann können auch Malfarbe und weiße Engobe wechselweise als vollflächiger Überzug und zum Bemalen verwendet werden.

Literatur. *Herzfeld, E.* Die vorgeschichtlichen Töpfereien von Samarra. Berlin 1930. – *Moortgat, A.* Alt-Vorderasiatische Malerei. Berlin 1959. – *Noll, W.* Mineralogie und Technik der frühen Keramiken Großmesopotamiens. N. Jb. Miner. Abh. 127 (1976) Nr. 3 S. 261–288.

Typ 3

Halaf

Geschichte. Im fünften vorchristlichen Jahrtausend beherrschte die nach dem nordostsyrischen Ruinenhügel Tell Halaf benannte steinkupferzeitliche Halaf-Kultur nahezu ganz Mesopotamien. Sie ist gekennzeichnet durch eine feine bemalte Keramik, kleine Tonplastiken von sitzenden weiblichen Figuren und den Beginn der Kupferverarbeitung. Die Menschen wohnten in runden Häusern aus Lehmziegeln über Steinfundamenten. Ihre Keramik muß sehr begehrt gewesen sein, denn sie wurde weithin exportiert, im Norden bis Mersin in Zentralanatolien. Die Halaf-Periode dauerte von 5000 bis 4500 v. Chr.

Herstellung. Die Halaf-Töpfer schlämmten nicht nur die Engobe, sondern auch ihren Grundton und erhielten dadurch bei 800 °C aus dem gleichen Ton wie die Hassuna-Töpfer eine festere und dünnwandigere Keramik, die sie mit einer hell-rosafarbenen Engobe überzogen. Zum Malen benutzten sie einen eisenreichen Ton, der in der Analyse Chlor und Schwefel aufweist, woraus sich auf Steinsalz- und Gipszusatz schließen läßt. Diese wasserlöslichen Substanzen wurden beim Trocknen mit dem verdunstenden Wasser an die Oberfläche transportiert, die sich dadurch mit Flußmitteln anreicherte – und zwar um so stärker, je dicker die Schicht war – und infolgedessen sinterte und glänzend wurde. Diese »Glanzmalerei« war rot oder

Abbildung. Tiefe Schale aus dem Haus eines Töpfers in Tell Arpachiya, dem zentralen Ort der Halaf-Kultur, Nord-Irak, 1. Hälfte 5. Jt. v. Chr. Ø 32 cm, Tiefe 9,1 cm. Bagdad: Iraq-Museum.

braunschwarz. Das Schwarz wurde drei- bis viermal dicker aufgetragen als das Rot. Das bedeutet, daß es sich bei dem roten und schwarzen Malschlicker um den gleichen Ton handelte, der im reduzierenden Feuer schwarz wurde und im anschließenden oxidierenden rot. Die dicker aufgetragenen Punkte blieben schwarz, während in den dünneren Strichen das Eisen(II, IV)oxid zu rotfärbendem Eisen(III)-oxid (Hämatit) zurückoxidierte. Die weiße Malerei blieb von alledem unberührt, denn sie bestand aus einem eisenfreien Rohstoff.

Will man die Halaf-Malerei reproduzieren, so nimmt man einen rotbrennenden Ton (z. B. Ton BGR I aus Guckheim), aus dem man auch das vorgesehene Objekt formen kann, und schlämmt einen Teil davon in einem Gefäß auf, läßt absitzen und trocknet die feinste Suspension bis auf Malkonsistenz ein. Diesem Schlicker setzt man für den grundierenden Beguß etwa 15% feingemahlenen Kalkspat zu, wodurch er rosa wird. Für die Schwarz- und Rotmalerei erhält er statt des Kalkspats eine geringe Menge Kochsalz oder Soda. Dieser Zusatz ist vom betreffenden Ton abhängig und darf gewöhnlich nicht mehr als 5% betragen, da sich sonst die Oberfläche zu dicht verschließt und der Reoxidation nicht mehr zugänglich wird. Dann muß notfalls für Rot ein zusatzfreier Malschlicker verwendet werden. Für Weiß nimmt man einen weißbrennenden Ton.

Abwandlungen. Für die Reoxidationstechnik eignet sich bei diesen niedrigen Temperaturen nur das Eisen. Man kann jedoch eine mehrfarbige Glanztonmalerei auch im rein oxidierenden Elektroofenbrand mit Sinterengoben aus farbig brennenden Tonen und Borax erzielen. Dann kann der Boraxzusatz höher sein (bis 8%). Nimmt man statt Soda ein wasserunlösliches Flußmittel (alkalireiche Fritte), so muß man noch mehr zusetzen, weil sich nichts anreichert. Man braucht dann 12 bis 15%. Bei den wasserlöslichen Flußmitteln muß man bedenken, daß sie mit dem Engobewasser auch vom Scherben angesaugt werden, und zwar um so mehr, je poröser dieser ist. Er darf also, um den Glanz der Malerei nicht zu beeinträchtigen, nicht zu porös sein und muß notfalls mit feinem Schlicker abgedichtet werden.

Literatur. *Oppenheim, M. v.* (Hrsg.) Tell Halaf. Bd. 1: *Schmidt, H.* Die prähistorischen Funde. Berlin 1943. – *Noll, W.* Mineralogie und Technik der frühen Keramiken Großmesopotamiens. N. Jb. Miner. Abh. 127 (1976) Nr. 3 S. 261–288.

Typ 4

Obed

Geschichte. Tell el-Obed, Obeid oder Al Ubaid heißt eine kleine Ruine nordwestlich von Ur in Babylonien. Nach ihr ist die Kultur der ersten Siedler des Euphrat/Tigris-Deltas benannt, die mit der nordmesopotamischen Halaf-Kultur zeitgleich war und diese nach 4500 v. Chr. im Norden ablöste. Die Keramik, die diese Siedler aus dem Osten mitbrachten, war weniger anspruchs- und phantasievoll als die des Halaf-Stils. Die Keramikfiguren waren schlank und symmetrisch und ließen Einzelheiten des Schmucks und der Frisur und sogar Gesichtszüge erkennen. Die erste Obed-Keramik wurde in Eridu, der ältesten sumerischen Stadt, gefunden. Die spätere Obed-Periode, die auch Nordmesopotamien umfaßte, dauerte von 4500 bis 3600 v. Chr.

Herstellung. Der kalkreiche, eisenhaltige Ton der Obed-Keramik hat eine grünliche Brennfarbe, die auf Gehalte von Eisen, Kalk und Humus schließen läßt. Aus ihm wurde der Malschlicker gewonnen, indem man ihm Eisenerz zumischte. In reduzierender Brennatmosphäre bei etwa 1100 °C wurde die Malerei schwarz. Zu Beginn des vierten Jahrtausends gab es in Mesopotamien die ersten Töpferöfen (siehe bei Sialk, Typ 5), auf die die hohe Brenntemperatur zurückzuführen ist. Bis dahin hat man die Keramik in Meilern gebrannt.

Für die Reproduktion der Obed-Keramik eignet sich ein mäßig eisenhaltiger Ton, wie er z. B. in der Grube Niederstein in Obertie-

Abbildung. Schale aus Ur. ∅ 22,6 cm. 4000–3700 v. Chr. London: British Museum.

fenbach/Heckholzhausen unter der Bezeichnung OT 900 gewonnen wird. Seine Brennfarbe ist nach oxidierendem Brennen rötlichgrau, nach reduzierendem grau. Zum Malen wird er geschlämmt und auf der rauhen Glasplatte mit 8% Eisen-Hammerschlag verrieben.

Abwandlungen. In der Grube Niederstein wird auch ein Ton gewonnen (Ton OT 35/38), der bereits im oxidierenden Brand eine entsprechende graue Brennfarbe annimmt. Geschlämmt und mit 50% schwarzer Unterglasurfarbe verrieben, ergibt er einen schwarzen Malschlicker, der oxidierend gebrannt werden kann. Die schwarze Malerei steht auch auf getönten Engoben gut. Dazu verreibt man die Engobe-Masse mit entsprechenden Unterglasurfarben.

Achtung!

Für die Reproduktion urkeramischer Typen lassen sich auch mit Schamotte (egal, welcher Körnung) gemagerte *Fertigtone* verwenden, denen man jedoch noch mindestens 10% feingemahlenen Kalkspat zukneten sollte. Er wirkt günstig auf die Haftung der Engoben und der Engobemalerei nach dem Brennen (siehe auch Seite 50). Damit die Engoben aber bereits im trockenen Zustand gut haften, bringt man sie am besten sofort auf das noch feuchtplastische Stück auf. Wenn das nicht möglich ist, verschrüht die Keramik und setzt die Engobe so zusammen wie auf Seite 20 unter Punkt 5 angegeben. Über die Wirkung der Schamotte und die Wanddicke der Keramik siehe Seite 78.

Literatur. *Moortgat, A.* Die Entstehung der sumerischen Hochkultur. In: Der Alte Orient, Bd. 43. Leipzig 1945. – *Noll, W., Holm, R.,* und *Born, L.* Bemalung antiker Keramik. Angewandte Chemie 87 (1975) Nr. 18 S. 639–682. – *Noll, W.* Mineralogie und Technik der frühen Keramiken Großmesopotamiens. N. Jb. Miner. Abh. 127 (1976) Nr. 3 S. 261–288.

Typ 5

Sialk

Geschichte. Tepe Sialk ist ein jungsteinzeitlicher Siedlungshügel am Ostrand des Zagrosgebirges, südlich von Kashan, wo schon um 5000 v. Chr. (in Sialk II) eine schwarzbemalte Keramik auf rotem Grund, also Rot und Schwarz auf einem Stück, hergestellt wurde. Die schwarze Bemalung behielt man über die Jahrhunderte bei, auch als um 3500 v. Chr. (in Sialk III) die Töpferscheibe eingeführt wurde. Während sie sonst gewöhnlich eine Verarmung der Formen und Dekore mit sich brachte, ist hier das Gegenteil festzustellen. Die Keramik wurde feiner und kunstvoller. Bis dahin hatte sie die Häckselmagerung grob und porös gemacht. Jetzt wurde der Scherben ohne diese Magerung oder mit Sandzusatz fester und erhielt einen cremefarbigen oder leicht grünlichen Beguß. Die schwarze Malerei wurde komplizierter. Zu den alten geometrischen Mustern traten stilisierte Darstellungen von Leoparden, Steinböcken, Vögeln, Schlangen, Gazellenhunden und von Menschen. Vielleicht liegt die Bereicherung der Keramik in dieser Zeit daran, daß die Einführung der Töpferscheibe mit einem allgemeinen Aufschwung, mit dem Beginn der Kupferbearbeitung, dem Gebrauch von Stempelsiegeln und mit künstlerischen Einflüssen aus dem Südwesten zusammenfiel. Aus dieser Zeit ist auch ein Keramikbrennofen ausgegraben worden, der aus einer aus Lehm errichteten Brennkammer von 105×110×45 cm Innenraum mit drei Frischluftöffnungen und achtzehn Rauchkanälen bestand, in

Abbildung. Pokal aus Sialk III, um 3300 v. Chr. mit Geparden, Antilopen und geometrischen Mustern. H. 27 cm. Düsseldorf: Hetjens-Museum.

Abbildung. Sialk-B-Keramik mit typischem Schnabelausguß; 10.–9. Jh. v. Chr. Länge 10,4 cm, H. 17,6 cm. Luzern: Sammlung Kofler-Truniger.

den die Keramik zusammen mit Brennstoff eingelegt wurde. Ein solcher Ofen wird schon für Sialk II vermutet.

250 m südlich des vorgeschichtlichen Siedlungshügels wurden zwei Grabungsfelder aus einer um etwa 2000 Jahre jüngeren Zeit als Sialk A und B bezeichnet. A weist eine grauschwarze, mit dem Messer eingeschnittene Keramik aus dem Ende der Bronzezeit auf (Wende vom zweiten zum ersten Jahrtausend), wie sie auch in Transkaukasien vorkommt. Die interessanteren Funde stammen aus dem etwas jüngeren Sialk B, das Sitz eines Stadtfürsten war, der seine Residenz auf einer zum Teil künstlich aus ungebrannten Ziegeln erweiterten Terrasse errichtete, die sich 20 m über die Stadt seiner Untertanen erhob. Diese besaßen Waffen und Pferdegeschirr aus Bronze und Eisen, Töpferscheiben und Töpferöfen. Sie stellten eine rotbemalte Keramik her, die mit ihrem schnabelförmigen Ausguß an Vögel erinnert. Solche Schnabelgefäße waren schon in der Periode Uruk VII in Mesopotamien und unter deren Einfluß auch am Ende von Sialk III, jedoch äußerst selten, vorgekommen. Typisch sind sie erst für Sialk B. Sie dienten dem Trankopfer und waren vermutlich Metallvorbildern nachgeformt. Die Vogelform wird durch die Ornamentik betont; die Zickzackmuster erinnern an Federn. Es sind aber auch Schachbrettmuster und andere geometrische Ornamente, Tiere, Krieger mit Kopfputz, Helmbusch und Mantel dunkelrot auf hellen Grund gemalt. Sialk B wurde zu Beginn des 10. Jh. v. Chr. von Iraniern gegründet und im 8. Jh. von den Assyrern zerstört.

Herstellung. Die Sialk-Keramik ist cremefarbig oder hellgrau, also oxidierend oder reduzierend gebrannt worden. Da die Malerei jedesmal schwarz ist, muß es sich um Manganschwarz handeln, da Eisen bei Oxidation eine rote Farbe ergeben hätte. Die Verwendung von Mangan wurde auch tatsächlich für die schwarz-rote Keramik von Sialk II sowie für die Keramiken aus der Ebene von Persepolis (Tell-i-Bakun) und aus Susa analytisch nachgewiesen. Zur Reproduktion läßt sich jeder beliebige hellbrennende Ton für den Scherben verwenden (z. B. der Kreuzton aus Niederdresselndorf). Als schwarze Malfarbe eignet sich ein handelsüblicher schwarzer Ton (Manganton), den man durch Zumischen eines plastisch roten Tones abriebfest macht. Die Brenntemperatur soll bei 1000 °C liegen.

In Sialk A und B wurde zweifellos der gleiche Ton verarbeitet. Die dunkelrote Brennfarbe läßt auf Verwendung von Ocker schließen, der bei dieser hohen Temperatur dunkler wird. Man hat ihn vielleicht dem gleichen Ton zugesetzt, der im fünften Jahrtausend der Schwarzmalerei als Fond gedient hatte. Sein Eisengehalt mag bei 4–9% Fe_2O_3 gelegen haben. Mischt man einen solchen Ton mit Okker im Verhältnis 2:1, so hat das Gemisch 15% Eisenoxid, und man erhält bei 1050 °C das dunkle Rot.

Abwandlungen. Die bizarren Formen der Sialk-B-Keramik werden häufig als Gefäßplastiken bezeichnet. Ihre Besonderheit liegt in der geometrischen Abstraktion von Form und Dekor, die eine starke künstlerische Anregung darstellt. Im Gegensatz zu den stilisierten Figurengefäßen des Marlik-Typs (Nr. 16) und den handgeformten präkolumbischen Keramiken sind die Sialk-B-Gefäßplastiken scheibengedreht.

Literatur. *Girshman, R.* Iran. München: Beck, 1964.

Typ 6

Susa

Geschichte. Susa, in der iranischen Provinz Chusistan, südwestlich von Dizful gelegen, war in seiner ersten Siedlung, 3900–3500 v. Chr., einer der Ursprungsorte der bemalten Keramik. Die Töpfer von Susa, die bereits über die Töpferscheibe verfügten, stellten mit ihren Meisterwerken alle Zeitgenossen in den Schatten. Ihr Malstil ähnelte dem der Töpfer aus der Ebene von Persepolis (Tell i-Bakun) und beeinflußte die Sialk-III-Keramik. Die Archäologen sehen in dem hier abgebildeten Becher den Höhepunkt neolithischer Keramikkunst. Weitere Formen waren weite, offene Schüsseln, geknickte Töpfe mit Schulterhenkeln und große Pokale. Um 3200 verschwand die Gefäßmalerei weitgehend für zweihundert Jahre. Dann trat sie in den Farben Schwarz, Rot und Weiß wieder auf.

Seit dem dritten Jahrtausend war Susa Hauptstadt des elamischen Königreichs, das zu Beginn des 12. Jh. durch Eroberung des kassitischen Babylon seinen Höhepunkt erreichte. P. Amiet zufolge gab es in den Palästen von Susa schon in neuelamischer Zeit (8. Jh.) emaillierte Tonfliesen. Die emaillierten Flächen sind auf ihnen dunkelbraun konturiert und erinnern dadurch an die ägyptische Amarna-Keramik (Typ 13). Die Emails selbst sind Gelb, Weiß und Blau. Man hat in ihnen Zinn und Blei gefunden; deshalb gelten sie als Vorläufer der zinngetrübten Fayencen (Typ 38) und der Mīnā'ī-Technik (Typ 43) der mohammedanischen Zeit. Ihr Zinngehalt erreicht Werte, die über eine unbeabsichtigte Verunreinigung hinausgehen (Seite 130).

Abbildung. Hoher Becher mit Steinbockmotiv, Gazellenhunden und Vogelfries. Susa A, um 3700 v. Chr. H. 28,5 cm, ∅ 16 cm. Paris: Louvre.

Im 7. Jh. v. Chr. wurde Susa von Nebukadnezar, dem König von Babylon, erobert, und Elam verschwand aus der Geschichte. Susa wurde 538 v. Chr. eine der vier Hauptstädte des Achaimidenreiches. In den Palästen der Achaimiden, besonders Dareios I., fand man wieder Schmelzfarbenmalereien auf Wandziegeln. In islamischer Zeit wurde der Ort um das 13. Jh. n. Chr. verlassen. Ein Dorf namens Schusch (= Susa) und das spitze Turmgrab des Propheten Daniel bestehen heute noch.

Herstellung. Der eisenhaltige Ton der Susa-A-Keramik entspricht in seiner Brennfarbe dem Sialk-III-Ton. Die glänzende Oberfläche weist auf Politur hin. Die Malerei ist braunviolett bis Schwarz, also mit manganhaltigem Malschlicker ausgeführt. Sie ist immer einfarbig. Die Malschicht ist etwas versintert, so daß man annehmen kann, daß die Brenntemperatur zwischen 1050 und 1100 °C lag.

Abwandlungen. Der Malstil von Susa A besticht durch seine stilisierten Tierdarstellungen. Verwendet man neben dem manganhaltigen Malschlicker einen zweiten, dessen Eisengehalt durch Ocker angereichert ist, so kann man eine schwarz-rot-weiße Keramik wie in Susa D, Anfang des dritten Jahrtausends, herstellen.

Literatur. *Pottier, E.* Céramique peinte de Suse et petits monuments. Paris 1912. – *Amiet, P.* Elam. Auvers-sur Oise 1966. – *Hedges, R.E.M.,* und *Moorey, P.R.S.* Pre-Islamic Ceramic Glazes at Kish and Nineveh in Iraq. Archaeometry 17 (1975) Nr. 1 S. 25–43.

Typ 7

Hamangia

Geschichte. Der rumänische Archäologe D. Berciu fand in Cernavoda an der Donau auffallend zahlreiche menschliche Tonfiguren, stehende und sitzende, darunter eine männliche, die als die schönste neolithische Tonfigur Südosteuropas gilt: den auf einem Schemel sitzenden »Denker von Cernavoda«. Er gehört in die sogenannte Hamangia-Kultur der Dobrutscha am Westufer des Schwarzen Meeres in der Zeit zwischen dem Ende des 5. und dem Anfang des 4. Jahrtausends v. Chr. An der gleichen Stelle fand Berciu eine auf dem Boden sitzende weibliche Figur desselben Künstlers sowie weitere stehende weibliche Tonstatuetten von stärkerer Stilisierung, wie sie ähnlich auch in Baia-Hamangia am Ufer des Golovița-Sees am Schwarzen Meer gefunden wurden. Die gleichzeitige Gefäßkeramik war mit einfachen, eingestochenen, geometrischen Mustern versehen, die mit einem mehrzinkigen Gerät angebracht wurden. Die Menschen waren Ackerbauern und Fischer, bauten Einkornweizen an und züchteten die ersten Haustiere. Sie bemalten ihre Körper mit Hilfe von Tonstempeln (*pintadereas*).

Herstellung. Die Figuren sind aus einem eisenhaltigen Ton (zur Reproduktion eignet sich z. B. der Ton Fr gelb der Grube Schmittenhöhe) voll modelliert, also nicht ausgehöhlt. Sie sind mit einer eisen- und manganhaltigen Engobe überzogen, die im Feuer eine schwarzkastanienbraune Färbung annahm.

Abbildung. Denker von Cernavoda. Hamangia-Kultur. 5./4. Jt. v. Chr. H. 11,3 cm. Bukarest: Muzeul de Istorie al R.S. România.

Abwandlungen. Die südosteuropäische neolithische Keramik ist reich an Figuren und Figurengefäßen. Die folgenden Beispiele stammen aus Sesklo (Griechenland), Cernavoda (Rumänien), Karanowo (Bulgarien) und Cirna (West-Rumänien).

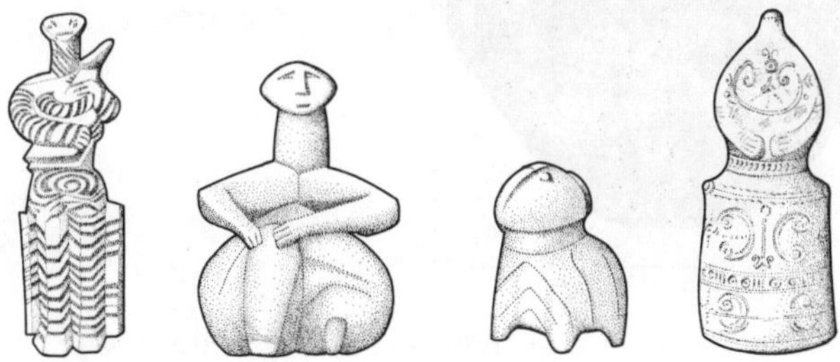

Literatur. *Dimutrescu, V.* Südosteuropäische Jungsteinzeit. In: *Mellink, M. J.*, und *Filip, J.* Frühe Stufen der Kunst. Propyläen Kunstgeschichte, Bd. 13. Berlin: Propyläen, 1974. – *Condurachi, E.*, und *Daicoviciu, C.* Rumänien. In: Archaeologia mundi. Genf: Nagel, 1972.

Typ 8

Dimini

Geschichte. Nach dem Dorf Diminion, westlich von Volos in Thessalien, ist eine Kulturgruppe benannt, die von 3400 bis 2900 v. Chr. angesetzt wird. Dimini war ein rustikales Troja, mit zwei lehmgefüllten Mauerringen aus Stein umgeben und mit einem Herrenhaus, das aus zwei Räumen und einem Vorraum bestand, dessen Dach von zwei Pfeilern gestützt war. Dieser Megaron genannte Haustyp ist später auch in Kleinasien verbreitet gewesen. Kunsthistorisch ist an der Diminikeramik die zwei- und dreifarbige Gattung wegen ihrer Spiral- und Mäandermuster bemerkenswert, technisch interessanter ist jedoch die dominierende Schwarzkeramik wegen ihrer einpolierten Muster und wegen der originellen Art, die Innen- und Außenflächen der Gefäße gleichzeitig der gegenteiligen Brennatmosphäre auszusetzen.

Herstellung. Der ziegelrote Ton (zur Reproduktion eignet sich z. B. der Ton BGR I aus Guckheim) wurde beim Brennen einer rauchigen Atmosphäre ausgesetzt, in der sich Kohlenstoff auf die Ware absetzte, und zwar um so glänzender, je glatter die Oberfläche war. Auf diese Weise zeichneten sich die vorher einpolierten Streifen und geometrischen Muster auf mattschwarzem Grund ab. Dieser Technik liegen folgende Gesetzmäßigkeiten zugrunde: Aus den Brennstoffen werden Kohlenwasserstoffe frei; das Maximum dieses Vorganges liegt bei 400 °C. Aus ihnen scheidet sich Kohlenstoff auf

Abbildung. Manganschwarz und eisenrot bemaltes thessalisches Gefäß. Diminikultur, um 3000 v. Chr. H. 25,5 cm. Athen: Nationalmuseum.

600–1000 °C heißen Wänden als Glanzkohlenstoff ab. Der Glanz ist nur von der Politur abhängig, nicht von der Temperatur. Die Farbe hellt sich jedoch bei steigender Temperatur auf; unterhalb 900 °C ist das Schwarz am tiefsten. Das bedeutet für die Praxis der Brandführung: Die Ware wird oxidierend auf eine Temperatur von 900 °C gebracht. Da sie Wärme speichert, wird sie beim Abkühlen stets etwas heißer sein als der Brennraum. Das ist günstig, weil dann das Maximum der Kohlenwasserstoffentbindung dem Maximum der Kohlenstoffablagerung nahekommt. Man wird also schon bei beginnender Abkühlung mit der Rauchung einsetzen, aber am Schluß der Rauchung, bei 700 °C, noch einmal kieniges Holz einwerfen und daraufhin den Ofen so dicht wie möglich abschließen, damit der Kohlenstoff nicht wieder wegbrennt. Ist ein solcher dichter Abschluß nicht möglich, muß man das Rauchen bis 400 °C fortsetzen. Ein rotbrennender Ton ist für diese Technik günstig, weil das Eisen die Abscheidung des Glanzkohlenstoffs fördert und durch seine eigene Umwandlung die Schwarzfärbung unterstützt.

Die thessalischen Töpfer verstanden es, durch Ineinanderstellen oder Übereinanderstülpen der Gefäße entweder die Innenflächen vor dem Kohlenstoffzutritt zu schützen – sie erhielten dann eine Keramik, die innen rot und außen schwarz war – oder durch Einlegen von Holzstücken in übereinandergestülpte Gefäße die Kohlenstoffabscheidung nur innen zu erhalten, während der Brand oxidierend geführt wurde. Das ergab eine rotpolierte Keramik mit schwarzen Innenwänden.

Abwandlungen. Die nur außen schwarze Keramik konnte auf der inneren, geschützten Fläche auch bemalt sein. Für diese schwarze Malerei wurde ein mangan- und eisenhaltiger Ton verwendet. Ebenso gab es eine weiß engobierte, manganschwarz bemalte und eine schwarz und rot bemalte Keramik, die nur im oxidierenden Feuer gebrannt wurden und eine ebensolche rotpolierte Ware mit schwarzer Mangan- oder weißer Engobemalerei.

Literatur. *Letsch, J.,* und *Noll, W.* Material und Herstellung antiker C-schwarz-Keramik. Ber.dt. keram. Ges. 55 (1978) Nr. 3 S. 163–168 und Nr. 5 S. 259–261. – *Hauptmann, H.* und *Milojčič, V.* Die Funde der frühen Dimini-Zeit aus der Arapi-Magula, Thessalien. Bonn: Habelt, 1969.

Typ 9

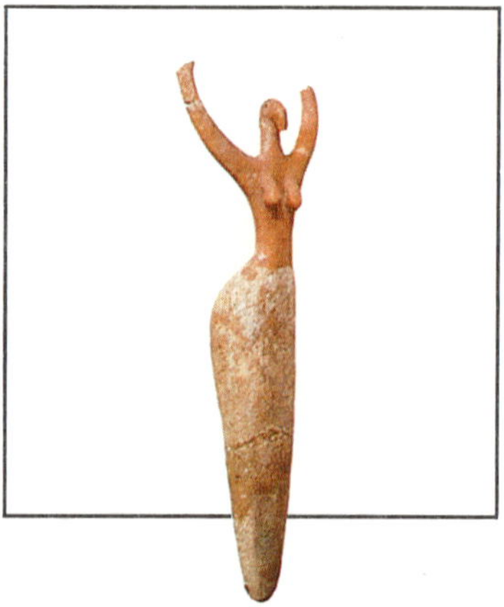

Amrah

Geschichte. Nach El Amrah (El Amre) in Oberägypten wird eine nur im Süden Ägyptens verbreitete Kulturstufe benannt, für die auch die Bezeichnung Naqada I gebräuchlich ist. Sie umfaßt die Zeit von 4200 bis 3600 v. Chr. In dieser Periode tritt die früheste ägyptische Malerei auf: aus geraden Strichen geometrisch vereinfacht dargestellte Flußpferde und Krokodile, also Tiere des sumpfigen Niltals, aber auch andere Tiere, Pflanzen und Menschen. Die Zeichnungen sind in weißen Linien auf eine rotpolierte Keramik (Schalen, Becher und originelle Doppelbecher) gemalt und erinnern an Flechtwerk. Der Archäologe Flinders Petrie hat diese Keramikgattung *white cross lined* genannt. Bemerkenswert sind auch die in diese Kulturstufe gehörigen Frauenfiguren mit erhobenen Armen und einer bestimmten Handhaltung, die offenbar keine Fruchtbarkeitsgöttinnen darstellen. Solche Figuren mit erhobenen Armen und einwärts gebogenen Händen sind auch in Weiß auf rote Becher gemalt. Ihre Gebärde wird als Ritual gedeutet, denn sie ist später in die Hieroglyphenschrift als Zeichen für Lebenskraft aufgenommen worden. Die Menschen wohnten in rechteckigen Häusern, die nicht mehr wie früher aus Lehmbatzen, sondern aus geformten, sonnengetrockneten Lehmziegeln erbaut wurden. Man fand das Tonmodell eines solchen Hauses in El Amrah. Es hat einen Eingang an der Breitseite, dem zwei runde Öffnungen als Fenster gegenüber liegen. Der Grundriß dieses Hauses diente später als Hieroglyphe für »Haus« oder »herauskommen«.

Abbildung. Frauenfigur aus Mohammerije in Oberägypten. 4. Jt v. Chr. H. 29 cm. New York: Brooklyn Museum.

Abbildung. Schale mit drei Nilpferden. *White cross lined ware* aus Meshed, Oberägypten, 4200–3600 v. Chr. Ø 19,4 cm. Boston: Mass. Museum of Fine Arts.

Herstellung. Der mitunter als Nilschlamm bezeichnete Ton ist kalkarm und sandgemagert. Man kann ihn durch den Ton 732 aus Wallmerod, mit 20% grobem Sand gemischt, ersetzen. Den roten Ocker fanden die oberägyptischen Töpfer in Aswan oder in den Oasen der westlichen Wüste. Für den roten Beguß kann man den Ton 50:50 mit Ocker vermischen (siehe Seite 28). Bei der weißschraffierten Ware wird der Beguß mit einem harten, glatten Werkzeug poliert und mit einer weißen Engobe bemalt. Die Ägypter verwendeten für die Weißmalerei schwach gebrannten Gips, den sie kalt aufmalten, der aber nicht gut haftete. Gebrannt wird bei 850 °C.

Abwandlungen. Neben der unbemalten rotpolierten und der weißschraffierten Keramik gab es in der Amratian-Stufe auch eine aus der vorausgegangenen Zeit (der Badari-Stufe) übernommene Schwarzrandkeramik, die Flinders Petrie *black topped* nannte und auf die bereits auf Seite 18 hingewiesen wurde. Diese Schwarzrandkeramik ist der einzige Fall von Eisenreduktionstechnik in Ägypten. Schon von der folgenden Gerzeh-Stufe an wurde Schwarz nur noch aus manganhaltigem Ocker in oxidierender Atmosphäre gewonnen.

Literatur. *Petrie, W. M. F.* Corpus of prehistoric pottery and palettes. London 1921. – *Lucas, A.*, und *Harris, J. R.* Ancient egyptian materials and industries. 4. Aufl. London 1962. – *Noll, W.* Altägyptische Keramik. Fortschr. Miner. 55 (1977) Beiheft 1 S. 101–102. – *Bakr, M. Y.* Beitrag zur Kenntnis ägyptischer Tone und Kaoline. Ber. dt. keram. Ges. 34 (1957) Nr. 6 S. 190–196.

Typ 10

Gerzeh

Geschichte. Die nach Gerzeh in Unterägypten benannte Kulturstufe, die auch als Naqada II bezeichnet wird, dauerte von 3600 bis 3200 v. Chr. und umfaßte ganz Ägypten. Als Symbol dieser Vereinigung des Nillandes, aber auch für Kontakte mit Palästina und Mesopotamien, werden die auf der neu auftauchenden hellgrundigen Keramik rot oder braun aufgemalten Schiffe angesehen. Diese von Flinders Petrie als *decorated ware* (D-Ware) bezeichnete Gattung scheint Steingefäße zu Formvorbildern gehabt zu haben. Sie tritt auch mit aufgemalter Steinmaserung auf, ist hart und klingend gebrannt und gut geglättet, aber nicht poliert. Neben dem Hauptmotiv, dem Schiff, das man auch auf Rollsiegeln dargestellt findet, sind Tiere – häufiger Landtiere (Gazellen, Giraffen) als Wassertiere (Sumpfvögel) – dargestellt. In der Malerei ist die Gruppierung zusammengehöriger Elemente neuartig, unter den Formen sind die Teller neu, aber auch aus Palästina übernommene hohe Töpfe mit zwei Wellenrippen als Handgriffe (*wavy handed ware*), in denen Fette und Salben aufbewahrt wurden. Auf Kontakte mit Mesopotamien wird von manchen Forschern das Aufkommen der Schrift um 3200 in Ägypten zurückgeführt, obwohl das ägyptische Schriftsystem völlig eigenständig ist. Mit der Gerzeh-Stufe endet die figürliche Keramikmalerei Ägyptens; in der folgenden Zeit der 1. Dynastie wird sie von einer unbemalten Ware abgelöst.

Abbildung. Gerzeh-Keramik, Nordägypten 3600–3200 v. Chr. H. 40 cm. Hannover: Kestnermuseum.

Herstellung. Im Gegensatz zur südlichen Amrah-Keramik ist die nordägyptische Ware aus einem kalkreichen Ton hergestellt. Man kann ihn durch einen Mergelton oder durch Zusatz von 20% Kalkmergel oder Kalkspat zu einem kalkarmen Ton (z. B. Ton 732 von Wallmerod) ersetzen. Die Malerei ist mit einem manganfreien Ocker ausgeführt. Ihre Braunfärbung weist auf Überfeuerung hin. Die Brenntemperatur soll aus diesem Grund 1000 °C nicht überschreiten.

Abwandlungen. Neben der für das Gerzeh typischen D-Ware gibt es in dieser Kulturstufe auch eine dunkelbraune bis schwarze Keramik mit weißen Inkrustationen (*black incised ware*), die bereits in der Badari-Stufe bekannt war. Man kann sie aus einem handelsüblichen schwarzen Ton (Manganton) erhalten, den man nach dem Einritzen der Muster weiß engobiert. Nach dem Trocknen schabt man die Engobe von den erhabenen Stellen ab.

Literatur. *Lucas, A.*, und *Harris, J. R.* Ancient egyptian materials and industries. 4. Aufl. London 1962. – *Noll, W.* Altägyptische Keramik. Fortschr. Miner. 55 (1977) Beiheft 1 S. 101–102. – *Bakr, M. Y.* Beitrag zur Kenntnis ägyptischer Tone und Kaoline. Ber.dt.keram.Ges. 34 (1957) Nr. 6 S. 190–196.

Typ 11

Ägyptische Fayence

Geschichte. Als ägyptische Fayencen werden glasierte Sandfritten verstanden. Das unglasierte Produkt wird als Fritte bezeichnet. Es diente in Ägypten, Assyrien und Babylonien zur Herstellung von Perlen, Siegeln, Figuren und Gefäßen. Die ersten glasierten Perlen fand man aus der Steinkupferzeit Ägyptens, dem 4. Jt. v. Chr. Die ersten Fayenceplastiken stammen aus frühdynastischen Heiligtümern und Gräbern um 2700 v. Chr. Ein durch Lebendigkeit und Vielfalt gekennzeichneter Höhepunkt der Fayencefigurenplastik lag im Mittleren Reich (2040–1785), dann scheinen die Künstler in der Kulturkrise und den Wirren der Hyksoszeit (1650–1550) ihre Zuflucht auf Kreta gefunden zu haben, wo nach 1700 v. Chr. in der Periode Mittelminoisch III überragende Fayenceplastiken hergestellt wurden. Als zweiter Höhepunkt in Ägypten gilt die Amarnazeit (1359–1347). Diese Fayencen sind kräftig gefärbt, während sie in der Früh- und in der Spätzeit blaßgrünlich sind.

Herstellung. Die ägyptische Fayence besteht aus drei Schichten: Grundkörper, Hüllschicht und Glasur.

Der Grundkörper wurde in Ägypten aus Wüstensand, der mit eisenhaltigem Ton und Kalk verunreinigt ist, und Natursoda hergestellt. Zur Reproduktion verwendet man am besten eine Mischung aus 91 Eisenberger Klebsand, 3 Kalkspat und 16 kristalliner Soda (oder 6 kalzinierter Soda). Ein Teil des Sandes wird feinst zerrieben

Abbildung. Nilpferd aus Mêr, 12. Dyn., um 1950 v. Chr. H. 12,2 cm. New York: Metropolitan Museum of Art.

und als feines Pulver der Mischung zugefügt, die man mit Wasser und Gummi arabicum oder Dextrin anteigt. Sie läßt sich dann plastisch verformen oder in eine mit Wachs eingefettete Form streichen. Nach dem Trocknen ist das Arbeitsstück fest und kann nachgearbeitet werden. Dann wird es bei 800 °C gebrannt, wobei sich aus einem Teil der Mischung ein Glas bildet, das die restlichen Sandkörner verkittet. Nach dem Brennen ist das Arbeitsstück weiß und porös.

Die Hüllschicht ist gefärbt und dient sowohl zur Intensivierung der endgültigen Farbe als auch zur Glättung der Oberfläche. Dazu muß die gesamte Mischung auf der aufgerauhten Glasplatte mit dem Glasreiber feinst verrieben werden. Sie besteht aus 90 Sand, 24 kristalliner Soda (oder 9 kalzinierter), 1 Kalkspat und 25 Kupferkarbonat. Sie wird mit Wasser und Dextrin so flüssig angemacht, daß man das poröse Arbeitsstück durch Eintauchen damit überziehen kann. Nach dem Trocknen erfolgt der zweite Brand, bei 700 °C. Das Ergebnis ist eine blaugrüne Fritte.

Die Glasur wird aus 54,3 Sand, 116,5 kristalliner (oder 43,2 kalzinierter) Soda, 2,5 Kalkspat und 25 Kupferkarbonat zusammengesetzt. Die Mischung wird wiederum feinst verrieben, mit Klebstoff und Wasser angerührt und durch Tauchen auf das Arbeitsstück aufgebracht, das zum dritten Mal, bei 700 °C, gebrannt wird. Das Ergebnis ist die blaugrüne ägyptische Fayence.

Abwandlungen. Einen großen Aufschwung nahm die Frittenkunst mit der Erfindung des Ägyptisch Blau als blaue Fritte und der wahrscheinlich auf einem ungewollten Farbumschlag beruhenden grünen Fritte. Die ägyptischblaue Fritte erhält man nach der geschilderten Methode aus 36 Sand, 10,8 kristalliner (oder 4 kalzinierter) Soda, 7,2 Kalkspat und 8,6 Kupferkarbonat bei sechsstündiger Erhitzung auf 850 °C. Vermindert man den Sodaanteil um die Hälfte und erhöht dafür den Kalkspat auf 10%, so schlägt das Blau in Grün um.

Man kann die Fritten auch in einer Tonform brennen, wenn man diese vorher mit Kaolinschlamm als Trennmittel ausstreicht. Nach dem Brennen müssen die Stücke jedoch nachgearbeitet werden.

Literatur. *Kühne, K.* Zur Kenntnis silikatischer Werkstoffe und der Technologie ihrer Herstellung im 2. Jahrtausend vor unserer Zeitrechnung. Berlin: Akademie-Verlag, 1969.

Typ 12

Kamares

Geschichte. Der Name stammt von der Kamares-Höhle im Ida-Gebirge, einem Fundplatz mittelminoischer Keramik im Süden von Kreta. Die mittelminoische Zeit umfaßt das 20. bis 17. Jh. v. Chr. und wird in drei Phasen eingeteilt. Die schwarzgrundierte, durch weiß-gelb-rote Malerei gekennzeichnete Keramik vom Kamares-Typ entwickelte sich in Phase I (20./19. Jh.) und fand ihren Höhepunkt in Phase II (18. Jh.). Bereits vor dem 20. Jh. war die Hell-auf-Dunkel-Malerei erfunden worden; im 19. Jh. kam dann zum ersten Mal die Töpferscheibe in Gebrauch. Unter der Keramik des 18. Jh. gibt es auch eine dünnscherbige, sogenannte Eierschalenkeramik; diese ist jedoch auf kleine Gefäße, meist einhenkelige Tassen, beschränkt. Die Keramik vom Kamares-Typ konzentrierte sich auf die großen Paläste von Knossos, Phaistos und Mallia. Um 1700 endete die Phase II mit einer gewaltigen Erdbebenkatastrophe, durch die die Paläste zerstört wurden. Im 17. Jh. (Phase III) ist ein deutlicher Rückschritt zu verzeichnen; es gibt zwar eine Weiß-auf-Schwarz-Bemalung, aber nur noch selten Rot.

Herstellung. Der Kamares-Ton ist hellbräunlich und reich an Eisen und Kalk. Ihm entspricht in der Brennfarbe der Ton 732 von Wallmerod. Man kann ihm noch 22% Kalkspat zusetzen, um auf den Kalkgehalt des Kamares-Tones zu kommen. Der Kalk macht den Scherben bei niedrigeren Temperaturen fester und verleiht ihm ein

Abbildung. Kamares-Krug aus dem alten Palast von Phaistos, um 1850/1700 v. Chr. H. 27 cm. Heraklion: Museum.

günstigeres Ausdehnungsverhalten, wodurch Engoben (und Glasuren, beim Kalksteingut) besser haften. Der hohe Kalkgehalt hatte jedoch in damaliger Zeit noch eine zusätzliche Bedeutung: Er machte den Ton unempfindlicher gegen Temperaturschwankungen zwischen 850 und 1100 °C, gewährleistete also eine gleichbleibende Qualität auch beim Unter- oder Überfeuern.

Die bemerkenswerteste Eigentümlichkeit der Kamares-Keramik ist die schwarze Grundierung, die fast schon eine Glasur darstellt. Sie ist reich an Kalium- und Eisenoxid. Bei ihrer Zusammensetzung muß man bestrebt sein, der eutektischen Mischung von 70 Kieselsäure, 20 Kaliumoxid und 10 Tonerde möglichst nahe zu kommen, z. B. durch folgendes Rezept: 57 Wallmeroder Ton, 20 Pottasche, 18 Quarzsand und 5 Eisenoxid. Dann erhält man bei der für Kamares (aus dem Stadium der thermischen Reaktionen) ermittelten Brenntemperatur von 1100 °C eine verglaste schwarze Schicht.

Die weiße und rote Malerei wird auf die rohe schwarze Grundschicht aufgetragen. Das Weiß besteht aus Specksteinpulver mit 10% gelöschtem Kalk als Bindemittel, das Rot aus Terra rossa, die dem Ocker entspricht.

Abwandlungen. In spätminoischer Zeit (16. Jh.) machte sich ein für die weitere Zukunft der Keramik bedeutender technischer Umschwung bemerkbar. Die bei der Kamares-Ware noch ziemlich blasige und grobe schwarze Sinterschicht wurde glatter, homogener und glänzender, weil der Ton feingeschlämmt verwendet wurde. Diese Technik war offensichtlich nach der Halaf-Periode (Typ 3) wieder in Vergessenheit geraten und wurde durch die spätminoischen Töpfer neu erfunden. Sie legten damit den Grundstein für die Glanztontechnik, auf dem sich die hochstehende antike Keramik entwickeln konnte.

Literatur. *Evans, A.* The Palace of Minos at Knossos. 1921–36. – *Noll, W., Holm, R.,* und *Born, L.* Chemie und Technik altkretischer Vasenmalerei vom Kamares-Typ. Die Naturwissenschaften 58 (1971) Nr. 12 S. 615–618. – *Blin-Stoyle, A. E.,* und *Richards, E. E.* Spectrographic Analysis of Mycenaean and Minoan Pottery. Archaeometry 4 (1961) S. 33–38. – *Walberg, G.* Kamares. A Study of the Character of Palatial Middle Minoan Pottery. Uppsala: Acta Univ. Ups. Boreas, 1976.

Typ 13

Amarna

Geschichte. Amenophis IV. (1365–48), Pharao der 18. Dynastie, brach mit der religiösen Tradition und erhob den Kult des Aton – der Sonnenscheibe – zur zentralen Idee, nach der sich Religion, Kultur, Kunst und Gesellschaft ausrichteten. Er selbst nannte sich fortan Echnaton und verlegte seinen Regierungssitz nach Tell el-Amarna. Nach seinem Tode wurde Amarna aufgegeben und zerfiel. Die Amarnazeit (1359–1347) war eine revolutionäre Episode in der Geschichte Ägyptens. Schon unter Amenophis III. begann die »blaue Phase« der ägyptischen Keramik, die bis zum Beginn der 19. Dynastie andauerte und ihren Höhepunkt in der Amarnazeit hatte. Sie beruhte auf der Verwendung eines gesondert gebrannten Blaupigments. Die Kenntnis seiner Herstellung ging in der Spätzeit verloren. Erst 1804 wurde es als Thenards Blau neu erfunden.

Herstellung. Benutzt wurde der am Flußbettrand des Nil abgelagerte alluviale Schieferton (häufig als »Nilschlamm« bezeichnet) von hell- bis dunkelbrauner Brennfarbe, sandgemagert und hart gebrannt. Dieser Ton ist im Gegensatz zu den Kaolin- und Sandsteintonen Nubiens kalkarm, entspricht also den auch bei uns handelsüblichen Tonen von bräunlicher Brennfarbe, z. B. dem Ton 732 aus Wallmerod. Man kann ihn mit 10 bis 20% Sand magern und feingeschlämmt als Engobe verwenden. Dunkel brennende Teile des Tones wurden

Abbildung. Gefäß, dessen Form und Bemalung für die »blaue Phase« während der Amarnazeit typisch ist. H. 50 cm. Um 1360 v. Chr. Berlin, Staatl. Mus. Preuß. Kulturbesitz. Ägyptisches Museum.

als Malschlicker benutzt, mit dem die Leitlinien für die spätere Kaltmalerei gezogen wurden. Diesem Material entspricht eine braune Engobe. Die Brenntemperatur beträgt 900 °C. Das Blaupigment ist ein Kobaltaluminat, das durch sechsstündiges Glühen einer Mischung aus 19 Kobaltoxid, 77 Tonerdehydrat, 2 Zinkoxid und 2 Kaliumchlorid bei 900 °C entsteht. Zu Pulver zerkleinert und mit 5 bis 10% Gips und Wasser angerührt, läßt es sich mit dem Pinsel auftragen.

Abwandlungen. Das Vorzeichnen von Konturen und ihre Befestigung im Brand ist eine seit dieser Zeit häufig anzutreffende keramische Technik. Man kann die Konturen auch in einem weißen oder anders getönten Malschlicker auftragen und diese Technik auch mit keramischen Emaillen (Seite 121), wie beim Émail sur biscuit, kombinieren.

Literatur. *Eggebrecht, A.* Keramik. In: Das Alte Ägypten. Propyläen Kunstgeschichte, Bd. 15. Berlin: Propyläen, 1975. – *Noll, W.*, und *Hangst, K.* Zur Kenntnis der altägyptischen Blaupigmente. Neues Jb. Mineralogie. Monatshefte 1975. S. 209–214.

Typ 14

Troja

Geschichte. Der Sage nach hat Tros, ein Enkel des Dardanos, Troja, 6 km von den Dardanellen entfernt, gegründet. Heinrich Schliemann grub es seit 1870 im Ruinenhügel von Hissarlik aus und fand einen Goldschatz, der im zweiten Weltkrieg zum Teil verlorenging. Schliemann grub auch in Mykene und Orchomenos Königsgräber aus und fand weitere Goldschätze, aber auch eine scheibengedrehte einfarbige Keramik in metallähnlichen Formen, die er nach dem Gründer und König von Orchomenos, Minyas, als »minysch« bezeichnete. Diese Art von Keramik fand man auch in Troja VI (1800–1300 v. Chr.). Sie ist wahrscheinlich anatolischen Ursprungs, vorwiegend Grau, aber auch Rot oder graugelb, je nach Feuerführung.

Die Töpferscheibe hatte schon in der Periode II (vor 2200 v. Chr.) in Troja Eingang gefunden. Sie kam ebenfalls aus dem Osten, wie der sogenannte Depasbecher (*depas amphikypellon*), ein schlanker Becher mit zwei hohen Henkeln, den man lange Zeit für eine trojanische Erfindung hielt. In Troja V (21. und 20. Jh. v. Chr.) gab es Schüsseln mit roten Kreuzmustern auf den Innenwänden (*red-cross bowls*), die gleichfalls auf östlichen Einfluß zurückgeführt werden. Am Ende von Troja VI, um 1300, wurde die Stadt zerstört, dann aber wieder aufgebaut (VIIa) und um 1250 erneut zerstört, was der Ausgräber C. Blegen auf den Sieg Agamemnons über Priamos im Trojanischen Krieg zurückführt. In der folgenden Periode (VII b)

Abbildung. Anthropomorphes Gefäß mit Stülpdeckel in Kopfform. Troja II–V, 2200–1900 v. Chr. H. 15 cm. Berlin: Staatl. Museen Preuß. Kulturbesitzer, Museum f. Ur- u. Frühgeschichte.

trat eine aus Mitteleuropa eingeführte schwarze, handgeformte, polierte Buckelkeramik wie in Ungarn auf, was mit einer Invasion illyrischer Volksstämme aus Mitteleuropa erklärt wird. Um 1800 zerstörte erneut ein Brand die Stadt. Sie bestand aber weiter in hellenistischer und römischer Zeit und wurde von Kaiser Augustus als Ilium novum aufgebaut.

Herstellung. Trojanische Keramik wurde von Wayne M. Felts an der Universität von Cincinnati petrographisch untersucht, woraus sich folgende Schlüsse über die Herstellung ziehen lassen: In Troja II verwendete man einen sandgemagerten Ton, der gegen Ende der Periode II auch mit zerkleinerten Muschelschalen, Scherbenmehl (Schamotte) und Stroh gemagert wurde. Von Troja III an wurde der Ton geschlämmt und mit den gleichen, feinzerkleinerten Magerungsmitteln versetzt. Die Brenntemperatur betrug in II unter 573 °C (ß→α-Quarzumwandlung), in III unter 670 °C (α-Quarz → α-Tridymit-Umwandlung). In Periode VI zeigte dieser feingeschlämmte Ton bereits Sinterung, jedoch noch keine Zersetzung des Kalziumkarbonats (700 °C). Die Brandatmosphäre war überwiegend reduzierend. In Troja III wurde die Keramik auch für Kupferschmelztiegel verwendet. Letsch und Noll haben festgestellt, daß die schwarzpolierte trojanische Keramik als Schwarzpigment feinverteilten Kohlenstoff enthält.

Abwandlungen. Schon in Troja I (2600–2300 v. Chr.) gab es eine mit eingeritzten Gesichtern verzierte Keramik. Seit Periode II sind dann anthropomorphe Gefäße über mehrere Stufen zu verfolgen. Es sind Urnen mit darübergestülptem Deckel in Kopfform oder Gesichtsgefäße, bei denen der Deckel die Mütze darstellt. Daneben gibt es auch zahlreiche zoomorphe Gefäße, meist als Schnabelkannen.

Literatur. *Felts, W. M.* A Petrographic Examination of Potsherds from Ancient Troy. Amer. J. Archaeology 46 (1942) Nr. 2 S. 237–244. – *Letsch, J.,* und *Noll, W.* Material und Herstellung antiker C-Schwarz-Keramik. Ber. dt. keram. Ges. 55 (1978) Nr. 3 S. 163–168 und Nr. 5 S. 259–261.

Typ 15

Kültepe

Geschichte. Kültepe, das alte Kaneš (= Neša, mit »nesisch« sprechender Bevölkerung), 20 km nordöstlich von Kayseri gelegen, war der Hauptort der hethitischen Frühzeit, die mit Recht als die schöpferischste Periode der hethitischen Keramik bezeichnet wird. Kültepe bestand aus der hochgelegenen Stadt der Einheimischen und aus einer Siedlung von assyrischen Kaufleuten, Karum Kaneš (= Handelszentrum von Kültepe), am Fuß dieses Stadthügels. Diese Siedlung war selbst eine blühende Stadt mit zum Teil zweistöckigen Häusern, mit Archiven, Werkstätten und Depots. Die Assyrer, die auf Grund von Verträgen hier Handel – vor allem mit Kupfer – trieben, brachten die assyrische Keilschrift mit, die von den Hethitern übernommen wurde, führten Rollsiegel ein und hinterließen auf Tontafeln in altassyrischer Sprache niedergeschriebene Verträge, Urkunden und historische Nachrichten. In Gesellschaft dieser Tontafeln fand sich auch die Mehrzahl der Keramik. Unter zahlreichen anderen assyrischen Handelskolonien war Kültepe die wichtigste und das führende Wirtschaftszentrum Mittelanatoliens. Diese Zeit wird auch als Karum-Periode bezeichnet. Sie dauerte von 1910 bis 1830, als Kaneš durch eine Brandkatastrophe zerstört wurde. Nach einer Unterbrechung von 15 Jahren folgte eine zweite Karum-Periode bis 1742 v. Chr.

Die Keramik von Kültepe war zum Teil einfarbig, rotbraun engobiert und poliert mit metallähnlichen Formen (»Teekannen«), zum

Abbildung. Kultgefäß. Um 1900 v. Chr. H. 17,8 cm. Paris: Louvre.

Abbildung. Hethitische Figurengefäße.

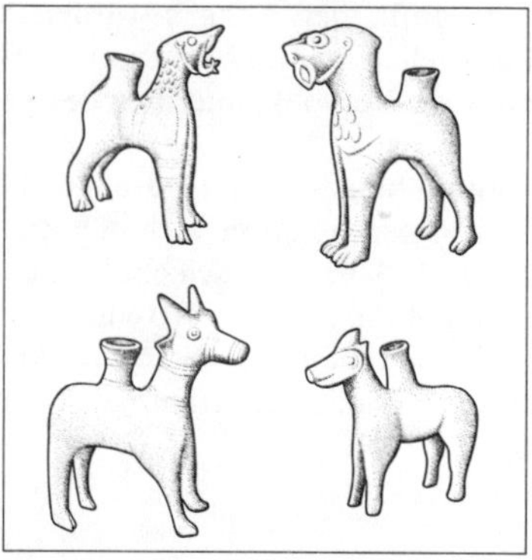

Teil mehrfarbig mit geometrischen Mustern oder Wellenlinien bemalt. Die Töpferscheibe kam Ende des 3. Jh. hier auf. Zu den schönsten Objekten der Periode der assyrischen Kolonisten gehören Tiergefäße. Einige von ihnen sind einfarbig rotpoliert, andere bemalt. Sie wurden bei Trankspenden von Wein und Bier an die Götter benutzt. Den gefundenen Texten nach waren gewisse Tiere bestimmten Göttern heilig.

Um 1740 wurden die Städte zerstört und die Handelsniederlassungen endgültig aufgegeben. Um 1700 entstand das Hethiterreich, in dem die monochrome, rotpolierte Drehscheibenware zwar dominierte, aber keine besondere Rolle mehr spielte. In der Großreichszeit (1450–1200) gehörte das Hethiterreich neben Ägypten und Babylonien zu den Großmächten. Um 1200 ging es unter dem Ansturm barbarischer Völker aus dem Westen unter. Späthethitische Kleinstaaten hielten sich in Syrien noch bis 711 v. Chr.

Herstellung. Die hethitische Keramik ist vor allem durch ihre Formen gekennzeichnet, die Metallgefäßen nachgebildet und so zart und zerbrechlich sind, daß sie einen gut aufbereiteten, dichten Ton erforderten. Die Ware wurde oxidierend bei etwa 1000 °C gebrannt. Die Farben der polychromen Keramik waren Rot durch Eisen, Schwarz durch Mangan und Weiß. Die monochrome, polierte Ware ist überwiegend rot oder durch Überfeuerung braun, selten weiß.

Die Figurengefäße sind frei modelliert, zerschnitten, ausgehöhlt, wieder zusammengefügt, engobiert, poliert und bemalt.

In Bitik bei Ankara wurden Vasenbruchstücke mit figürlichen Flachreliefs aus der Zeit um 1400 v. Chr. gefunden. Sie gelten als höfische Vervollkommnung des polychromen Stils.

Abwandlungen. Die Figurengefäße der Frühzeit gab es nicht nur in Tierformen, sondern auch in Form von Stiefeln, die das Symbol einer höheren sozialen Schicht waren. Auch in althethitischer Zeit (1600–1450 v. Chr.) erfreuten sich die Figurengefäße (Rhyta) großer Beliebtheit, nur waren es dann Kopfgefäße von großer Naturtreue und keine ganzfigurigen Tierformen.

Literatur. *de Genouillac, H.* Céramique cappadocienne. 2 Bde. Paris 1926. – *Akural, E.*, und *Hirmer, M.* Die Kunst der Hethiter. München: Hirmer, 1976.

Typ 16

Marlik

Geschichte. Marlik ist ein Ort in der Provinz Gilan, der fruchtbarsten Landschaft des Iran, am Südwestufer des Kaspischen Meeres gelegen. In Marlik fand man fünfzig Gräber von Kriegerkönigen, Königinnen und Fürsten aus der Zeit zwischen 1350 und 883 v. Chr. Es war die Zeit der Eroberung des Landes durch die Iranier, die hier um 1250 seßhaft wurden. Als Ackerbauern verehrten sie den Stier, in dessen Sternbild die Plejaden im Mai die Ernte ankündigten und im Oktober an die neue Aussaat erinnerten. Krüge in der Gestalt des Buckelrindes enthielten das Lebenswasser, das – als Grabbeigabe – dem Toten die Wiedergeburt ermöglichen sollte. Neben dieser Keramik enthielten die Gräber die berühmten Luristanbronzen; das waren die Geschirrbeschläge für die Streitrosse, die vor die Kriegswagen gespannt wurden.

Herstellung. Die Töpfer von Marlik modellierten die hohlen Figurengefäße aus einem graubrennenden Ton, den sie mit einer rotbrennenden Engobe überzogen, die sie vor dem Brand mit einem glatten, harten Werkzeug, z. B. einer Messerklinge, polierten. Die Polierspuren sind deutlich zu sehen. Man hat herausgefunden, daß die urgeschichtlichen Töpfer neben dem Trockenpolieren auch das Naßpolieren kannten, bei dem das Polierwerkzeug angefeuchtet wurde. Dadurch bildete sich an Ort und Stelle eine dünne Schlickerschicht (*self slip*), die ähnlich wie ein Überguß von Feinschlamm wirkte. Poliertes

Abbildung. Figurengefäß in der Gestalt eines Buckelrindes. Marlik, Iran, um 1100 v. Chr. H. 19 cm. Teheran: Bastan-Museum.

Abbildung. Figurengefäße des Marlik-Typs, die auch nach dem benachbarten Ort Amlach benannt werden: Rind, Packesel, Ente und Hirsch. Provinz Gilan, Iran, um 1100 v. Chr.

darf nicht höher als 850 °C gebrannt werden, weil sich sonst die feinen Tonkristallplättchen, die glattgestrichen wurden, wieder aufbäumen.

Abwandlungen. Die Tierfiguren aus Marlik sind mit einem bewundernswerten Ideenreichtum abgewandelt und stilisiert. Keines der Buckelrinder, Pferde, Bären, Enten gleicht dem anderen und doch besitzen sie einen gemeinsamen Stil. Man kann sie entweder im vollen Stück modellieren, zerschneiden, aushöhlen und mit Tonschlicker wieder zusammenkleben, oder man kann Teile auf der Scheibe drehen, zuschneiden und zusammenmontieren.

Literatur. *Mazaheri, A.* Der Iran und seine Kunstschätze. Genf: Skira, 1970. *Gabus, J.*, und *Junod, R.-L.* Amlach-Kunst. Orbis Pictus Bd. 47. Bern: Hallwag, 1967.

Typ 17

Rössen

Geschichte. Nach dem Ortsteil Rössen der Stadt Leuna, Kreis Merseburg, ist die jungsteinzeitliche Kulturgruppe Südwest- und Mitteldeutschlands benannt, die auf die jüngere Bandkeramikkultur folgte und in die Zeit zwischen 2600 und 1800 v. Chr. gesetzt wird. Wie schon in der vorangegangenen bandkeramischen Kultur, wohnten die Menschen in extrem großen Langhäusern. Das größte, von 85 m Länge und 8 m Breite, fand man in Bochum-Hiltrop. Sie werden als Gehöfte gedeutet. Es gab aber auch mit Palisaden befestigte Dörfer, Höhen- und Ufersiedlungen mit Gemeindehäusern, denen man eine soziale oder kultische Funktion zuschreibt. Die Keramik unterscheidet sich von der Bandkeramik durch tiefe Einstichverzierungen, zumeist als Doppelstiche, sogenannte Geisfußeinstiche, die teppichartig oder wie Textilspitzen die Fläche überziehen. Häufig sind es Zickzackbänder, wie sie auch auf den weißgetünchten Lehmverputz der Flechtwerkwände der Häuser aufgemalt waren. Die Einstiche auf der Keramik waren weiß (selten rot) inkrustiert, und zwar nicht nur in der üblichen Art der Ausfüllung der Vertiefungen (positive Inkrustation), sondern auch als weiße Fläche, aus der die Tonmasse als dunkles Muster hervortrat (negative Inkrustation). Eine inkrustierte Keramik gab es gleichzeitig auch in der Megalithkultur Norddeutschlands (2300–1800 v. Chr.), die an das Gebiet der Rössener Kultur angrenzte.

Abbildung. Kugeltopf der Rössenkultur mit Geisfußeinstichen (Inkrustation verwittert). H. 12,5 cm. Berlin: Staatl. Museen Preuß. Kulturbesitz, Museum f. Ur- u. Frühgeschichte.

Herstellung. Für das Gefäß selbst wurde ein feinkörniger, eisenhaltiger Ton verwendet (zur Reproduktion eignet sich z. B. der Ton BGR I aus Guckheim), der ziemlich dickwandig verarbeitet wurde. Typische Formen sind Fußvasen, kugelförmige Näpfe mit Rundboden und Vierzipfelschüsseln. Die Geisfußeinstiche und Tiefstichfurchen wurden mit einem zweizinkigen Werkzeug im feuchten Ton angebracht. In seltenen Fällen hat man die Oberfläche auch durch Schnittlinien und Schnittschraffuren aufgerauht. Nach dem Trocknen und Nacharbeiten der Muster wurde das Gefäß bei etwa 900 °C reduzierend gebrannt, wobei es eine schwarze Farbe annahm. Die Inkrustationsmasse entsprach einem Kalkmörtel und wurde kalt aufgetragen. Während sie in der Megalithkultur unter Zusatz von Knochenasche hergestellt wurde, bestand sie in der Rössener Kultur aus tonhaltigem ausgebrannten Kalk. Die nach Analysen in Reproduktionsversuchen ermittelten Mischungen waren: für die megalithische Inkrustationsmasse 1 Teil Ätzkalk (Muschelschalen) auf 8 Teile Knochenasche; für die Rössener Inkrustationsmasse 1 Teil Ätzkalk auf 5 Teile feuchten Quark. Ein solcher Kasein-Kaltleim war schon den Ägyptern der 3. und 4. Dynastie (2750–1980) bekannt. Er vermag auch Holzkohlepulver oder Hammerschlag (oder Ocker) für schwarze bzw. rote Inkrustationen zu binden und eignet sich auch zur Verarbeitung von Knochenasche nach dem Rezept: 50 Knochenasche, 2 Ätzkalk und 15 Quark. Zum Auftragen der Inkrustationsmasse wird die gebrannte Keramik mit Wasser getränkt, damit der Mörtel nicht »verdurstet«, dann wird die Masse pastenförmig aufgetragen und von den unerwünschten Stellen abgewischt. Sie erhärtet nach 3–5 Tagen zu einer steinharten Masse.

Abwandlungen. Für die Inkrustation eignen sich auch die Muster der Bandkeramik, die nicht eckig sind wie die der Rössener Kultur, sondern spiralförmig, mit gefüllten oder durch genoppte Querriegel zusammengefaßten, liegenden oder sattelförmigen Spiralen, oft schwalbenschwanzförmig endend, mit Noppen, Zapfen und Schnurösen kombiniert oder wie Musiknoten aus parallelen Linien bestehend, in die Punkte eingetieft sind (»Notenkopfverzierung«).

Literatur. *Niquet, F.* Die Rössener Kultur in Mitteldeutschland. Jahresschrift f. Vorgesch. d. sächs.-thüring. Länder. 26 (1937). – *Stroh, A.* Die Rössener Kultur in Süddeutschland. 28. Ber. Röm.-German. Kommission 1938. Berlin: Reichsverlag. – *Geilmann, W.*, und *Gebauhr, W.* Die Inkrustationen jungsteinzeitlicher Gefäße. Ber. dt. keram. Ges. 31 (1954) Nr. 10 S. 329–336.

Typ 18

Yang-shao

Geschichte. Nach dem Siedlungsplatz Yang-shao-ts'un in der Provinz Honan wird die neolithische Yang-shao-Kultur Nordchinas benannt. Sie brachte eine bewundernswert schöne Keramik hervor. Es war eine Kultur von Ackerbauern und Viehzüchtern des Lößgebietes am Mittellauf des Gelben Flusses in den späteren Provinzen Kansu, Shensi, Shansi und Honan. Man hat zumeist Hirse angebaut. Die Häuser waren überwiegend rund, selten viereckig, stets in den Boden eingetieft, und besaßen Wände aus Stangen- oder Reisiggeflecht mit dickem Lehmmantel, die bienenkorbartig zu einer Kuppel geformt waren, die von Mittelpfosten getragen wurde. Der Eingang lag immer im Süden, der Herd immer in der Mitte des Hauses. Der Beginn dieser Kultur wird von Chinesen um 4000 v. Chr. angesetzt. Sie wurde von der ersten historischen Kulturstufe Chinas, der Shang-Zeit (16.–11. Jh.), abgelöst.

Die Keramik der Zentralregion (Shensi) ist durch ihre stilisiert gemalten Menschenköpfe mit Strichaugen und Kopfbedeckung bemerkenswert; die der Westregion (»Kansu-Yang-shao«) durch ihre spiralförmigen Muster und durch Gefäßdeckel mit aufmodellierten Menschenköpfen. Die Ostregion (Honan) mit weiß engobierter und geometrisch überwiegend schwarz, seltener rot bemalter Keramik überlappt sich mit der Lung-shan-Kultur, die in Shantung am stärksten ausgeprägt war und bereits über die Töpferscheibe verfügte.

Abbildung. Schale aus Pan-po-ts'un in Shensi. 4000 v. Chr. Peking: China Publ. Centre.

Hier gab es eine schwarzpolierte, sehr dünnwandige Ware ohne Malerei.

Herstellung. Die Tone der Lößregion sind eisenhaltig, kalkreich und von gelblichroter Brennfarbe. Man kann sie durch den Ton 732 von Wallmerod mit 20% Kalkspatzusatz ersetzen. Die Ware wurde oxidierend bei der ermittelten Temperatur von 1020 °C gebrannt. Die Malschlicker waren eisenreich durch Ockerzusatz für Rot bis rotbraun, manganhaltig für violettbraun bis Schwarz. Die Yang-shao-Keramik war aus Wülsten aufgebaut und mit einem Schlegel geklopft, wobei ein Holzpilz gegengehalten wurde, um Eindellungen zu vermeiden.

Abwandlungen. Für die Keramik der Westregion ist die Farbzusammenstellung Violett/Schwarz auf rotem Tongrund charakteristisch, wobei die Spiralmuster (auch Schachbrettmuster) nur den oberen Teil der bauchigen Gefäße schmücken. Es gibt jedoch auch Spiralmuster nur in Schwarz auf rotem Grund, die das ganze Gefäß überziehen, sowie krötenartige Darstellungen, die sich in den Innenkreis von Schalen einfügen. Sehr interessant sind die aufmodellierten Köpfe mit Gesichtsbemalung, die in Körperbemalung übergeht. Eine gröbere Ware der Yang-shao-Keramik ist mit tauumwickelten Schlegeln geklopft, die Rillen hinterlassen haben.

Literatur. *Medley, M.* The Chinese Potter. Oxford: Phaidon, 1976. – *Ganter, K.* Deutung der Ornamentik prähistorischer Keramik unter Berücksichtigung der chinesischen Schrift. Berichte dt. keram. Ges. 35 (1958) Nr. 1 S. 1–8 und Nr. 2 S. 47–53. – *Wu, G. D.* Prehistoric Pottery in China. London 1938.

Typ 19

Jōmon

Geschichte. Jōmon ist die japanische Bezeichnung für Schnurmuster. Diese Keramik wurde von den neolithischen Ureinwohnern Japans vor der Seßhaftwerdung, etwa 3000 bis 300 v. Chr., hergestellt. Bei der ältesten Jōmonkeramik sind spitzbodige, konische Becher mit Schnur-, Kamm- oder Muscheleindrücken verziert, später folgen einfache Töpfe mit flachen Böden und eingedrücktem Feder- oder Fischgrätenmuster. Am eindrucksvollsten sind die Gefäße aus dem 2. Jahrtausend v. Chr. mit reicher plastischer Verzierung, die wegen ihrer vitalen Kraft besonders von Bewunderern der modernen Kunst in Japan hoch geschätzt werden. Sie sind mit aufgelegten Tonwülsten, die auch spiralförmig gerollt sein können, mit Schnur- oder Matteneindrücken gemustert oder geritzt. Aus dem selben Zeitabschnitt gibt es auch Gefäße mit aufgelegten Masken. Im Süden Japans verwendete man geschnitzte Holzstöcke, die auf dem feuchten Ton abgerollt wurden.

Herstellung. Die Jōmonkeramik ist aus bräunlichem, sandgemagerten Ton frei aufgebaut. Geeignet ist z. B. der Ton 732 von Walmerod, dem man 20% groben Sand zumischen kann. Man baut zuerst den Grundkörper aus Wülsten oder Platten auf und drückt die Kordel oder Matten, nachdem man sie vorher in Wasser getaucht hat, ein oder rollt sie auf dem Ton ab. Dazu können etwa 20 cm lange Rundhölzer, am besten dickere Bambushölzer, mit Kordel umwickelt werden. Man kann auch Holzpaddel oder Kochlöffel mit Kordeln um-

Abbildung. Jōmon-Keramik, 2. Jt. v. Chr., H. 37 cm. Tokio: Universität.

wickeln und damit auf den Ton klopfen. Schließlich kann man auch Holzpaddel verwenden, in die Muster eingeschnitzt sind; auch Paddel aus gebranntem Ton, die man vorher mit plastischen Mustern versehen hat, sind verwendbar. Gebrannt wird bei 900 °C.

Abwandlungen. Viele der heutigen japanischen Töpfer haben sich die Jōmonkeramik zum Vorbild genommen. Sie verwenden oft eine ganze Reihe von Holzpaddeln, die mit verschiedenen geschnitzten Mustern versehen sind. Mit ihnen lassen sich auch gedrehte Gefäße flachklopfen oder in eine asymmetrische Form bringen. Einige engobieren auch die fertig strukturierte Keramik und schaben anschließend die Engobe von den erhöhten Stellen ab, so daß sie nur in den Vertiefungen zurückbleibt. Zur Verstärkung des derben Charakters kann man dem Ton auch statt des groben Sandes eine dunkelkörnige Schamotte beimischen.

Literatur. *Koyama, F.* The Heritage of Japanese Ceramics. New York/Tankosha, 1973. – *Sanders, H. H.* und *Tomimoto, K.* Töpfern in Japan. Bonn-Röttgen: Hörnemann, 1968.

Antike

Mit der griechischen Kolonisation zu Beginn der archaischen Zeit (800–500 v. Chr.) erweiterte sich der Handel im Mittelmeerraum. Luxuskeramik wurde in Kleinasien, auf Rhodos, Chios und Cypern, in Sparta, Korinth und Athen produziert und nach Etrurien, Sizilien und Unteritalien exportiert. Dieser Handel war zwischen 750 und 600 v. Chr. von Korinth beherrscht. Im 6. und 5. Jh., dem Höhepunkt der griechischen Vasenmalerei, war Athen das Hauptzentrum. Andere Zentren stellten meist nur Imitationen der attischen Ware her. Die griechische Vasenmalerei wird nach folgenden Stilen gegliedert:

1000–900 v. Chr.	Protogeometrischer Stil
900–700	Geometrischer Stil (früh-, streng-, reif- und spätgeometrisch)
700–620	Früharchaischer (orientalisierender) Stil Künstler: Netosmaler
620–560	Hocharchaischer Stil. Schwarzfigurige Malerei. Künstler: Gorgomaler, Phrynos, Nikosthenes, Sophilos, Klitias, Ergotimos, Nearchos, Lydos, Amasis, Exekias
560–500	Spätarchaischer Stil. Schwarzfigurige, seit 530 auch rotfigurige und weißgrundige Malerei. Künstler: Antimenesmaler, Andokidesmaler, Epiktetos, Psiax, Oltos, Euphronios, Euthymides, Phintias
500–480	Strenger Stil. Frühklassik. Künstler: Berliner Maler, Kleophradesmaler, Panaitiosmaler, Onesimos, Duris, Makron, Brygosmaler, Pistoxenosmaler, Penthesileamaler, Panmaler, Hermonax, Niobidenmaler, Sotades
480–420	Hochklassik. Künstler: Achilleusmaler, Thanatosmaler, Polygnotos I., Kodrosmaler, Kleophonmaler, Meidiasmaler
420–380	Reicher Stil. Spätklassik Künstler: Aristophanes, Schilfmaler

Im späten 5. und im 4. Jh. entstanden bedeutende italiotische Werkstätten in Unteritalien. Dafür verlagerte sich der Export attischer Vasen nach Südrußland, Nordgriechenland und Nordafrika (Kyrene). Typisch italiotisch sind apulische Vasen, die 400–300 wahrscheinlich in Tarent hergestellt wurden und seit der zweiten Hälfte des 4. Jh. einen späten Prunkstil entfalteten. Dagegen zeigen die kampanischen Vasen aus Cumae, Avella und Capua einen vergröberten rotfigurigen Stil. 350 bis 250 war die Blütezeit der vermutlich ebenfalls in Tarent hergestellten und in Gnathia gefundenen sogenannten Gnathiavasen. Es sind mit schwarzem Glanztonüberzug versehene, häufig geriefelte oder gestempelte, in glatten Zonen zart Weiß, Gelb oder Rot bemalte Gefäße. Oft sind sie auch in Barbotine-Technik, hauptsächlich mit Efeuranken, Weinranken, Ketten und Voluten, verziert. Im späten 4. Jh. gab es in Attika eine kurze Mode von Vasen mit Barbotine-Reliefs und Kaltmalerei. Aus der Zeit vor 150 bis ins dritte Viertel des 1. Jh. v. Chr. fand man in Pergamon eine Applikenware, bei der in Modeln geformte Reliefs auf scheibengedrehte, meist zweihenkelige Tonbecher oder Kannen aufgeklebt waren. Der Stadt Megara wurden fälschlich Reliefbecher zugeschrieben, die in Wirklichkeit um 250 in Athen hergestellt wurden und deshalb besonders bemerkenswert sind, weil man sie aus Formschüsseln formte. Somit sind die *megarischen Becher* die Vorläufer der römischen Keramik. Sie besaßen jedoch einen schwarzen Glanztonüberzug, oft metallisch glänzend, im 2. Jh. waren sie auch Rot oder Grau.

In Modeln eingeformt war auch die gröbere Bucchero-Keramik der Etrusker im 6. Jh. v. Chr. Neben schwarzen Vasen haben sie jedoch auch bemalte nach korinthischen, ionischen und attischen Vorbildern hergestellt.

Die Terra sigillata der Römer kennt als Dekoration in erster Linie das aus der Form gepreßte Relief. Hauptfabrikationsorte waren Aretium von 40 v. Chr. bis in die Mitte des 1. Jh. n. Chr. und vom 1. bis 3. Jh. n. Chr. die gallischen und germanischen Töpfereizentren. Die spätrömische Terra nigra mit ihrem schwarzen Glanztonüberzug und weißen Inschriften war der festlich geselligen Verwendung vor-

Antike Formen. 1. Zeile: Halsamphora, Kelchkrater, Stamnos; 2. Zeile: Schwarzfigurige Hydria, Rotfigurige Hyria (Kalpis), Psykter, Glockenkrater; 3. Zeile: Schwarzfigurige Schale (Siana-Typ), Rotfigurige Schale (Kylix), Kantharos; 4. Zeile: Askos, Kyathos, Olpe, Oinochoë; 5. Zeile: Kopfgefäß, Lekythos, Lekanis, Pyxis.

Antike Formen

behalten. An den Mittelmeerküsten herrschte indessen seit dem Ende des 1. Jh. eine hellorangefarbene *terra sigillata chiara* vor, mit flachen, aufgelegten Reliefs, die im 4. Jh. in Nordafrika ihren Höhepunkt mit Stempelmustern mit christlichen Symbolen hatte.

Seit dem Ende des ersten vorchristlichen und im ersten nachchristlichen Jahrhundert gab es in Kleinasien, in Tarsus, Ephesus und Pergamon, eine der arretinischen entsprechende Reliefkeramik mit grüner Glasur, bei offenen Gefäßen auch mit gelber Innenglasur. Diese bleiglasierte Ware verbreitete sich im 1. Jh. über Italien nach Gallien, wo sie unter anderem auch in Lezoux hergestellt wurde. Im 2. Jh. gelangte sie dann ins Rheinland und bis nach Britannien.

Dagegen verbreitete sich die türkisblaue ägyptische Fayence nach Syrien und in die Westprovinzen des Partherreiches. Die Parther wandten diese Alkaliglasur auf einem keramischen, sandreichen Scherben an und schufen so den Übergang von der ägyptischen Fayence zur späteren islamischen Alkaliglasur.

Literatur. *Robinson, H. S.* Pottery of the Roman Period. In: The Athenian Agora V. 1959. – *Richter, G. M. A.* Craft of Athenian Pottery. New Haven: Yale University Press, 1923. – *Scott, L.* Pottery. In: *Singer, Ch., Holmyard, E. J.,* und *Hall, A. R.* (Hrsg.) A History of Technology, Bd 1. Oxford: Clarendon Press, 1956. – *Finley, M. I.* Die antike Wirtschaft. München: dtv, 1977. – *Winter, A.* Alte und antike Brennanlagen, die Regie ihrer Feuer. Keram. Z. 8 (1956) Nr. 10 S. 516–517. – *Winter, A.* Die Deutung des korinthischen Töpferofens mit den zwei Kanälen. Keram. Z. 9 (1957) Nr. 1 S. 14–16. – *Winter, A.* Die Technik des griechischen Töpfers in ihren Grundlagen. Techn. Beitr. zur Archäologie. Mainz: Röm. Germ. Zentralmus., 1959. – *Hampe, R.,* und *Winter, A.* Bei Töpfern und Töpferinnen in Kreta, Messenien und Zypern. Mainz: Röm. Germ. Zentralmus., 1962. – *Hampe, R.,* und *Winter, A.* Bei Töpfern und Zieglern in Süditalien, Sizilien und Griechenland. Mainz: Röm. Germ. Zentralmus., 1965. – Corpus Vasorum Antiquorum. München: Beck, seit 1938 (Deutschland bisher 26 Bände).

Typ 20

Bucchero

Geschichte. Der etruskischen Keramik ging die Villanovakultur voraus, die der Hallstattkultur angehört und durch schwarze Helmdekkelurnen mit eingeritzten, weiß inkrustierten geometrischen Ornamenten charakterisiert ist. Die etruskische Geschichte Westmittelitaliens beginnt im 7. Jh. und dauert bis ins 1. Jh. v. Chr. Die Keramik war im 7. Jh. dünnwandig, schwarz poliert mit ebenfalls weiß eingelegten Ritzmustern (Impastokeramik). Um diese Zeit wurde bereits in Ostionien (Lesbos, Tenedos, Nordwestküste Kleinasiens) aus dem Bucchero genannten humusreichen Ton eine ebenso benannte reliefierte Ware hergestellt, die in Etrurien erst im 6. Jh. eingeführt wurde. Man hat sie auf der Scheibe in Formen eingedreht. Diese schwarz gebrannte Ware von schwererer Machart, die bis ins 4. Jh. dominierte, wurde für die Etrusker charakteristisch. In der hellenistischen Periode des 3. und 2. Jh. v. Chr. zeigt die etruskische Keramik genauso wie die griechische den Einfluß von Metallvorbildern. Die Reliefs waren in der Regel gesondert abgeformt und angarniert. Der Stil war, wie im restlichen Italien, hellenistisch-griechisch, außer wenn Modeln aus früheren Werken verwendet wurden.

Herstellung. Mit dem humusreichen Ton wurde zugleich Torf abgebaut, der als Brennstoff und reduzierende Packung diente. Der Humus blieb im Scherben als Kohlenstoff eingelagert. Zur Reproduktion mischt man einen beliebigen Ton mit 10% Holzkohlepulver und

Abbildung. Bucchero-Schale. Etruskisch, um 500 v. Chr. ∅ 17 cm. Berlin: Staatl. Museen Preuß. Kulturbesitz, Antikenmuseum.

brennt die fertig geformte Ware in Holzkohle eingebettet in einer dicht verschlossenen Schamottekapsel bei 900 °C.

Drehspuren im Innern der reliefierten, schweren Bucchero-Keramik beweisen, daß sie in Modeln eingedreht wurde, wahrscheinlich sogar in mehrteiligen Modeln. Fingerspuren lassen erkennen, daß man den Ton zusätzlich in die Formvertiefungen eindrückte.

Abwandlungen. Die glatte Keramik der ersten Periode läßt sich ebenfalls in Kohlenstofftechnik brennen, wobei man durch einpolierte Muster einen Kontrast zwischen mehr oder weniger glänzenden, schwarzen Flächen erzielen kann. Wenn der Grundscherben weiß ist, kann man die Ritzzeichnungen im schwarzen Überzug als Sgraffitolinien oder nach dem Brennen wie bei einer Kaltnadelradierung anbringen. In gleicher Weise läßt sich die reliefierte Ware aus weißbrennendem Ton mit schwarzer Engobe behandeln. Wenn man weiße Engobe in die Ritzspuren einbringt, gelten die Gesichtspunkte für das Arbeiten mit Engoben, Seite 20.

Literatur. *Winter, A.* »Bucchero nero«, die Technik seiner Herstellung. Kerm. Z. 8 (19) Nr. 12 S. 614–615. – *Isler, H. P.* Etruskischer Bucchero. Aus dem Heraion von Samos. Mitt. dt. Arch. Inst. Athenische Abteilung. 82 (1967) S. 77–88.

Typ 21

Attika

Geschichte. Wenn auch die Töpfer von Korinth um 700 v. Chr. die schwarzfigurige Malerei und den dazu erforderlichen Ofen erfanden, so gelang es den Athenern doch – mit einer hundertjährigen Verzögerung –, ihre führende Rolle, die sie schon in geometrischer Zeit, bis 750, innehatten, wiederzuerlangen. Die Athener brachten nicht nur die korinthische Erfindung zur höchsten künstlerischen Vollendung, sondern ergänzten sie auch durch neue Techniken. Die erste Veränderung führte der Netosmaler (benannt nach einer Amphora mit Herakles und Netos) Ende des 7. Jh. ein, indem er nicht nur die Innengliederung der schwarzen Figuren einritzte, sondern auch die Konturen. Der um 580 tätige Maler Sophilos bereicherte die Malerei durch Deckfarben. Er war auch der erste signierende Vasenmaler. Der führende Meister des schwarzfigurigen Stils war der im dritten Viertel des 6. Jh. tätige Exekias. Er signierte zweimal als Töpfer und Maler, sonst nur als Töpfer. Zu seiner Zeit erschienen auf den attischen Vasen die »Lieblingsnamen« von Jünglingen aus bedeutenden Familien, die wegen ihrer Schönheit und Begabung bewundert wurden. Zuweilen werden anonyme Maler nach ihnen benannt, z. B. der Euaion-Maler nach Euiaon, einen der beiden Söhne des Aischylos. Schüler des Exekias war der Andokidesmaler, benannt nach dem Töpfer Andokides, für den er malte. Er war von 530 bis 510 tätig und der erste, der die rotfigurige Malweise anwandte. Auf 8 von 30 Vasen hat er beide Techniken nebeneinander benutzt. Die Schwierig-

Abbildung. Attische rotfigurige Tasse. 5. Jh. v. Chr. Korinth: Museum.

keit bei der rotfigurigen Malerei liegt in der Anbringung der Relieflinien für Gewandfalten und feiner Pinselstriche für anatomische Details. Die rotfigurige Malerei hielt sich bis 300; bei ihr sind Deckfarben selten. Neben ihr hielt sich die schwarzfigurige Malerei nur noch in traditionsgebundenen Gefäßgattungen, wie den Panathenäischen Preisamphoren für die alle vier Jahre zum Geburtstag der Athene stattfindenden Sport-, Literatur- und Musikwettspiele. Um 530 kamen die weißgrundierten Lekythen und Schalen auf, bei denen anfangs die Konturen noch mit Glanzton gezogen waren. Es war gewissermaßen eine Wiederaufnahme der alten Technik aus geometrischer Zeit, bei der die Malerei aus Glanzton auf weißen Grund aufgebracht war. Erst durch die Mattfarben Rot, Blau, Gelbbraun, Grau und Grün trennte sich um 500 die weißgrundige Keramik vom Glanzton.

Herstellung. Der von den Töpfern im Athener Töpferviertel Karameikos für ihre Keramiken (*karameika*) verwendete Ton (*keramos*) war eisenhaltig und von hoher Plastizität. Die Töpferscheibe wurde nicht mit dem Fuß, sondern von einem Helfer gedreht. Größere Vasen montierte man aus mehreren gedrehten Teilen zusammen. Die lederharten Stücke wurden mit einem scharfen Metallwerkzeug abgedreht. Die Malerei wurde auf den lederharten Grund aufgebracht.

Zur Reproduktion eignet sich der rotbrennende Ton BGR I von Guckheim, 85:15 mit Kalkspat vermischt, damit die Glanztonmalerei nicht abblättert. Der Ton eignet sich infolge seines hohen Illitgehaltes von 30% zur Gewinnung des Glanztonschlickers. Dazu setzt man 125 g des reinen Tones mit einem halben Liter Regenwasser in einem Glasgefäß an und fügt entweder 0,75 g Pottasche oder 0,25 g Soda hinzu, verrührt alles und läßt es 24 Stunden stehen. Dann zieht man die über dem Bodensatz stehende Suspension ab, füllt erneut Regenwasser nach, während man die gewonnene Suspension in einem porösen Keramikgefäß auf Malkonsistenz eindickt. Aus der angesetzten Mischung kann man viermal, ohne weitere peptisierende Zusätze, allein durch Nachgießen von Regenwasser, Glanztonsuspension gewinnen, also insgesamt etwa 400 g malfertigen Schlicker in vier Tagen. Der Malschlicker wird mit dem Pinsel auf die lederharte oder trockene Keramik aufgetragen. Bei der schwarzfigurigen Malerei sind es Silhouetten, deren Binnenzeichnungen man mit einer Nadel einritzt. Bei der rotfigurigen haben die attischen Maler die Figuren mit einem Kohlestift vorskizziert, dann die Umrisse der freizubleibenden, roten Figuren mit dem Pinsel gezogen und anschließend

Abbildung. Weißgrundige Schale des Pistoxenos-Malers mit Lieblingsnamen »Glaukon kalos«, um 470 v. Chr. Ø 24,7 cm. London: British Museum.

den schwarzen Hintergrund voll ausgefüllt. Den »attischen Reliefstrich« für die Binnenzeichnungen zogen sie mit einem Federkiel, den sie zu einer Ziehfeder umgestalteten, indem sie ihn an der Spitze segmentförmig einschnitten und die auseinanderklaffenden Hälften mit einem Ring zusammenhielten.

Beim Brennen ist folgendes zu beachten: Der illitische Glanzton sintert bei etwa 830 °C. Vor dieser Temperatur muß eine reduzierende Atmosphäre auf ihn einwirken, damit das Eisenoxid in ihm in eine schwarzfärbende Form (Hercynit, $FeAl_2O_4$) überführt wird. Um ihm für diesen Vorgang genügend Zeit zu geben, beginnt man schon bei 700 °C mit dem Reduzieren und behält es bei bis zur Höchsttemperatur von 850 °C und darüber hinaus auch noch beim Abkühlen wieder bis 700 °C. Von da an muß oxidierend weiter abgekühlt, also Luft an die Ware herangelassen werden. Bei diesem Brandverlauf spielt sich folgendes ab: Während des Reduzierens wird alles Eisenoxid, im Scherben wie im Glanzton, in die schwarzfärbende Verbindung umgewandelt. Dabei verdichtet sich der Glanzton durch Sinterung und versiegelt die schwarze Farbe, während der Tonscherben porös bleibt. Wird nun beim Abkühlen oxidiert, so kann der Sauerstoff nur in den porösen Scherben, nicht aber in die versiegelte Glanztonschicht eindringen; sie bleibt Schwarz, während der Scherben zu Rot reoxidiert.

Will man das »beabsichtigte Rot« (*intentional red*) gewinnen, so nimmt man an Stelle des illitischen Tones einen rotbrennenden kaolinitischen, z. B. den Ton Fr gelb der Grube Schmittenhöhe, weil dieser bei 850 °C noch nicht sintert (siehe Seite 26). Der kaolinitische

Ton setzt sich schneller ab als der illitische. Man kann die Suspension schon in der halben Zeit abziehen.

Die Farben wurden im allgemeinen nicht so fein aufbereitet wie das Schwarz und dünner aufgetragen, um sie der Reoxidation besser zugänglich zu machen. Wie das Rot, beruhte auch das Braun auf Eisenfärbung. Braun ist eine Mischfarbe aus Rot und Grau. Gelb gewinnt man aus sehr wenig Eisenoxid. Die Purpurfarbe erhielt man aus Terra di Siena.

Das Weiß als Malfarbe und als Grundierung bestand aus einem eisenfreien kaolinitischen Ton (ihm entspricht z. B. der Kreuzton von Niederdresselndorf), dem man Pottasche zusetzte. Sie diente nicht nur der Verfestigung des weißen Grundes, sondern auch zur Bildung eines zweiten Rot aus Kupfersulfat, das in die Poren der weißen Schicht eindrang und mit der Pottasche im reduzierenden Feuer rotes basisches Kupferkarbonat bildete. Dieses Rot wurde durch den Pottaschegehalt zugleich vor Reoxidation geschützt, da er den weißen Ton zum Ansintern brachte und so das Rot versiegelte.

Blau und Grün wurden als Pigmente mit tierischem Leim kalt aufgetragen.

Abwandlungen. Neben der schwarz- und rotfigurigen und weißgrundigen Keramik produzierten die Athener Töpfer auch eine reine Schwarzware mit nur einigen ausgesparten Stellen an Lippe, Henkel und Fuß. Im 5. und 4. Jh. v. Chr., war eine vollkommen schwarze Keramik mit eingeritzter und gestempelter Dekoration verbreitet.

Literatur. *Hofmann, U.* Die Chemie der antiken Keramik. Naturwiss. 53 (1966) Nr. 9 S. 218–223. – *Oberlies, F.,* und *Köppen, N.* Untersuchungen an Terra sigillata und griechischen Vasen. Ber. d. dt. keram. Ges. 30 (1953) Nr. 5 S. 102–110. – *Noll, W., Holm, R.,* und *Born, L.* Die Malerei auf polychromen attischen Lekythoi als Dokument antiker keramischer Technik. N. Jb. Miner. Abh. 122 (1974) Nr. 2 S. 119–144. – *Winter, A.* Die Technik des griechischen Töpfers in ihren Grundlagen. Techn. Beitr. zur Archäologie. Mainz 1959. – *Winter, A.* Die griechische Vasenmalerei, ihre Materie und Brenntechniken. Keram. Z. 8 (1956) Nr. 8 S. 392–393. – *Winter, A.* Der attische Reliefstrich. Antike Welt 1976 Nr. 4. – *Winter, A.* Eine Deutung des korinthischen Töpferofens mit zwei Kanälen. Keram. Z. 9 (1957) Nr. 1 S. 14–16. – *Winter, A.* Beabsichtigtes Rot Mitt. dt. Arch. Inst. Athenische Abt. 33 (1968) S. 315–322. – *Schweizer, F.* u. a. Hellenistic glazed wares from Athens and Southern Italy. Archaeometry 16,2 (1974) S. 153–187.

Typ 22

Tanagra

Geschichte. Nachdem sich die Terrakottaherstellung um 700 v. Chr. auf dem griechischen Festland verbreitet hatte, rückte die boötische Stadt Tanagra nach der Zerstörung Thebens durch Alexander d. Gr., 336 v. Chr., mit zierlichen und reich bemalten Mädchenstatuetten an die erste Stelle der Terrakottakunst. Die Tanagrafiguren waren attischen Vorbildern nach- und umgeformt und dienten als Grabbeigaben. Wie die Schauspieler, die seit dem 5. Jh. an den Großen Dionysien preisgekrönt wurden, Dionysos, dem Herrn des Jenseits, gehörten so, waren auch die Figuren dem Dionysos geweiht; sie sollten als Grabbeigaben die Toten erfreuen. Von den Vorbildern aus Athen sind nur wenige erhalten. Sie wurden im Schutt der Heiligtümer gefunden. Der Höhepunkt der Tanagrafiguren lag im Frühhellenismus, 325–230 v. Chr.

In hellenistischer Zeit spielten die Terrakottawerkstätten Kleinasiens, vor allem in Myrina mit tanzenden und musizierenden Mädchen, Grotesken, Satyrn und Eroten, aber auch in Alexandria und in italienisch-sizilianischen Städten eine größere Rolle. Auch die römische Kaiserzeit kannte eine reiche Terrakottaproduktion. Die ebenfalls farbig bemalten »Campanareliefs« aus Werkstätten in der Nähe Roms aus dem 1. Jh. v. bis 2. Jh. n. Chr. mit Darstellungen aus der griechischen Sage oder aus dem römischen Leben wurden architektonisch verwendet. Sie setzten die Tradition der »locrischen Votivtafeln« (aus der Stadt Locri) des 5. Jh. v. Chr. fort.

Abbildung. Stehendes Mädchen mit Fächer. Tanagra, um 320/300 v. Chr. Berlin: Staatl. Museen Preuß. Kulturbesitz, Antikenmuseum.

Herstellung. Geeignet ist der Ton Fr gelb der Schmittenhöhe. Die Figuren werden voll modelliert, mit dem Draht zerschnitten, mit einer Modellierschlinge ausgehöhlt und mit Schlicker zusammengeklebt, dann mit einer weißen Engobe überzogen (siehe Seite 20). Figuren, die einen geschlossenen Hohlraum besitzen, müssen ein Luftloch erhalten. Gebrannt wird oxidierend bei 850 °C. Zur Kaltbemalung kann man Temperafarben verwenden.

Terrakotten werden aus gemagerten Tonen hergestellt, damit sie nicht reißen (Seite 19). Die Ursache der Trockenrißempfindlichkeit der Tone liegt in der für die Plastizität verantwortlichen Plättchenform der Tonminerale, die beim Anfeuchten in einer Richtung stärker quellen, beim Trocknen entsprechend stärker schwinden als in anderen Richtungen. So kommt es beim Trocknen zu Spannungen zwischen verschieden stark schrumpfenden Partien. Eingelagerte Quarz- oder Schamottekörner führen zu einer größeren Regellosigkeit des Gefüges und verhindern, daß die quellenden Tonminerale durch Gleichrichtung ihren Ausdehnungs- und Schwindungsbetrag addieren. Im Gegensatz zu Schamotte macht Quarzsand beim Brennen Kristallumwandlungen durch, die mit Volumenänderungen verbunden sind und zu Brandrissen führen können.

Die Wanddicke bei gemagertem Ton soll 0,8 cm nicht übersteigen. Je fetter der Ton, desto dünner muß die Keramik gearbeitet werden. Die Redensart »Ein guter Ton macht einen guten Töpfer« bedeutet, daß ein plastischer Ton ihn zwingt, dünnwandig zu arbeiten.

Abwandlungen. In hellenistischer und römischer Zeit wurden Terrakottaskulpturen und Reliefs in der Regel aus Tonformen ausgeformt und die Statuen zusammengarniert, wobei man die Ausformungen nachträglich in den Zügen oder in der Barttracht veränderte. Bei den kleineren, den Statuetten, erzielte man dagegen eine größere Individualität schon seit dem 7. Jh. v. Chr. durch freies Hinzumodellieren z. B. der Arme zum modelgeformten Grundkörper. Die Griechen ergänzten diese Methode dadurch, daß sie auch die Gliedmaßen, Flügel usw. aus Formen herstellten und variiert zusammenmontierten. Die Formen waren nur in Ägypten aus Gips, sonst aus gebranntem Ton.

Literatur. *Kekulé von Stradonitz, R.* Griechische Tonfiguren aus Tanagra. Berlin 1878. – *Köster, A.* Die griechischen Terrakotten. Berlin 1926. – *Catling, H. W.*, und *Millett, A. A.* A Study of the inscribed stirrup jars from Thebes. Archaeometry 8 (1965) S. 3–85. – *Winter, A.* Die Matrizen des antiken Tonstatuettenmachers. Keramos 1959 Nr. 3 S. 15–21.

Typ 23

Terra sigillata

Geschichte. Als Terra sigillata (gestempelte Erde) wird eine mit Fabrikantenzeichen versehene rotglänzende Keramik bezeichnet, die in großen Mengen aus Formschüsseln hergestellt wurde. Weitaus seltener ist eine glatte Drehscheibenware oder eine Terra sigillata mit Rädchenverzierung. Die Reliefkeramik entwickelte sich aus den schwarzen »megarischen Bechern« der hellenistischen Zeit, die ebenfalls aus Formschüsseln durch Eindrehen (= Einpressen des Tones in die Form auf der Drehscheibe) gewonnen wurden. Ihre Herstellung war im 3. Jh. in der Ägäis und auf dem griechischen Festland verbreitet. Die Entstehung der roten Terra sigillata wird hingegen im 1. Jh. v. Chr. im Vorderen Orient angenommen. Ein orientalischer Grieche war auch der erste Großfabrikant dieses Keramiktyps, nämlich Marcus Perennius Tigranus (Tigranus ist ein orientalischer Name). Er ließ sich mit einem Team orientalisch-griechischer Töpfer in der alten Töpferstadt Arretium (Arezzo) nieder und brachte 40 v. Chr. eine Massenproduktion von Keramik in Gang, die er in alle Teile des Imperiums und über dessen Grenzen hinaus exportierte. Die in anderen italienischen Sigillatatöpfereien produzierte Ware hatte nicht die hohe Qualität der arretinischen. Die Relieffiguren waren u. a. von griechischen Metallgefäßen abgeformt (man fand einige Silberschalen, die als Prototypen gedient hatten) und in die Formschüsseln in zonaler Anordnung eingestempelt. Die Blüte der arretinischen Terra sigillata dauerte bis in die claudische Zeit (41–54

Abbildung. Terra sigillata aus Arretium um Christi Geb. H. 8,3 cm. Privatbesitz.

n. Chr.). Weitere Sigillatazentren gab es in Nordafrika vom 1. Jh. bis zur Eroberung Karthagos durch die Wandalen 439 n. Chr., in der nabatäischen Wüstenstadt Petra seit der Gründung der Provinz Arabia Petraea, 106 n. Chr., in Nubien, in West-Kleinasien, vor allem aber in den Nordprovinzen, in Gallien und Germanien, nämlich im südgallischen La Graufesenque, im mittelgallischen Lezoux, im ostgallischen Trier, im obergermanischen Rheinzabern und im rätischen Westerndorf (bei Rosenheim in Bayern). Sie arbeiteten nicht alle gleichzeitig, beherrschten aber den Markt vom 1. bis zum 3. Jh. Auf Grund der Stempel und der auf Scherben eingekratzten Töpferrechnungen von Graufesenque nimmt man an, daß sich in Graufesenque mehrere kleine Töpfereien zur genossenschaftlichen Wirtschaftsweise zusammenschlossen, während in Rheinzabern ein Unternehmer mehrere Töpfer und Hilfskräfte beschäftigte. Eines der größten Unternehmen in Rheinzabern, mit fünf Öfen, besaß ein gewisser Comitialis im 2. Jh. Die Zahl seiner Beschäftigten wird auf 100 bis 150 geschätzt, die Jahresproduktion auf 35 000 bis 70 000 Gefäße. Technisch war diese Keramik perfekt, künstlerisch war jedoch eine Verschlechterung eingetreten. Der klassische Stil war einem »freien Stil« gewichen, bei dem die Reliefs nicht mehr in Zonen angeordnet, sondern über die Fläche zerstreut waren. In West-Kleinasien hielt sich die Terra sigillata noch bis ins 7. Jh., dann hörte die Glanztontechnik endgültig auf.

Herstellung. Scherbenmaterial und Glanztonschlicker entsprechen der attischen schwarz- und rotfigurigen Keramik. Als Formschüsseln dienten dickwandige, gebrannte Schüsseln, die die Reliefs als Vertiefungen enthielten und zum Eindrehen (= Ausformen) in einen konzentrischen Tonwulst auf der Töpferscheibe gestellt wurden. Der überstehende Ton wurde als glatter Rand freigedreht. Beim Trocknen löste sich die Keramik infolge ihrer Trockenschwindung von selbst von der Form und konnte mit Metall- und Holzwerkzeugen nachgearbeitet werden, um die Konturenschärfe zu verbessern. Um scharfe Konturen zu erzielen, wurden die Formschüsseln auch aus einem sehr feinen Ton hergestellt und hart gebrannt.

Von großer Bedeutung war die Brenntechnik. Die Terra sigillata mußte oxidierend gebrannt werden und verzichtete daher auf die Flußmittelwirkung des reduzierten Eisenoxids. Deshalb lag die Brenntemperatur um 100 Grad höher als bei der schwarzen griechischen Glanztonware, nämlich bei 950 °C. Um die Ware vor Rauch

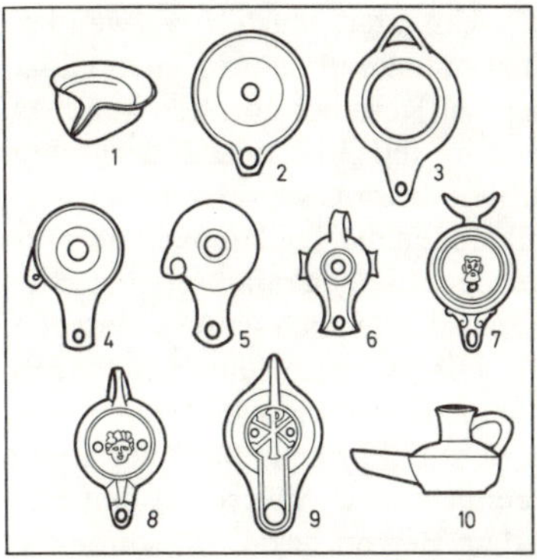

Abbildung. Links: Entwicklung der antiken Tonlampen bis zu ihrer Ablösung durch die Moscheeampel. **1** phönizisch, 8. Jh. v. Chr.; **2** griechisch, Terra nigra, 6./5. Jh.; **3** ds. 5./4. Jh.; **4** ds. 3. Jh.; **5** italiotisch, »Campanische Lampe«, 2. Jh.; **6** römisch, Terra sigillata, 1. Jh. v. Chr. **7** ds. 1. Jh. n. Chr.; **8** ds., »Firmalampe«, 1./2. Jh.; **9** spätrömisch mit christlichen Symbolen; **10** sarazenisch, auch mehrflammig, 10. Jh.

Rechts: Konstruktion einer zweiflammigen Öllampe aus dem 1. Jh. n. Chr. mit »Reflektor«. Länge, ohne diesen, 10,5 cm. Fundort Köln, Neumarkt. Die beiden kleinen Löcher oben (am Kreis) dienten zum Festhalten der Dochtwatte mit Hilfe eines durchgesteckten Pflöckchens. Strangförmige Dochte (auch aus Steinflachs) müssen hingegen mit Hilfe eines Schwimmers oder einer Tonperle über dem Ölspiegel (Olivenöl) gehalten werden. Lockere Halterung des Dochtes gibt eine klare Flamme.

zu schützen, setzte man Röhren über die Bodenlöcher in der Tenne des Brennofens, durch die die Brenngase durch den Brennraum zogen. Der Sigillatatöpfer baute den Ofen in der Regel so, daß der Westwind in den Ofenhals blies, und an einen Hang, um den Aufwind zu nutzen, damit der Ofen mit gutem Zug arbeitete. Die Reproduktion der Terra sigillata im Elektroofen bedeutet keinerlei Schwierigkeiten, vorausgesetzt, daß man einen feinst geschlämmten Glanzton, wie bei der attischen Ware, verwendet hat.

Abwandlungen. Neben der an sich schon sehr variablen Technik des Eindrückens beliebiger plastischer Elemente in die Formschüssel bietet die Rädchenverzierung zusätzliche Möglichkeiten. Dazu werden Rollstempel von etwa 4,5 cm Durchmesser und 1 cm Dicke aus

Ton (gebrannt) oder Holz mit eingeschnitzten Mustern verwendet, die man entweder zwischen drei Fingern haltend oder in einen Holzgriff eingespannt an der sich drehenden Keramik abrollen kann. In anderen Fällen wurde Terra sigillata im feuchten oder lederharten Zustand mit Tief- oder Flachschnitt wie beim Glas versehen.

Ein Sondergebiet antiker Keramik bilden die Tonlampen, die häufig aus Terra sigillata hergestellt wurden. Sie gehen auf gequetschte freigedrehte Schalen der Phönizier zurück, die auch später Öllampen herstellten und mit ihnen handelten. Die phönizischen Gründungen in Nordafrika überdauerten als Öllampenlieferanten sogar die römische Lampenindustrie Oberitaliens, deren „Firmalampen" aus Terra sigillata im ganzen Imperium verbreitet waren. Sie trugen den Firmenstempel des Produzenten. Mit dem Beginn des 4. Jh. wurde die nordafrikanische Lampenindustrie dominierend. Die römischen und afrikanischen Tonlampen waren aus Modeln abgeformt.

Literatur. *Köppen, N.*, und *Oberlies, F.* Tonüberzüge, ein Veredlungsverfahren für Keramiken. Ber. dt. keram. Ges. 31 (1954) S. 287–301. – *Willgallis, A.*, und *Heyer, H.* Die Glanztonschicht römischer Terra Sigillata. Untersuchungen mit der Elektronenstrahlmikrosonde. Ber. dt. keram. Ges. 53 (1976) Nr. 9 S. 241–244. – *Winter, A.* Terra sigillata und andere antike Glanztontechniken. Keram. Z. 8 (1956) Nr. 3 S. 110–113. – *Schneider, G.*, und *Hoffmann, B.* Bestimmung der Herkunft antiker Keramik (Terra Sigillata) mit Hilfe von Röntgenfluoreszenzanalysen. Ber. dt. keram. Ges. 53 (1976) Nr. 12 S. 417–422. – *v. Bülow, G.* Technologische Verfahren und Organisation der römischen Keramikproduktion. Das Altertum 23 (1977) Nr. 1 S. 20–28. – *Unverzagt, W.* Terra sigillata mit Rädchenverzierung. Materialien zur römisch-germanischen Keramik, Heft 3. Bonn: Habelt, 1968. – *Winter, A.* Römisches Eindrehverfahren mit Hilfe von Formschüsseln. Keram. Z. 10 (1958) Nr. 12 S. 665. – *Hoffmann, B.* Modellhafte Rekonstruktion des Herstellungsverfahrens von Terra sigillata. Inf.-Bl. zu Nachbarwiss. d. Ur- u. Frühgesch. (INW) 7 (1976) S. 2, 1–2, 14. – *Juranek, H.* Rekonstruktion einzelner Schritte des Herstellungsverfahrens von Terra sigillata durch Nachbildung. INW 7 (1976) S. 3, 1–3, 34.

Winter, A. Brennende römische Tonlampen. Saalburg Jb. 14 (1955) S. 80–82. – *Joncheray, J.-P.*, und *Vieu, J.-P.* Un jalon de l'antiquité: Les lampes á huile. Connaissance de Céramiques 1975 Nr. 10 S. 18–23. – *Wirz, E.* Beziehungen zwischen Herstellungsweise und Formgebung bei antiken Tonlampen. Inf.-Bl. zu Nachbarwiss. d. Ur- und Frühgesch. 7 (1976) S. 4, 1–4,25. – *Winter, A.* Ein Vervielfältigungsverfahren römischer Tonlampenmacher. Keram. Z. 11 (1959) Nr. 4 S. 198.

Typ 24

Terra nigra

Geschichte. Die Terra nigra (schwarze Erde) schließt an die griechische schwarze Glanztonkeramik (attische Reliefaskoi) an. Obwohl die Vorläufer der roten Terra sigillata selbst in Arretium bis 40 v. Chr. schwarz waren, wird die Bezeichnung Terra nigra hauptsächlich für eine spätrömische Ware gebraucht, die in Gallien, Germanien und Britannien hergestellt wurde, und zwar entweder (1) glatt in metallähnlichen Formen, meist sehr dünnwandig, besonders die nordgallische »belgische Ware«, oder (2) mit schwarz überzogener Barbotinemalerei, besonders die Jagdszenen auf der britischen »Castor-Ware«, oder (3) mit weißer Schlickmalerei auf schwarzem Grund, z. B. die »Spruchbecher« des Rheinlandes.

Die vorarretinische Terra nigra wurde seit der 1. Hälfte des 3. Jh. v. Chr. in Kampanien hergestellt und wird nach der Stadt Cales »Calenische Ware« genannt. Sie ist mit Signaturen der Canoleier, Gabinier und Atilier versehen und hatte ihre Blütezeit im 3./2. Jh. v. Chr.

Die nacharretinische Terra nigra der Nordprovinzen knüpfte zum Teil an die keltische Schwarzware an. Am bekanntesten ist die mit weißem Tonschlicker bemalte oder mit Trinksprüchen beschriftete Schwarzkeramik für festliche oder gesellige Gelegenheiten aus dem Rheinland, aus Gallien und Britannien. Die aufgesetzten weißen Fäden und Punkte erinnern an die Verzierung der Fadengläser. Am populärsten und langlebigsten war die Schlickermalerei in Britan-

Abbildung. Hellscherbige, mit schwarzem Glanzton überzogene Terra nigro mit weißer Schlickermalerei. Fundort Duston, Northamptonshire. 1. H. 3. Jh. H. 11,5 cm. London: British Museum.

nien. Hier waren die ersten Zentren Upchurch in Kent (1. Jh.), Castor bei Peterborough in Northamptonshire (2. Jh.) und New Forest in Hampshire (3. und 4. Jh.).

Herstellung. Die Technik entspricht der schwarz- oder rotfigurigen attischen Ware. Der Scherben besteht aus einem gelb- oder rotbrennenden Ton, der Glanztonschlicker ist durch Schlämmen an Illit angereichert und dadurch alkalireicher, so daß er leichter sintert und das reduzierte Eisenoxid versiegelt. Zur Reproduktion eignet sich der Ton BGR I aus Guckheim sowohl für den Scherben – mit 15% Kalkspatzusatz – als auch – feinstgeschlämmt – für den Glanztonbeguß. Für die weiße Schlickermalerei läßt sich jeder weißbrennende Ton nach den Grundsätzen für Engoben (Seite 20) verwenden. Es wird reduzierend bis 850 °C gebrannt und weiter reduzierend bis 700 °C abgekühlt, von da an weiter oxidierend gekühlt, um eventuell eingelagerten Kohlenstoff aus den Poren der weißen Engobemalerei zu verbrennen.

Offenbar ist in den ehemals keltischen Gebieten auch die Graphittontechnik auf Terra sigillata angewandt worden, denn man hat bei Heidelberg Terra-nigra-Scherben gefunden, die durch Kohlenstoff schwarz gefärbt waren. Sie wurden von Denninger und Ebinger mit einem Beguß aus weißem Ton, dem 10% Holzkohlepulver zugesetzt worden war, nach Polieren im reduzierenden Brand (in Holzkohlepulver in einer verschlossenen Kapsel eingebettet) bei 850 °C reproduziert.

Abwandlungen. Bei der vorarretinischen, calenische Reliefkeramik wurde nicht nur in Formschüsseln, sondern auch über pilzförmigen Matrizen abgeformt. Man erhielt dann Schalen mit Innenmustern. Verbreitet waren Schalen mit einem in der Mitte erhöhten Nabel (Omphalos-Schalen), der gesondert geformt und angarniert wurde (»echte« Omphalosschalen waren ohne Fuß, »falsche« mit Fuß).

Ferner gab es calenische Medaillonschalen, bei denen die Medaillons aus Flachmatrizen ausgeformt und an die Keramik angeklebt wurden.

Literatur. *Winter A.* Terra nigra. Germania 32 (1954) Nr. ½ S. 86–89. – *Denninger, E.,* und *Ebinger H.* Versuche über die Rekonstruktion der »Terra nigra«. Germania 31 (1953) Nr. ½ S. 67–68.

Typ 25

Hallstatt

Geschichte. Die Hallstätter Kultur (750–450 v. Chr.) umfaßt die ältere Stufe der mitteleuropäischen Eisenzeit. Sie ist nach dem Fundort Hallstatt im Salzkammergut benannt, der im Grenzgebiet zwischen dem Westkreis und dem Ostkreis liegt. Der Westkreis, dessen Träger die Kelten waren, erstreckte sich über Frankreich und Süddeutschland, der Ostkreis, von thrakisch-illyrischen Völkern getragen, umfaßte das östliche Österreich und die Balkanhalbinsel. Zwischen den Mittelmeerländern und den Kelten herrschte ein reger Weinhandel, der in den Händen der Etrusker lag. Durch ihn gelangten (für die Datierung wichtige) Keramiken ins keltische Gebiet. So fand man in der Heuneburg in Baden-Württemberg attische Keramik aus der Zeit zwischen 520 und 470 v. Chr. Unweit der Heuneburg liegt der Grabhügel von Hochmichele, in dem ein keltischer Hauptmann der Bogenschützen mit seinem Köcher voller Pfeile und seinem Statussymbol, einem vierrädrigen Wagen, begraben ist (in der folgenden Latènezeit waren die Wagen zweirädrig).

Die Keramik, noch ohne Töpferscheibe hergestellt, war in Süddeutschland und in der Schweiz entweder Rot, Schwarz, Weiß bemalt oder rot- oder schwarzpoliert. In Südfrankreich war eine Art Barbotinetechnik verbreitet. In der plastischen Verzierung ist im Westkreis nur der Kerbschnitt bemerkenswert. Dagegen weist die Keramik des Ostkreises reiche plastische Dekoration auf: Leisten und Buckelreihen auf der Kalenderbergware (aus Kalenderberg bei Mödling), ein-

Abbildung. Graphit-auf-Rot-Keramik mit Kerbschnittmuster. 7. Jh. v. Chr. H. 33,7 cm. Stuttgart: Landesmuseum.

geritzte Figuren, aufmodellierte Tierköpfe, aufgesetzte Tierfiguren und angeklebte Bronzeplättchen auf Keramik, die man z. B. im westungarischen Sopron (Ödenburg) fand.

Mit dem Wein kam auch die Töpferscheibe nach Norden. Die älteste Drehscheibenkeramik nördlich der Alpen wurde auf dem Mont Lassois, einer befestigten keltischen Höhensiedlung 6 km nordwestlich von Châtillon-sur-Seine aus dem 6. Jh. festgestellt. Auch auf der Heuneburg setzte die Drehscheibenware schon gegen Ende der Hallstattperiode ein. Sie folgte handgearbeiteten Vorbildern mittelitalischer Keramik aus dem 8. und 7. Jh. Allgemein beginnt sich die Töpferscheibe jedoch erst in der folgenden frühen Latènezeit durchzusetzen.

Herstellung. Der Scherben besteht aus einem quarzreichen, mergeligen, also kalkreichen Ton mit hohem Glimmergehalt, der bei 500–600 °C reduzierend mit anschließender Oxidation gebrannt wurde und dabei stets einen grauen, durch Kohlenstoff verursachten Kern behielt. Zur Reproduktion eignet sich der Ton BGR I aus Guckheim, Westerwald, der 30% Glimmer enthält; man kann ihm noch 10% Kalkspat zusetzen. Die weiße Engobe, die auch als Malfarbe diente, wurde aus Kreide, Montmorillonitton und Knochenasche zusammengesetzt. Für den Montmorillonitton läßt sich der Ton Fr gelb der Grube Schmittenhöhe bei Koblenz, der 12% Montmorillonit enthält, oder ein handelsüblicher Bentonit (S. 105) verwenden. Die Mischung kann 50:45:5 beziehungsweise 75:20:5 betragen. Die rote Malfarbe bestand aus Ocker, mit Ton verunreinigt oder (50:50) mit rotem Ton vermischt. Die schwarze Malschicht bestand im Mittel 50:50 aus Graphit und Ton. Es genügen jedoch bereits 10% reinen Graphits (wie er handelsüblich ist), mit einem rotbrennenden Ton vermischt. Die graue Malschicht bestand nach Noll aus weißer Engobe mit Ruß, der jedoch weitgehend verbrannte und das in geringen Mengen in der Engobe vorhandene Eisenoxid anreduzierte. Die schwarzpoiierte Keramik erhielt ihre Farbe durch ein- und angelagerten Kohlenstoff. Infolge des Glimmergehaltes des Scherbentones ergab die Politur eine besonders glatte Oberfläche, die zu einem hohen Glanz der kohlenstoffschwarzen Keramik führte.

Abwandlungen. W. Kimming vermutete, daß die geometrischen Muster der Hallstattkeramik in einem Auswischverfahren gewonnen wurden, indem man auf die in einem ersten Brand befestigte weiße

Abbildung. Schwarze Keramik aus Donnerskirchen, Burgenland. H. 33 cm. 6. Jh. v. Chr. Eisenstadt: Burgenländisches Landesmuseum.

Engobe eine dunklere aufbrachte und in feuchtem Zustand auswischte. Ein solches Auswischverfahren gab es bei der mittelneolithischen Sesklo-Keramik in Thessalien in Rot bis braunschwarz auf Weiß. Durch das feuchte Auswischen verursachte verschiedene Schichtdicken führten zur Polychromie. Er vermutete ferner, daß es auch eine Gattung gab, bei der Zinnfolie – ähnlich wie die Bronzeplättchen im Ostkreis – auf die Keramik aufgeklebt war und ein Muster bildete. (Siehe auch die Tatinger Keramik, Seite 92).

Eine bemerkenswerte, mit mehreren Reihen perlartig inkrustierter Vertiefungen versehene Keramik der älteren Eisenzeit (500–400 v. Chr.), die bei Nordheim in Niedersachsen gefunden wurde, hat W. Geilmann analysiert und rekonstruiert. Er fand, daß die Inkrustationsmasse einem Rezept aus 25 g trockenem, weißem Ton, 75 g Knochenasche, 35 ml Wasser und 0,15 g Soda entspricht. Sie muß auf den noch nicht lederhart getrockneten Ton aufgebracht werden. Bei lederharten Stücken ist der Tongehalt auf 20% zu verringern. Diese eisenzeitliche Masse gibt beim Brennen auf 1050 °C ein rein weißes Knochenporzellan.

Literatur. *Kimmig, W.* und *Gersbach, E.* Die Grabungen auf der Heuneburg 1966–1969. Germania 49 (1971) S. 21–91. – *Noll, W.* Hallstattzeitliche Keramik der Heuneburg an der oberen Donau. Archäologie und Naturwissenschaft 1 (1977) Nr. 1 S. 1–19. – *Geilmann, W.* Ein durch »Schmelzfarbe« verzierter eisenzeitlicher Scherben. Ber. dt. keram. Ges. 31 (1954) Nr. 4 S. 101–103.

Typ 26

Latène

Geschichte. Die jüngere Eisenzeit in Europa, von 500 v. Chr. bis Christi Geburt, wird nach einem Fundplatz im Neuenburger See (Schweiz) Latènezeit genannt. Träger der Latènekultur, die um 450 v. Chr. einen eigenen Stil entwickelte, waren die Kelten. Mit ihnen verbreitete sich die Töpferscheibe im nördlichen Europa. Sie führte zur fabrikmäßigen Massenproduktion durch die Handwerker in den großen befestigten Städten, den Oppida, die – ursprünglich Fluchtburgen – in ganz Mitteleuropa entstanden. Ein solches Oppidum war Manching bei Ingolstadt, das von einer 7 km langen kreisrunden Mauer umgeben war und 200 Jahre lang, bis zur römischen Besatzung, 15 v. Chr., eine bedeutende Stellung im Siedlungsgebiet der Vindeliker einnahm. In dieser Stadt gab es Rechteckhäuser. Handwerker verarbeiteten Eisen und Bronze, stellten Nachbildungen etruskischer Schnabelkannen und Glasarmringe her. Fernhändler importierten italienischen Wein – der den griechischen abgelöst hatte – in Standard-Amphoren. Die Töpfer stellten als Koch- und Küchengeschirr eine Graphittonkeramik und als Gebrauchsgeschirr für den keltischen Haushalt eine glatte graue oder eine bemalte Drehscheibenkeramik her. Mit der römischen Besetzung wurde die keltische Keramik von der Terra sigillata verdrängt; die bemalte Ware hielt sich in Frankreich noch bis Ende des 1. Jh. n. Chr. unter der Bezeichnung »Lezoux-Ware«.

Abbildung. Bemalte Latènekeramik. Fundort Basel, Gasfabrik. 2. Hälfte 1. Jh. v. Chr. H. 37 cm. Basel: Historisches Museum.

Herstellung. Die Graphittonkeramik wurde aus dem Rohmaterial, wie es gerade verfügbar war, hergestellt und weist unterschiedliche Graphitgehalte, bis zu 90%, im Mittel zwischen 20 und 40%, auf. In Manching wurde überwiegend Passauer Graphiterde verarbeitet. Dieser Graphit ist großschuppig im Gegensatz zu dem fiederförmigen böhmischen. Seit der Mittellatènezeit überwogen die Kammstichtöpfe, einige davon weisen eingeritzte »hahnentrittförmige« Bodenzeichen auf, die als etruskischer Buchstabe, als etruskisches Zeichen für 50, als magische oder als Töpfer-Zeichen gedeutet werden. Zur Reproduktion der Graphittonkeramik eignet sich ein beliebiger Ton, z. B. der rotbrennende Ton BGR I von Guckheim, mit handelsüblichem Graphitpulver und Sand im Verhältnis 52:40:8 vermischt. Für den Kammstich nimmt man einen Metallkamm oder ein Sägeblatt, mit dem man die Außenwand von unten nach oben aufrauht. Die Ware wurde reduzierend bei 700 °C gebrannt – man stapelte sie mit dem Brennmaterial vermischt im Ofen auf.

Die bemalte Latènekeramik wurde aus einem rötlichbraun brennenden Ton hergestellt, der reduzierend mit einer oxidierenden Endphase bei 800–1000 °C gebrannt wurde. Der Scherben war hart und klingend. Zur Reproduktion eignet sich ebenfalls der Ton BGR I, den man 50:50 mit Manganton 262 vermischen kann. Die Oberfläche der gedrehten Ware wird im lederharten Zustand auf der Scheibe mit einem glatten Werkzeug geglättet und mit einem breiten Pinsel oder Schwamm mit Engobestreifen bemalt. Diese horizontalen Zonen können aus weißer, roter oder sepiafarbener Engobe bestehen. Die Sepiafarbe gewinnt man durch Abtönen der weißen Engobe mit Manganton. Die Engobe muß feinst geschlämmt sein; hier gilt der auf Seite 111 gegebene Hinweis. Die Farbmischungen werden auf der rauhen Glasplatte fein verrieben.

Die glatte Drehscheibenkeramik der Latènezeit bestand aus einem in reduzierendem Feuer bei 800–1000 °C grau (also ohne folgende Oxidation) gebrannten Scherben mit Glättlinienverzierung.

Abwandlungen. Bei der gemalten Keramik wurden geometrische, kurvige, kreis- und halbmondförmige oder vegetabile Muster auf die horizontalen Zonen gemalt, wobei die Malschlicker je nach Wassergehalt deckend oder durchscheinend waren. So konnten durch Übermalung verschiedene Abwandlungen des Farbklangs weiß-sepiabraun (seltener auch Rot) erzielt werden. Es gab ein Sepia über Weiß, ein Sepia über Rot, und eine Grundierung mit Sepia mit ausgesparten Mustern und weißem, transparentem Überzug. Man gewann ein »dunkles Sepia« durch eine deckende Sepia-Engobe, ein »helles Sepia« durch Überdecken des Sepia mit einem durchscheinenden Weiß, wobei die Muster in Sepia gemalt oder ausgespart sein konnten. Man vermutet, daß zugeschnittene, angefeuchtete, dünne Häute auf die auszusparenden Flächen gelegt wurden. Sie fielen nach dem Trocknen ab und legten den Grund frei. Neben dieser Negativmalerei läßt sich in Anbetracht der Exaktheit der Ornamente bei dieser Massenware auch die Verwendung von Schablonen, für parallele Wellenlinien der Gebrauch mehrzinkiger Pinsel vermuten.

Literatur. *Maier, F.* Die bemalte Spätlatène-Keramik von Manching. Wiesbaden: Steiner, 1970. – *Pingel, V.* Die glatte Drehscheibenkeramik von Manching. Wiesbaden: Steiner, 1971. – *Kappel, I.* Die Graphittonkeramik von Manching. Wiesbaden: Steiner, 1969. – *Kappel, I.* Zum Handel mit Graphiterde in der Frühlatènezeit. Germania 41 (1939) Nr. 14 S. 13–18. – *Paret, O.* Der Graphit im vorgeschichtlichen Europa. Sudeta 5 (1929) Nr. 52, S. 30–53 und 167–168.

Mittelalter

Die Tradition der römischen Keramik blieb in den Wirren des Zerfalls des Römischen Reiches in der Eifel erhalten, wo in Mayen vom 4. bis 7. Jh. eine scheibengedrehte dunkle, zum Teil weißbemalte Ware hergestellt und nach Trier, Köln, ins Oberrheintal und ins Maintal geliefert wurde. Charakteristisch für die merowingische Keramik des 5. bis Mitte des 8. Jh. wurde eine dunkle, reduzierend und hart gebrannte Ware mit Einzel- und Rollstempelverzierung, deren Kerngebiet am Mittelrhein, in Südholland, Belgien und Nordfrankreich lag. Die Stempeltechnik erreichte im 5. Jh. jedoch auch bei den Sachsen an der unteren Elbe und bei den Thüringern im Elbe-Saale-Gebiet eine ungewöhnlich hohe Blüte. Nur bei den Franken im Westen hielt sie sich bis in die Karolingerzeit.

Im 7. Jh. besiedelten die Slawen die von germanischen Stämmen verlassenen Landstriche östlich der Elbe. Zwischen Slawen und Germanen kam es zu wechselseitigen Einflüssen. Während im Westen, im Töpfereizentrum Walberberg–Badorf–Pingsdorf vom 7. bis Anfang des 13. Jh. eine scheibengedrehte Keramik hergestellt wurde, die über Dorestad (7.–9. Jh.) und Haithabu (8.–11. Jh.) nach England und Skandinavien gelangte, kannte man westlich der Elbe die Töpferscheibe noch bis ins 12. Jh. nicht. Unter den slawischen Stämmen verbreitete sie sich hingegen vom Südosten und Osten her schnell bis an die Elbe. Durch Vermittlung der russischen Klöster tauchte die erste Drehscheibenware in Rußland im 10. Jh. auf, in Polen in der zweiten Hälfte und im Oderraum im letzten Viertel des 10. Jh. In Böhmen gab es die Töpferscheibe schon weit vor dem 10. Jh. Man bezeichnet die Periode mit handgearbeiteter Keramik als frühslawisch, während die spätslawische Periode an der Drehscheibenware zu erkennen ist. Als slawisch weist sie sich durch eingeritzte Wellenlinien und durch Bodenzeichen aus, die in die hölzernen Scheibenköpfe eingeschnitten waren.

Im germanischen Gebiet verbreiteten sich um 700 die durch Klopfen hergestellten Kugeltöpfe in Niedersachsen, Friesland, Holland und an der Unterelbe. Die slawischen Töpfer übernahmen im 13. Jh. die niedersächsischen, schwärzlich-grauen, hartgebrannten Kugeltöpfe. Aus der Kugeltopfform mit Noppenverzierung entwickelte sich im 12./13. Jh. der Grapen als eine der häufigsten mittelalterlichen Formen. Einige Grapen waren innen mit einer Bleiglasur versehen.

Eine Besonderheit mittelalterlicher Keramik stellt die sogenannte Tatinger Gruppe dar. Es sind Krüge mit schwarzer, geglätteter Oberfläche und aufgeklebten, ausgeschnittenen Zinnfolien als geometrische Muster und Malteserkreuz. Eine Verzierung mit Metallfolien gab es bereits in der jüngeren Bronzezeit in Pfahlbaukulturen der Westschweiz und Südostfrankreichs.

Im Rheinland war die berühmteste Gattung der Badorfer Keramik die Reliefbandamphora des 9. Jh. Die auf sie folgende Pingsdorfer Ware vom Ende des 9. bis ins 12. Jh. war hellscherbig, hartgebrannt und mit rotbraunen Wellenlinien bemalt. Sie gelangte bis an die obere Donau und nach Schwaben. Im slawischen Gebiet südlich von Leipzig, wo es keine Kugeltöpfe gab: in Böhmen, in der Oberlausitz und in Schlesien, trat diese Rotbemalung im 14. Jh. an die Stelle der bis dahin eingeritzten Wellenlinien auf Keramik mit Bodenzeichen. Zu dieser Zeit war die Malerei im Rheinland wieder einer sparsamen plastischen Verzierung auf hartgebrannter, blauschwarzer Ware gewichen, die als Vorläuferin des um 1350 in Siegburg entstandenen Steinzeugs mit Salzglasur gilt.

Literatur. *Schirmer, E.* Die deutsche Irdenware des 11.–15. Jahrhunderts im engeren Mitteldeutschland. Jena: Diederichs, 1939. – *Hübener, W.* Absatzgebiete frühgeschichtlicher Töpfereien in der Zone nördlich der Alpen. Bonn: Habelt, 1969. – *Hübener, W.* Die Keramik von Haithabu. Neumünster: Wachholz, 1959. – *Koenen, K.* Gefäßkunde der vorrömischen, römischen und fränkischen Zeit. Bonn: 1895. – *Knorr, H. A.* Die slawische Keramik zwischen Elbe und Oder. Leipzig: Kabitzsch, 1937. – *Hucke, K.* Tonware und Siedlung der Slawen in Wagrien. Neumünster: Wachholtz, 1938. – *Hucke, K.* Zur sächsischen Keramik des 9. und 10. Jh. n. Chr. Nordelbingen Bd. 11. Heide 1935. – *Schuldt, E.* Die slawische Keramik in Mecklenburg. Berlin: Akademie-Verlag, 1956. – *Selling, D.* Wikingerzeitliche und frühmittelalterliche Keramik in Schweden. Stockholm: Petterson, 1955. – *Wilde, K. A.* Die Bedeutung der Grabung Wollin 1934. Stettin 1939. Nachdr. Hamburg 1953. – *Lobbedey, U.* Zur Kunstgeschichte der rheinischen Keramik vom 12. bis 14. Jahrhundert. Keramos 27 (1965) S. 3–29. – *Herrmann, A.* Schwäbische Tongefäße des frühen Mittelalters. In: Zeitschr. dt. Verein f. Kunstwissenschaft 5 (1938) S. 230–251. – *Neuffer-Müller, C.* Die rotgestrichene, weißbemalte fränkische Keramik des Mittelrheingebietes. Bonner Jahrbücher des Rheinischen Landesmuseums Bonn 162 (1962) S. 175–187.

Mittelalterliche Formen. 1. Zeile: Grapen, Knickwandgefäß, Kugelbauchkanne; 2. Zeile: Kanne, Dreifußflasche, Zylinderhalskrug; 3. Zeile: Krug, Trichterhalskrug, Sturzbecher; 4. Zeile: Scheuer, Jacobakanne, Ratskanne.

Mittelalterliche Formen

Typ 27

Badorf

Geschichte. Der Ort Badorf liegt im Kölner Vorgebirge, wo vom 7. bis 12. Jh. mehrere Töpferorte (Walberberg, Badorf, Pingsdorf) an der Spitze der europäischen Keramikentwicklung standen. Die Produktionszeit der Badorfer Ware wird von 720 bis 860 angesetzt. Sie wurde nicht nur in Badorf selbst, sondern auch an der Ruhrmündung hergestellt, wo 720 die Duis-Burg zur Verteidigung des fränkischen Reiches gegen die vordringenden Sachsen errichtet worden war. Friesische und angelsächsische Kaufleute brachten sie nach Nordwesteuropa; als scheibengedrehte Keramik war sie der bodenständigen handgearbeiteten überlegen. Der Export in nördlicher Richtung war weitaus umfangreicher als nach dem Süden, ins alemanische Gebiet, obwohl das fränkische Reich mit den Friesen in Fehde lag. Sie mußten nach der Schlacht bei Dorestad (689) Westfriesland an Pippin den Mittleren abtreten. Der sagenumwobene friesische König Redbad gewann es gegen Hilperich II. zurück und drang 716 bis Köln vor. Erst Karl Martell, dem Sieger über die Araber bei Poitiers, gelang es 734, Friesland bis an die Lauwers zu besetzen. Mit den Franken kam auch das Christentum, aber die Friesen erschlugen den Einundachtzigjährigen »Apostel der Deutschen«, Bonifatius, 754 bei Dokkum.

Herstellung. Die Badorfer Keramik ist aus einem feinsandgemagerten, hellen, gelblichweißen bis rötlichgelben Ton hergestellt und bei

Abbildung. Reliefbandamphora aus Neuß, 8.–10. Jh. H. 80 cm. Bonn: Rheinisches Landesmuseum.

950 °C gebrannt. Sie ist durch Rollstempelverzierung gekennzeichnet. Die Rollstempel drücken in zwei Zeilen angeordnete, kleine, viereckige Vertiefungen in den Ton. Sie sind leicht anzufertigen: Man braucht auf den Umfang einer 15 mm dicken Holzscheibe lediglich mit einer Feile gitterförmig Linien senkrecht zu einer umlaufenden Mittellinie einzufeilen. Das zweizeilige Rollstempelmuster wurde entweder zweimal horizontal um das Gefäß abgerollt oder, bei der Reliefbandamphora, auf plastischen Reliefbändern angebracht. Diese Bänder verlaufen entweder gerade oder halbkreisförmig über das Vorratsgefäß, wobei mehrere von einem Punkt ausgehen. An der Mündung sitzen breite, dicke, mit Rippen versehene Bandhenkel. Die aufgelegten Bänder sind an den Rändern mit dem Finger verschmiert. Zur Reproduktion eignet sich der Ton Fr gelb von Schmittenhöhe.

Abwandlungen. Das auf dem Rollstempel angebrachte Muster wurde auch als Einzelstempel verwendet. Er enthielt fünf Paar Vertiefungen (in zwei Reihen). Sie wurden häufig tannenbaumartig eingestempelt. Einzel- oder Rollstempel können auch so dicht aneinander eingesetzt werden, daß eine flächige Verzierung entsteht. Nach einer Unterbrechung von 200 Jahren tritt Rollstempelverzierung erst wieder Ende des 12. Jh. auf.

Literatur. *Tischler, F.* Zur Datierung der frühmittelalterlichen Tonware von Badorf, Ldkr. Köln. Germania 30 (1952) Nr. 2 S. 194–200. – *Hübener, W.* Die Keramik von Haithabu. Neumünster: Wachholz, 1959.

Typ 28

Weisdin

Geschichte. Nach einer kleinen Insel im Langen See bei Weisdin, Kreis Neustrelitz in Mecklenburg, wird eine spätslawische Keramikgruppe benannt, die durch ihre Dünnwandigkeit und reiche plastische Verzierung zu den besten und schönsten westslawischen Keramiken gehört. Sie ist gegurtet, d. h. mit umlaufenden, aufgesetzten Bändern versehen, die mit Kammstichen verziert und von Wellenlinien, Kreuzmustern und Drehrillen begleitet sind. Keramik dieser Gruppe ist in Mecklenburg auf 23 Plätzen gefunden worden, aber auch in Lübeck, wo man sie als »Alt Lübeck« bezeichnete.

Die Keramik der ersten slawischen Siedler (die frühslawische Keramik des 7. Jh.) war mit Granitgrus gemagert, grob gearbeitet und schwach gebrannt. Die Verzierung war flüchtig und bestand aus weit auseinandergezogenen Strich- und Wellenmustern. Die Anfang des 8. Jh. beginnende zweite Phase, die mittelslawische Keramik, weist doppelkonische, auch mit Stempeleindrücken verzierte Gefäße aus dem gleichen Braun bis Grau brennenden Ton auf. In der dritten Periode, der spätslawischen Keramik, wurde im 10. Jh. auf der langsam laufenden Töpferscheibe gearbeitet, im 11. und 12. Jh. war in beschränktem Umfang und auf besonderen Plätzen schon die schnellaufende Scheibe in Gebrauch. Mit ihr kam Massenware auf.

Herstellung. Interessant ist die Herstellung der spätslawischen Keramik auf der langsam laufenden Töpferscheibe, die sich dadurch zu

Abbildung. Spätslawische Keramik der Weisdiner Gruppe. Fundort Vipperow, Mecklenburg. 11./Anfang 12. Jh. H. 36 cm. Schwerin.

Abbildung. Teller von Ludvikas Strolis, Kaunas, Litauen. 1965. Dmr. 41 cm.

erkennen gibt, daß die aus dem Scheibenkopf herausragende Achse Eintiefungen in den Gefäßböden hinterlassen hat, die nicht im Zentrum liegen. Oft gibt es sogar zwei sich überschneidende Vertiefungen, wenn nämlich das Gefäß während der Arbeit weiter in die Mitte der Scheibe gedrückt wurde. Mit Hilfe der Scheibe ließen sich die Ränder glätten und horizontale Verzierungen anbringen. Unter den Stempelverzierungen ist der vertiefte oder erhabene Kreuzstempel am häufigsten benutzt worden. Daneben gab es Rauten-, Rosetten-, Gitter-, Kreis- und Dreiecksstempel.

Bei der schnellaufenden Töpferscheibe war der Achszapfen auf den Scheibenköpfen durch ein rundes Brettchen verdeckt, das etwas kleiner als der Gefäßboden war, so daß sich ein Quellrand bildete. In die Brettchen waren die Bodenzeichen eingeschnitzt. Später wurden sie abgerundet, wodurch sich ein gewölbter Gefäßboden ergab.

Zur Rekonstruktion empfiehlt es sich, einfache Stempel aus Holz oder gebranntem Ton anzufertigen und sie in Kombination mit plastischen Auflagen und Ritzlinien zu verwenden. Es eignet sich jeder Töpferton. Brenntemperatur 900 °C.

Abwandlungen. Die Verwendung einiger weniger geometrischer Elemente in klarer Gliederung kennzeichnet die spätslawische Keramik und hat sich bis heute im Baltikum erhalten.

Literatur. *Schuldt, E.* Die slawische Keramik in Mecklenburg. Berlin: Akademie-Verlag, 1956.

Altamerikanische Formen

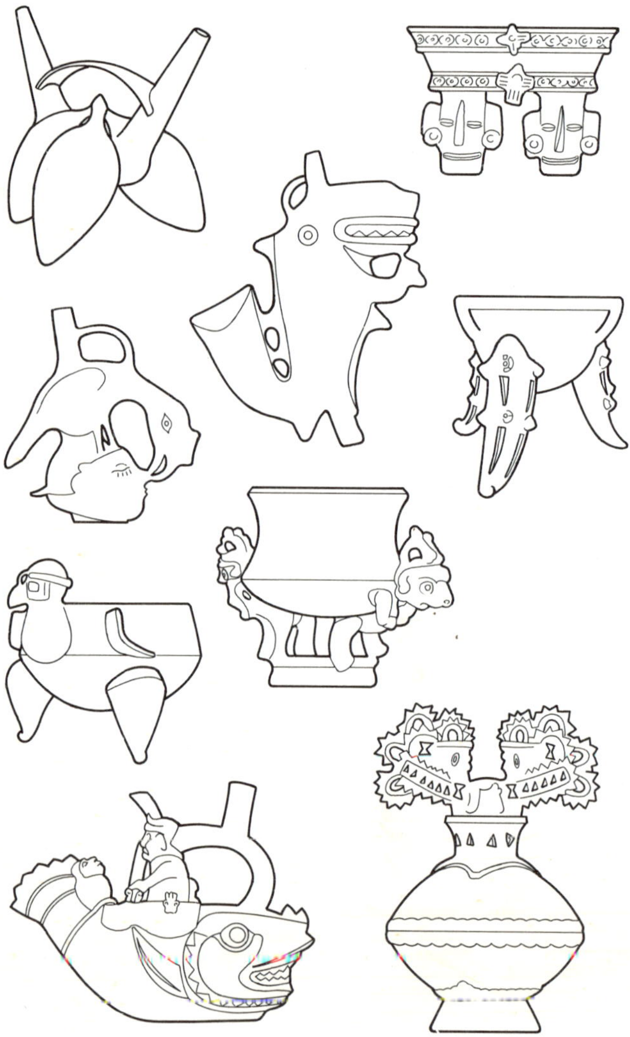

Vorkolumbische Zeit

Der Erdteil ohne Töpferscheibe und ohne Tragtiere hat sonst fast alles aufzuweisen, worauf die Töpfer in anderen Teilen der Welt ebenfalls gekommen sind. Wie die Griechen, so haben auch die Maya schwierige Partien von Terrakottafiguren aus Modeln gepreßt und das übrige frei dazugeformt. In der Malerei gewannen die Indianer das Schwarz ebenfalls durch Eisenreduktion, durch Mangan oder durch Kohlenstoff. Aus Engobemischungen erzielten die Maya und die Nazca eine größere Vielfarbigkeit als die Kelten. Die Negativmalerei, die um 500 v. Chr. in Südamerika entstand, war zeitgleich mit der keltischen. Wie in der Alten Welt, gab es auch eine Glanztontechnik bei der Plumbate-Ware der toltekisierten Quiché von Guatemala im 12. Jh. und eine Email-sur-biscuit-Malerei im 13. Jh. bei den Pueblo-Indianern.

Die seefahrenden Putun, die an der Golfküste in und um Tabasco siedelten, waren die Phönizier der Neuen Welt. Sie stellten die »Fine Orange Ware« her, die nach Transportgesichtspunkten stapelfähig und zur Herabsetzung des Transportgewichts dünnwandig war.

Wie die Vasenmalerei der Griechen, berichten die szenischen Vasenbilder der Mochekultur über das Leben der Menschen und ihre Geisteswelt. Aber trotz dieser Parallelen im Technischen und Künstlerischen, ist alles eigenartig, von einem besonderen, unverkennbaren Stil und von der Natur des Landes geprägt. Steigbügelgefäße und Kugelflaschen mit Doppelausguß und Brückenhenkel sowie Pfeifgefäße gibt es nur in Amerika. Auch Pflanzenextrakte und Harze sind Besonderheiten der amerikanischen Keramik.

Literatur. *Shepard, A. O.* Ceramics for the Archaeologist. Washington: Carnegie Inst. Publ. 609, 1957. – *Keleman, P.* Medieval American Art. New York: Macmillan, 1956. – *Eisleb, D.* Alt-Amerika. Berlin: Mus. f. Völkerkunde, 1969. – *Eisleb, D.* Westmexikanische Keramik. Berlin: Mus. f. Völkerkunde, 1971. – *Schuler-Schömig, I. v.* Figurengefäße aus Oaxaca, Mexiko. Berlin: Mus. f. Völkerkunde, 1970. – *Disselhoff, H. D.* Vicús. Berlin: Gebr. Mann, 1971. – *Kutscher, G.* Chimu. Berlin: Gebr. Mann, 1950. – *Sostelle, J.* Mexico. Archaeologia mundi. Genf: Nagel, 1967. – *Hoyle, R. L.* Peru. Archaeologia mundi. Genf: Nagel, 1966. – *Anton, F.* Alt-Amerika und seine Kunst. Leipzig: Seemann, 1977. – *Kirkland Lothrop, S.* Pre-Columbian Design from Panama (Coclé Pottery). New York: Dover, 1976.

Altamerikanische Formen. 1. Zeile: Lambayeque, Guatemala, Mitte: Nacza; 2. Zeile: Tiahuanaco, Panama (800–1525), Mitte: Costa Rica (800–1200); 3. Zeile: Maya; 4. Zeile: Moche, Costa Rica (800–1200 n. Chr.).

Typ 29

Teotihuacán

Geschichte. Die Azteken nannten die Stadt, die sie bei ihrem Eintritt in die Geschichte im 13. Jh. als Ruine vorfanden, in ihrer Sprache Nahuatl »Teotihuacán« = Ort, wo man zum Gott wird. Sie war das kulturelle Zentrum Zentralmexikos in der frühen und mittleren klassischen Periode, von der Zeitenwende bis 650 n. Chr. Heute ist Teotihuacán, 40 km nordöstlich von Mexico City, die am besten erforschte Ruinenstadt Mexikos. Der Höhepunkt dieser Kultur lag um 500 n. Chr.; die Zeit und die Ursache ihres Unterganges ist ebenso wenig bekannt wie die Menschen, die sie trugen, die ein Volk ohne Waffen (außer zur Jagd) und ohne Befestigungen waren. Sie bauten gewaltige Pyramiden, und ihre Wohnbauten glichen den Pueblo-Siedlungen. Es waren dicht aneinandergebaute rechteckige Häuser aus luftgetrockneten Lehmziegeln mit Stuckbewurf, der *al fresco* (naß) oder *al secco* (trocken) bemalt wurde. Mit Kalkstuck überzogen sie auch ihre Codexblätter und die bemalte Gattung ihrer Keramik. Erben der Kultur von Teotihuacán wurden die Tolteken und später die Azteken, die 1325 Tenochtitlán, das heutige Mexico City, gründeten.

Herstellung. Zur eigenartigen Keramik Teotihuacáns gehören schwarzpolierte flachbödige Schalen und Krüge, Vasen mit schlankem Hals und zylinderförmige Gefäße auf drei rechteckigen Stum-

Abbildung. Schwarzpolierte, in Schabetechnik verzierte Keramik der Teotihuacán-Kultur. Um 500 n. Chr. H. 20 cm. Berlin: Staatl. Museen. Preuß. Kulturbesitz, Museum f. Völkerkunde.

melfüßen. Sie waren aus eisenhaltigem Ton poliert und reduzierend gebrannt. Nach dem Brennen wurde die schwarze Politurschicht geritzt und stellenweise ausgeschabt. In die freigelegten Flächen rieb man Zinnober ein, der aus dem Mayagebiet importiert wurde. Zuweilen wurden Tonköpfchen oder Symbole, die aus Modeln geformt oder gestempelt waren, am unteren Rand des Zylinders angeheftet.

Die zweite eigenartige Keramikgattung Teotihuacáns stellt die nach dem Brennen mit einem Kalkputz überzogene Ware dar. Auf die trockene weiße Fläche (also *al secco*) wurden Figuren oder Symbole mit Mineralfarben oder Pflanzenfarben aufgemalt, die mit ungegorenem Agavensaft als Bindemittel vermischt waren: Hämatit für Rot, Limonit für Gelb, Goethit für gelbbraun, Magnetit für Schwarz und Malachit für Grün. Schwarz wurde für Linien und für den Hintergrund verwendet.

Zur Reproduktion eignet sich jeder rot- oder gelbbrennende Ton, z. B. Fr gelb der Grube Schmittenhöhe. Für die Schabetechnik muß der Ton möglichst feinkörnig, ohne gröbere Schamotte, sein. Um die Politur nicht zu gefährden, darf nicht über 850 °C gebrannt werden. Für die Stuckkeramik eignet sich der unter Typ 17 beschriebene Kalk-Kasein-Mörtel.

Abwandlungen. Zur Schabetechnik gibt es eine Parallele in Nordwestmexiko, die als Cloisonné-Keramik bezeichnet wird. Bei ihr wurden die (figürlichen oder geometrischen) Muster jedoch im trokkenen Zustand ausgeschabt. Die vertieften Stellen wurden mit verschiedenen Farben ausgefüllt.

Umfangreich war die Terrakotta-Produktion von Teotihuacán. Figurinen wurden in der ersten Phase noch mit der Hand gemacht, später teilweise und zum Schluß ganz aus Modeln geformt. Zur Gesichts- und Körperbemalung dienten Terrakottastempel (*pintaderas*). Kulissenartige Räuchergefäße waren aus gestempelten Platten zusammenmontiert und zeigten eine reich strukturierte Schauseite.

Literatur. *Krickeberg, W.* Altmexikanische Kulturen. Berlin: Safari, 1966.

Typ 30

Maya

Geschichte. Die Mayakultur wurde von zwanzig sprachverwandten Indianervölkern getragen, deren Keramik viele gemeinsame Züge aufweist. Ihre Blütezeit lag in der sogenannten klassischen Periode, zwischen 200 und 900 n. Chr. Seit der vorklassischen Zeit wurden große Mengen Fruchtbarkeitsfigürchen modelliert und in die Felder vergraben. In der klassischen Periode kam die Modeltechnik auf. Sie wurde bei Reliefs angewandt, die vor allem die Räuchergefäße für die Verbrennung von Kopalharz schmückten. Figuren von Würdenträgern mit Schmuck und Würdezeichen stammen vor allem von der Insel Jaina vor der Campeche-Küste, die als Begräbnisinsel diente. Im Norden gab es in nachklassischer Zeit eine mit tief eingeschnittenen Reliefs reich verzierte Keramik, die wegen ihres graubraunen, steinartigen Aussehens »Carved slate ware« (geschnittene Schieferkeramik) genannt wird. Nach Anna Shepard wurde jedoch auch tatsächlich roter Schiefer für die »Fine Orange ware« verwendet, die als dünnwandige, hartgebrannte Keramik nach Teotihuacán exportiert wurde. Unter der bemalten Keramik dominieren die vielfarbig bemalten, glattpolierten Gefäße, zylindrische Schalen und Becher, die den großem Einfluß von Religion und Kult auf das Leben zeigen. Daneben gab es auch stuckbemalte (siehe Typ 29) und negativ bemalte Keramik, wie unter Typ 32 beschrieben.

Abbildung. Bemalte Tonschale. Isla de Piedras, Campeche, Mexiko. Spätklassisch, 600–900 n. Chr. Dmr. 31 cm. Berlin: Staatl. Museen. Preuß. Kulturbesitz, Museum f. Völkerkunde.

Abbildung. Tonflöte, totonakisch mit Maya-Anklängen. H. 24 cm. Privatsammlung.

Herstellung. Die für die Mayakultur typische, bemalte Keramik ist oxidierend gebrannt; das Schwarz ist ein Manganschwarz mit schwankendem Eisengehalt (das Verhältnis Mn:Fe beträgt 0,44–0,71 mit dem Mittelwert von 0,49). Die Farben sind Eisenrot, rotbraun, Braun, Schwarz und Weiß. Es sind Kombinationen feinst geschlämmter Engoben, z. B. für Weiß und Schwarz, mit kalt aufgemalten Pflanzenfarben, z. B. Rot, das über die weiße Engobe gestrichen ist und ein typisches Orange ergibt. Das Mayablau war eine Pigmentfarbe aus zerstoßenem Türkis. Da die Farben stumpf sind, wurden sie nachträglich mit einem Harz überzogen.

Die Orange-Keramik bestand, wie auch Beispiele aus Nicaragua zeigen, aus einem orangefarbig brennenden Ton, der so homogen ist, daß ein etwaiger Schieferzusatz feinpulvrig gerieben worden sein müßte. Im übrigen wird auch schwarzer Schiefer beim Verglühen rot.

Abwandlungen. Interessant sind die melodiefähigen Tonflöten, die überall hergestellt wurden und noch heute dem Touristen angeboten werden. Besonders schöne stammen von den Totonaken in Veracruz. Sie sind stets plastisch geschmückt, meist mit Menschenköpfen versehen, oft als ganze Gestalten gearbeitet.

Literatur. *Eisleb, D.* Töpferkunst der Maya. Berlin: Mus. f. Völkerkunde 1969. – *Shepard, A. O.* Ceramics for the Archaelogist. Washington: Carnegie Ins. Publ. 609, 1957. – *Wuthenau, A. v.* Altamerikanische Tonplastik. Kunst der Welt. Baden-Baden: Holle, 1965. – *Nixdorf, H.* Tönender Ton. Berlin: Mus. f. Völkerkunde, 1974.

Typ 31

Plumbate

Geschichte. Im 10. Jh. drangen die Tolteken aus dem mexikanischen Hochland in Yucatán ein, errangen die Oberherrschaft über die ansässige Mayabevölkerung und machten Chichén-Itzá zur Hauptstadt. Unter ihrem Einfluß erlebte die Mayakultur eine neue Blüte. Die bereits in einer früheren Phase an der pazifischen Küste entstandene Plumbate-Keramik wurde in dieser nachklassischen Periode neben der »Fine Orange«-Ware zu einem über ganz Mesoamerika verbreiteten Handelsgut. Im Gegensatz zur bildnisfreien Frühphase der Plumbate-Keramik stellten die Mayatöpfer jetzt mexikanische Götter in ihren Figurengefäßen dar. Nach dem Hauptgott der toltekisierten Quiché von Guatemala, dem Regengott Tohil, wird diese zweite Phase als Tohil-Phase bezeichnet. Im guatemaltekischen Tajumulco wurden die meisten Plumbate-Scherben gefunden. Dort wird auch die Manufaktur vermutet. Die Plumbate-Produktion endete mit dem Verfall der Toltekenmacht im Jahre 1204.

Herstellung. Plumbate-Keramik wurde aus kolloiden Tonschlickern in einer Art Glanztontechnik hergestellt. Im Gegensatz zur Terra sigillata besitzt sie zwei Überzüge, einen dickeren, heller gefärbten, der mit einem dünneren, harten überzogen ist. Die Schlickerüberzüge wurden im Tauchverfahren aufgebracht. Die Härte entspricht der des Stahls. Analysen ergaben, daß diese Schichten zu 85–95%

Abbildung. Plumbate-Schale in Gestalt eines Hirschtieres mit Rasselfüßen (Tonkugeln in den hohlen Füßen). Chiaspas, 10.–12. Jh. H. 14 cm. Berlin: Staatl. Museen Preuß. Kulturbesitz, Museum f. Völkerkunde.

aus Kieselsäure, Tonerde und Eisenoxid bestehen, und zwar schwankte der Kieselsäuregehalt bei den untersuchten Scherben von 32,6 bis 49,3% und der Eisenoxidgehalt von 7,4 bis 19,2%. Das tonige Ausgangsmaterial ist bentonitartig (Bentonit ist, wie Ton, ein Sedimentgestein, das hauptsächlich aus dem Tonmineral Montmorillonit gebildet wird. Dieses ist besonders quellfähig; deshalb ist der Bentonit hochplastisch und wird gewöhnlich als Plastifizierungsmittel verwendet). Der hohe Eisengehalt wirkt in reduzierender Athmosphäre bei 950 °C infolge des stärker verflüssigenden Eisen(II)oxids als Flußmittel, so daß die Oberfläche von gut gebrannten Stücken verglast ist.

Zur Reproduktion eignet sich der montmorillonitreiche Ton Fr gelb der Grube Schmittenhöhe bei Koblenz oder ein 5%iger Bentonitzusatz zu einem mageren, eisenreichen Ton.

Abwandlungen. Die Plumbate-Keramik ist entweder plastisch durch geometrische Ritzzeichnungen und ornamentale Flachreliefs verziert oder sie stellt Figurengefäße von Tieren, Vögeln, Menschenköpfen oder ganzen Menschenfiguren und Göttern dar. Bemerkenswert sind Gefäße mit dem Kopf des bärtigen Regengottes Tlaloc.

Literatur. *Shepard, A. O.* Plumbate – A Mesoamerican Trade Ware. Washington: Carnegie Institution. Publication 573. 1948.

Typ 32

Recuay

Geschichte. Recuay ist ein kleiner Ort am Oberlauf des Rio Santa, der bei Chimbote in den Pazifik mündet. Aus diesem Ort ist zum ersten Mal eine eigenartige Keramik nach Europa gelangt, die zum Anlaß genommen wurde, den Keramikstil des ganzen oberen Flußtales (=Callejón de Huaylas) von 100 v. Chr. bis 700 n. Chr. nach diesem Ort zu benennen. Die weißtonige Keramik ist reich an Figuren und Figurengruppen, Hausmodellen und Opfertrankgefäßen (mit Einfüllstutzen und Ausgußtülle) mit aufgesetzten kleinen Figuren, alles sehr detailliert ausgearbeitet und meist in Schwarz negativ, zuweilen auch noch in Rot positiv bemalt. Die in ganz Süd-, Mittel- und Mesoamerika verbreitete Negativmalerei war in Recuay am höchsten entwickelt und stellt nicht nur geometrische Muster, sondern auch dekorativ stilisierte Tierfiguren dar, häufig Tiere im Mond. Die Menschen der Santa-Kultur waren im Hochland Ackerbauern, an der Küste Fischer; ihre Haustiere waren Lama und Meerschweinchen, ihre Feldfrüchte Kartoffeln, Mais und Quinoa-Reis. Die Häuser waren aus Stein, mehrräumig und mehrstöckig, mit unterirdischen Galerien für die Toten.

Herstellung. Der Ton ist überwiegend weißbrennend; wo rotbrennender verwendet wurde, ist er mit einer gelblich-weißen Engobe bedeckt. Zur Reproduktion eignet sich z. B. der Kreuzton von Nie-

Abbildung. Figur eines Mondhundes mit Negativmalerei. Recuay, 300–700 n. Chr. H. 14 cm. Berlin: Staatl. Museen. Preuß. Kulturbesitz, Museum f. Völkerkunde.

derdresselndorf. Zur Negativmalerei nimmt man am besten in Terpentinöl gelöstes Wachs, das sich mit dem Pinsel malen läßt. Dagegen muß Batikwachs im Malkännchen immer wieder über einer Kerzenflamme erhitzt werden. Die Wachsmuster malt man auf den geglätteten Scherben und taucht dann das Arbeitsstück, das sehr saugfähig sein muß, in die schwarze Engobe, die dünn angemacht wird. Man kann sie entweder aus schwarzbrennendem (Mangan-)Ton oder durch Zusatz von 15% Braunstein zu einem rotbrennenden Ton herstellen. Beim Brennen auf 900 °C verdampft das Wachs und legt den Tongrund frei, der jetzt das Muster in Weiß auf schwarzem Hintergrund wiedergibt. Zusätzliche rote Farbe in Form eines rotbrennenden oder mit 20% Ocker vermischten Tones wird vor dem Brand positiv mit dem Pinsel auf die schwarze Engobe aufgetragen.

Abwandlungen. Negativmalerei mit Engobe ist nur eine von drei Formen, in denen diese Technik im vorkolumbischen Amerika angewandt wurde. Die zweite bestand im Aufkohlen einer schwarzen Schicht auf den gebrannten Gegenstand in einem zweiten, niedrigeren Feuer. Dazu wurde die mit der Wachsmalerei versehene Keramik entweder einem starken Rauchfeuer ausgesetzt oder mit einem Pflanzensirup begossen, der in die Poren einzog und sich bei etwa 500 °C als Kohlenstoff darin einlagerte. Die dritte Form der Negativmalerei stammte aus dem Mayagebiet und beruhte auf der Verwendung eines cremefarbig brennenden Tones und eines alkalischen Pflanzenextrakts, in den die wachsbemalte, rohe Keramik getaucht wurde. Das Alkali schoß den Ton auf und machte das in ihm enthaltene Eisen der Oxidation im Feuer zugänglich. Auf diese Weise erschienen die Flächen unter dem Pflanzenextrakt nach dem Brennen Rot, jedoch nicht erhaben wie bei einer Engobe, sondern in den cremefarbenen Ton eingesunken.

Literatur. *Disselhoff, H. D.* Das Imperium der Inka und die indianischen Frühkulturen. Berlin: Safari 1972, auch als Heyne-Taschenbuch Nr. 7060. – *Hoyle, R. L.* Peru. Archaeologia mundi. Genf: Nagel, 1966, auch als Heyne-Taschenbuch. – *Shepard, A. O.* Ceramics for the Archaeologist. Washington: Carnegie Inst. Publ. 609, 1957.

Typ 33

Moche

Geschichte. Moche heißen ein Dorf und ein Fluß an der nordperuanischen Küste. Sie gaben einer Kulturepoche ihren Namen, die von 100 v. bis 900 n. Chr. dauerte und durch ihre figürlich gestalteten Steigbügelgefäße berühmt geworden ist. Die realistische Moche-Keramik führt jedoch nicht nur die Menschen ihrer Zeit plastisch vor Augen, sondern gibt in ihrer Gefäßmalerei auch einen Einblick in den Aufbau der Gesellschaft, die innerhalb eines Königreiches in statusbedachte Klassen eingeteilt war. In ornamentaler Stilisierung sind Götter, rituelle Szenen, Krieger und Jäger dargestellt. Am eindrucksvollsten sind die Porträtköpfe mit individuellen Gesichtszügen.

Aus einer früheren Zeit stammen die ersten Doppelgefäße mit Pfeifvorrichtung. Sie bestehen aus zwei Flaschen, von denen eine plastisch verziert ist. Beide sind unten durch eine waagrechte Röhre, oben durch einen massiven Henkel verbunden. In den Hals der plastisch verzierten Flasche ist eine Pfeife eingebaut, die ertönt, wenn man in den offenen Hals der unverzierten Flasche hineinbläst oder das Doppelgefäß mit eingefüllter Flüssigkeit hin- und herbewegt. Das aufmodellierte Tier stimmt mit den Pfeiftönen überein. Es ist meistens ein Vogel oder eine Maus. Es wurde festgestellt, daß die Tonfrequenz dieser Pfeifgefäße mit 2400 Schwingungen pro Sekunde in einem besonders sensitiven Hörbereich liegt, der starke psycholo-

Abbildung. Steigbügelgefäß mit Engobemalerei. Klassische Moche-Kultur, 6. Jh. H. 18 cm. Berlin: Staatl. Museen. Preuß. Kulturbesitz, Museum f. Völkerkunde.

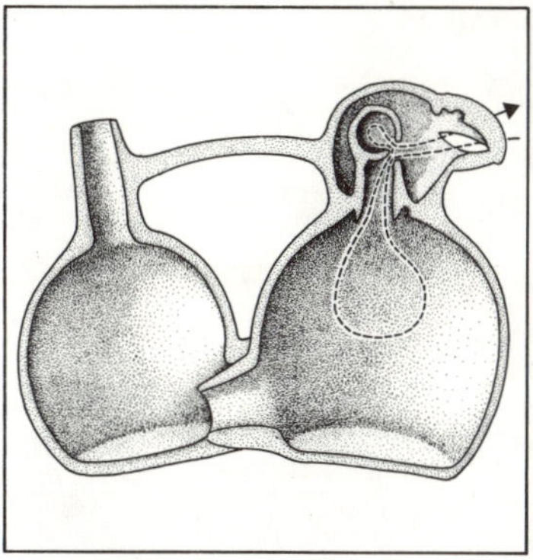

Abbildung. Pfeifgefäß und seine innere Konstruktion. Halb mit Flüssigkeit gefüllt, gibt es beim Schaukeln Pfeiftöne von sich. Gallinazo- oder Virú-Kultur, 200 v. bis 300 n. Chr. H. 15 cm. Berlin: Staatl. Museen. Preuß. Kulturbesitz, Museum f. Völkerkunde.

gische Effekte auslösen kann. Daraus wird geschlossen, daß sie rituellen und sprituellen Zwecken dienten.

Herstellung. Der farbige Scherben ist stets mit einer weißen Engobe überzogen und poliert. Zur Reproduktion eignet sich der Ton Fr gelb der Grube Schmittenhöhe. Die Malerei ist mit einem spitzen Pinsel mit einem eisenhaltigen Glanzton ausgeführt. Die Bräunung läßt auf eine höhere Temperatur schließen. Der Brand wurde oxidierend geführt und lag bei etwa 1000 °C. Die verschiedenen Farbabstufungen zur Bemalung der Figurengefäße wurden durch Mischen der Farbengoben erzielt. Neben vollplastisch modellierten und ausgehöhlten Figuren gibt es in Modeln abgeformte Gefäße und Reliefs an Gefäßen.

Abwandlungen. In einer frühen Phase wurden frei modellierte dunkelbraune figürliche Gefäße mit Gravierungen verziert und z. T. zusätzlich bemalt. Die Steigbügel waren anfangs gedrungen, später übermäßig in die Höhe gezogen.

Literatur. *Steward, J. H.* Handbook of South American Indians. 2 Bde. Washington: United States Gouvernment Office, 1946.

Typ 34

Nazca

Geschichte. Nazca ist eine südperuanische Provinzhauptstadt, nach der eine Kulturepoche benannt ist, die die qualitätsvollste Keramik Amerikas hervorgebracht hat. Sie folgte um Christi Geburt der Paracas-Kultur, für die Kaltmalerei in Harzfarben charakteristisch war. Der Übergang von den Harz- zu den Engobefarben kennzeichnet den Beginn der Nazca-Kultur, die bis 800 dauerte. Sie hat die Vielfarbigkeit am weitesten getrieben, nämlich bis auf elf Farben. Das auffallendste Dekormotiv ist der Katzendämon neben anderen Dämonen, Tieren und Menschen. Die für die Südküste kennzeichnende Gefäßform, die Kugelflasche mit Doppelausguß und Brückenhenkel, ist am häufigsten vertreten. Sämtliche Gefäße, auch Näpfe und Schalen, haben einen runden Boden. Sie sind dünnwandig, fein poliert und mit großer Vollkommenheit handgeformt. Neben der Bemalung tritt bei der Nazca-Keramik die plastische Gestaltung in den Hintergrund.

Nazca ist auch durch die riesigen »Scharrbilder« bekannt geworden, die erst vom Flugzeug aus richtig zu erkennen sind und als Werke außerirdischer Künstler gedeutet wurden. Sie sind durch Wegscharren der dunkelbraunen Erdkruste entstanden, unter der gelber Sandboden liegt, also durch riesige Sgraffitolinien.

Abbildung. Kugelflasche mit Doppelausguß und Brückenhenkel, mehrfarbig bemalt mit Katzendämonmotiv. Nazca-Stil, um 500. H. 18,5 cm. Berlin: Staatl. Museen. Preuß. Kulturbesitz, Museum f. Völkerkunde.

Herstellung. Der Scherben ist leicht getönt; zur Reproduktion eignet sich z. B. der Ton Fr gelb der Grube Schmittenhöhe. Als Unterlage beim Aufbauen der Gefäße diente eine konkave Scherbe, auf der sich das Werkstück auch drehen ließ. Die Gefäße sind durch Klopfen zwischen zwei Hölzern äußerst dünnwandig gearbeitet, geglättet, engobiert und poliert, nach dem Auftragen der Farben erneut überpoliert. Die Farben sind Rot, Weiß, Schwarz, Orange und Grau in vielen Schattierungen, die durch Mischen der Farbengoben erzielt wurden. Die Farbflächen sind schwarz umrandet. Das Schwarz ist ein Manganschwarz, denn der Brand ist oxidierend, die Temperatur beträgt 900 °C.

Abwandlungen. In einer kurzen Übergangszeit zu Beginn der Nazca-Kultur wurden die Farbflächen, wie in der Paracas-Kultur, durch Gravierung umrandet, die im lederharten Zustand angebracht wurde.

Achtung!

Sämtliche präkolumbischen Engobemalereien gelingen nur dann zur Zufriedenheit, wenn der Malschlicker feinst geschlämmt wird. Dazu setzt man den Ton mit Regenwasser an, wie auf Seite 74 beschrieben. Der Ton soll die gewünschte Brennfarbe möglichst schon von Natur aus mitbringen. Andernfalls verreibt man den eingedickten Feinschlamm auf der rauhen Glasplatte mit 10% Unterglasurfarbe. Der Feinschlamm muß ziemlich dünnflüssig mit Wasser und Sirup angerührt und hauchdünn auf den noch plastisch-feuchten Ton mit einem weichen Pinsel aufgemalt werden.

Literatur. *Willey, G. R.* Das Alte Amerika. Propyläen Kunstgeschichte Bd. 18. Berlin: Propyläen, 1974. – *Sawyer, A. R.* Ancien Peruvian Ceramics. New York: Metropolitan Mus., 1966.

Typ 35

Pueblo

Geschichte. Die Pueblo-Indianer im heutigen Colorado hatten schon in ihrer ersten keramikführenden Kultur (Basket Maker III) versucht, aus zerriebenem Bleierz, das sie mit einem Klebstoff auf den Ton malten, eine schwarze Farbe zu erhalten. Das Blei reagierte im Feuer mit dem Ton und ergab eine unansehnliche Glasur, worauf diese Entwicklung abbrach. Etwa 600 Jahre später kam unter Verwendung eines bleihaltigen Eisen-Manganerzes eine matte, zuweilen auch glänzende dunkle Malerei auf, aus der sich Glasuren entwickelten, die ausreichend konturentreu waren, um sie zum Malen zu benutzen. Sie sind Rot, Gelb, Schwarz und Grün. Diese mehrfarbige Keramik aus der Gegend um Albuquerque in New Mexico wurde zur Handelsware im Tal des Rio Grande. Der Höhepunkt der Pueblo-Kultur lag zwischen 1000 und 1300 n. Chr. Die Glasuren wurden im Laufe der Zeit matter infolge Übersättigung an basischen Oxiden. Es heißt, daß die Töpfer »die Kontrolle über die Pigmente verloren«.

1540 kamen die Spanier in die von den Mogollon, Hohokam und Anasazi besiedelten Gebiete und nannten diese Indianer wegen ihrer eigenartigen, terrassenförmig gebauten Wohnsiedlungen Pueblos (pueblo, span. = Dorf).

Herstellung. Der hellbrennende Ton ist stets mit einer fein geschlämmten Engobe bedeckt. Zur Reproduktion eignet sich für den Grundkörper jeder rötlich brennende Ton; die Engobe sollte weiß-

Abbildung. Glasurbemalte Pueblo-Keramik (Ramos Polychrome), Casa Grandes. Um 1350. H. 18,5 cm. Santa Fe: Museum of New Mexico.

brennend und kalkhaltig sein, z. B. durch Zumischen von 25% Kalkspat zu einem weißbrennenden Ton.

Die als Malfarben verwendeten Glasuren hat Anna Shepard analysiert. Sie sind alle bleihaltig, viele jedoch im Verhältnis zum Tonerde- und Kalkgehalt zu bleiarm, um eine Glasur zu ergeben. Diese Gruppe ist anscheinend aus dem von Shepard erwähnten Basalt zusammengesetzt, der ein Erdalkali-Tonerde-Silikat darstellt. Diese Zusammensetzungen bleiben bei Temperaturen unter 1000 °C erdig und zeigen die Naturfarbe (»Blende«) der in ihnen überwiegenden Metalloxide, z. B. Eisenrot oder Eisen-Mangan-Schwarz. Die tonerdeärmeren unter den angegebenen Analysen ergeben eine gelbe Mattglasur, da sie auch an Kieselsäure nur wenig besitzen. Eine dritte Gruppe von Pueblo-Malglasuren ist mit Majolikafarben oder Smalten (siehe Seite 185) vergleichbar; sie besitzt sehr viel Metalloxide und ausreichend Kieselsäure, um zusammenzusintern. Rezepte für diese drei Gruppen: (1a: Rot) 67 Basalt, 25 Fritte M 70 und 8 Eisenoxid; (1b: Schwarz) 68 Basalt, 26 Fritte M 70 und 6 Braunstein; (2: Gelb) 31 Basalt, 32 Fritte M 70 und 37 Mennige; (3: Grün) 52 Fritte M 70, 22,5 Kupferoxid und 25,5 Quarzsand.

Die Emails wurden mit Yucca-Sirup zum Malen angerührt. Ein ganzflächiger Glasurüberzug kommt nicht vor. Wenn die Keramik fertig dekoriert war und gebrannt werden konnte, durfte nicht mehr gelacht und gesungen und nur noch geflüstert werden, denn die Stimmen wären sonst in die Gefäße gegangen und hätten sie im Feuer gesprengt. Gebrannt wurde in kleinen, unterirdisch angelegten Öfen, die oben offen waren, mit Viehdung als Brennstoff. Durch aufgespannte Decken lenkte man den Wind. Gebrannt wurde oxidierend bei 680–750 °C. Nur selten findet man ein durch reduziertes Eisenoxid hervorgerufenes Schwarz. Um die Keramik dicht zu machen, wurden Kochtöpfe mit dem klebrigen Saft von Kaktusblättern ausgeschwenkt, der bei niedrigem Feuer verkohlte und Kohlenstoff in die Poren einlagerte. Andere Keramik, die dicht werden sollte, wurde mit ausgelassenem Talg eingerieben.

Abwandlungen. Die Hohokam malten in der Zeit zwischen 600 und 900 n. Chr. nach einer dekorlosen Frühkeramik menschliche und tierische Motive Rot auf lederbraun, die Anasazi nach 1300 mehrfarbige, stilisierte menschliche und tierische Figuren Schwarz und Rot auf Gelb. Die Keramik der Mogollon des Mimbres-Tales ist Schwarz auf Weiß bemalt: menschliche Wesen, Vögel, Fische, Insekten, abstrakte Figuren. In allen diesen Fällen handelt es sich um reine Engobemalerei, allenfalls mit kalten Pflanzenfarben abgetönt. Der Mimbres-Stil aus der Zeit zwischen 1000 und 1200 n. Chr. beeinflußte die spätere Keramik der Chihuahua in Nordmexiko. Im allgemeinen sind von Frauen bemalte Gefäße mit dem Schachtelmotiv, das den Frauengewändern vorbehalten war, dekoriert, während Männer als Motive meist Jagd und Tierbeschwörung wählten.

Literatur. *Shepard, A. O.* Rio Grande Glaze Paint Ware. Washington: Carnegie Inst. Pub. 528, 1942. – *Bunzel, R.* The Pueblo Potter. New York 1929. – *Frank, L.,* und *Harlow, F. H.* Historic Pottery of the Pueblo Indians 1600–1880. Boston, Mass.: New York Graphic Society, 1974. – *Harlow, F. H.* Modern Pueblo Pottery 1880–1960. Northland Press/Flagstaff, 1977. – *Howard, R. W.* Pottery. In: Ray Manley's Southwestern Indian Arts & Crafts. 238 South Tuscon BLVD. Tuscon, Arizona 85716.

Glasierte Keramik

Mit der islamischen Keramik und der europäischen seit der Renaissance betreten Sie das Gebiet der Glasuren. Diese gab es zwar schon im alten Ägypten und in römischer Zeit, doch begannen sie erst jetzt, das allgemeine Bild der Tonwaren zu bestimmen. Wenn Sie mit Glasuren arbeiten, ist es nützlich, etwas über ihren Aufbau zu wissen.

Man kann sich eine Glasur vorstellen wie ein Netz, das über den Ton gelegt wird. Dieses Netz besteht aus Kieselsäure als Netzwerkbildner. Dieser Stoff, der in Natur als kristalliner Quarz oder als Sand vorkommt, schmilzt aber erst bei 1702 °C. Um das Kieselsäure-Netzwerk leichtflüssiger zu machen, setzt man ihm Stoffe zu, die es abwandeln und deshalb Netzwerkwandler genannt werden. Das Netz hält nicht mehr zusammen, es verliert seine »Haltbarkeit« (der Fachausdruck für Wasserunlöslichkeit), wenn ihm bestimmte derartige Wandler eingebaut werden. Je höher die Temperatur, die zur Verfügung steht, desto weniger wird man davon brauchen, je tiefer sie ist, desto mehr. Und man wird für diese tiefen Temperaturen solche Netzwerkwandler suchen, deren verflüssigende Wirkung besonders stark ist. Wenn man sich unter den möglichen Stoffen umsieht, wird man erkennen, daß es zweierlei Netzwerkwandler gibt, nämlich solche, die das Netz besonders stark auflockern, weil sie nicht kräftig genug sind, um es zusammenzuhalten – sie besitzen eine geringe Feldstärke –, und solche, die zwar das Netz ebenfalls auflockern, dabei aber genügend Kraft haben, es zu bewahren. Sie besitzen eine hohe Feldstärke und werden als Stabilisatoren bezeichnet. Zur ersten Gruppe der Flußmittel gehören die Alkalien, Natrium und Kalium, die als Soda und Pottasche in den alten Glasurrezepten enthalten sind. Zur Gruppe der Stabilisatoren gehören die Erdalkalien Kalzium und Magnesium, die als Kalkspat und Magnesit oder gemeinsam als Dolomit in der Natur vorkommen.

Eine Glasur muß also erstens glasig sein, folglich braucht sie die Kieselsäure. Sie muß zweitens sich im Feuer bilden, also braucht sie Flußmittel, die sie zum Schmelzen bringen. Drittens muß sie beständig sein, sich also nicht in Wasser auflösen wie Wasserglas, das nur aus Kieselsäure und Alkalien besteht. Deshalb muß sie auch Stabilisatoren enthalten. Das Vorhandensein von Stoffen dieser drei Eigenschaften genügt für das Zustandekommen einer Glasur. Und so sind auch die ersten Glasuren aus einfachen Mischungen von kalkhaltigem Wüstensand und dem Natron der Sodaseen dreitausend Jahre vor Christi Geburt in Ägypten entstanden. Man wußte damals nichts über die Feldstärke der Atome, aber die Ägypter fanden heraus, welche Mischung sie brauchten, um bei den niedrigen Temperaturen, die sie erzielen konnten, einen glasigen Überzug zu gewinnen, nämlich eine Mischung, die zur Hälfte aus Sand und zur anderen Hälfte aus Soda bestand. Darin waren alle drei geforderten Stoffe enthalten, denn der Wüstensand brachte den als Stabilisator notwendigen Kalk als Verunreinigung mit. Heute können wir ermessen, welche geniale Erfindung dieses einfache Rezept darstellte, nachdem das gesamte System Kieselsäure-Natriumoxid-Kalk durchforscht wurde und man feststellte, daß unter den unzähligen möglichen Mischungen aus diesen drei Stoffen dieses alte Rezept genau derjenigen Mischung entspricht, die ein Glas ergibt und die niedrigste Schmelztemperatur, nämlich 725 °C, benötigt. Das war für die Ägypter wichtig, weil sie keine hohen Hitzegrade erzielen konnten. So entwickelte sich bei ihnen auch die Erfahrung, daß man weniger hohe Temperaturen braucht, wenn man ein Gemisch vorher nur so weit erhitzt, daß es zusammensintert, und wenn man diese Fritte (sie besitzt eine »Wärmevergangenheit«) pulverisiert und erneut dem Feuer aussetzt.

Die ägyptischen Erfahrungen gelangten in mehreren Wellen, spätestens in der Partherzeit (Seite 70), aber auch in frühislamischer Zeit (Seite 136) nach Mesopotamien und in den westlichen Iran und bildeten eine der Grundlagen der islamischen Glasuren.

Der soeben erwähnte Prototyp der Alkaliglasuren aus Wüstensand und Natursoda läßt sich aus 27 Gewichtsteilen Fensterglas, 45 Gewichtsteilen Soda und 28 Gewichtsteilen Quarzmehl, einfacher jedoch nach folgendem Rezept rekonstruieren:

80 Gewichtsteile Fritte A 3232 (siehe Seite 326),
20 Gewichtsteile Quarzmehl.

Die zweite geniale Erfindung in der Entwicklung der Glasuren stammt vermutlich aus dem Kaukasus, wo der Sage nach Prometheus das Feuer vom Himmel holte und wo das erste Eisenerz verhüttet wurde. Man nimmt an, daß sich von dort her die Verwendung von Blei in Glasuren zuerst in Kleinasien ausbreitete (siehe Seite 70). Das Bleioxid zeichnet sich allen anderen Stoffen gegenüber dadurch aus, daß es ein Stabilisator und zugleich ein äußerst wirksames Flußmittel ist und im Gegensatz zu anderen Schwermetalloxiden nicht färbt. Man erhält also nur aus Bleioxid und Kieselsäure eine leichtflüssige, stabile und farblose Glasur. Diese Erfindung verbreitete sich sowohl nach dem Westen als auch nach dem Fernen Osten. In den frühen Bleiglasuren hat man analytisch 30% Kieselsäure und 65% Bleioxid festgestellt. Die restlichen 5% sind Verunreinigungen. 29% Kieselsäure und 71% Bleioxid entsprechen einem bei 732 °C schmelzenden Eutektikum, d. h. der bei der niedrigsten Temperatur schmelzenden Mischung aus den beteiligten Stoffen. Diese ergibt sich wiederum nach einem einfachen Rezept aus einem Teil Sand und zwei Teilen Bleiglätte. Weicht die Mischung von dem angegebenen Verhältnis ab, ist sie zum Beispiel reicher an Kieselsäure, so wird sich bei langsamer Abkühlung im Ofen Kieselsäure ausscheiden, je kieselsäurereicher, desto mehr, und die Glasur wird dadurch entglasen. Die ausgeschiedene Kieselsäure wird die Glasur trüben und bei größerem Kieselsäuregehalt matt machen. Ähnliches geschieht, wenn diese Glasur bleireicher ist, als dem Eutektikum entspricht. Dann wird sie bei sehr langsamem Abkühlen so viel Bleimonosilikat ausscheiden, bis die Restschmelze die genannte eutektische Zusammensetzung hat, wenn sie nicht vorher durch schnelles Abkühlen einfriert. Sobald der Glasur jedoch Tonerde beigemischt wird, unterbleibt die Entglasung, weil die Tonerde als Stabilisator den Glaszustand bewahrt.

Im allgemeinen wird eine Glasur um so leichter matt, je weiter ihre Zusammensetzung von der eutektischen (der bei der niedrigsten Temperatur schmelzenden und erstarrenden Mischung) entfernt ist und je langsamer sie bis zur eutektischen Temperatur herab abkühlt. Liegt sie nahe am Eutektikum und erfolgt die Abkühlung schnell, so erhält man eine Mattglasur nur durch kristallisationsfreudige Zusätze, wie Zinkoxid oder Titandioxid.

Den analytisch festgestellten Prototyp der Bleiglasuren kann man aus Bleioxid und Sand rekonstruieren. Da jedoch die Bleioxide giftig sind, verwenden wir die ungiftige Bleisilikat-Fritte A 1316 (sie ist indentisch mit M 70 und D 90001) und erhalten folgendes Rezept:

90 Gewichtsteile Fritte A 1316,

10 Gewichtsteile Quarzmehl.

Nun gibt es bei höherem Bleigehalt noch zwei weitere Eutektika, das bleireichste mit 92% Bleioxid und 8% Kieselsäure. Das bedeutet, daß man auch dann zu einer Glasur gelangt, wenn man nur Bleioxid (oder Bleisulfid usw.) auf die Keramik aufbringt (siehe Seite 123). Das Bleioxid holt sich diese 8% Kieselsäure (dazu etwas Tonerde und nützliche Verunreinigungen) aus dem Scherben und bildet schon knapp über 720 °C eine Glasur.

Die dritte grundlegende Erfindung in der Entwicklung der Glasuren stammt aus der Bronzezeit in China, um 1500 v. Chr., und besteht in der Verwendung von Holzasche, die fast zu einem Viertel aus Kalk besteht. Die Hauptbestandteile der alten chinesischen Glasuren sind Stoffe, die besonders schwer schmelzen, nämlich Kieselsäure (1702 °C), Tonerde (2046 °C) und Kalk (2572 °C). Auch die Mischungen aus diesen drei Stoffen erfordern sehr hohe Temperaturen. Nur eine einzige käme für die primitiven Brennbedingungen der Bronzezeit in Frage. Sie schmilzt bei 1170 °C und besteht aus 62 Kieselsäure, 14,75 Tonerde und 23,25 Kalk. Heute noch benutzen die Töpfer in Chunking, in Südwestchina, eine Glasur, die haargenau dieser eutektischen Mischung entspricht und die den Aufstieg der ostasiatischen Keramik einleitete. Sie setzen sie aus Reishülsenasche, Ton und gelöschtem Kalk zusammen.

Mit unseren Rohstoffen können wir diesen Prototyp der ostasiatischen Scharffeuerglasuren durch folgendes Rezept rekonstruieren:

30 Gewichtsteile Kaolin,

36 Gewichtsteile Quarzmehl, 34 Gewichtsteile Kalkspat.

Man sieht, daß das Originalrezept zu einem nuancenreicheren Ergebnis führen muß, denn sowohl Ton als auch Reishüllenasche enthalten zahlreiche Verunreinigungen und unterliegen örtlichen Schwankungen in ihrer Zusammensetzung, so daß sie nur am gleichen Ort reproduzierbare Ergebnisse liefern, während das europäische Rezept chemisch rein und überall reproduzierbar ist.

Die von den Chinesen verwendete Stoffkombination ist noch insofern interessant, als sie neben dem Netzwerkbildner, der Kieselsäure, zwei Stabilisatoren enthält, von denen der schwächere, der Kalk, die Rolle des Flußmittels übernimmt. In anderen Glasuren kann sogar ein niedrig schmelzender Netzwerkbildner wie die Borsäure (580 °C) die Rolle eines Flußmittels übernehmen. Ja selbst die so schwer schmelzbare Tonerde setzt die Schmelztemperatur der Kieselsäure von 1702 auf 1595 °C herab, wenn auf 94,6% Kieselsäure 5,4% Tonerde kommen (siehe Seite 306).

Eine vierte Glasurerfindung geht auf das 14. Jh. zurück. Es ist die Salzglasur, die im Rheinland erfunden wurde. Bei ihr wird Kochsalz in den Ofenraum geschüttet, das sich zersetzt, auf der Oberfläche der dichten Keramik mit der Kieselsäure und der Tonerde der Sinterhaut des Scherbens reagiert und eine Alkaliglasur an Ort und Stelle bildet.

Wie sich aus diesen vier Prototypen der Glasuren die islamischen, europäischen und ostasiatischen entwickelt haben, können Sie auf den Seiten 130, 166 und 220 weiter verfolgen.

Zehn Grundregeln für das Arbeiten mit Glasuren

1. Durch falsches Glasieren wird mehr verdorben als durch schlechte Glasuren.
2. Die mit Wasser angerührte Fertigglasur oder die naß vermahlene Glasurmischung kann auf den lederharten oder bei 750–900 °C vorgeschrühten Scherben durch Tauchen, Begießen, Aufpinseln, Spritzen oder Bestäuben aufgebracht werden. Der Scherben darf nicht staubig sein.
3. Tauchen erfordert einen saugfähigeren Scherben als die übrigen Methoden. Aufpinseln gibt immer fleckigen Auftrag. Saugt der Scherben zu stark, macht man ihn vorher naß. Je höher er vorgeschrüht ist, desto geringer ist seine Saugfähigkeit.
4. Dem Glasurbrei setzt man Klebemittel (Dextrin, Algensirup) zu, wenn a) roh glasiert werden soll, b) die rohe Glasur bemalt werden soll, c) die Glasur wasserlösliche Bestandteile enthält, d) die Glasur zu mager ist, weil sie zu wenig oder keinen Kaolin oder Ton enthält, e) der Scherben zu wenig Saugfähigkeit besitzt oder wenn ein glattgebranntes Stück erneut überglasiert werden soll.
5. Dünne Scherben glasiert man mit einem wasserärmeren Glasurbrei als dicke. Im Mittel soll das Volumen der Glasur ¼, das des Wassers ¾ betragen. Ränder nehmen weniger Glasur auf als Flächen.
6. Transparentglasuren (besonders über Unterglasurfarben oder als Innenglasuren) dürfen nur ganz dünn aufgetragen werden.
7. Über dunklem Scherben wird jede Transparentglasur dunkel bis schwarz, egal, welche Farbe sie hat.
8. Deckende Glasuren (auch weiße) sollen dick aufgetragen werden: 10 g auf 50 cm^2.
9. Auch Effektglasuren erfordern einen dickeren Auftrag. Bei 15% Scherbenporosität soll zum Glasieren durch Tauchen das spez. Gewicht des Schlammes 1,5–1,6 g/cm^3 sein (das läßt sich mit der Senkwaage, dem Aräometer messen).
10. Die Standfläche, die glasurfrei bleiben soll, wischt man sofort mit einem Schwamm ab.

Machen Sie mehr aus Ihren Fertigglasuren!

Der überwiegende Teil der im Handel befindlichen Fertigglasuren ist für den oxidierenden Brand bei 1040 °C bestimmt, weil diese niedrige Temperatur eine größere Anzahl von Farben zuläßt als höhere Temperaturen. So ist auch das Angebot sehr farbenfreudig. Aber das erzielte Ergebnis ist stets vom Typ der Majolika (Nr. 51) oder des Steinguts (Nr. 62). Sie können Fertigglasuren jedoch auch für weitere Typen verwenden, indem Sie die alte Keramik neu entdecken:

Fertigglasuren	eignen sich für die Typen Nr.
transparente, farblose	36, 37, 39, 40, 41, 42, 43, 46, 47, 48, 51, 55, 60, 61, 62, 69
transparente, farbige (Ofenkachelglasuren)	36, 40, 41, 42, 43, 46, 50, 51, 52, 53, 68, 71
deckende, weiße (Fayenceglasur)	38, 49, 51, 52, 54, 55
deckende, bunte (Majolikaglasuren)	39, 44, 50, 51, 52, 55

Sie erreichen mit Fertigglasuren auch schöne Wirkungen, wenn Sie sie übereinander aufbringen. So erhalten transparente Farbglasuren eine bessere Leuchtkraft, wenn sie über eine weißdeckende Glasur gelegt werden, wie das Léon Arnoux mit seiner Majolika getan hat (Typ 51). Auch die braunen Aventuringlasuren zeigen ihre Flitter besser auf einer solchen Unterlage. Kristalline Wirkungen erreicht man, wenn man auf eine glänzende Glasur eine matte, z. B. kupfergrün matt oder stahlblau matt, spritzt.

Kupferoxid, dünn auf Perlmuttglasur gespritzt, ergibt metallische Effekte, Braunstein auf Perlmuttglasur eine melierte Oberfläche. Ähnlich wirken Metallnitrate bei Reduktion (siehe Seite 203).

Mischungen von Fertigglasuren können unerwartete Färbungen ergeben. So wird Schwarz und Weiß, 50 : 50 gemischt, Braun (weil der Eisengehalt verdünnt wird). Braun und Weiß, 50 : 50, ergibt Lederbraun, Braun und Elfenbein, 75 : 25, Sandfarbe, grüngrau und Braun, 50 : 50, ergibt braungrau, Elfenbein und grüngrau, 50 : 50, Steingrau. Blaue und grüne Glasuren lassen sich durch Vermischen mit einer weißen aufhellen. Türkis läßt sich durch Blau oder

Grün abschattieren. Blau und Gelb ergibt Grün. Vor allem aber erhält man durch Mischungen gebrochene Farben.

Neben diesen Variationen können Sie Ihre Fertigglasuren auch durch *Zusätze* abwandeln. Diese Mischungen müssen Sie jedoch naß in der Glasurmühle mahlen; verreiben im Mörser genügt nicht.

So läßt sich jede farblose, transparente oder weiße Glasur durch Farboxide färben (siehe Seite 124/125 und 174), aber auch manche Farbe verändern. Kommt es auf die Einhaltung der Brenntemperatur an, so sind mit jedem Gramm Kupfer-, Eisen- oder Manganoxid (nicht bei Chromoxid) 1,2 g Quarzmehl mit zuzusetzen, weil die Farboxide als Flußmittel wirken und die Glasur sonst zu leichtfüssig werden könnte (sie bekommt dann auch leichter Risse).

Günstiger als die Oxide sind die Karbonate der färbenden Metalle, für die zwar das gleiche gilt, die sich aber besser verteilen, weil sie voluminöser sind. Farbkörper hingegen sind wegen ihres Variationsreichtums und ihrer Farbstabilität vorteilhaft (Seite 124/125). Sie müssen ebenfalls naß zugemahlen werden.

Glasuren, die ablaufen, vermahlt man mit 5–10% Kaolin.

Andererseits erhält man aus Fertigglasuren Laufglasuren, wenn man ihnen 5–20% Borax zusetzt. Auf diese Weise können Sie die Glasuren auch für eine niedrigere Brenntemperatur geeignet machen. Das gleiche erreichen Sie durch Zusatz einer leichtschmelzenden Fritte, z. B. A 3222 (siehe Seite 326).

Wollen Sie hingegen Ihre Fertigglasuren bei einer höheren Brenntemperatur verwenden, ohne daß sie ablaufen, dann setzen Sie ihnen Kaolin, Quarz und Feldspat zu, und zwar für eine Erhöhung von 1040 auf 1100 °C im Mittel 4,5% Kaolin, 3,5% Quarzmehl und 2,0% Feldspat, für eine Erhöhung auf 1200 °C im Mittel 9,5% Kaolin, 6,0% Quarzmehl und 4,5% Feldspat. Durch die Zusätze wird die Farbe von Farbglasuren verdünnt. Deshalb sind bei blauen Glasuren noch 0,5% Kobaltoxid, bei anderen Farben 5,0% Farboxide zuzusetzen. Bei Türkisglasuren setzen Sie überhaupt nur Quarzmehl (15–20%) + 2,0% Kupferoxid hinzu.

Aus einer glänzenden Glasur läßt sich eine matte machen, wenn man ihr 5% Rutil und 5% Zinkoxid hinzumahlt.

10% feinst gemahlenes Zinkoxid bringt die Fertigglasuren zum Kriechen; das gibt den sogenannten Schlangenhauteffekt.

Soll die Glasur craquelieren, so ist es das einfachste, ihr 10% Glasscherben zuzumahlen.

Sogenannte Emaillen, das sind zähflüssige, stehende farbige Glasuren, kann man durch feinstes Vermahlen der Fertigglasuren mit 10–30% Steingutscherben gewinnen. Zum Undurchsichtigmachen kann man noch 4–10% Zinnoxid hinzufügen.

Wie schön auch die Effekte sein mögen, die Ihnen gelingen, sie werden den Ärger nicht aufwiegen, wenn es Ihnen nicht gelingt, ihre Gefäße *wasserdicht* zu bekommen. Dieses Problem kann bei Temperaturen um 1000 °C nicht allein durch die Glasur gelöst werden, sondern man muß notfalls auch den Ton verändern. Aus dieser Erfahrung sind die Fayencen und das Steingut entstanden, die auf einem kalkreichen Scherben (in der Regel mit 25% Kalkspatzusatz) beruhen. Dessen Wirkung hat jedoch zwei Voraussetzungen: 1. muß der Kalk sehr fein verteilt sein; am besten erreicht man das durch Schlämmen; 2. muß der Scherben gar gebrannt werden, d. h. er muß so hoch und so lange gebrannt werden, daß der gesamte Kalk sich mit der Kieselsäure des Tones verbindet. Es ist deshalb wichtig, den Elektroofen – falls er diese Möglichkeit bietet – so einzustellen, daß er die gewählte Höchsttemperatur möglichst lange hält. Ferner ist die Gefahr, daß die Keramik durch Haarrisse der Glasur undicht wird, um so geringer, je höher gebrannt wird. Aus diesem Grund kann es wichtig sein, die Fertigglasuren auf eine höhere Brenntemperatur umzuarbeiten. Man kann aber auch das Ausdehnungsverhalten der Glasuren durch Borsäure, Magnesiumoxid und Kieselsäure verbessern. Die Borsäure (als Kalziumborat zugesetzt) macht sie leichter schmelzbar und glänzender, das Magnesiumoxid (als Magnesit zugesetzt) macht sie matter, die Kieselsäure (als Quarzsand zugesetzt) macht sie schwerer schmelzbar. Man sollte also alle drei Stoffe gleichzeitig verwenden, denn sie gleichen ihre negativen Wirkungen gegenseitig aus, ihr günstiger Einfluß auf die Ausdehnung wird jedoch addiert.

Was hinter den Rezepten steckt

Die Einsicht in die Wirkungsweise von Glasurbestandteilen und die Kenntnis der Leittypen (Seite 130, 166 und 220) hilft Ihnen, die historischen Glasuren nicht nur nach den angegebenen Rezepten gedankenlos zu rekonstruieren, sondern sie auch zu durchschauen, zu beurteilen und die Rezepte in der richtig geleiteten Weise zu verändern, wenn sie nicht sofort das erwartete Ergebnis bringen.

Sobald die grundsätzliche Zusammensetzung einer Glasur gegeben ist, stellt sich der Wunsch ein, mit ihr bestimmte Farben oder Effekte zu erzielen. Zur Färbung von Glasuren stehen drei Möglichkeiten zur Wahl: 1. die sogenannte Ionenfärbung durch Auflösen färbender Metalloxide in der flüssigen Glasur, die dabei durchsichtig (transparent) bleibt; 2. die sogenannte Pigmentfärbung durch feine Verteilung unlöslicher Teilchen (Farbpigmente, Farbkörper) in der Glasur, die dadurch opak (deckend) wird, und 3. die kolloide Färbung durch aus der Lösung ausgeschiedene Teilchen kolloider Größenordnung, die die Transparenz der Glasur nur bei größerer Konzentration beeinträchtigen. Durchsichtige Glasuren haben eine größere optische Tiefe als undurchsichtige.

In allen Fällen sind die entstehenden Farben nicht nur von den färbenden Metalloxiden, sondern auch von der Zusammensetzung der Glasur abhängig. So ist zwar das Kupfergrün ein anderes Grün als das Chromgrün, aber beide Grüns sind auch noch unter sich verschieden, je nachdem ob sich das Kupfer in einer alkalireichen oder bleireichen Glasur befindet oder das Chrom in einer kieselsäurereichen oder -armen Bleiglasur. Der Einfluß der Glasurzusammensetzung geht so weit, daß die kupfergrüne Farbe in alkalireichen Glasuren in Blau oder die chromgrüne in kieselsäurearmen Bleiglasuren in Rot umschlägt. Derartige Vorgänge bieten Ihnen vielerlei Möglichkeiten, sich Ihre eigenen Glasuren zu erfinden.

Farben und Effekte sind also weitgehend von der chemischen Zusammensetzung abhängig. Insofern kann man historische Glasuren aus der chemischen Analyse von Fundstücken rekonstruieren. Eine Glasur unterscheidet sich jedoch von einer in einem Tiegel geschmolzenen Glasurmischung oder von einer auf ein horizontales Probeplättchen aufgetragenen Glasurprobe durch ihre technologischen Eigenschaften: Sie muß sich beschwerdefrei verarbeiten lassen und darf keine Fehler (Risse, Nadelstiche, Zusammenrollungen) aufweisen. (Über die Fehlerbeseitigung siehe Seite 119, 122, 140, 172 und 201.)

Was nun die Verarbeitung betrifft, läßt sich aus der chemischen Analyse auch erkennen, ob eine Glasur als Schlicker aufgetragen oder mit Klebstoff befestigt wurde. Theophilus berichtete um 900 in seiner »Schedula diversarum artium« über die Gepflogenheit, Bleisulfid, das deshalb als »Glasurerz« bezeichnet wurde, auf die mit Klebstoff versehene Keramik aufzublasen (siehe auch Heraclius, Seite 174). Weist die chemische Analyse einer Glasur deutlich weniger als 1% Tonerde (Al_2O_3) auf, so kann sie unmöglich genügend tonige Substanz enthalten haben, um durch sie im trockenen Zustand auf der Keramik befestigt worden zu sein; es muß ein Klebstoff als Bindemittel gedient haben.

Zehn Möglichkeiten, mit Glasuren ein Blau oder Grün zu erzielen

1. *Ägyptischblau* färbt Kupfer in Alkaliglasuren (Seite 135).
2. *Preußischblau* färbt Kobalt in Alkaliglasuren (Seite 149).
3. *Taubenblau* (kristallin) färbt Nickel in Zinkglasuren. Rezeptbeispiel: 48 Kalifeldspat, 20 Fritte A 1316, 14 Zinnoxid, 2 Kalkspat, 16 Quarzmehl, 1,8 Nickeloxid; bei 1200 °C. Erfahrung: 4,5 Kalziumborat statt des Kalkspats gibt blaue Tupfen auf braunem Grund.
4. *Dunkelblau* (kristallin) färbt Nickel in Barytglasuren (obige Glasur mit 6 Bariumkarbonat statt des Kalkspats).
5. *Graublau* färbt ein Pigment aus 90 Zinn(II)oxid und 10 Antimonoxid (schmelzen, waschen, der Glasur zumahlen).
6. Blautöne durch Zusatz handelsüblicher Farbkörper: *Kobaltblau* mit 3% Kobalt-Aluminium-Farbkörper in zinkhaltigen Glasuren, *stahlblau* mit 3% Kupfer-Kobalt-Aluminium-Farbkörper in transparenten oder zinngetrübten Glasuren, *bengalischblau* mit 3% Kobalt-Chrom-Aluminium-Farbkörper in zinnhaltigen Glasuren, *neublau* mit 3% Chrom-Kobalt-Aluminium-Farbkörper in zink- und zinnfreien Glasuren, *Türkis* mit 5% Zirkon-Silizium-Vanadin-Farbkörper in blei- und alkaliarmen Glasuren.
7. *Moosgrün* färbt Kupfer in Bleiglasuren (Seite 227).
8. *Grasgrün* färbt Chrom in Bleiglasuren. Rezeptbeispiel: 53,2 Fritte A 1316, 34,8 Kalifeldspat, 6,3 Kalkspat, 5,7 Quarzmehl, 5,0 Chromoxid, bei 1100 °C. Erfahrungen: Kalk verfärbt gelblich, Zink bräunlich. Magnesium und Titan sind ungünstig für die Farbe.
9. *Gelbgrün* erhält man mit 1% Nickeloxid zu einer cadmiumgelben Fertigglasur.
10. Grüntöne durch 3%igen Zusatz handelsüblicher Farbkörper in zink- und zinnfreien Glasuren: *blaugrün* mit Chrom-Kobalt-Farbkörper, *dunkelgrün* mit Chrom-Kobalt-Aluminium-Farbkörper, *olivgrün* mit Chrom-Farbkörper, *französischgrün* mit Chrom-Kobalt-Aluminium-Farbkörper, *viktoriagrün* mit 6–10% Kalzium-Silizium-Chrom-Farbkörper in kalziumhaltigen Transparentglasuren, *hellgrün* durch Mischung blauer und gelber Farbkörper.

Zehn Möglichkeiten, mit Glasuren ein Rot oder Gelb zu erzielen.

1. *Scharlachrot* färbt Chrom in Bleiglasuren. Rezeptbeispiel: 87,5 Fritte A 1316, 12,5 Mennige, 5,0 Chromoxid bei 950 °C. Erfahrungen: Über 1000 °C schlägt Rot in Grün um. Mehr Quarz und Bleichchromat statt Chromoxid gibt gelb.
2. *Karminrot* färbt Selen, *leuchtend gelb* Cadmium. Beide sind zu *orange* mischbar. Erfahrung: am besten als Fertigglasur wegen aufwendiger Herstellung.
3. *Purpur-violett* färbt Mangan in reinen Alkaliglasuren.
4. *Pink* färbt Chrom in kalkreichen Zinnglasuren. Rezeptbeispiel: 40,7 Fritte A 1316, 36,6 Fritte A 3201, 21,6 Zinnoxid, 1,1 Chromoxid; bei 1050 °C. Erfahrungen: mit 1% Eisenoxid rötlicher, mit Bor heller.
5. *Altrosa* färbt Nickel in Zinkglasuren. Rezeptbeispiel: 33 Fritte A 3139, 41 Kalifeldspat, 2 Kalkspat, 23 Bariumkarbonat, 1 Nickeloxid; bei 1200 °C. Erfahrungen: Seidenmatt, genarbt. Zink verfärbt Blau, Barium Braun.
6. *Rubinrot* erhält man mit 0,05–0,1% Gold, tomatenrot mit 4–8% Uranoxid (strahlenschädlich!).
7. Rottöne durch Zusatz handelsüblicher Farbkörper: *Kirschrot* mit 11% Zinn-Kalzium-Silizium-Chrom-Farbkörper in kalkreichen, bleihaltigen, bor- und zinkfreien Glasuren, *braunrot* mit 5% Chrom-Eisen-Zink-Aluminium-Farbkörper in zinkhaltigen Transparentglasuren, *Lila (Aubergine)* mit 9% Zinn-Chrom-Farbkörper in blei- und borhaltigen, zink- und kalkfreien Glasuren.
8. *Honiggelb* färbt Eisen in beliebigen Glasuren (Seite 227).
9. *Sonnengelb* färbt Antimon in Bleiglasuren (Seite 138).
10. Gelbtöne durch 5%igen Zusatz handelsüblicher Farbkörper: *zitronengelb* mit Zinn-Vanadin-Farbkörper, *kanariengelb* mit Zirkon-Sizilium-Praseodym-Farbkörper, *messinggelb* mit Zinn-Vanadin-Titan-Farbkörper, *maisgelb* mit Zirkon-Vanadin-Farbkörper, *bambusgelb* mit Zinn-Vanadin-Titan-Farbkörper, alle in beliebigen Glasuren; *Ocker* mit Titan-Antimon-Nickel-Farbkörper in Transparentglasuren, *gelborange* mit 8% Blei-Antimon-Farbkörper in blei- und kalkhaltigen Glasuren.

Zehn Möglichkeiten, mit Farben unter, in und auf der Glasur zu arbeiten

1. *Farboxide* unter der Glasur zerlaufen leicht. Sie dürfen nicht zu dick aufgetragen werden.
2. *Farbengoben* werden von der Glasur weniger angegriffen; andernfalls verreibt man sie mit etwas Talkum.
3. *Unterglasurfarben* sind als *Farbkörper* pulverförmig; sie sind dann mit Sirup und Wasser anzumischen. In Näpfchen oder als Farbstifte bekommt man sie malfertig zu kaufen. Die Malerei verglüht man bei 850 °C vor dem Glasieren. Läßt sie sich nach dem Verglühen verwischen, setzt man fürs nächstemal etwas Borax oder Fritte A 3222 zu.
4. *Unterglasurfarblösungen* trägt man sehr flüssig auf den verschrühten Scherben auf, in den sie einsickern. Nach dem Malen muß nochmals verglüht werden.
5. *Majolikafarben* (= *Fayencefarben*) malt man auf die getrocknete oder bei 650 °C vorgeglühte weiße Glasur (Inglasurmalerei). Nach dem Malen wird entweder glattgebrannt oder vorher noch alles mit einer farblosen Deckglasur überzogen (Zwischenglasurmalerei).
6. *Aufglasurfarben* malt man mit Dicköl und Terpentin auf die glattgebrannte Glasur und brennt sie bei 600–800 °C ein (Muffelfarbenmalerei). Umdruck, Abziehbilder, Siebdruck, Foto-Übertragung sind Sonderformen der Aufglasurmalerei.
7. *Emaillen* sitzen dick auf und sind meist undurchsichtig. Man kann sie aus Glasur + 10–30 % Steingutscherben herstellen.
8. *Lüsterfarben* oder *Edelmetallösungen* (z. B. Glanzgold) gibt es in Fläschchen zu kaufen. Sie werden bei 800 °C aufgeschmolzen.
9. *Aufglasur-Scharffeuerfarben* werden in einem zweiten Glattbrand, so hoch wie der erste, eingebrannt. Für Porzellan und Steingut gibt es Farbfolien, die mit der Schere ausgeschnitten und mit Wasser aufgeklebt werden.
10. *Farbglasuren* laufen leicht ineinander. Man kann sie durch Tonstege oder wasserabweisende Linien trennen.

Zehn Möglichkeiten, mit Eisen, Kupfer oder Titan Effekte zu erzielen

1. Eisen in geringen Mengen von 1–3% färbt im oxidierenden Feuer Gelb, im reduzierenden Grün (*Seladon,* Seite 256); 6–8% färben Braun (*Altgold,* Seite 231).
2. Eisen scheidet sich aus den Glasuren beim Abkühlen aus, wenn mit sinkender Temperatur die Löslichkeit abnimmt. Im oxidierenden Brand erhält man mit 10–30% Eisen *Aventurin* (Seite 330), im reduzierenden Brand schwarze (Seite 293) oder bei besonderer Feuerführung *Hasenfell-* (Seite 247), *Ölflecken-* (Seite 241), *Teestaub-* (Seite 286) oder *Tessha-Glasuren* (Seite 300).
3. Kupfer in geringen Mengen von 0,2–1,8% in kolloider Korngröße färbt oxidierend kaum, reduzierend Rot (*Ochsenblut,* Seite 216). 1–6% färben oxidierend *ägyptischblau (Seite 135)* oder *moosgrün* (Seite 227).
4. Mit reduzierenden Zusätzen in der Glasur lassen sich auch im oxidierenden Brand Reduktionswirkungen hervorrufen (Seite 218). Solche Zusätze sind: 1–5% Graphit, Siliziumkarbid, metallisches Silizium- oder Aluminiumpulver, Zinn(II)oxid, Lithiumfluorid, Kalziumfluorid, Borphosphid.
5. Kupfer gibt mit Graphit im oxidierenden Brand eine grüne Glasur mit weißlichen *Kristallausscheidungen,* die durch Borsäure flechtenartig zerklüftet werden (Seite 330).
6. Titan färbt in Anwesenheit von wenig Eisen im oxidierenden Feuer Blau (Seite 231/232).
7. Titan bildet in Anwesenheit von Zinn im oxidierenden Feuer *große Kristalle* (Seite 330).
8. Titankristalle lösen sich in fluorhaltigen Glasuren zu *Sprenkeln, Punkten, Pfauenaugen* auf (Seite 330).
9. Titan gibt zusammen mit Eisen und Zink im oxidierenden Feuer hellbraune *Kristallglasuren,* die durch Kalk feinkristallin werden (Seite 330).
10. Titan gibt zusammen mit Kupfer und Zink im oxidierenden Brand gelbgrüne Kristalle, die in fluorhaltigen Glasuren zu *Flocken* aufgelöst werden (Seite 330).

Islamische Formen

Islamische Keramik

Samarkand, Buchara und Taschkent waren im 7. Jh. zeitweilig chinesische Städte. Sie wurden 670 von den Arabern erobert. China als östlicher Nachbar des muslimischen Machtbereichs hat mit Engobemalerei unter durchsichtiger Glasur zur islamischen Keramik beigetragen. Der Iran steuerte Erfahrungen in der Verwendung von Zinnoxid bei, Ägypten seine Kenntnisse in der Herstellung von Fritten. Trotz unterschiedlicher Völker nahm die islamische Töpferkunst sehr schnell unverwechselbare gemeinschaftliche Züge an. Farbigkeit, Ornamentenreichtum und phantasievolle Formen sind für sie charakteristisch. Aus China wurde sie im 9. Jh. von der t'angzeitlichen weißen Keramik angeregt. Die islamischen Nachbildungen waren weiß engobiert mit Transparentglasur oder weiß glasiert mit Zinnglasur und Inglasurmalerei. Diese beiden Gattungen sind die bemerkenswertesten Schöpfungen der Keramik unter dem Kalifat der Omajjaden (661–750).

Die Blütezeit der islamischen Keramik lag im 12. und 13. Jh. in seldschukischer Zeit (1037–1256). Sie umfaßte damals türkis- und kobaltblau glasierte, auch unter der Glasur bemalte Ware, Lüsterfayencen, als neue Erfindung die auf weißer oder türkisfarbener Glasur mit bis zu sieben Farben bemalte Mīnā'ī-Ware und unter der Glasur farbig bemalte ostiranische Keramik.

Die Mongoleninvasion von 1256 zerstörte so blühende Keramikzentren wie Rayy und Raqqa. Qāšān, das wegen seiner Fliesen (»Qāši«) berühmt war, blieb erhalten. Um 1300 begann in Kleinasien die Herrschaft der Osmanen. In ihrem Reich war Iznik das Keramikzentrum. Seine Blütezeit, die hochosmanische Periode, dauerte von 1550 bis 1650. Im Iran förderte der Savawiden-Schah Abbas I. (1557–1628) die Bemühungen um das Wiederaufleben der großen iranisch-islamischen Keramiktradition. Die damals bereits verlorene Kenntnis der Lüsterherstellung wurde als »Schah-Abbas-Lüster« neu erarbeitet. Der Schah selbst stiftete seine Sammlung chinesischer Seladone und Blauweiß-Porzellane der Yüan- und Ming-Zeit dem Heiligtum im Ardebil (heute im Nationalmuseum Teheran) und unterstrich damit die Bedeutung dieser Vorbilder. Diese bewirkten dann den »Porzellanstil« sowohl der iranischen als auch der türkischen Keramik des 16. und 17. Jh.

Islamische Formen. 1. Zeile: Albarello, Kanne, Flasche; 2. Zeile: Hahnenkopfkanne, Moscheeampel, Kendi; 3. Zeile: Alhambravase, Kanne, Flasche.

Seit 711 war Spanien bis auf Asturien muslimisch. Im selben Jahrhundert gab es bereits die ersten maurischen Fayencen, im 10. Jh. Lüsterfayencen. Sie wurden im 14. und 15. Jh. zum dominierenden spanischen Typ in der Gefäßkeramik neben den ebenfalls aus dem Nahen Osten übernommenen Fliesen, zu deren Technologie die südspanischen Töpfer mit der Erfindung der Cuenca-Technik beitrugen.

Die islamischen Glasuren entstanden aus ägyptischen, elamisch/babylonische und kleinasiatischen Überlieferungen. Ihre verschiedenen Zusammensetzungen lassen sich auf einige wenige Leittypen zurückführen (siehe auch Seite 116/117).

Zeit bzw. Ursprung	Rezept-Typ	Theoretische Leitglasur (Hauptbestandteile) SiO_2	Na_2O	CaO	PbO	SnO_2	Leittyp (Nr.)	Temperatur °C
Ägypt. Überlieferung	1 Sand +1 Soda	73,5	21,3	5,2	–	–	Fostatglasur (nach Clifford/Lucas)	725
Elamisch/ babylon. Überlfg.	2 Bleierz +1 Zinnstein		n.b.		9	6	siehe Typ 6 (nach Hedges)	n.b.
Kleinasiat. Überlfg.	1 Sand +1 Bleierz	29	–	–	71	–	siehe Typ 68 (nach Nichols)	732
9. Jh.	2 Sand +1 Soda +2 Bleierz	44	16	–	40	–	37 Nišāpūr (Deckglasur)	650
12. Jh.	3 { 1 Sand +1 Soda } + 1 { 2 Bleierz +1 Zinnstein }	55	16	4	15	10	44 Quāšān	970
16. Jh.	1 { 1 Sand +1 Soda } + 1 { 1 Sand +1 Bleierz }	51,5	10,5	2,5	35,5	–	47 Iznik	950

Literatur: *Klein, A., Zick-Nissen, J.,* und *Klinge, E.* Islamische Keramik. Düsseldorf: Hetjens-Museum, 1973. – *Weiß, G.* Ullstein Fayencenbuch. Berlin: Ullstein, 1970. – *Kühnel, E.* Islamische Kleinkunst. Braunschweig: Klinkhardt & Biermann, 1963. – Türkische Kunst. Eine Ausstellung des Deutschen Kunstrates. Darmstadt 1965. – *Otto-Dorn, K.* Kunst des Islam. Baden-Baden: Holle, 1965. – *Fehérvári, G.* Islamic Pottery. A comprehensive study based on the Barlow Collection. London: Faber 1973.

Typ 36

Afrāsyāb

Geschichte. Afrāsyāb, die Altstadt von Samarkand, ist namengebend für eine frühabbasidische, weißgeslipte Keramik mit Ritzzeichnungen unter einer gefleckten Bleiglasur, die weithin über das ganze Mittelmeer Nachahmung fand. Die Blütezeit fiel in die Samanidische Epoche (873–999), die das Goldene Zeitalter für das islamische Zentralasien bedeutete. Der Samanide Nasr I. war 874 vom Kalifen mit Transoxanien belehnt worden. Am Hofe von Nasr II. (914–943) lebte der Dichter Rūdakī († 941), der unter anderem am Sindbād-Roman von den sieben weisen Meistern arbeitete. Viele Gelehrte gingen aus diesem nordöstlichen Teil des islamischen Machtbereiches hervor, z. B. der Philosoph und Arzt Avicenna (Ibn Sinā), 980–1037. Samanidische Kaufleute trafen auf den großen Flüssen Mittelrußlands auf die Normannen, im Osten erstreckte sich der Handel bis nach China. 999 wurde Transoxanien von den Türken, 1220 von Dschingis Khan und 1369 von Timur Leng erobert; dieser machte Samarkand zu seiner Hauptstadt.

Herstellung. Es handelt sich stets um einen getönten Scherben, der mit einer hellen Engobe und durchsichtigen Glasur überzogen ist. Als Ton eignet sich Fr gelb von Schmittenhöhe. Bei der Herstellung der Engobe hält man sich am besten an die Ratschläge auf Seite 20. Charakteristisch für den Afrāsyāb-Typ sind die in die Engobe eingeritzten einfachen Linienmuster und die zerlaufene Färbung mit Oxi-

Abbildung. Schüssel aus Afrāsyāb. 9.–10. Jh. ∅ 28,8 cm. Berlin: Staatl. Museen Preuß. Kulturbesitz, Museum f. islam. Kunst.

Abbildung. Teller von Fajsulla Chudajkulow (geb. 1911) aus Schachrisjabsk bei Samarkand, Usbekische SSR. Datiert 29. V. 1969.

den unter der Transparentglasur. Ihre Zusammensetzung ist nur so weit geklärt, daß es sich nicht um eine reine Alkaliglasur handeln kann. Zur Reproduktion bietet sich eine von Pernicka analysierte, relativ tonreiche Glasur dieses Gebietes an, die sich mit einem Kaolin- oder Tonzusatz herstellen läßt, ohne daß man auf Klebstoffe angewiesen ist. Ihr Rezept: 73,7 Fritte M 1233, 8,5 Magnesit, 3,5 Kaolin, 14,3 Quarzmehl. Brenntemperatur 900 °C.

Als Farben sind die reinen Oxide in starker wäßriger Verdünnung auf die Engobe vor dem Glasieren aufzutragen: Kupferoxid für Grün, Eisenoxid für Gelb und Braunstein für Braun. Liegen die Oxide zu dick unter der Glasur, wird sie krätzig.

Abwandlungen. An Stelle der Oxidbemalung lassen sich auch Farbglasuren verwenden. Man kommt dann zu ähnlichen Ergebnissen wie bei Typ 68.

Die Töpfer von Usbekistan arbeiten heute noch in den alten Techniken, mit ineinanderlaufenden Farben (Glasuren und Oxidbemalung), mit und ohne Ritzverzierung. Sie verwenden bleifreie und bleihaltige Glasuren. Ihre Farben sind Kupfergrün, Manganbraun, Eisengelb und Zinnweiß.

Literatur. *Erdmann K.* Die Keramik vom Afrasyab. Berliner Museen 63 (1942). – *Erdmann, K.* Afrasyab ceramic wares. Bull. of the Iranian Institute of America, New York, 6 (1946). – *Pernicka F., Malissa H.* und *Krejsa P.* Analytisch-chemische Untersuchungen an Glasuren islamischer Keramik. Ber. Österr. Studienges. f. Atomenergie Nr. 2838, 1977.

Typ 37

Nišāpūr

Geschichte. Die Tahiriden, Statthalter und Lehensträger der Abbasidenkalifen in Khorassan, machten 821 Nišāpūr zu ihrer Hauptstadt. Es war eine reiche Handelsstadt mit Türkisminen in ihrer Umgebung und berühmt durch ihre Keramik. Die Werkstätten von Nišāpūr stellten vom 9. bis 11. Jh. eine außergewöhnliche Keramik her: eine rotscherbige Ware mit weißer Engobe und Schlickermalerei im Farbklang braunschwarz/tomatenrot mit gelegentlichem lindgrün. Das reliefartige dicke Bolusrot ist erst Jahrhunderte später in Iznik wiederzufinden. Charakteristisch für diese Nišāpūrkeramik ist die äußerst sparsame Bemalung, häufig mit einem astrologisch deutbaren Vogelmotiv, mit Schrift und Palmetten. Erst im 10. Jh. wurde die Bemalung dichter; häufig sind Schalen mit einem Reiter, der ebenfalls auf eine astrologische Dichtung zurückgeführt wird, die als »Großes Buch der Einleitung« von Abu Masār in Bruchstücken erhalten ist. Der rote Ton ist jetzt bereits häufig durch den Kieselkeramik-Scherben (siehe Typ 44) ersetzt. In der Malerei treten neben die Engobefarben Schwarz und Braun, die meist auch zur Konturierung dienen, ein transparentes Flaschengrün sowie ein opakes Gelb, zumeist zum Ausfüllen konturierter Felder. Alle Erzeugnisse dieser Gruppe sind mit einer farblosen Transparentglasur überzogen.

1037 erhob sich der türkische Herrscher Tugril Beg aus der Familie der Seldschuken zum Sultan von Nišāpūr, um im Auftrag des Kalifen die Macht auszuüben. Während der folgenden Seldschuken-

Abbildung. Rotscherbige Schale mit blauem Randmuster und stilisierter Schrift auf weißer Engobe. Nišāpūr, 11. Jh. Frankfurt a. M.: Henrich.

Abbildung. Türkisblaue Reliefkeramik. Nišāpūr, Anf. 13. Jh. Düsseldorf: Hetjens-Museum.

herrschaft gehörte Khorassan zu den Mittelpunkten der persisch-islamischen Kultur. In dieser Zeit stellten die Werkstätten in Nišāpūr eine Reliefkeramik her, die wie die Terra sigillata aus Formschüsseln ausgeformt wurde. Sie bestanden aus gebranntem Ton, jedoch aus mehreren Teilen, denn sie wurden von einem positiven Modell aus Holz oder gebranntem Ton abgeformt. Fuß und Hals wurden außerhalb der Form gedreht. Diese Reliefware war transparent farblos, blau oder türkisfarbig glasiert.

Mit der Mongolenkatastrophe von 1220 erlitt die Keramikproduktion von Nišhāpūr einen Rückschlag, von dem sie sich nicht wieder erholen konnte.

Herstellung. Dem rötlich brennenden Ton entspricht in der Brennfarbe und nach einer von Hermann Seger mitgeteilten Analyse der Ton Fr gelb von Schmittenhöhe, dem man noch 5% Kalkspat zusetzen kann. Die weiße Engobe ist ein Gemenge aus Quarzsand, Ton und Glaspulver. Der Analyse entspricht folgendes Rezept: 16 Kreuzton von Niederdresselndorf, 48 Fritte M 1233 und 36 Quarzsand. Die Mischung wird mit Dextrin angemacht und 0,5 bis 1 mm dick auf den lederharten Tongrund aufgetragen. Sie haftet bei 700 °C unter mäßiger Verdichtung infolge beginnender Versinterung fest auf dem Scherben. Sie darf nicht höher gebrannt werden, da sie bei 900 °C abblättert. Die farblose Deckglasur schmilzt ebenfalls bei 700 °C aus. Sie ist von Seger zwar als Rohglasur aus 111,5 Bleiglätte (entsprechend 38,5 Mennige), 53 kalz. Soda und 120 Quarzsand angegeben, man vermeidet aber besser den Umgang mit Bleioxiden und setzt sie zusammen aus: 39 Fritte M 1233, 53 Fritte M 70 und 8 Quarzmehl. Diese Glasur entspricht ziemlich genau dem Eutektikum. Man kann die Engobe mit 5% Kupferoxid als grüne, mit 8% Antimonoxid als gelbe und mit 1,5% Kobaltoxid als blaue Malfarbe verwenden. Die farblose Deckglasur wird hauchdünn über alles gelegt.

Die türkisblau glasierte Reliefkeramik wird entweder aus dem Samarrascherben oder aus Fr gelb mit der weißen Engobe hergestellt. Für die Türkisglasur gibt Seger folgenden Versatz an: 44 Quarzsand, 36 Äscher (aus 24 metallischem Blei und 8 metallischem Zinn), 5 Kupferoxid, 12 kalzinierte Soda und 8 Salpeter. Um den Äscher zu umgehen, kann man die Glasur auch aus handelsüblichen Fritten zusammenstellen. Das Rezept lautet dann: 30 Fritte M 70, 9,5 Fritte M 1233, 13,5 Feldspat 412, 12,5 Soda, kalz., 0,5 Magnesit, 1,0 Kalkspat, 9,5 Zinnoxid, 19,0 Quarzmehl und 4,5 Kupferoxid. Seger gibt an, daß auch über diese Türkisglasur noch die transparente Deckglasur darübergelegt wurde.

Abwandlungen. Nach dem 10. Jh. hat man in Nišāpūr auch einen hellbraunen Malschlicker mit kupfergrünen Oxidflecken kombiniert und dabei eine freiere Malweise angewandt. Die Farbnuancen der Engoben sind durch Mischung abgestufte Erdfarben. Das helle Grün erreicht man durch Mischung von Gelb und Blau zur weißen Engobe.

Bei der Reliefkeramik ist neben der Türkisglasur auch eine kobaltblaue zum typischen Farbklang türkis/dunkelblau verarbeitet worden. Die kobaltblaue Glasur entspricht derjenigen des Typs 45.

Sehr schöne kupferblaue Glasuren erhält man mit Lithium, z. B. nach dem Rezept: 20,5 Fritte A 3232, 13,9 Lithiumkarbonat, 24,9 Fritte A 1316, 4,3 Kupferkarbonat, 16,8 Kaolin und 20,9 Quarzmehl bei 950 °C. Haarrisse sind charakteristisch für diese Glasuren und sollten hier nicht als Fehler angesehen werden, sondern als künstlerischer Reiz.

Literatur. *Klein, A., Zick-Nissen, J.,* und *Klinge, E.* Islamische Keramik. Düsseldorf: Hetjens-Museum, 1973. – *Wilkinson, C. K.* The kilns of Nishapur. In: Bull. Metropolitan Museum of Art XVII (1959) S. 235–140. – *Zick-Nissen, J.* Das Tier in der Kunst Irans. Stuttgart: Lindenmuseum, 1972. – *Seger, H. A.* Persische Fayencen. Tonind. Z. 1886 S. 287.

Typ 38

Samarra

Geschichte. Im Jahre 836 baute der Kalif Al-Mu'taßim (833–42) Samarra am Tigris als Abbasidenresidenz auf. Unter dem Kalifen Al-Mu'tamid (870–92) wurde sie wieder aufgegeben, und die Stadt verfiel im 10. Jh. Heute ist Samarra ein Wallfahrtsort mit einer schiitischen Grabmoschee mit vergoldeter Kuppel. Der Ort war schon in der Steinkupferzeit für seine Keramik berühmt (Typ 2).

Ernst Herzfeld und Friedrich Sarre gruben Samarra in den Jahren 1911–13 aus und fanden neben chinesischer Importkeramik zwei Gruppen einheimischer Tonwaren, nämlich eine grobscherige mit Bleiglasur und eine feinscherbige mit weißer Zinnglasur. Der feine Scherben wurde von Sarre als »Samarra-Ton« bezeichnet. Aus ihm sind auch Imitationen der chinesischen Ware angefertigt worden. Als charakteristisch bezeichnete Sarre, daß von ihm die Glasuren leicht absprangen. Beide Gattungen fanden sich auch mit Lüsterüberzug: die grobscherbige als Reliefkeramik mit einem flächendeckenden Lüster, der den Schluß zuläßt, daß es sich hier um erste Versuche, also um die Erfindung des Lüsters zur Goldnachahmung, handelt, die feinscherbige mit einem rubinroten Kupferlüster, der sonst auf Keramik nicht wieder vorkommt, wohl aber auf tulunidischen und fatimidischen Lüstergläsern Ägyptens. Das kann als ein Beweis für den Austausch und die Wanderung von Handwerkern, über den auch schriftliche Quellen berichten, angesehen werden.

Abbildung. Schale mit weißer Zinnglasur und Inglasurmalerei. Mesopotamien, 9.–10. Jh. Teheran: Museum.

Herstellung. Sarre ließ Proben seiner Funde am Materialprüfungsamt der TH Berlin analysieren. Es stellte sich heraus, daß beide Gattungen aus dem gleichen Ton hergestellt waren; bei der feinscherbigen war er lediglich fein geschlämmt. Sein hoher Gehalt an freiem Kalk verursachte durch Kohlendioxidaufnahme im Laufe der Zeit eine Gefügelockerung, die zum leichten Abplatzen der Glasur führte – ein Zeichen dafür, daß nicht lange genug (bis zur »Gare«, siehe Seite 122) gebrannt worden war. Sonst ist der kalkreiche Ton günstig, und er wurde typisch für Fayencen bis in die Gegenwart. Der Analyse des Samarra-Tones entspricht folgende Mischung: 35 Ton G 20 S, 14 Kaolin, 27 Dolomit, 15 Kalkspat, 4 Quarz und 5 Eisenoxid. Über die Zinnglasur enthält das Analysenprotokoll nur allgemeine Angaben. Man kann jedoch annehmen, daß sie ähnlich wie die ägyptische Zinnglasur zusammengesetzt war, die Clifford für Lucas analysiert hat. Ihr entspricht folgendes Rezept: 29,6 Fritte M 1233, 38,1 Fritte M 70, 6,5 Kalkspat, 1,5 Magnesit, 1,9 Kaolin, 17,1 Quarzmehl und 5,3 Zinnoxid. Auf die angetrocknete Glasur wird mit Schwermetalloxiden (Kupfer-, Kobalt-, Chrom-, Antimonoxid) gemalt. Diese Farben zerfließen etwas in der rohen Glasur und werden beim Brennen in sie eingebettet. Deshalb spricht man von Inglasurmalerei. Der Scherben trägt unter der weißen Glasur eine weiße Engobe. Als Brenntemperatur wurden 940 °C ermittelt.

Abwandlungen. Die zweite Gattung, die grobscherbige Keramik, ist mit Stempeln oder abgeformten Flachreliefs verziert und erinnert an Metallarbeiten. Sie ist ebenfalls weiß engobiert, so daß die durchsichtige Farbglasur ihre Farbe unverfälscht zeigen kann. Sie ist mit Eisen- und Antimonoxid goldgelb gefärbt, oft auch mit spärlichen grünen (durch Kupferoxid) oder blauen Flecken (durch Kobaltoxid) versehen. Darüber wurde Kupferlüster auf der ganzen Fläche aufgebracht (über die Lüstertechniken siehe Typ 44). Diese Transparentglasur der grobscherbigen Reliefkeramik kann nach folgendem Rezept zusammengesetzt werden: 39 Fritte M 70, 29 Fritte A 3232, 20 Quarzmehl, 3 Dolomit, 6 Kalkspat, 1 Eisenoxid und 0,5 Antimonoxid.

Übrigens ist der Ton der einheimischen Erzeugnisse, die in Samarra gefunden wurden, nicht immer kalkreich (mit 16,49 bis 19,59% Kalk = CaO in der Analyse), sondern man fand auch eine unglasierte Ware mit nur 3,65% Kalk im Scherben. Er hatte bei 8,17% Eisenoxid eine rote Brennfarbe. Im »Samarra-Ton« sorgte der hohe Kalkgehalt für das Verblassen der roten Brennfarbe zu

Gelb, obwohl der Eisenoxidgehalt auch da zwischen 7,68 und 8,40% schwankte.

Die oben angegebene Zinnglasur nach Clifford und Lucas besitzt nur geringe Deckkraft und ist deshalb auf eine weiße Engobe als Unterlage angewiesen. Will man ihre Deckkraft steigern, so setzt man ihr noch 5% Zinnoxid zu.

Die gelbe Glasur der reliefierten Samarra-Ware ist bleireich, denn in einer mäßig bleihaltigen oder bleifreien Glasur würde das Antimonoxid nicht Gelb (»neapelgelb«), sondern Weiß färben. Kalk ist für das Gelb ungünstig, Eisenoxid gibt einen warmen Ton bis zum orange. Ein solches kräftiges, warmes Gelb wurde in Rekonstruktionsversuchen bei 1050 °C aus 85,5 Fritte A 2010, 8,5 Kaolin, 25,0 Quarzmehl, 6,0 Antimonoxid und 2,0 Eisenoxid erhalten. Ohne Eisen ist die gleiche Glasur hellgelb. Dazwischen lassen sich die Gelbnuancen durch den Eisengehalt steuern. Bei Verringerung des Antimongehalts büßt das Gelb an Leuchtkraft ein. Eine Spur Braunstein verwandelt es in einen dunklen Elfenbeinton. Mehr als 4% Antimonoxid macht eine Glasur deckend.

Literatur: *Sarre, F.* Die Keramik von Samarra. Berlin: Reimer, 1925. *Lucas, A.*, und *Harris, J. R.* Ancient Egyptian Materials and Industries. (4. Aufl.). London: Arnold, 1962.

Typ 39

Sari

Geschichte. Sari ist die Hauptstadt der iranischen Provinz Masenderan im fruchtbaren Tiefland zwischen dem Kaspischen Meer und dem Elburs-Gebirge. Nach ihr ist ein Keramiktyp benannt, der durch seine anspruchslose, flotte Bemalung auffällt. Sie wurde in der Umgebung von Sari, in Amol, Gurgan und Tammišā hergestellt. Ihr Höhepunkt lag im 10./11. Jh., als die saiditischen (dogmatisch duldsamen) Buyiden den westlichen Iran und sogar Mesopotamien als Hausmeier der Kalifen beherrschten. Sie wurden von den Seldschuken verdrängt. Die Keramik vom Sari-Typ ist meistens mit einem astrologisch deutbaren Vogel zwischen langstieligen Blumen bemalt, seltener mit Pseudokufi-Schrift. Es sind konische Schalen oder große Schüsseln aus rotem Ton mit weißer oder gelber Engobe, auf der als Malfarben dreierlei Braun, hellgrün und tomatenrot unter einer sehr dünn aufgetragenen Glasur vorkommen.

Herstellung. Als Ton eignet sich Fr gelb von Schmittenhöhe, als Engobe die unter Typ 37 angegebene Mischung. Die dreierlei Brauntöne ergeben sich durch die Auftragsdicke einer mangangefärbten Engobe, die in dünner Lage unter dem Einfluß der bleihaltigen Deckglasur violettbraun erscheint. In dicker Lage ist sie Braun bis dunkelbraun. Wo eine gelbe Engobe als Fond aufgebracht ist, handelt es sich um eine Färbung mit Antimonoxid, das ebenfalls unter der Bleiglasur seine gelbe Farbe entwickelt. Das Grün ist mit Kupfer-

Abbildung. Schale vom Sari-Typ, Nord-Iran, 11. Jh. ∅ 18 cm. Düsseldorf: Hetjens-Museum.

oxid erzielt worden, das Rot mit Bolus (= Ocker). Die sehr dünn aufzutragende bleihaltige Deckglasur entspricht etwa der unter Typ 37 angegebenen Zusammensetzung. Gebrannt wird oxidierend bei 750 °C.

Abwandlungen. Die Engobe-Malfarben können auch übereinandergelegt werden, z. B. hat man häufig zum Schluß noch weiße Punkte aufgebracht. Die Außenseiten der Schalen und Schüsseln sind gewöhnlich ohne Engobe und unglasiert geblieben.

Achtung!
Sämtliche islamischen Transparentglasuren werden wegen ihres hohen Natriumgehalts auf handelsüblichen Fertigtonen haarrissig. Die Glasuren dürfen deshalb nur hauchdünn aufgegossen werden. Sie gelingen jedoch auch dann nur rissefrei, wenn sie entweder auf eine quarzreiche Engobe (Typ 37), auf einen Quarzfrittescherben (Typ 44) oder auf einen kalkreichen Ton (Typ 38) aufgetragen werden, der gar gebrannt werden muß (Seite 122). Je alkalireicher und leichtflüssiger die Glasur, desto mehr neigt sie zu Haarrissen. Sie reißt um so engmaschiger, je mehr die Zusammensetzung des Scherben vom Optimum: 70–75% Quarz oder 12–14% Kalk (entsprechend 20–25% Kalkspatzusatz) abweicht.

Literatur. *Fehérvári, G.* Islamic Pottery. London: Faber, 1973.

Typ 40

Amol

Geschichte. Amol, nur wenige Kilometer westlich von Sari gelegen, ist Zentrum mehrerer Werkstätten, die im 10. und 11. Jh. Keramik in der Art von Sari und Agkand (Typ 41) herstellten, in der Seldschukenzeit, im 11. und 12. Jh., jedoch einen eigenartigen Typ produzierten, der eine Kombination von Ritzdekor und grüner Bemalung darstellt. Vorherrschend ist auch hier das Vogelmotiv.

Herstellung. Die rotscherbige Keramik ist mit einer weißen Engobe bedeckt, die mit dünnen Ritzlinien versehen wird (siehe Seite 20). Das Besondere an der Amol-Keramik ist die Verwendung von Chromoxid als Unterglasurfarbe. Chromerz wird heute noch im Elbursgebirge gewonnen. Im Gegensatz zu anderen Schwermetalloxiden löst sich das Chromoxid nicht in der darüberliegenden Glasur auf und kann somit ohne weiteres als Unterglasurfarbe benutzt werden. Die bleihaltige Glasur ist vom Nišāpūr-Typ (37). Brenntemperatur oxidierend bei 750 °C.

Abwandlungen. Im Gegensatz zur sonstigen Gepflogenheit sind beim Amol-Typ oft die Konturen gemalt und die Felder mit gekreuselten Ritzungen ausgefüllt. Mitunter ist auch die Malerei von der Ritzdekoration in der Weise getrennt, daß gemalte und geritzte Muster einander im Kreis abwechseln.

Seltener als die grüne ist eine braune Bemalung mit Mangan.

Abbildung. Schüssel vom Amol-Typ. Nord-Iran, 11./12. Jh. ∅ 27,5 cm. Privatsammlung.

Typ 41

Garrus

Geschichte. Nach dem Garrus-Distrikt, südlich des Kaspischen Meeres gelegen, wird eine Keramik benannt, für die die Champlevé-Technik charakteristisch ist. Man versteht darunter ein erweitertes Sgraffito-Verfahren, bei dem nicht nur Linien in eine Engobe eingeritzt, sondern auch Flächen aus diesem Anguß ausgeschabt sind. Im Gegensatz zur »Schabetechnik« (Typ 29) geschieht dies im ungebrannten Zustand. Über das Muster ist eine farblose, grünliche oder seltener gelbliche Transparentglasur gelegt. Man hat diese Keramik lange Zeit mit den zoroastrischen Feueranbetern in Verbindung gebracht, die als Nachfahren des Sasanidenreiches in dieser Gegend trotz Islamisierung ihre alte Staatsreligion bewahrten. Es hat sich jedoch herausgestellt, daß diese Keramik von Moslems gemacht wurde. Ihre Herstellungszeit wird vom 12. Jh. bis zum Mongoleneinfall um 1220 angesetzt.

Herstellung. Der verwendete Ton ist rotbrennend; zur Reproduktion eignet sich der Ton Fr gelb von Schmittenhöhe. Die weiße Engobe entspricht der bei Typ 37 angegebenen Zusammensetzung. Damit sie beim Ritzen und Schaben nicht ausbricht, bestreicht man sie mit Glyzerin. Durch die Bearbeitung wird der rote Grund freigelegt. Um diese rote Farbe zu erhalten, wird die Deckglasur (die erst nach dem Ausglühen des Glyzerins aufgebracht werden darf) entweder farblos

Abbildung. Schüssel mit Champlevé-Dekor. Nordiran oder Aserbeidschan, um 1200. Ø 24,8 cm. Berlin: Staatl. Museen Preuß. Kulturbesitz, Museum f. islam. Kunst.

gelassen oder nur über den stehengebliebenen Engobefeldern, meist jedoch am Rand, Grün gefärbt. Dazu genügt es, einen Teil dieser Deckglasur mit 2% Kupferoxid auf der rauhen Glasplatte anzureiben und diese gefärbte Masse vor dem Aufbringen der Deckglasur über die gewünschten Stellen zu tupfen. Dann wird über alles dünn die Deckglasur gegossen. Die bleihaltige Glasur kann nach Typ 37 zusammengesetzt werden. Bleiglasuren sind nicht so aggressiv wie Alkaliglasuren und pflegen deshalb die Engoben nicht aufzulösen. Andernfalls setzt man der Engobe 5% Magnesit zu. Gebrannt wird oxidierend bei 700 °C.

Abwandlungen. Mit der Champlevé-Keramik des Garrus-Distrikts ist eine Keramikgattung verwandt, die nach dem Ort Agkand in Nordwestiran, südlich von Tebris, benannt ist und bei der lediglich Sgraffitolinien in die weiße Engobe geritzt sind. Diese grafisch wirkende Linienzeichnung ist dann ebenfalls mit kupfergefärbter Glasur betupft, die unter dem Einfluß der Deckglasur zerläuft.

Literatur. *Weiß, G.* Ullstein Fayencenbuch. Berlin: Ullstein, 1970. *Fehévári, G.* Islamic Pottery. London: Faber, 1973.

Typ 42

Laqabi

Geschichte. Laqabi (= bemalt) nannten die persischen Händler eine gefleckte Keramik mit geritzten Konturen, die nicht aus rotem Ton, sondern aus einem weißen Quarzfrittescherben hergestellt war. Sie stammte entweder aus Rayy, aus Qāšān oder aus Raqqa, wo sie in der zweiten Hälfte des 12. Jh. produziert wurde. Auf elfenbeinweißem Grund zerlaufen die Farben Blau, Türkis, Grün, Braun, Violett, seltener Gelb über den eingeritzten Konturen. Diese Dekoration ist nicht nur auf waagrechte Flächen, also Teller, beschränkt, sondern auch auf senkrechten Flächen, also Hohlgefäßen, zu finden.

Herstellung. Im Gegensatz zu den sgraffitoverzierten Typen 40 und 41, bei denen die Farbglasurtupfen unter der transparenten Deckglasur angebracht wurden, sind sie bei der Laqabi-Ware auf die Glasur aufgetragen. Die Grundglasur liegt so dünn über dem eingeritzten Muster, daß sie dieses durch die getrocknete Glasurschicht hindurch noch erkennen läßt. Auf diese Weise ist es möglich, die Felder mit Farbglasuren auszufüllen. Diese stellt man wiederum dadurch her, daß man einen Teil der Grundglasur mit dem betreffenden färbenden Metalloxid auf der rauhen Glasplatte anreibt. Die Grundglasur ist durch Zinnoxid getrübt, und demnach besitzen auch die daraus hergestellten Farben einen pastosen Charakter. Der Scherben entspricht der bei Typ 37 angegebenen Zusammensetzung. Die Grundglasur kann nach Segers Analyse gewonnen werden aus 30 Fritte M 70, 9,5

Abbildung. Laqabi-Schüssel. Rayy, 12. Jh. ∅ 34 cm. Berlin: Staatl. Museen Preuß. Kulturbesitz, Museum f. islam. Kunst.

Fritte M 1233, 13,5 Felspat 412, 12,5 kalzinierte Soda, 0,5 Magnesit, 1,0 Kalkspat, 9,5 Zinnoxid und 19,0 Kalkspat. Zur Herstellung der einzelnen Farben nimmt man folgende Zusätze: für türkis 4,5% Kupferoxid, für Blau 0,8% Kobaltoxid, für Violett 3% Manganoxid, für Braun 2% Manganoxid und 0,2% Kobaltoxid, für Grün 2% Kupferoxid und 5% Zinkoxid, für Gelb 4% Antimonoxid. Gebrannt wird oxidierend bei 720 °C.

Abwandlungen. Etwas transparenter ist eine persische Glasur nach Pernicka aus 43 Fritte M 1233, 30 Mennige, 2 Zinnoxid, 5 Magnesit, 1 Kalkspat, 1 Eisenoxid, 18 Quarzsand. Mit zunehmender Transparenz bekommen die Farben mehr Tiefe.

Literatur. *Seger, H.* Persische Fayencen. Tonind. Z. 1886 S. 287 f. – *Pernicka, E., Malissa, H.* und *Krejsa, P.* Analytisch-chemische Untersuchungen an glasierter islamischer Keramik. Ber. Österr. Studienges. f. Atomenergie Nr. 2838, 1977.

Typ 43

Mīnā'ī

Geschichte. Das schon in der Bibel (Tobias I, 14) erwähnte Rayy war eine Frühlingsresidenz der parthischen Könige und bis zu seiner Zerstörung durch die Mongolen im Jahre 1221 eine blühende Metropole islamischer Keramikkunst. Befehlshaber der mongolischen Truppen war Gāzān, der spätere Ilchān, der zum islamischen Glauben übertrat. Rayy hatte seinen Höhepunkt in seldschukischer Zeit, im 12. bis 13. Jh. Es wurde vor allem durch die Ende des 12. Jh. neu entwikkelte Mīnā'ī-(= Email-)Ware berühmt, eine Keramik in »sieben Farben«: Blau, Purpur, Grün, taubengrau, Rot, Weiß und Schwarz mit manganbraunen Konturen auf einer elfenbeinfarbigen oder hellblauen Grundglasur. Die Farben liegen teils zwischen zwei Glasurschichten, teils über der transparenten Deckglasur. Einzelne Stücke sind außerdem noch vergoldet. Die Darstellungen im Miniaturenstil zeigen »türkische« Gesichter, oval, mit Bart, und runde, »mongolische«, dem damaligen Schönheitsideal entsprechend.

Herstellung. Der weiße Scherben entspricht der seit dem 11. Jh. im Iran eingeführten Kieselkeramik, deren Herstellung in Abū'l'-Qasims »Steinbuch« beschrieben ist (siehe Typ 44). Als Grundglasur ist auch die von ihm angegebene Zinn-Blei-Fritteglasur anzunehmen. In sie wurden nach dem Antrocknen die Konturen in Manganbraun sowie die Farben Blau und Grün gemalt. Die Deckglasur und die Email- (= Aufglasur-)farben wurden in weiteren, niedrigeren Brän-

Abbildung. Mīnā'ī-Schale. Rayy, E. 12./Anfang 13. Jh. Ø 20,8 cm. Frankfurt a. M.: Henrich.

Abbildung. Silhouetten-Ware. Schale von 18,5 cm ∅ Rayy, 12. Jh. Frankfurt a. M.: Henrich.

den aufgeschmolzen. Zur Reproduktion eignen sich für die Inglasurmalerei handelsübliche Majolikafarben, für die Emails Aufglasurfarben. Die niedrigschmelzende Deckglasur kann nach einer Analyse von Lindhorst folgendermaßen zusammengesetzt werden: 61 Fritte M 1233, 26 Fritte M 70 und 14 Quarzmehl. Diese Glasur muß mit einem Klebstoff angemacht und dünn aufgespritzt werden. Sie schmilzt bei 1000 °C. Die auf die fertig gebrannte Deckglasur aufgemalten Emailfarben werden bei 700 °C eingebrannt.

Abwandlungen. Will man statt der weißen eine türkisfarbene Grundglasur verwenden, so setzt man ihr 3 bis 7% basisches Kupferkarbonat zu. Das in der Grundglasur enthaltene Zinnoxid hellt die Farbe auf.

Eine weitere Technik, in der Rayy Hervorragendes geleistet hat, war die von der Champlevétechnik (Typ 41) abgeleitete Silhouetten-Technik, bei der die Keramik mit einer schwarzen Engobe überzogen wird, aus der die Hintergründe ausgeschabt werden, so daß nur Silhouetten auf dem hellfarbigen Scherben übrigbleiben. Als Engobe verwendet man die unter Typ 37 angegebene Zusammensetzung, mit 12% Braunstein und 1% Kobaltoxid schwarz gefärbt. Gegen den Lösungsangriff der Glasur kann man ihr noch 5% Magnesit zusetzen. Die Deckglasur entspricht dann folgendem Rezept: 39 Fritte M 1233, 53 Fritte M 70 und 8 Quarzsand. Die Brenntemperatur beträgt 750 °C.

Literatur. *Lindhorst.* Sprechsaal 1884 S. 107.

Typ 44

Qāšān

Geschichte. Die am Fuß des 3600 m hohen Kuh Rud gelegene Oasenstadt Qāšān kann auf eine ruhmvolle keramische Tradition zurückblicken. An ihrem westlichen Stadtrand liegt die Ausgrabungsstätte Sialk (Typ 5). In islamischer Zeit war sie berühmt durch ihre glasierten Tonwaren, besonders durch ihre Fliesen, die allgemein als Qāši bezeichnet wurden. Seit dem 12. Jh. produzierten Rayy und Qāšān die schönsten Lüsterfayencen, nachdem Fayencemeister aus Ägypten hierher eingewandert waren. Zum ersten Mal findet man Inschriften und Daten auf Gefäßen; sie bezeugen eine Lüsterkeramikproduktion von 1179 bis ins 13. Jh. Qāšān überdauerte die mongolische Invasion und stellte sich auf den mongolischen Geschmack um (siehe Typ 45). Der Höhepunkt der Lüsterfayence-Kunst lag jedoch in seldchukischer Zeit, Ende des 12., Anfang des 13. Jh. Aus einer Qāšāner Töpferfamilie stammte Abū'l-Qasim, der 1301 in Tebriz ein »Steinbuch« veröffentlichte, in dem er unter anderem die Herstellung des Kieselkeramik-Scherbens beschrieb, der seit dem 11. Jh. entscheidend zur Qualität der iranischen Keramik beitrug.

Herstellung. Nach Abū'l-Qasims Beschreibung wurde die Scherbenmasse aus 10 Quarzsand, 1 Fritte und 1 Ton hergestellt. Die Fritte hatte 41 Kaliumoxid und 59 Quarz. In Prozenten ausgedrückt, lautet das Rezept für die Masse: 83,3 Quarzsand, 8,3 Ton und 8,3 Fritte. Wahrscheinlich hat man, um diese Mischung formen zu können, or-

Abbildung. Sternfliese, die zusammen mit Kreuzfliesen verlegt wird. Breite 20 cm. Qāšān, Mitte 13. Jh. Frankfurt a. M.: Henrich.

ganische Plastifizierungsmittel verwendet, die nicht bekannt sind. Bei Reproduktionsversuchen in Oxford verwendete man zur Plastifizierung Bentonit (siehe Seite 105). Die Masse bestand aus 80 Quarzsand, 10 Fritte, 5 Bentonit und 5 Ball clay. Daraus ließen sich Gefäße auf der Scheibe drehen. Man kann die Bildsamkeit jedoch noch weiter steigern, wenn man von den ebenfalls in Oxford angefertigten Scherbenanalysen die tonerdereichste auswählt und von ihr das Rezept berechnet: 56 Quarzsand, 22 Fritte M 1233, 5 Bentonit und 17 Kreuzton. Diese Mischung läßt sich gut verarbeiten und nach dem Trocknen mit einer Engobe überziehen, die der quarzreichsten Analyse entspricht: 71 Quarzsand, 26 Fritte M 1233 und 3 Kreuzton. Die Engobe, die hier nur ein Hilfsmittel für die Reproduktion darstellt, muß mit einem Klebstoff (siehe Typ 37) angemacht und auf den aus der Bentonitmasse geformten Kern durch Tauchen, Begießen oder Spritzen aufgebracht werden. Sie liefert eine ideale Unterlage für alkalireiche, insbesondere Türkisglasuren. Die engobierte Ware wird bei 700 °C verschrüht.

Der Lüsterfayence dient eine zinnhaltige Glasur als Unterlage, die nach Abū'l-Qasim ebenfalls aus der Fritte, zusätzlich jedoch auch aus einem Zinn-Blei-Äscher hergestellt wurde. Dabei hat man Blei und Zinn als zerkleinerte Erze auf einer Pfanne geschmolzen. Durch Umrühren, um Sauerstoff zutreten zu lassen, bildete sich eine Oxidschicht, die als »Äscher« abgeschöpft wurde. Das Verhältnis Blei zu Zinn war 3:1 bis 1:1 (das entspricht in Oxiden 2,5:1 bzw. 0,8:1); je mehr Zinn, desto mehr Deckkraft. Analysen von acht persischen Zinnglasuren ergaben Mittelwerte von 15,18 Bleioxid (PbO) zu 9,6 Zinnoxid (SnO_2); das entspricht 1,58:1. Die Reproduktion dieser Glasuren ist ohne Kompromisse nicht möglich, wenn man die Herstellung des Äschers vermeiden will; man fügt dann das Zinnoxid, feinst gemahlen, der Bleiglasur hinzu. Das Rezept kann sich auf die von Lucas veröffentlichten Cliffordschen Analysen stützen und entspricht somit der bei Typ 38 angegebenen Mischung.

Die blaue Glasur wirkt deckend, kann aber nicht aus der weißdekkenden Zinnglasur durch Kobaltzusatz entstanden sein, denn das Zinnoxid würde das Blau aufhellen. Das tiefdunkle Blau erhält man durch viel Kobaltoxid (über 6% wird die Farbe allerdings nicht weiter verstärkt) zu einer Glasur, die auch kein Magnesium enthalten darf, sonst würde sie violettstichig.

Die Lüster werden auf die fertig gebrannte Glasur aufgebracht und in einem gesonderten Brennvorgang eingebrannt. Im Handel

Abbildung. Blaue Lüsterfliese aus Qāšān, 13. Jh. Frankfurt a. M.: Henrich.

sind Lüstertinkturen erhältlich, die aus einer erhitzten Mischung aus Kolophonium (gewonnen aus der Destillation von Terpentin), Lavendelöl und Wismutnitrat als »Fluß« hergestellt sind, dem Lösungen fettsaurer (z. B. essigsaurer) Metallsalze beigefügt werden. Man brennt sie nach dem Aufmalen bei 800 °C ein. Man kann den Lüster jedoch auch selbst herstellen. Dabei geht man von der Grundzusammensetzung 1 Metallsalz auf 3 Trägersubstanz aus. Als Metallsalze eignen sich Silbersalze (auch metallisches Silber in feiner Verteilung). Als Trägersubstanzen verwendet man feines Schamottemehl, Ocker oder Bolus, Kreidemehl, Ruß, Braunstein, Eisenoxid oder Kombinationen aus diesen Stoffen, die die Lüsterfarbe beeinflussen. Die Mischung wird mit Essig und fettem Terpentin auf der rauhen Glasplatte angerieben. Das Terpentin dient gleichzeitig als Malmittel. Diese Mischungen erfordern, wie bei den historischen Lüsterarten, ein reduzierendes Brennen. Um die Reduktion zu begünstigen. können dem Brei bis zu 25% Holzkohlepulver beigemengt werden. Er wird dann ziemlich dick aufgemalt. Die Ware setzt man in Kapseln, in denen man die Zwischenräume mit Holzkohlepulver füllt, und brennt oxidierend bei 750 °C. Danach wischt oder reibt man den krustigen Anstrich ab; darunter befindet sich der Lüster. Ist die Lüstrierung unbefriedigend, brennt man den Gegenstand noch einmal bei 700 °C in reduzierendem Feuer nach.

Abwandlungen Farbton und Metallglanz der Lüster lassen sich durch Konzentration und Art der Metallsalze sowie durch die Trägersubstanz variieren. So ergibt z. B. Silbernitrat einen gelblichen

Lüster mit geringem Metallglanz, Silberchlorid einen grünlichen Lüster mit Goldglanz (entsprechend dem fatimidischen Lüster) und Silbersulfat einen gelblichen Lüster mit Silberglanz. An Stelle der Silbersalze können aber auch Salze und Oxide von Kobalt, Kadmium, Chrom, Eisen, Mangan, Kupfer, Zink oder Mischungen derselben zu neuen Ergebnissen führen. Man erhält z. B. aus 10 Kupfersulfat, 5 Eisensulfat, 1 Silbersulfat und 12 Ocker einen Goldlüster (persischer Lüster), mit Braunstein statt Ocker einen dunkleren (syrischen Lüster), mit Kreide einen hellen (maurischen) Lüster, aus 5 Kupfersulfat, 2 Zinnoxid, 1 Ruß und 4 Ocker einen roten (Bagdad-) Lüster. Durch weitere Variationen lassen sich alle historischen Lüsterarten erzielen: der rot- bis grünlichbraune Schah-Abbas-Lüster (mit Unterglasurblaumalerei) des 17. Jh., der olivgrüne bis messinggelbe Deruta-Lüster (mit blauer Inglasurmalerei kombiniert) des 16. Jh., der rotgoldene Gubbio-Lüster (mit blauer und grüner Inglasurmalerei kombiniert) und der Burgos-Lüster – ein gefleckter Kupferlüster, der erst 1806 aufkam. Der persische Lüster war nicht nur auf weißer, sondern auch auf blauer (mit Kobalt gefärbter) Glasur aufgebracht und seit dem 13. Jh., wie der maurische, auch mit blauer und türkis(=kupfer)farbener Inglasurmalerei kombiniert, der syrische nur mit kobaltblauer.

Will man die Lüstertechnik mit Inglasur-, Unterglasur- oder Aufglasurmalerei kombinieren, so folgt die Lüstrierung stets als letztes mit einem gesonderten Brand, da sie die niedrigste Temperatur erfordert und bei höherer Temperatur zerstört würde. Kombiniert man sie mit Aufglasurmalerei, so können die Aufglasurfarben durch die Reduktion leiden. In diesem Falle muß man sich entweder auf die unempfindliche schwarze Aufglasurfarbe beschränken oder man verwendet die handelsüblichen Lüstertinkturen, die keiner besonderen Reduktion bedürfen.

Literatur. *Ritter, H. J., Ruska, R.*, und *Winderlich, R.* Orientalische Steinbücher und persische Fayencetechnik. Istanbuler Mitt. 3 (1934/35) S. 16–48. – *Röder, K.* Zur Technik der persischen Fayencen im 13. und 14. Jh. Z. dt. morgenl. Ges. 14 (1935) S. 225–242. – *Seger, H. A.* Persische Fayencen. Tonind. Z. 1886 S. 287. – *Lucas, A.* Ancient Egyptian materials and industries. 4. Aufl., rev. von J. R. Harris. London: Arnold 1966. – *Deck, Th.* La Faïence. Paris, 1887. – *Allan, J. W., Llewellyn, L. R.*, und *Schweizer, F.* The history of so-called Egyptian faience in Islamic Persia: Investigations into Abū'l-Qasim's treatise. Archaeometry 15 (1973) Part 2, S. 165–173.

Typ 45

Lāǧwardina

Geschichte. Lāǧward heißt auf persisch kobaltblau, aber auch Lasurstein. Mit Lāǧwardina wird eine blauglasierte, mit weißer, roter oder schwarzer Aufglasurfarbe, auch mit Gold bemalte Keramik bezeichnet, die im Iran im 13. Jh. hergestellt wurde. Das Verfahren hat Abū'l-Qāsim in seinem Steinbruch beschrieben. Datierte Stücke umfassen den Zeitraum von 1315 bis 1374. Gefäße und Fliesen mit kobaltblauer Glasur und Vergoldung kamen mit der mongolischen Herrschaft im Iran und mit den Timuriden in Samarkand in Mode. Der Kobaltglanz wurde in der Nähe von Qāšān gefunden. Die Arbeiter nannten ihn Sulaimānī, weil der Prophet Salomo ihn entdeckt haben soll.

Herstellung. Die Scherbenmasse ist eine Kieselkeramik wie beim Typ 44. Die blaue Glasur ist transparent und enthält kein oder nur sehr wenig (0,3–0,5%) Bleioxid. Man kann sie nach folgendem Rezept erhalten: 29,2 Fritte A 3232, 61,9 Fritte A 1316, 2,4 Zinkoxid, 6,5 Kaolin und 4,0 Kobaltkarbonat. (Die blaue Farbe wird durch das Zink gefördert; es beseitigt sogar einen etwaigen Violettstich.)
Die Aufglasurfarben lassen sich nach folgenden Rezepten herstellen: Weiß aus 90 Fritte M 1233 + 10 Zinnoxid; Rot aus 90 Ocker + 10 Ton, Schwarz aus 25 Eisenchromat (Chromeisenstein) + 75 Fritte M 1233, Gelb aus 10 Fritte + 0,2 Eisenoxid oder aus 10 Fritte + 0,4

Abbildung. Lāǧwardina-Schale. Qāšān, 1. H. 14. Jh. ∅ 16 cm. Düsseldorf: Hetjens-Museum.

Antimonoxid. Die Glasur wird bei 950 °C aufgeschmolzen, die Farben in einem erneuten Brand bei 800 °C.

Abwandlungen. Für das zusätzliche Vergolden nimmt man am besten handelsübliches Poliergold (das noch poliert werden muß) oder das billigere Glanzgold (das ohne Polieren glänzt), die man beide in flüssiger Form mit dem Pinsel aufträgt. Abū'l-Qasim beschrieb die Vergoldung mit Blattgold, das mit Gummi arabicum angeklebt, mit dem Achatstift angerieben und mit Baumwolle glattpoliert wurde.

Aus seldschukischer Zeit stammen auch die ersten Durchbruchmuster in Form von Reiskörnern, die im 16./17. Jh. unter den Safawiden (bei der sogenannten Gombroon-Ware) wieder aufgegriffen wurden und schließlich in der Ch'ien-lung-Ära (1736–96) auf chinesischem Porzellan erschienen. Diese Durchbruchmuster sind als Reiskorntechnik oder *grain de riz* bezeichnet worden, weil man annahm, Reiskörner seien in die feuchte Tonmasse gedrückt worden und hätten nach dem Herausbrennen im Feuer kleine Durchbrüche hinterlassen. Das mag der Ursprung dieser Technik gewesen sein; die typischen Beispiele zeigen jedoch eine so exakte Ausführung, daß ein sorgfältiges Ausschneiden der Öffnungen angenommen werden muß. Die Durchbrüche wurden so klein gehalten, daß sie von der Glasur gefüllt werden konnten, ohne daß ihr Zusammenhang verlorenging. Im Iran war es eine Bleiglasur über einem weißen Scherben.

Literatur. *Ritter, H. J., Ruska, R.,* und *Winderlich, R.* Orientalische Steinbücher und persische Fayencetechnik. Istanbuler Mitt. 3 (1934/35) S. 16–48. – *Pernicka, H., Malissa, H.* und *Krejsa, P.* Analytische Untersuchungen an glasierter islamischer Keramik. Ber. Österr. Studienges. f. Atomenergie Nr. 2838, 1977. – *Feddersen, M.* Reiskorntechnik. Keram. Rdsch. 35 (1927) S. 829.

Typ 46

Sultānābād

Geschichte. Sultānābād, das heutige Arāk, ist der Fundort einer blau und violett auf weißer Engobe bemalten Keramikgattung, die den mongolischen Stil vertritt. Sie wurde während der Herrschaft der Ilchāne (1256–1353) wahrscheinlich in der Umgebung von Sultānābād produziert. Die Mongolen, ursprünglich Buddhisten, wurden seit dem Ilchān Gāzān (1295–1304) sunnitische Moslems und förderten die islamisch-persische Kultur.

Herstellung. Der helle Scherben wurde von Llewellyn und Schweizer im Forschungslabor für Archäologie und Kunstgeschichte in Oxford untersucht und erwies sich als Kieselkeramik, wie sie in Abū'l-Qāsims Steinbuch beschrieben ist (Typ 44). Die Masse wird genügend plastisch, um sie auf der Töpferscheibe verarbeiten zu können, wenn man sie, wie auf Seite 149 beschrieben, zusammensetzt. Llewellyn und Schweizer untersuchten auch die Glasuren, jedoch lediglich auf ihren Blei- und Zinngehalt. Sie erwiesen sich als blei- und zinnfrei. Sie sind transparent und farblos mit gelegentlichen türkisfarbenen oder blauen Flecken. Das Rezept könnte nach Pernicka lauten: 79 Fritte M 1233, 7 Magnesit, 1 Kreuzton und 13 Quarzsand. Für die türkisfarbenen Flecken nimmt man einen Teil dieser Mischung und fügt 1,8% basisches Kupferkarbonat hinzu, für die blauen Flecken 0,88% Kobaltoxid. Zur besseren Haftung und zur Erhöhung der Griffestigkeit vermischt man die Glasur mit etwas

Abbildung. Schale vom Sultānābād-Typ. Anf. 14. Jh. ∅ 22 cm. Frankfurt a. M.: Henrich.

Klebstoff; dazu eignet sich Dextrin oder 0,25% Alginsäureester, den man sich auch als »Algensirup« selbst herstellen kann. Die weiße Engobe entspricht dem Typ 37. Sie bietet eine saugfähigere Malunterlage als der Scherben. Die Malfarben werden aus einem Teil der Engobe gewonnen, versetzt mit 3% Kobaltoxid für Blau, und mit 12% Braunstein und 1% Kobaltoxid für Schwarz. Den Violettstich des Kobalts verursacht der hohe Magnesiumgehalt der Glasur. Gebrannt wird oxidierend bei 950 °C.

Abwandlungen. Die gefärbten Engoben können auch auf die Kieselkeramik direkt aufgemalt werden. Ältere Sultanabad-Ware war in Weiß mit braunschwarzen Konturen auf einer bräunlichen oder grünlichgrauen Engobe bemalt. Diese Farbtöne lassen sich aus der weißen Engobe durch Zusatz von Farbkörpern oder Unterglasurfarben erzielen.

Literatur. *Allan, J. W., Llewellyn, L. R.,* und *Schweizer, F.* The history of so-called Egyptian faience in Islamic Persia: Investigations into Abū'l-Qāsim's treatise. Archaeometry 15 (1973) Part 2, S. 165–173. – *Kühnel, E.* Islamische Kleinkunst. Braunschweig: Klinkhardt & Biermann, 1963. – *Pernicka, E., Malissa, H.,* und *Krejsa, P.* Analytisch-chemische Untersuchungen an glasierter islamischer Keramik. Ber. Österr. Studienges. f. Atomenergie Nr. 2838, 1977.

Typ 47

Iznik

Geschichte. Schon 316 v. Chr. von Antigonos begründet, war das alte Nicäa im 13. Jh. Mittelpunkt des byzantinischen Restreiches und zeitweise Sitz des Kaisers. 1331 wurde es von den Türken erobert, die es Iznik nannten. Sultan Selim I. (1512–20) brachte persische Töpfer als Kriegsbeute nach Iznik, nachdem er 1514 Tebriz erobert hatte. Sie führten den Quarzscherben hier ein, dessen Herstellung ihr Vorfahre Abū'l-Qāsim 1301 beschrieben hatte. Selim brachte auch persische Dichter nach Iznik, die Verse als Inschriften für die Gefäße und Fliesen dichten mußten.

Iznik war das Keramikzentrum des osmanischen Reiches. Seine frühosmanische Periode (Iznik I) wird von Artur Lane von 1490 bis 1525 angesetzt. Sie ist durch Fayencen vom Typ Afrāsyāb (36) mit gewöhnlichem Tonscherben und weißer Engobe gekennzeichnet. Die hochosmanische Zeit wurde von den iranischen Töpfern bestimmt. Mit ihrem weißen Kieselkeramikscherben konnten sie auf die Engobe verzichten, und sie malten direkt auf den Scherben unter der Glasur mit Kobalt nach chinesischen Blauweiß-Porzellanen. Eine armenische Inschrift auf einem Krug von 1510 führte dazu, diese Keramik als »Abraham-von-Kütahya-Ware« zu bezeichnen. Eine Gattung mit zarten Spiralranken hieß »Goldenes-Horn-Ware«. Diese blauweißen Keramiken waren Erzeugnisse der Periode Iznik II, 1525–1555. Sie wurden von einer bunten Unterglasurmalerei verdrängt. Das charakteristische Bolusrot der sogenannten Rhodos-

Abbildung. Humpen. H. = 20 cm. Iznik um 1600. Berlin: Staatl. Museen Preuß. Kulturbesitz, Museum f. islam. Kunst.

Ware erschien jetzt neben dem Kobaltblau und hellem Türkis- und Blattgrün als Unterglasurfarbe. Das Rot war am schönsten im 16. Jh.; dann scheint sein Herstellungsgeheimnis verlorengegangen zu sein. Die Periode Iznik III dauerte von 1555 bis 1700. In dieser Zeit ging die Zahl der Werkstätten von dreihundert auf neun zurück. Danach versuchte Ibrahim Pascha, der Initiator der »Tulpenzeit«, mit Töpfern aus Iznik die Produktion der Goldenes-Horn-Werkstätten in Istanbul neu anzufachen. Die daraus entstandene Ware aus dem 18. Jh. ist durch ihr typisches Gelb an Stelle des Bolusrot gekennzeichnet.

Herstellung. Das frühosmanische Rot war noch kein Bolus-(= Eisen-)Rot, sondern ein Manganpurpur, den man nur in einer alkalischen Glasur erzielen kann. Das deutet darauf hin, daß damals in Iznik noch keine Bleiglasur, sondern eine Alkaliglasur verwendet wurde. Die hochosmanische Glasur war hingegen bleihaltig, also vom Typ der Deckglasur, die Seger analysiert hat und deren Rezept auf Seite 135 angegeben ist. Durch Kaolinzusatz läßt sie sich besser verarbeiten, schmilzt dann aber höher. Man erhält somit folgendes Rezept für 1000 °C: 18,8 Fritte A 3232, 63,5 Fritte A 1316, 10,0 Kaolin und 7,7 Quarzmehl. Die Glasur haftet auf dem Kieselkeramikscherben rissefrei. Als Unterglasurfarben eignen sich die handelsüblichen.

Abwandlungen. Zu den hochosmanischen Keramikgattungen gehört noch eine als »Milet-Ware« bezeichnete gröbere Keramik mit getöntem Scherben und weißer Engobe. Auch sie wurde unter der Glasur Blau und Grün, meist mit geometrischen Mustern, bemalt. Seltener ist eine engobefreie Variante, bei der das Weiß der Engobe lediglich als Unterglasurfarbe neben anderen Farben auf rotem Grund diente.

Literatur. *Lane, A.* The Ottoman Pottery of Iznik. Ars Orientalis. 2 (1957) S. 247–281 – *Pernicka, E., Malissa, H.,* und *Krejsa, P.* Analytisch-chemische Untersuchungen an glasierter islamischer Keramik. Ber. Österr. Studienges. f. Atomenergie Nr. 2838, 1977. – *Fichtner, F.* Die Blütezeit der türkischen Fliese. Ber. dt. keram. Ges. 24 (1943) Nr. 6/7 S. 173–200 und Nr. 8/9 S. 237–263.

Typ 48

Kubači

Geschichte. Nach dem ostkaukasischen Bergdorf Kubači wird eine Keramik mit schwarzer Malerei unter einer türkisfarbenen Glasur aus dem 17. Jh. bezeichnet, die in Kubači gefunden und auch als Dagestan-Ware bezeichnet wurde. Da die Bewohner dieses Bergdorfes zwar als hervorragende Goldschmiede und Teppichweber berühmt, aber keine Töpfer waren, nimmt man an, daß diese großen Schüsseln und Schalen in der Gegend um Tebriz hergestellt und gegen Teppiche getauscht worden sind. Ihre Herstellung fällt in die Zeit Schah Abbas d. Gr. (1586–1629). Die Sefewidendynastie (1501–1732), förderte die nationalen Traditionen, wodurch alte Techniken, alte Formen und alte Motive wieder aufgegriffen wurden.

Herstellung. Der Ton ist von bräunlicher Brennfarbe, weiß engobiert, mit schwarzer Engobe bemalt, und trägt eine türkisfarbene Überglasur. Scherbenton und Malfarbe sind eisen- und manganhaltig. Zur Reproduktion kann man den Ton Fr gelb von Schmittenhöhe mit 8% Braunstein für den Scherben und mit 12% Braunstein und 1% Kobaltoxid für die Malfarbe vermischen. Die Malfarbe muß auf der rauhen Glasplatte fein angerieben werden. Man kann ihr noch 5% Magnesit als Mittel gegen die lösende Wirkung der Glasur zusetzen. Als weiße Engobe eignet sich die bei Typ 37 angegebene Mischung. Die Glasur ist natriumreich und kann aus folgendem Rezept bei 1050 °C gewonnen werden: 81,7 Fritte A 3232, 10,8 Kaolin, 7,5

Abbildung. Schüssel vom Kubači-Typ. Aserbeidschan, Anf. 17. Jh. ∅ 34 cm. Düsseldorf: Hetjens-Museum.

Quarzmehl und 2,4 Kupferkarbonat. Sie muß dünn aufgetragen werden, denn in dicker Lage neigt sie zu Nadelstichen.

Abwandlungen. Eine etwas grünere transparente Türkisglasur erhält man aus folgendem Rezept: 61 Fritte M 1233, 12 Dolomit, 4 Fritte M 70, 20 Quarzsand und 3 basisches Kupferkarbonat.

Die ältere Kubači-Keramik war mit einer farblosen Deckglasur über roter, brauner, grüner, weißer, gelber oder schwarzer Engobemalerei versehen. Sie entwickelte sich – wie die Silhouetten-Ware (Typ 43) – aus dem nordpersischen Nišapūr-Typ (37). Um diese Farbtöne zu erhalten, mischt man am besten einen Teil der weißen Engobe mit Farbkörpern oder Unterglasurfarben.

Literatur. *Pernicka, E., Malissa, H.,* und *Krepsa, P.* Analytisch-chemische Untersuchungen an glasierter islamischer Keramik. Ber. Österr. Studienges. f. Atomenergie, Nr. 2838, 1977.

Typ 49

Paterna

Geschichte. In Paterna bei Valencia wurde seit dem 13. Jh. eine Fayence hergestellt, für die kupfergrüne, mangankonturierte Malerei auf weißer Zinnglasur typisch ist. Es sind meist Figuren und heraldische Motive europäischer Art. Die mohammedanischen Künstler, die sie gemalt haben, machten sich die dekorative Heraldik gern zueigen und versahen sie manchmal mit Kufischrift. Der maurisch-gotische Mischstil der Mudejars erlebte seine Blüte, nachdem die Könige von Aragon 1238 Valencia erobert hatten und muslimische Töpfer infolge der kastilianischen Eroberung Murcias und Cordobas 1236 durch Ferdinand den Heiligen nach Valencia verschlagen worden waren. Diese Zuwanderer produzierten gemeinsam mit den ansässigen Töpfern in den Vororten Valencias, in Paterna und Teruel, diese Fayencen vom Paterna-Typ, die auch nach Frankreich exportiert wurden.

Valencia selbst war vor allem wegen seiner Fliesen bekannt, die ebenfalls mangankonturierte Muster trugen, die jedoch in der Technik der Cuerda seca (= trockener Faden) nicht auf Zinnglasur gemalt, sondern als glasierte Flächen gestaltet waren, die von einer öligen Manganlinie am Ineinanderlaufen gehindert wurden.

Herstellung. Die Paterna-Fayence braucht einen kalkhaltigen Scherben, der die Glasur rissefrei trägt. Geeignet ist jeder rotbrennende Ton (z. B. der Ton Fr gelb), wenn man ihm 25% Kalkspat zumischt.

Abbildung. Paterna-Fayence. Mitte 14. Jh. ∅ 25,5 cm. Berlin Staatl. Museen Preuß. Kultrubesitz, Museum f. islam. Kunst.

Die Zinnglasur, die aus einem Zinn-Blei-Äscher nach persischem Vorbild hergestellt wurde, kann nach folgendem Rezept zusammengesetzt werden: 15,9 Fritte A 3232, 53,7 Fritte A 1316, 14,0 Kaolin, 8,2 Quarzmehl und 8,2 Zinnoxid. Sie fließt bei 970 °C glatt. Diese Temperatur wurde zur typischen Glattbrandtemperatur der europäischen Fayencen. Zum Glasieren durch Tauchen, Spritzen oder Begießen soll die Ware bei 850 °C verschrüht sein. Sie wird vor dem Glattbrand, also im angetrockneten Zustand, mit dunkelvioletter und kupfergrüner Majolikafarbe, wie man sie im Handel erhält, bemalt.

Abwandlungen. Bei der Cuerda-seca-Technik ritzt oder stempelt man die Konturen in den feuchten Ton ein und verschrüht dann die Keramik, die – wenn sie nicht weißscherbig ist – weiß engobiert sein soll, damit sich die Farben der Glasuren durchsetzen können. Nach dem Verschrühen werden die vertieften Rillen entweder nur mit Wachs wie bei der Negativmalerei (1 Teil Wachs + 10 Teile Terpentinöl) oder – wenn man dunkle, braunviolette Konturen haben möchte – mit Wachs und Braunstein oder aus Braunstein, den man mit einem fettigen Öl (Rüböl, Leinöl) anreibt, ausgefüllt. Danach werden in die entstandenen Felder Farbglasuren mit dem Pinsel aufgetragen. Die Glasuren sind zumeist opak. Man kann dazu alle möglichen Fertigglasuren verwenden. Reagieren sie zu sehr mit der Konturenlinie, so setzt man ihnen 5–10% Magnesit zu.

Die Fayencerien von Gien und Longwy druckten die Konturen im 19. Jh. mit Druckfirnis auf.

Literatur. *Schnyder, R.,* und *Olivar, M.* Die Keramik von Paterna. In: Ars Orientalis IV, 1961. S. 113–120. – *Folch y Torres, J.* Noticia sobre la cerámica de Paterna. Barcelona, 1921.

Typ 50

Cuenca

Geschichte. Die Cuenca-(= Napf-)Technik wurde um 1500 in Sevilla auf Fliesen eingeführt. Es ist eine kastilische Erfindung. Sie besteht im Eindrücken von Stempeln in den feuchten Ton, wodurch sich Mulden bilden, die durch Stege voneinander getrennt sind. Diese »Näpfe« werden mit Glasur gefüllt. Bald nach ihrem Aufkommen wurden die geometrisch ornamentierten Cuenca-Fliesen von den figürlich bemalten italienischen Fayencefliesen in den Hintergrund gedrängt, die der italienische Töpfer Niculoso Francisco und sein Sohn Juan Battista seit 1503 in Sevilla herstellten. Das war jedoch nur eine Episode. Nach der Mitte des Jahrhunderts wurden in Sevilla wieder ausschließlich Cuenca-Fliesen produziert, und zwar nicht nur in der üblichen Fliesenform, sondern auch in Form der kleineren Ombrillas für Fußbodenplaster und der Doppelfliesen, Tableros, für Decken. Beträchtliche Exporte gingen von Sevilla nach Portugal, Italien und Westindien. Die Technik war bis ins 17. Jh. in Anwendung.

Herstellung. Einzelstempel, die die Masse am Rand hochquetschen, ergeben keine sauberen Stege. Deshalb hat man die Stege mit in den Stempel eingeschnitten. Gut verwendbar sind Wiege- oder Rollstempel, da sie nicht so leicht zu Lufteinschlüssen führen wie Stempelplatten. Die Stege brauchen nur 1 mm hoch zu sein. Damit sie nicht trocken bleiben, glasiert man entweder das ganze Arbeitsstück nach dem Formen und Verschrühen mit einer weißen Zinnglasur, über die dann die Farbglasuren in die Näpfe gelegt werden, oder man bringt

Abbildung. Cuenca-Fliese. Sevilla 16./17. Jh. Düsseldorf: Hetjens-Museum.

erst die Farbglasuren ein und legt dann eine Transparentglasur darüber. Für Fußbodenfliesen kann man abriebfeste Glasuren mit Kalk konstruieren, denn Kalk macht die Glasur hart. Die verhältnismäßig schwache Flußmittelwirkung des Kalkes bei diesen niedrigen Temperaturen gleicht man am besten durch Borsäure aus, die man einer Fertigfritte entnimmt. Es ergibt sich dann folgendes Rezept: 38,6 Fritte A 2010, 6,5 Kalziumborat, 14,5 Kalkspat, 9,3 Kaolin und 31,1 Quarzmehl. Glattbrandtemperatur 1050 °C. Die bei den Cuenca-Fliesen vorkommenden Farben sind Gelb, Grün, Violett und Blau.

Abwandlungen. Im 19. Jh. hat die Fliesenfabrik von Minton in Stoke on Trent Cuenca-Fliesen unter Verwendung von Gipsformen produziert, in die die Stege eingraviert waren. Theodor Deck stellte Gefäßfayencen in Cuenca-Technik 1884 in Paris aus. Er verwendete transparente Glasuren über farbigen Engoben (z. B. Eisenrot), über Goldfolie oder über Unterglasurfarben. Durch weiße Pasten können Lichter hervorgebracht werden, weil durch sie die Dicke der Glasurschicht verringert wird.

Literatur. *Weiß, G.* Ullstein Fayencenbuch. Berlin: Ullstein 1970.

Europäische Formen

Europäische Keramik

Während nördlich der Alpen bis ins 13. Jh. noch die Urkeramik der Germanen und Slawen vorherrschte, gab es in den christlichen Mittelmeerländern, von Byzanz bis Frankreich und entlang der Seewege bis Hamburg und England eine bleiglasierte Ware, die auf die Spätantike zurückging. Aus dem islamischen Gebiet erreichte im 13. Jh. die Fayence Italien. Ihre malerischen Möglichkeiten lösten eine große Zahl regionaler und nationaler Erscheinungsformen der europäischen Fayencen aus. Die Kenntnis der Herstellung gelangte von Italien nach Frankreich und über die Alpen, im 16. Jh. nach Nürnberg und Winterthur, im 17. Jh. entwickelte sich Delft zum Zentrum der Fayencekunst. Delfter Fayenciers halfen, deutsche und englische Fayencemanufakturen zu gründen. In Frankreich nahm die Fayence unter dem Einfluß Ludwigs XIV. einen großen Aufschwung.

In Deutschland gab es zwei große Gruppen von Fayencen: 1. die von Italien beeinflußten, die seit 1530 (Nürnberg) von den Hafnern hergestellt wurden, die auch Kachelöfen bauten, 2. die von Delft beeinflußten, die seit 1661 (Hanau) von den Manufakturisten hergestellt wurden. Der höfische und kommerzielle Charakter der Manufakturfayencen machte die Erzeugnisse der Töpfermeister zur Bauernkeramik. Aber die Kommerzialisierung bereitete auch den Manufakturen selbst ein Ende. 1740 hatte Astbury in England sein Steingut herausgebracht und 1765 erregte Wedgwood mit seiner Queensware Aufsehen. Gegen Ende des 18. Jh. mußte die Fayence dem billiger produzierbaren Steingut weichen, das mit seinen gedruckten Dekoren bis heute auf dem Markt geblieben ist.

Um 1350 entstand in Siegburg das erste europäische Steinzeug zugleich mit der Salzglasur. Es verbreitete sich über das Rheinland hinaus nach Hessen, Sachsen, Bayern, Schlesien, Frankreich (Beauvais) und England. Nach 1671 gab es Bartmannskrüge in London durch John Dwight. Seither hat England viel zur Steinzeugentwicklung beigetragen.

1708 erfand Böttger das Hartporzellan, während das Weichporzellan in Frankreich (Frittenporzellan) und England (Knochenporzellan) hergestellt wurde.

Europäische Formen. 1. Zeile: Schnabelkanne, Bartmannskrug, Rokokokanne; 2. Zeile: Jugendstilvase, Steingutkanne, Ringelkrug; 3. Zeile: Tulpenvase, Steingutterrine, Schnelle.

Bei den europäischen Glasuren lassen sich sechs Leittypen nach ihren charakteristischen Rezeptbestandteilen unterscheiden:

Zeit	Rezept-Typ	Theoretische Leitglasur (Hauptbestandteile) SiO_2	Al_2O_3	Alkali	CaO	PbO	SuO_2	B_2O_3	ZrO_2	Nr. Leittyp	Temperatur °C
15. bis 20. Jh.	a) »Glasurerz« (PbS)*)	8	–	–	–	92	–	–	–	53 Hafnerware	720
	b) **Bleioxid** + Sand + Ton	20	3	–	–	77	–	–	–		1000
	c) Bleioxid + Sand + Ton + Kalk	32	5	–	6	57	–	–	–		1050
17. bis 20. Jh.	a) **Zinn** – Blei – Äscher + Sand + Soda	45	–	3	–	40	12	–	–	54 Fayence	970
	b) Zinn – Blei – Fritte + 10% Mühlenversatz**)	39	5	14	–	33	9	–	–		970
19. bis 20. Jh.	a) **Bor** – Blei – Fritte + 10% Mühlenversatz**)	43	10	11	5	19	–	12	–	62 Steingut	970
	b) Bor – Blei – Zirkon-Fritte + 10% Mühlenversatz**)	55	9	8	3	12	–	8	5		1125
16. bis	a) **Kochsalz***)	64	20	16						56 Steinzeug	1300
20. Jh.	b) **Glasurlehm**	73	14	7	6	–	–	–	–	58 Bunzlau	1300
20. Jh.	**Feldspat** + Kalkspat + Bleifritte + Sand + Kaolin	48	8	6	6	32	–	–	–	63 Feinsteinzeug	1250

*) bildet eine Blei- bzw. Alkaliglasur mit Scherbenbestandteilen erst während des Brandes.

**) Kaolin oder Glasurton (siehe Seite 12).

Literatur. *Weiß, G.* Ullstein Fayencenbuch. Berlin: Ullstein, 1970. – *Weiß, G.* Ullstein Porzellanbuch. 6. Aufl. Berlin: Ullstein, 1977.

Typ 51

Majolika

Geschichte. Luca della Robbia (1400–82), neben Ghiberti und Donatello Begründer der florentinischen Frührenaissance, unterhielt ein keramisches Atelier im Familienbetrieb, in dem er seit 1431 Majolika-Reliefplastiken zur Ausschmückung u. a. der Bauten Brunelleschis und selbständige Madonnen- und Bildnisreliefs herstellte. Die »Tondi« waren in der Malerei des 15./16. Jh. beliebte Rundbilder mit Madonnendarstellungen. Robbia hat seine Tondo-Madonnen plastisch gestaltet, in weißer Zinnglasur vor zartblauem Hintergrund, umgeben von einem Kranz aus Blättern und Früchten in Grün und Gelb, selten auch mit Gold verziert. Sein Schüler und Nachfolger war sein Neffe Andrea della Robbia (1435–1525); er entwickelte die Glasurtechnik weiter. Seine Arbeiten sind kaum von denen seines Onkels zu unterscheiden. Mit seinen Söhnen Giovanni und Girolamo setzte er das Werk Lucas fort.

Der von Luca della Robbia geschaffene Keramiktyp der zinnglasierten Reliefs hatte einen nachhaltigen Einfluß auf die spätere Keramik der Weißhafner und fand in der Neorenaissance des 19. Jh. eine Neubelebung als »Majolika«.

Bis ins 16. Jh. hatte man die spanische zinnglasierte Keramik, die über Mallorca nach Italien kam, als Maiolica bezeichnet. Dann übertrug sich der Name auf die italienischen Erzeugnisse gleicher Technologie. Die mittel- und oberitalienischen Keramikmaler nannten sich Maiolicari. Erst mit der weißglasierten, nach Frankreich expor-

Abbildung. Tondo aus Majolika. Werkstatt des Andrea della Robbia. Ende 15./Anfang 16. Jh. ∅ 1 m. Florenz: Museo Nationale, Palazzo Bargello.

tierten Keramik »alla porcellana« aus Faenca kam die Bezeichnung Fayence für die gleiche Keramik auf. Von ihr unterschied man die mit farbigen Zinnglasuren versehene Keramik als »Maiolica«, aber auch darin gab es Ausnahmen (z. B. die blaugrundigen Fayencen von Nevers oder das schwarze Delft). Im allgemeinen beherrschte – der Bedeutung Frankreichs entsprechend – die französische Bezeichnung Fayence alle zinnglasierten, bemalten Keramiken des 18. Jh. Im Zuge der Wiederbelebung alter Stile (Historismus) begann Bernardino Pepi 1847 in Siena im Robbia-Stil zu arbeiten. Bald darauf erhielt die Bezeichnung »Majolika« eine neue Bedeutung. Léon Arnoux, der künstlerische Direktor von Minton in Stoke-on-Trent, brachte 1851 unter dem Namen »Majolika« eine gelbscherbige Keramik heraus, die mit einer weißen Zinnglasur überzogen war, die nur als Grund für eine darübergegossene transparente Farbglasur diente. Seither bevorzugten die historistische Strömung und der ihr folgende Jugendstil die Bezeichnung »Majolika« für alle Arten von farbig glasierter Keramik. Und auch die von 1894 bis 1906 tätige Harold Rathbone's Della Robbia Company in Birkenhaid, Cheshire, versuchte, den Renaissancecharakter mit allen möglichen Mitteln zum Ausdruck zu bringen.

In Deutschland fand die Majolika ihren eigenen Weg durch die 1901 gegründete »Großherzogliche Majolika-Manufaktur Karlsruhe«, die als gemeinnützige Einrichtung allen freischaffenden Künstlern gegen Abgabe von 10% des Verkaufspreises ihrer Werke die Möglichkeit gab, Rohstoffe und Maschinen zu benutzen. Hier knüpfte Karl Maximilian Würtemberger an Luca della Robbia an. 1916 wurde der eigenwillig-schöpferische Max Laeuger (1864–1952) mit der Leitung der »Staatlichen Majolika-Manufaktur Karlsruhe« beauftragt. Er hatte 1895 bis 1913 die Tonwerke Kandern im Schwarzwald künstlerisch geleitet, 1907 den Deutschen Werkbund mitbegründet und bis zu seiner Berufung im Jahre 1916 nur bleiglasierte Keramik mit Schlickermalerei hergestellt. Erst jetzt entstanden die farbig glasierten und bemalten Reliefs.

»Bauernmajolika« nannte man eine sgraffitoverzierte Keramik aus Heimbach bei Thun in der Schweiz und aus dem Schwarzwald; sie war auf der Weltausstellung in Paris 1878 ausgestellt.

Herstellung. Luca della Robbia verwendete einen Ton, der über 22% Kalk (CaO) und fast 4% Eisen (Fe_2O_3) enthielt. Man kann ihn durch den Ton Fr gelb von Schmittenhöhe mit 30% Kalkzusatz ersetzen.

Abbildung. Reliefteller von Max Laeuger, dat. 1921. Ø 24,5 cm. Mannheim: Städt. Kunsthalle.

Aus Piccolpassos Angaben über das Marzacotto (= Fritte) von Ferrara ist zu schließen, daß man in der Frühzeit der europäischen Zinnglasur eine Mischung aus 100 Sand, 110 Zinn-Blei-Äscher und 60 Salz verwendete, also eine Natrium-Blei-Zinnfritte. Der Brauch, Kochsalz in die Fritten einzuführen, hat sich lange erhalten, da man annahm, daß die frei werdende Salzsäure das Eisen entführe und die Glasur weißer mache. Da sich das Kochsalz jedoch nur in Gegenwart von Wasserdampf spaltet, bleibt stets etwas Kochsalz unzersetzt und kann zu Fehlern führen. Deshalb wusch man mit Kochsalz versetzte Fritten erst gründlich aus, ehe man sie zur Glasur verwandte. Man kann also davon ausgehen, daß von dem zugesetzten Salz nur ein Teil als Natrium wirksam wurde. Demnach läßt sich die Glasur durch folgendes Rezept rekonstruieren: 4,4 Fritte A 3232, 56,9 Fritte A 1316, 11,0 Kaolin, 14,2 Quarzmehl und 13,5 Zinnoxid. Die Farbglasuren werden durch Vermahlen dieser Zinnglasur mit Kobalt- (für Blau), Kupferoxid mit ein wenig Antimonoxid (für Grün) oder Antimonoxid allein (für Gelb) hergestellt. Brenntemperatur 970 °C.

Abwandlungen. Die Keramik von Laeuger war mit einer Bleiglasur versehen, die über einer weißen, kalkreichen Engobe lag. Sie läßt sich nach dem Rezept für die Glasur a) bei Typ 62 herstellen.

Literatur. *Piccolpasso, C.* Tre Libri dell'Arte de Vasaio. 1556/7. Engl. London: 1934. – *Bastenaire-Daudenart, F.* L'Art de fabriquer la Faïence blanche. Paris, 1830. – *Laeuger, M.* Keramische Kunst. Pinneberg: Beig, 1939.

Typ 52

Palissy

Geschichte. Der Anblick einer schönen, glasierten Schale brachte den dreißigjährigen Bernard Palissy (1510–90) zur Keramik. 1542 gründete er in Saintes (Dép. Charente-Maritime) eine Werkstatt, in der er sich mit der Entwicklung von Farbglasuren beschäftigte. Als Hugenotte wurde er verhaftet und zum Tode verurteilt, jedoch von dem Connétable de Montmorency befreit und als Künstler für die Ausgestaltung des Fußbodens in dem im Bau befindlichen Schloß zu Écouen beschäftigt. Diese Arbeit konnte er nicht beenden, denn König Heinrich III. berief ihn auf Veranlassung seiner Mutter, Katharina de Medici, 1566 nach Paris, wo er in den Tuilerien arbeitete. Daneben schrieb er über Ackerbau, Töpferei, Naturgeschichte und Befestigungskunst, gegen Astrologie, Alchemie und Zauberei und schaffte sich dadurch viele Feinde. Mit 78 Jahren wurde er erneut verhaftet und starb ein Jahr danach in der Bastille. Palissy nannte sich Ouvrier de Terre et Inventeur des Rustics des Figulines. Er stellte hauptsächlich Schüsseln her, die er mit Abgüssen von Pflanzen und Tieren (Fischen, Muscheln, Reptilien) oder mit Reliefs nach zeitgenössischen Stichen plastisch verzierte und mit bunten Glasuren versah. Diesen Keramiktyp griffen im 19. Jh. die Palissyisten auf, als erster 1840 Charles-Jean Avisseau (1796–1861) in Tours, dessen Kinder Edouard und Caroline, Schwager Joseph Landais mit Sohn Alexandre und der Enkel Edouard-Léon Descamps-Avisseau, ferner

Abbildung. Schüssel mit badender Venus nach einem zeitgenössischen Stich. Bernard Palissy, 2. H. 16. Jh. London: Victoria and Albert Museum.

Abbildung. Schüssel mit frei modellierten (nicht abgeformten) Objekten im *style rustique* Palissys von Charles-Jean Avisseau, Tours, um 1850. 36,4 × 30,9 cm. Köln: Kunstgewerbemuseum.

Avisseaus Schüler Léon Brard und Auguste Chauvigné le père, später folgte Louis Tinier, allesamt in Tours. Weitere Palissyisten waren in Paris (Thomas-Victor Sergent und Georges Pull), in Limoges (Jules Lesme) und in anderen Städten tätig (Alfred Renolleau und Emile Gambut).

Herstellung. Palissy verarbeitete einen weißen Scherben, der nach den verbreiteten Erfahrungen seiner Zeit kalkreich war. Über seine Glasuren machte er nur allgemeine Angaben, aus denen hervorgeht, daß es Bleiglasuren unter Verwendung von Asche gewesen sind, die er mit Eisen, Antimon und Kupfer färbte und mit Zinn trübte, ohne jedoch ein reines Weiß zu erzielen. Nicht einmal seine beiden Söhne, die eine zeitlang das Werk des Vaters fortführten, kannten seine Rezepturen. Die Palissyisten kamen zu klareren Farben, zu einem reinen Weiß und zur Erweiterung der Farbpalette.

Dem Palissy-Scherben entspricht der Kreuzton von Niederdresselndorf, wenn man ihm 25% Kalkspat zusetzt. Die Glasur ist infolge ihres Aschengehaltes eine Kalk-Alkali-Bleiglasur, die man unschwer rekonstruieren kann, wenn man eine Brenntemperatur von 1050 °C annimmt. Legt man die in der mittelalterlichen Glasindustrie übliche Farnkrautasche zugrunde (Palissy hat Farnkraut immer wieder auf seinen Schüsseln abgeformt), so kommt man zu folgendem Rezept: 21 Farnkrautasche, 49 Fritte M 70 (an Stelle von Palissys Bleiglätte), 26 Kreuzton und 4 Quarzmehl. Zur Färbung setzt man für Blau 0,8 Kobaltoxid, für Grün 2,0 Kupferoxid, für Braun 6,0 Eisenoxid, für Gelb 6,0 Antimonoxid und für Weiß 10,0 Zinnoxid hinzu. Die Verunreinigungen der Farnkrautasche sorgen dafür, daß das Weiß nicht rein erscheint. Brenntemperatur 1050 °C.

Zur Abformung irgendwelcher Objekte werden diese auf eine horizontale, glatte Platte gelegt und mit feuchtem Ton befestigt, mit einer Umrahmung versehen, alles mit Ton abgedichtet, mit flüssiger Seife eingestrichen und durch Eingießen von Gipsbrei in die Umrandung abgeformt. Nach dem Trocknen ist die Gipsform fertig zum Ausformen der Tonobjekte. Harte Objekte wie Muscheln kann man auch in feuchten Ton eindrücken und diesen brennen.

Abwandlungen. Die Palissyisten verwendeten keine Farnkrautasche, sondern reinere Rohstoffe und erhielten deshalb hellklare Farben, die sie noch durch Unterglasurmalerei ergänzten. Diesem Vorgehen entspricht folgendes Glasurrezept: 20,2 Kalifeldspat, 6,6 Kalkspat, 64,5 Fritte A 1316, 3,4 Kaolin und 5,3 Quarzmehl. Zur Färbung dieser Transparentglasur dienen die oben genannten Metalloxide. Um Weiß zu erzielen, setzt man wieder 10% Zinnoxid hinzu. Die Glasur schmilzt bei 1050 °C glatt.

Achtung!
Sämtliche früheuropäischen Glasuren, die für niedrige Brenntemperaturen bestimmt sind, enthalten Blei und neigen zu Haarrissen. Sie erfordern einen Ton mit feinstverteiltem, eingeschlämmtem Kalk (Seite 122). Die Glasuren müssen dünn aufgetragen werden. Die Brenntemperaturen sollen lieber etwas höher als zu tief gewählt werden. Fallen die Glasuren nadelstichig aus, so läßt sich dieser Fehler durch 0,5% Borphosphat beseitigen. Rollen sie ab, so verringert oder beseitigt man das Magnesium oder setzt etwas Borax zu.

Literatur. *Kris, E.* Der Stil »Rustique«. In: Jb. kunsthist. Sammlungen Wien, N.F. 1. Wien 1926. *Heuser, H.-J.* Französische Keramik zwischen 1850 und 1910. München: Prestel.

Typ 53

Hafnerware

Geschichte. Die süddeutschen Hafner (= Töpfer, daher auch »Töpferware«) stellten Ofenkacheln, die man in Italien nicht kannte, und Gefäße in ein und derselben Werkstatt her. Seit 1530 unterschied man zwischen Schwarz-, Bunt- und Weißhafnern. Zentren waren Nürnberg, der Donauraum (Hafnerzell) und Salzburg.

Zu den Schwarzhafnern, die schwarze Keramik herstellten, gehörte der Nürnberger Oswald Reinhard, der 1531 eine vorübergehende Werkstattgemeinschaft mit Augustin Hirschvogel und dem Bunthafner Hans Nickel einging. Reinhard pflegte die Oberfläche seiner Keramik mit Sand zu bestreuen. Ein zweiter Nürnberger Schwarzhafner war Wolfgang Leupold. Von ihm stammen schwarzglasierte Ofenkacheln mit gelegentlicher Goldhöhung.

Die Bunthafner verwendeten Farbglasuren, denen sie nach Bedarf zur Trübung Zinnoxid beimischten. Der Bunthafner Paul Preuning stellte in Nürnberg große, farbenprächtige Krüge mit Reliefverzierung her. Nickel erzeugte ähnliche Renaissance-Schaustücke. Auch von Merten Koller in Annaberg in Sachsen und aus Krems in Österreich sind derartige Hafnerkrüge erhalten.

Die Weißhafner erzeugten zinnglasierte Ofenkacheln und Gefäße, die sie in den italienischen Farben (siehe Typ 54) bemalten. Aus Italien übertrug sich in den Alpenländern auch die Sitte der »Wöchnerinnenschüsseln« – übereinander gestapeltes Geschirr, das man den Frauen ans Wochenbett brachte.

Abbildung. Hafnerware von Paul Preunig. Nürnberg, um 1550. H. 40,6 cm. Berlin: Staatl. Museen Preuß. Kulturbesitz.

Herstellung. Für die Hafnerware wird ein gewöhnlicher Töpferton verwendet, der jedoch kalkreich sein muß, um sich für Glasuren zu eignen. Steht ein von Natur aus kalkreicher Mergelton zur Verfügung, so müssen die Mergelkörner ausgeschlämmt werden (sie setzen sich auf dem Boden ab), da sonst Aussprengungen auftreten. Der Kalk muß also feinkörnig und gut verteilt sein. Ist der Töpferton kalkarm (z. B. der Ton Fr gelb), so muß man ihm 25% Kalkspat, Kreide oder sogenannten Wiesenkalk beimischen, damit die Glasuren nicht reißen. Für bunte Hafnerware muß der Ton außerdem weiß engobiert werden (siehe Seite 20), da die farbigen Töpferglasuren durchsichtig sind.

Zum Glasieren hatte man vor dem Einsickern der italienischen Erfahrungen die Keramik – wie es Heraclius um 1000 in seinem Werk »De coloribus et artibus Romanorum« beschrieb – mit einem Klebemittel bestrichen und Bleisulfid daraufgeblasen. Das ergab nach dem Brennen eine gelbe Glasur. Eine grüne erhielt man durch Zusatz von Kupfer- und Messingpulver zum Bleisulfid. Die Hafner des 14. Jh. verwendeten die Bleiglasur bereits in Schlickerform und statt des Bleisulfids Bleiglätte oder Mennige. Dazu genügte schon, z. B. für 920 °C, eine Mischung aus 75 Bleiglätte (oder 77,5 Mennige), 9 weißbrennendem Ton und 16 Quarzsand. Heute würde man den Umgang mit den giftigen Bleirohstoffen vermeiden und die gleiche Glasur aus 82,7 Fritte A 1318 und 17,3 weißbrennendem Ton zusammensetzen.

Seger nannte eine Weißhafner-Glasur, die sich nach folgendem Rezept zusammensetzen läßt: 26,9 Kalifeldspat, 54,8 Fritte A 1316 und 18,3 Zinnoxid, für 960 °C. Zum Färben dieser und der zuerst genannten, durchsichtigen Bleiglasur nimmt man bis 3% Kobaltoxid für Blau, bis zu 4% Kupferoxid für Grün, bis zu 8% Manganoxid oder Braunstein für violettbraun, bis zu 4% Eisenoxid für Braun und bis zu 10% Antimonoxid für Gelb.

Für Schwarzhafnerware gibt Vasel folgende Glasur an: 20 weißbrennenden Ton, 26 Manganschlämme (= 7 Eisenoxid + 5,63 Manganoxid), 18 Pegmatit, 9 Sand und 17 Kapselscherben. Als zweites Verfahren läßt sich Schwarzhafnerware ohne Glasur durch Glanzkohlenstoff herstellen, indem man die Ware aus rotem Ton nur so weit brennt, daß sie noch 2% Wasser aufsaugen kann. Dann bettet man sie in Steinkohlengrus in Kapseln und brennt sie bei 800 °C.

Zur Rekonstruktion von grünen und schwarzen Ofenkachelglasuren des 16. Jh. empfehlen Bachmann und Mielke, einer transparenten, farblosen Fertigglasur (Bleiglasur) für Grün 2–3% Kupfer- und 1,5% Eisenoxid zuzusetzen. Für das graphitartige Schwarz, das der Metallimitation einer gußeisernen Ofenplatte gleicht, gibt man zu einer neutralschwarzen Bleiglasur noch 10% Fritte A 1316 sowie 3,5% Eisen- und 1,5% Kupferoxid. Brenntemperatur 1000 °C mit 30 min. Haltezeit. Der metallschwarze Effekt wird durch Ausscheidung von Quarz, Eisenoxid und Magnetoplumbat ($PbO \cdot 6\ Fe_2O_3$) hervorgerufen.

Abwandlungen. Hafnerware hat einen großen Anwendungsbereich, der an die Fayence (Typ 54) und an das hochgebrannte Tongeschirr (Typ 58) grenzt. Je höher die Brenntemperatur, desto qualitätsvoller ist das Material. So läßt sich z. B. eine rissefreie Hafnerglasur für 1100 °C nach folgendem Rezept zusammenstellen: 23,4 Kalifeldspat, 8,4 Kalkspat, 43,6 Fritte A 1316, 5,1 Kaolin und 19,5 Quarzmehl. Diese Glasur ist in dicker Lage feinkristallin-matt und eignet sich deshalb ganz besonders zur Gewinnung von Effektglasuren, schon allein durch Einfärben mit Farboxiden. Mit Zink und Rutil gibt sie Kristallglasuren, mit Magnesit Abrollungen, aus denen man durch Nachglasieren der Vertiefungen mit einer andersfarbigen Glasur den Schlangenhauteffekt erzielen kann. Bei 1200 °C gebrannt, gibt sie, mit Zink und Magnesit versetzt, eine elfenbeinfarbige Borkenglasur, mit Bariumkarbonat eine dem japanischen Shino (Typ 92) entsprechende elfenbeinweiße, narbige, nadelstichige Glasur. Auf dieser Grundlage eröffnet sich ein unerschöpfliches Feld für eigene Glasurerfindungen.

Literatur. *Weiß, G.* Ullstein Fayencenbuch. Berlin: Ullstein, 1970. – *Seger, H. A.* Über Dachsteinglasuren. Tonind. Z. 1892 S. 379. – *Vasel, A.* Über die Erzeugung von dichten, schwarz gefärbten keramischen Platten. Sprechsaal 94 (1961) Nr. 19 S. 490. – *Bachmann, H.-G.*, und *Mielke, H.-P.* Grün- und Schwarzglasuren auf frühzeitlichen Ofenkacheln: Untersuchung und Reproduktion. Ber. dt. keram. Ges. 55 (1978) Nr. 1 S. 5–6.

Typ 54

Fayence

Geschichte. Der Prototyp der europäischen Fayence entstand während der Renaissance in Faenza. Schon 1540 begann man, das porzellanartige Aussehen der weißen Glasur hervorzuheben, die bis dahin als Malgrund für eine immer routiniertere Gemäldemalerei gedient hatte. Heinrich III. von Frankreich gab 1580 eine große Bestellung in Faenza auf, und der Name Faïence wurde zum Begriff, der sich später nicht mehr allein auf die Faetiner weiße Keramik beschränkte. Von Faenza verbreitete sie sich nach Österreich, nach Süddeutschland, in die Schweiz, aber hauptsächlich nach Frankreich, wo die italienischen Töpfer in Lyon, Nevers und Le Croisic bei Nantes fürstliche Gönner fanden. Deren Interesse verband sich mit den großen Schloßbauten. Fayenciers aus Rouen, aus Valencia und seit dem 16. Jh. zunehmend aus Italien stellten Fliesen für die Schlösser Écouen, Hesdin und Trianon her. 1551 verfaßte Piccolpasso, der in Casteldurante eine Töpferei betrieb, auf Veranlassung des Kardinal-Erzbischofs von Tournon eine Zusammenfassung der italienischen Fayencetechnologie. Im 17. Jh. wich der italienische Charakter der Fayencen der barocken Chinamode. In Nevers und Rouen, in der Provence und in Straßburg entwickelte sich das abwechslungsreiche Bild der französischen Fayence.

Die aus Italien gekommene Technologie ergab eine Fayence, die als »echte«, als »Scharffeuerfayence« oder als *Faïence à grand feu* bezeichnet wurde, weil bei ihr die Malerei in die getrocknete Glasur-

Abbildung. Fayence-Barbierschale. Durlach, um 1760. L. 25 cm. Würzburg: Mainfränkisches Museum.

Abbildung. Fayence-Harlekin. Ekkernförde, um 1768. H. 25 cm. Hamburg: Mus. f. Kunst u. Gewerbe.

schicht gemalt und im hohen Glattbrand gemeinsam mit der Glasur glattgeschmolzen wurde, im Gegensatz zur Faïence à petit feu oder Aufglasurfayence, die man in Delft seit 1664 produzierte.

In Deutschland hatte die Fayencekunst durch den Dreißigjährigen Krieg eine einschneidende Unterbrechung erlitten. Vor dem Krieg entfaltete sich auf handwerklicher Grundlage die von Italien beeinflußte süddeutsche Hafnerkeramik, nach ihm folgte auf merkantilistischer Grundlage die Manufakturperiode. Die ersten Manufakturen (Hanau, 1661, Frankfurt, 1666) wurden von protestantischen Flüchtlingen aus den Niederlanden gegründet. Die übrigen Teile Deutschlands, Nord- und Osteuropas (Warschau 1770) folgten im Laufe des 18. Jahrhunderts, das auch den Übergang von der Scharffeuer- zur Aufglasurfayence brachte.

Herstellung. Der Fayenceton enthält gewöhnlich 15 bis 20% Kalk (CaO) und 2 bis 5% Eisen (Fe_2O_3). Man verwendet entweder einen Mergelton, der von Natur aus kalkreich ist, oder man setzt einem Töpferton 10 bis 35% Schlämmkreide zu. So läßt sich z. B. der Ton Fr gelb von Schmittenhöhe mit einem Zusatz von 30% Schlämmkreide oder Kalkspat verwenden. Ein hoher Kalkgehalt ist günstig für das rissefreie Haften der Glasur. Als Glasurrezept nennt Bastenaire-Daudenart 100 Quarzsand, 100 Blei-Zinn-Äscher (77:23), 12 Meersalz, 6 Soda und 5 Bleiglätte. Daraus ergibt sich folgende Zusammensetzung aus heute handelsüblichen Rohstoffen: 10,2 Fritte A 3232, 49,3 Fritte A 1316, 27,5 Quarzmehl und 13,0 Zinnoxid. Diese

Abbildung. Fayenceteller mit Aufglasur-Eisenrot. Füllhornmuster »à la corne«. Rouen 1750–60. Düsseldorf: Hetjens-Museum.

Glasur ist relativ schwer schmelzbar, wenn man sie bei der für diesen Typ üblichen Temperatur von 970 °C brennen will. Piccolpasso berichtet jedoch, daß sie zwei- bis dreimal in Tonbehältern im Ofen mitgebrannt wurde, ehe man sie zerrieb und als Glasur verwendete. Durch dieses mehrmalige Vorfritten wurde die Schmelztemperatur gesenkt, die ursprüngliche Absicht jedoch war, die Glasur zu läutern. Ebenso kalzinierte man auch die Farben zwei- bis dreimal, ehe sie zerstoßen, zerrieben und gebraucht wurden. Die geschrühte Ware glasierte man durch Tauchen in die Glasursuspension. Die Glasur mußte dick aufliegen, da das Zinn der Glasur mit eventuell im Scherben vorhandenen oder aus den Heizspiralen des Ofens stammenden Spuren von Chrom zu Pinkbildung führen kann, die durch den Kalk im Scherben verstärkt wird (Seite 125,4). Das Rot schimmert dann durch eine dünne Glasur hindurch. (Heute weiß man, daß die rote Verfärbung durch 1% Ammoniumfluorid verhindert werden kann. Indessen wird die Rotverfärbung oft gewollt durch Verstreuen von Chromoxidpulver herbeigeführt.)

Bemalt wurde die trockene Glasur mit Ziegen- oder Eselhaarpinseln. Die fertig bemalte Ware bedeckte man hauchdünn mit einer Deckglasur (coperta), die wie bei Typ 55 angegeben zusammengesetzt war.

Zum Brennen stand die Ware auf drei Brennspitzen, deren Berührungspunkte auf den fertigen Stücken zu sehen sind. In der Lombardei und in Venedig brannte man die Ware aufrecht, in Casteldurante und in den Marken von Ancona auf dem Rand stehend.

Abwandlungen. Piccolpasso teilte die Scharffeuerfarben in künstliche und natürliche ein. Die vier künstlichen waren (1) Weiß aus Zinnoxid, (2) Grün aus geröstetem Kupfer mit Antimon- und Bleioxid-Zusatz (3) dunkelgelb aus Antimon-, Bleioxid und Eisenrot, (4) hellgelb aus Antimon- und Bleioxid mit ein wenig Pottasche und Kochsalz. Die beiden natürlichen waren das Kobalt- und das Manganerz. Für Konturen und Schatten mischte man Gelb mit schwarzem Zaffer (iranischem Kobalt, al safara) oder mit blauem Zaffer und Manganerz. Die übrigen Farben wurden meist mit Weiß vermischt. Um »grüne Felder und Büsche im Sonnenlicht« darzustellen, mischte man Grün mit hellgelb. Schwarz erhielt man aus kupfergrün, manganviolett, kobaltblau und Bleioxid.

Die auffallendste Farbe auf Fayencen ist das Rot. Piccolpasso berichtet, daß in Faenza nur ein einziger Meister, Virgiliotto, eine rote Farbe herzustellen verstand. Diese wurde aus rotem Bolus, der in Weinessig abgerieben worden war, gewonnen und auf hellgelben Grund gemalt.

Nach 1552 kam in Rouen als Neuerung ein Eisenrot heraus, das für Rouen charakteristisch wurde. Es war eine Aufglasurfarbe, wie das »Meißner Drachenrot« auf Porzellan im 17. Jh.

In der Malweise entwickelten die italienischen Fayencemaler spezielle Techniken. Aus dunkelblauem Grund weiß ausgesparte Grotesken, bräunlich-gelb abschattiert, hießen »a berettino« gemalt. Hellblaue Grotesken, weiß gehöht, auf dunkelblauem Grund, bezeichnete man als »sopra azzuro« gemalt. Weiße Muster auf grauweißem Grund nannte man »bianco sopra bianco« gemalt. Diese Technik wurde besonders in England, in Lambeth und Bristol, und in Rörstrand nachgeahmt. Sie hat auch Theodor Deck gereizt, und er stellte Rezepte für zweierlei Weiß auf: für ein »persisches« Weiß aus 30 fein vermahlenen Porzellanglattscherben (also von glasiertem Porzellan), 20 Quarzmehl und 10 Kreide, mit flüssigem Wasserglas angemacht, damit es haftet; das zweite Rezept für ein »chinesisches« Weiß aus 20 persischem Weiß und 40 weißer Zinnglasur.

(Der Äscher der alten Fayenceglasuren diente eigentlich nur der feinen Verteilung des Zinnoxids. Heute wird dies durch ultrafeines Mahlen erreicht.)

Literatur. *Weiß, G.* Ullstein Fayencenbuch. Berlin: Ullstein 1970. – *Bastenaire-Daudenart, F.* La Faïence. Paris 1828. – *Deck, Th.* La Faïence. Paris: Quantin, 1887.

Typ 55

Delft

Geschichte. Die italienische Fayencetechnologie gelangte erstmals 1512 durch den Töpfer Guido di Savino, der sich in Antwerpen Guido Andries nannte, in die Niederlande. Den Niederländern galt die Ähnlichkeit ihrer Ware mit dem chinesischen Porzellan als höchstes Ziel. Unter dem Eindruck dieses Porzellans, das die 1602 gegründete Vereinigte Niederländisch-Ostindische Kompanie nach Holland brachte, begannen sie um 1630, die italienischen Farben wegzulassen und nur noch Blau zu malen. Als dann die Ming-Zeit zu Ende ging und der Import von China nach Japan hinüberwechselte, führten sie 1664 die bunte Aufglasurmalerei (*Faïence à petit feu*) ein. Die Japanmode dauerte bis 1725, dann folgten als Vorbilder die bunten chinesischen und Meißner Porzellane. Die Glanzzeit von Delft lag zwischen 1670 und 1790. Danach ging der Absatz rapide zurück. Die Fayenceindustrie mußte der Konkurrenz des Steingutes, der Wedgwoodware und des Porzellans weichen. Von 30 Fayencefabriken waren 1794 nur noch zehn in Betrieb. 1854 wurde die letzte Delfter Fliesenfabrik stillgelegt, und es gab – bis heute – nur noch eine einzige Fabrik, »De porceleyne Fles«.

Herstellung. Der verwendete Ton hatte 18% Kalk (CaO) und 2,8% Eisen (Fe_2O_3) bei geringem Tonsubstanzgehalt. In Delft gab es 17 große Schlämmanlagen für die 30 Fayencefabriken.

Abbildung. Tulpenvase von Adrianus Kocks. Delft, um 1700. H. 26,5 cm. Den Haag: Gemeentemuseum.

Die Glasur wurde nicht nur durch Kochsalzzusatz vom Eisen befreit, sondern auch durch geringe Mengen von Schmelzblau (= blaue Majolikafarbe) und Kupferfeilstaub gebläut. Ein anonymer Verfasser, der mit A. F. zeichnete, beschrieb die Delfter Fayencetechnologie 1774 unter dem Titel »Proefkundige Verhandeling«. Nach ihm erschienen auch noch andere Beschreibungen. Nach seinen Angaben kommt man zu folgendem Rezept: 53,1 Fritte A 13165, 34,9 Mennige, 0,5 Quarzmehl und 11,5 Zinnoxid. Auch Diderots Ecyclopédie von 1756 nennt eine Zinnglasurzusammensetzung aus Delft. Ihr entspricht folgendes Rezept: 42,3 Fritte A 3232, 26,2 Fritte A 1316, 13,0 Quarzmehl und 18,5 Zinnoxid. Dazu zum Bläuen 0,01 Kupferkarbonat und 0,01 Schmelzblau. Wie in Italien, setzte man auch in Delft die fertige Glasurmischung in Tonbehältern vor der Verwendung dreimal dem Scharffeuer aus, jedesmal von neuem zerkleinert. Die Weißglasur wurde durch viermaliges Eintauchen der geschrühten Ware in den Glasurbrei, also dick, aufgetragen. Nach dem Bemalen mit Majolikafarben wurden die Scharffeuerfayencen (à grand feu) mit einer Deckglasur (Kwaart) bedeckt. Das geschah durch Besprühen mit Hilfe einer Bürste. Die frühen Stücke und die Fliesen wurden nur auf der Vorderseite mit Weißglasur bedeckt, die Rückseite nur mit Kwaart glasiert. Diese Deckglasur kann man nach A. F. durch folgendes Rezept gewinnen: 49,6 Fritte A 3232, 40,2 Fritte A 1316 und 10,2 Mennige. Die Aufglasurfayencen (à petit feu) erhielten keine Deckglasur. Bei ihnen wurde die Malerei nicht mit Majolikafarben, sondern mit Aufglasurfarben auf die fertiggebrannte Glasur aufgebracht, dann brannte man bei 800 °C (im Muffelfeuer) die Farben ein. Sonst betrug die Glattbrandtemperatur 970 °C.

Abwandlungen. Neben den weißen stellten die Delfter Fayenciers auch schwarze Fayencen her. Dazu wurde die weiße, deckende Glasur mit schwarzfärbenden Metalloxiden versetzt. Dazu nimmt man, um ein tiefes, stichfreies Schwarz zu erzielen, am besten eine Mischung aus 5 Kobaltkarbonat, 6 Eisenoxid, 6 Manganoxid und 0,5 Chromoxid. Auf den schwarzen Glasurgrund kann nach dem Glattbrennen mit Aufglasurfarben gemalt werden.

Literatur. *Rackham, B.* Early Netherlands Maiolica. London: Bles, 1926. – *De Jong, C. H.* Delfter Keramik. Tübingen: Wasmuth, 1969. – *Matusz, J.* Delfter Fayence. Stuttgart: Hallwag, 1977. – *Weiß, G.* Ullstein Fayencenbuch. Berlin: Ullstein, 1970. – *Diderot, D.* (Hrsg.) Encyclopédie ou Dictionnaire raisonné des sciences, des arts et des métiers. 33 Bde. Paris, 1751–80.

Typ 56

Siegburg

Geschichte. In Siegburg entstanden in der zweiten Hälfte des 14. Jh. das geflammte Steinzeug in Form der typischen Trichterhalskrüge und -becher mit Wellenfuß sowie die für das gesamte rheinische, salzglasierte Steinzeug charakteristischen Reliefauflagen. Keulenförmige Siegburger Kannen mit Wellenfuß wurden im 15. Jh. in großen Mengen nach Holland exportiert, wo man sie nach einer holländischen Gräfin (der man fälschlich die Produktion zuschrieb) »Jacoba-Kannen« nannte. In der zweiten Hälfte des 16. Jh. kamen die beliebten Schnellen auf, und die Siegburger übernahmen von den Kölner Steinzeugtöpfern die großen Rundauflagen und die Bartmannskrüge, nachdem die Kannenbäcker aus Köln vertrieben worden waren. Schon 1429 hatte sich in Siegburg eine Zunft gebildet, deren Satzungen dazu führten, daß sich das Töpferhandwerk nur in den Händen von vier Siegburger Familien befand: der Knütgen, Vlach, Symons und Oiman. In der Werkstatt Knütgen arbeitete 1559–68 der Formschneider F. Trac, von dem die ersten plastischen Hochbeläge mit perspektivischer Darstellung stammen. Der bedeutendste Meister war Christian Knütgen (1568–1605 tätig). Von ihm stammen prächtige Schnabelkannen mit ausgewogenen Reliefauflagen, wie dem berühmten Einhornfries – nach einem Blatt von Virgil Solis – aus dem Jahre 1591. In den Jahren 1586/87 hatte Siegburg durch Kriegseinwirkung zu leiden. Viele Siegburger Kannenbäcker wanderten deshalb in den Westerwald aus. Auch von Christian Knütgen gibt es

Abbildung. Geflammte Jacoba-Kanne aus Siegburg, 15. Jh. H. 26,5 cm. Köln: Kunstgewerbemuseum.

einen Krug von 1597, der bereits im Westerwald hergestellt wurde. 1637 zerstörten schwedische Truppen Siegburg und bereiteten dem Töpferhandwerk dieser Stadt ein Ende.

Herstellung. Das rätselhafteste Erzeugnis Siegburgs ist das frühe geflammte Steinzeug mit seinem Wellenfuß. Es erinnert an das japanische Higawari (Feuerwechsel, Typ 90) und wird in der Regel durch die beim Einwerfen von Kochsalz in den Ofen bei höchster Glut verursachte Oxidation erklärt: Die Keramik war mit einer feingeschlämmten Engobe überzogen, die beim Salzen rötlich oxidierte Flecken erhielt. Nun besagt eine keramische Erfahrung, auf die Seger wiederholt hinwies, daß *rotgeflammte* Verfärbungen als Fehler durch schwefelige Feuergase bei kalkhaltigem Brenngut auftreten, besonders wenn der Schmauchprozeß falsch geleitet wurde und sich Wasserdampf auf der Ware kondensierte, der die Bildung von schwefliger Säure und die Umwandlung des Kalkes in Gips fördert. Infolgedessen verbindet sich die Kieselsäure nicht mit dem Kalk, sondern nur mit der Tonerde und dem Eisenoxid, diese Verbindungen aber sind rot. Seger sagt in seinen »Gesammelten Schriften«, daß bei zu geringem Feuer auch Holzfeuer (also nicht nur die schwefelreiche Kohle) die rote Farbe erzeuge. – Es ist durchaus anzunehmen, daß die Engobe der Siegburger rotgeflammten Ware kalkhaltig gewesen ist in der Absicht, eine bessere Verdichtung zu erzielen. Es ist ferner annehmbar, daß sich beim Schmauchen Wasserdampf auf der Ware kondensierte und daß die Brenntemperaturen damals noch so niedrig lagen, daß die Bedingung eines »zu geringen Feuers« erfüllt war. Möglicherweise sind auch beim Salzen Sulfate, etwa durch ein mit Gips denaturiertes Salz, in den Ofen gelangt (vielleicht hängen die Schwierigkeiten, die die Siegburger mit dem Salzen hatten, mit alledem zusammen).

Diese Überlegungen zeigen, welche Probleme so harmlos aussehende Erzeugnisse wie diese geflammten Steinzeugkannen stellen können. Mit der Diskussion der Möglichkeiten ist nicht zu erweisen, wie es tatsächlich gemacht wurde. Das könnte nur durch Indizien geschehen.

Für die Rekonstruktion im Elektroofen ist das geflammte Steinzeug ungeeignet. Das Salzglasieren läßt sich hier nur nach dem englischen Smearing-Verfahren, das unter Typ 63 beschrieben ist, durchführen. Einen rotbrennenden Scherben kann man auf diese Weise schon bei 1150–1240 °C salzglasieren.

Abbildung. Schnelle von Christian Knütgen. Siegburg, 1568. H. 23,5 cm. Düsseldorf: Hetjens-Museum.

Ein anderes Rätsel bilden die Wellenfüße oder besser die Bodengestaltung, denn der untere Teil dieser scheibengedrehten Gefäße ist handgeformt mit einem Kugelboden, auf dem das Gefäß nur mit Hilfe des ringförmigen Wellenfußes stehen kann. Die Wellen entstanden durch Andrücken des Ringes mit dem Daumen an das Gefäß. Es ist gut denkbar, daß die Töpferscheibe im Zentrum eine Mulde hatte, die zugleich das Zentrieren erleichterte und den Kugelboden formte, und daß darüber das Gefäß erst – oft bis zu einem Drittel der Gefäßhöhe – aufgebaut und schließlich fertiggedreht wurde. Erst mit der Schnelle kam (in Köln) der mit dem Draht abgeschnittene glatte Boden auf, in Siegburg in der zweiten Hälfte des 16. Jh.

Die Reliefauflagen des salzglasierten rheinischen Steinzeugs können als Weiterentwicklung der Terra sigillata angesehen werden. Den sorgfältig geschnittenen Auflagen gingen schlangenförmig aufgelegte Reliefbänder (siehe auch Typ 27) voraus. Vorlagen für die Hochbeläge waren zuerst Münzen, Marzipanmodeln und sogenannte Brakteaten: scheibenförmiger Hängeschmuck auf Kleidungsstücken. Dementsprechend sind die ersten Auflagen rund. Später hat der hervorragende Trac flächendeckende Renaissance-Muster selbst entworfen, andere Töpfer (in Siegburg waren sie ihre eigenen Formschneider) haben Stichvorlagen material- und zweckentsprechend umgestaltet. Das Formschneiden war sehr kompliziert und entspricht dem Anfertigen von Bildnisplaketten aus Porzellan im 19. Jh. Die Muster wurden erst negativ in einen Stein geschnitten (Steinmatrize), in Ton ausgeformt und gebrannt (Tonpatrize, die auch gehandelt wurde). Erst von den Patrizen wurden Arbeitsformen abgenommen und gebrannt. Diese Arbeitsformen waren in Siegburg etwas gekrümmt; man strich sie mit Ton aus und klebte die Auflage in der Arbeitsform auf den lederharten Gegenstand, worauf man die Arbeitsform abnahm.

Die Bartmannskrüge hat man erst mit aufmodellierten Bartmännermasken versehen, später verwendete man auch dazu Formen. Diese in Köln aufgekommenen Krüge waren weithin beliebt. In England nannte man sie »Bellarmines«, weil man sie als Karikatur des verhaßten Gegenreformators Robert Bellarmino ansah.

Abwandlungen. Schon in Siegburg, vor allem aber im Westerwald, hat man die Reliefauflagen mit Bemalung aus Smalte kombiniert. Smalten sind mit Kieselsäure verschmolzene färbende Oxide, die sich deshalb für das Salzglasieren eignen, weil die Salzglasur nur auf einer kieselsäurereichen Unterlage gut haftet. Normalerweise besitzen Steinzeugtone 5,5mal mehr Kieselsäure als Tonerde und sind deshalb zum Salzglasieren (das erst beim Dichtbrand möglich ist) geeignet. Je mehr Kieselsäure sie besitzen, desto besser gelingt die Salzglasur, desto schwerer verdichten sie sich jedoch. Man hat festgestellt, daß die Salzglasur gelingt, wenn der Ton 3,3 bis 12,5mal mehr Kieselsäure besitzt als Tonerde (vgl. Seite 306).

Man kann sich Smalten auch selbst herstellen durch einfaches Vermischen der färbenden Oxide mit Steinzeugton im Verhältnis 70:30. Als Oxide eignen sich vor allem Kobalt, aber auch Chrom, Mangan und Eisen; alle vermischt, ergibt Schwarz. Titanoxid (Rutil) ist ebenfalls empfehlenswert.

Es gibt auch eine Glasur, die die Salzglasur imitiert: 87,5 Basalt-Lava-Schlacke, 8,7 Witterschlicker Blauton und 3,8 Nickelkarbonat. Diese Mischung wird auf eine Grundglasur aufgespritzt und bei 1260 °C gebrannt.

Literatur. *Reineking-von Bock, G.* Steinzeug. Köln: Kunstgewerbemuseum, 1971. – *Seger, H.* Gesammelte Schriften. Berlin, 1879. – *Lipperheide, B.* Das Rheinische Steinzeug und die Graphik der Renaissance. Berlin, 1961. – *Stauber, E.* Die Anwendung von stark alkalischen Glasuren auf und unter Lavaschlackenschichten im Elektroofen. Euro-Ceramic 14 (1964) Nr. 4 S. 90–91.

Typ 57

Kreussen

Geschichte. In Kreussen bei Bayreuth gab es neben den Hafnern, die gelbes und weißes Geschirr anfertigten, seit 1512 durch die aus Wien zugezogene Töpferfamilie Vest auch sogenannte Krugmacher, die braunes und buntes Geschirr aus Steinzeug herstellten. Kaiser Ferdinand würdigte die Leistungen der Krugmacher durch Privilegien. Während man um 1600 die dunklen, salzglasierten Krüge noch kalt bemalte, gibt es aus dem Jahr 1628 schon einen Krug mit Emailfarbenmalerei. Diese stammte aus der Erfahrung der böhmischen Waldglashütten bei der Herstellung ihrer Emailgläser (1550–1700). Wie bei diesen, so gibt es auch bei den Kreussener Krügen Apostel-, Planeten-, Jagd- und Kurfürstenkrüge. Aus dem 19. Jh. wird ein Johann Georg Schmidt erwähnt, der 1742 die Genehmigung zur Errichtung einer Töpferwerkstatt erhielt. Von ihm heißt es, er habe alle Geheimnisse der einheimischen Töpferkunst ausprobiert. Er starb 1760, ohne einen Sohn hinterlassen zu haben, der allein berechtigt gewesen wäre, das Werk des Vaters weiterzuführen. So starb dieses Handwerk in Kreussen aus. Nachahmungen Kreussener Steinzeugs stammen aus dem 19. Jh. von Fleischmann in Nürnberg und Sälzer in Eisenach, aus dem frühen 20. Jh. von Seiler in Bayreuth.

Herstellung. Als Grundlage dient ein eisenhaltiger Ton. Die Masse mag auch unter Verwendung von »Nürnberger Bolus« zusammengesetzt worden sein, den Böttger in Dresden für sein Steinzeug verwen-

Abbildung. Kreussener Steinzeugkrug, 1684. H. 24 cm. Düsseldorf: Hetjens-Museum.

dete. Zur Rekonstruktion empfiehlt sich das Rezept mit Basaltmehl, das bei Typ 59 für 1200 °C angegeben ist.

Es wird berichtet, daß man zum Salzglasieren in Kreussen ein dunkles Salz geheimer Zusammensetzung verwendete, das zu der dunklen Farbe dieses Steinzeugs führte. Nun hat man schon wiederholt beobachtet, daß Schwermetalloxide (z. B. Kupfer in oxidierender Atmosphäre oder Chrom aus Alkali-Bleiglasuren) sich verflüchtigen und auf anderen Oberflächen niederschlagen, daß Chlorgase in der Lage sind, Eisenoxid fortzureißen, oder daß Kalkspat und Salzsäure Kobalt ausfliegen lassen. Auf der Basis dieser Erfahrungen können der dichtsinternden Keramik in Brennkapseln, im Smearing-Verfahren (Typ 63), dunkle Salzglasuren aufgedampft werden. Man dreht dazu aus einer Mischung, z. B. aus 5 Mennige, 40 Kochsalz, 20 Pottasche und 15 Manganchlorid, Kugeln, die man in die Kapsel legt, in der sich die Ware befindet. Der Kapseldeckel muß mit Kaolinschlamm gut abgedichtet werden. Im Feuer verdampfen die Stoffe im Innern der Kapsel und überziehen die Keramik mit einer Salzglasur, wobei das Mangan in Verbindung mit dem Eisen des Tones schwarz färbt. Das Prinzip solcher »Flowing colours« verwendeten die englischen Töpfer zur Tönung von weißem Porzellan. Die Mischung und Dosierung der Kugeln muß ausprobiert werden.

Die Email- (= Aufglasur-)farben werden bei 600–850 °C in einem gesonderten Brennvorgang eingebrannt. Die jeweils günstigste Einbrenntemperatur ist bei den handelsüblichen Farben angegeben.

Abwandlungen. Ein violettbraunes Steinzeug wurde in Hessen hergestellt. Berühmt sind vor allem die Ringelkrüge (siehe Seite 164) von Dreihausen, die man vom 16. bis 20. Jh. anfertigte. Dieses Steinzeug war jedoch nicht salzglasiert, sondern mit einer Lehmglasur überzogen (siehe Typ 58). Bei Lehmglasuren kann man den Farbton sicherer und unkomplizierter durch Zumahlen von schwarzfärbenden Metalloxidmischungen (Kobalt, Mangan, Eisen und Chrom) beherrschen.

Es hat sich auch herausgestellt, daß man farbige Salzglasuren, statt Metalloxide dem Salz zuzusetzen, einfacher dadurch herstellen kann, daß man die Ware mit normalen Farbglasuren glasiert und sie dann (an Stelle des sonstigen Glattbrandes) dem Salzbrand aussetzt.

Literatur. *Eber, H.* Creußener Töpferkunst. München, 1913. – *Albrecht, R.* Die Töpferkunst in Kreussen. Rothenburg, o. J. – *Fliess, H.* Farbige Glasuren im Salzbrand. Keram. Z. 21 (1969) Nr. 5 S. 310–311.

Typ 58

Bunzlau

Geschichte. Bis 1380 gehen die Berichte über die Töpferei im niederschlesischen Bunzlau zurück. 1547 wird zum ersten Mal eine Töpferzunft erwähnt, die 1473–1762 auf fünf Meister beschränkt war. Da man keinen weiteren zuließ, gründete der Bunzlauer Töpfergeselle Jonas Andres 1547 im ebenfalls niederschlesischen Naumburg am Queis eine eigene Töpferwerkstatt, deren Erzeugnisse den Bunzlauern gleich sind. Unter den Preußen wurde die Beschränkung aufgehoben, und 1806 gab es schon zehn, 1829 fünfzehn Töpfermeister, deren Erzeugnisse bis nach Rußland verkauft wurden. Bis ins 19. Jh. war für das Bunzlauer Geschirr die kaffeebraune Lehmglasur (Bunzlauer Braun) typisch. Im 18. Jh. belegte man die braune Fläche mit weißen Reliefs, die man erst kalt bemalte, nach 1750 jedoch unbemalt ließ. Auch Vergoldung kommt vor. Um 1830 paßte der Töpfermeister Altmann unter Verwendung von Entwürfen von Schinkel und Beuth die Formen dem klassizistischen Zeitgeschmack an, worauf Friedrich Wilhelm III. das »Altmannsche Geschirr« für den Hof bestellte. Altmann erhielt dafür auch die Goldmedaille 1844 in London. Seit der Mitte des 19. Jh. wurde in Bunzlau Geschirr mit grün- und blaugetupfter Schwämmchenverzierung hergestellt. Von 1893 bis 1945 besaß Bunzlau eine Keramikfachschule.

Herstellung. Die Beliebtheit des Bunzlauer Geschirrs war unter anderem durch seine große Widerstandsfähigkeit gegen Stoß und

Abbildung. Bunzlauer Krug, um 1750. H. 20,2 cm. Düsseldorf: Hetjens-Museum.

Abbildung. Bunzlauer Kanne mit Schwämmchenverzierung. 19. Jh. H. 18 cm. Berlin: Privatsammlung.

schroffen Temperaturwechsel bedingt. Diese Vorteile wurden durch eine besonders zusammengesetzte Masse und durch einen hohen Brand (1260–1300 °C) erzielt. Für die Masse verwendet man einen feuerfesten Ton, Sand und – speziell für feuerfeste Kochgeschirre – Magnesit. Ein geeignetes Rezept besteht aus 52,2 Ponholzer Hochfeuerfest-Ton VI, 22,5 Sand von Streusandkörnung und 25 Magnesit. Die Ware wird bei 900 °C verschrüht oder unverschrüht glasiert. Tritt beim Einbrandverfahren Eierschaligkeit auf (nadelstichartige Krater in der Glasur), so muß verschrüht werden.

Bis Mitte des 19. Jh. glasierte man das Bunzlauer Geschirr mit einem Gemisch aus 50 Begußton von Gießmannsdorf und 50 Begußton von Polnisch Nettke. Diese Mischung bildete die braune Lehmglasur, die man reduzierend brannte und langsam abkühlte, wobei sie oberflächlich oxidierte, so daß eine braune, im Innern der Glasurschicht schwarze Glasur herauskam. Wollte man die Innenflächen der Geschirre weiß haben, so engobierte man sie mit einer weißen Engobe aus 45 Feldspat, 24 Kaolin und 21 fein vermahlenen Porzellanglattscherben. Dann wurde die Ware verschrüht, und die weißen Flächen glasierte man mit einer farblosen Transparentglasur aus 22 Feldspat, 18 Kalkspat, 10 Kaolin, 31 Quarzsand und 19 Porzellanglattscherben.

Man kann die braune Glasur auch aus anderen Glasurlehmen gewinnen, wenn man – nach einem alten Rezept – zu 78 eisenreichem Lehm 16 Ocker und 6 Pottasche hinzufügt. Da die Lehmzusammensetzungen schwanken und die Lehme kaum analysiert sind, ist man auf Versuche angewiesen, wenn man mit Lehmglasuren arbeiten will.

Man geht dann am besten von einem Glasurlehm aus, der bereits von Natur aus so flußmittelreich ist, daß er eine Glasur bildet, oder man mischt gewöhnlichen Lehm mit Borax oder Fritte M 70 und ermittelt, welches Mengenverhältnis bei der gewünschten Brenntemperatur die beste Lehmglasur ergibt.

Man kann die kaffeebraune Bunzlauer Glasur jedoch auch nach folgendem Rezept gewinnen: 58,2 Feldspat, 4,4 Magnesit, 4,4 Kalkspat, 9,6 Eisenoxid, 6,7 Kaolin, 15,6 Quarzsand und 1,1 Rutil. In dieser Zusammensetzung eignet sich die Glasur für 1260 bis 1300 °C. Will man braunes feuerfestes Geschirr schon bei 1250 °C herstellen, so fügt man diesem Rezept noch 10% Borax hinzu. Der angenehme milde Glanz der Bunzlauer Braunglasur kommt von ihrem Magnesitgehalt. Sollte der Glasurbrei beim Trocknen reißen oder abrollen, so ist er zu fett; man verwendet dann den Kaolin des Rezepts als geglühten Kaolin (er ist wasserfrei, deshalb erniedrigt man den Kaolinanteil im Rezept von 6,7 auf 5,8%).

Abwandlungen. Das grün- und blaugetupfte weiße Bunzlauer Geschirr ist mit einer farblosen Transparentglasur versehen. Die Unterglasurdekoration ist durch »Schwämmeln« aufgebracht. Dazu schneidet oder brennt man mit einem glühenden Draht aus einem Schwamm Muster, die man auf den verglühten Scherben mit dünn angemachter Unterglasurfarbe stempelt. Darüber wird die nach folgendem Rezept zusammengesetzte Transparentglasur gelegt: 43,7 Feldspat, 2,6 Magnesit, 3,8 Zinkoxid, 15,7 Kalkspat, 4,1 Kaolin und 30,1 Quarzsand. Diese Glasur ist von 1240 bis 1280 °C verwendbar. Man kann sie auch färben, z. B. königsblau durch feines Vermahlen mit 5% Kobaltoxid und 2,5% Zinkoxid; Grün durch 1,5% Chromoxid, Braun durch 5 bis 10% Eisenoxid (je mehr, desto dunkler) mit 1% Chromoxid oder 1% Rutil. Aus der möglichst dunklen Braunglasur kann man durch weiteres Hinzufügen von 1,5% Kobaltoxid eine schwarze Glasur gewinnen. Eine Elfenbeinglasur erzielt man mit 1,5% Rutil, eine dunklere Elfenbeinfarbe durch zusätzlich 1,5% Eisenoxid.

Literatur. *Peltner, G.* Die Geschichte des Bunzeltopfes. In: Bunzlauer Heimatbuch. Wolfenbüttel, 1964. – *Strauß, K.* Alte deutsche Kunsttöpfereien. Berlin, 1923. – *Reineking-von Bock, G.* Steinzeug. Köln: Kunstgewerbemus., 1971. – *Kerl, B.* Handbuch der gesamten Tonwarenindustrie. Braunschweig: Vieweg, 1907. – *Berdel, E.* Einfaches chemisches Praktikum. Coburg: Sprechsaal, 1945. – *Horschik, J.* Steinzeug. Dresden: Verl. d. Kunst, 1978.

Typ 59

Böttgersteinzeug

Geschichte. Am 30. September 1707 bezog Johann Friedrich Böttger (1682–1719) das Laboratorium in der Dresdener Venusbastei, und im November 1707 gelang ihm die Herstellung eines roten Steinzeugs nach dem Vorbild des chinesischen I-hsing-Typs (Nr. 85), das man *Jaspisporzellan* nannte. Es war das erste marktfähige Produkt der Meißner Porzellanfabrikation und das edelste keramische Erzeugnis Europas vor dem Porzellan. Seine Gestaltung entsprach der Chinamode des Barock; die den Goldschmiedearbeiten ähnelnden Gefäße, die bis 1719 ausgeformt wurden, stammten von Entwürfen des Hofgoldschmieds Johann Jakob Irminger. Auf der Leipziger Ostermesse 1710 wurde bereits für 3857 Taler Böttgersteinzeug angeboten. Die Produktion dauerte bis 1733. Zu Lebzeiten Böttgers wurde das Böttgersteinzeug nach den in der Glasindustrie üblichen Methoden geschliffen und poliert. Durch teilweises Abschleifen der oberen Schicht wirkte die Farbe der tieferen, helleren Schicht mit, vor allem beim Muschelschliff und beim Sgraffitoschliff. Schliff und Schnitt wurden oft kombiniert. Diese Glasveredlungsarten brachten schlesische und böhmische Glasarbeiter nach Sachsen, wo sie für die Porzellanmanufaktur arbeiteten. Eine beachtliche Zahl von Schleifern arbeitete auch von Böhmen aus in sächsischem Auftrag. Seit 1711 wurden auch marmorierte Gefäße aus verkneteten und geslipten, farbig abschattierten Massen gebrannt und geschliffen. Der Kontrast zwischen polierten und stumpfen Flächen wurde oft zur Deko-

Abbildung. Kugelflasche mit Facettenschliff. Böttgersteinzeug um 1710. H. 17,6 cm. Baden-Baden: Schloß Favorite.

ration benutzt. Mit schwarzer Glasur versehenes Böttgersteinzeug hatte den schwarzen Lackgrund chinesischer Arbeiten zum Vorbild. Es wurde ebenfalls geschnitten, geschliffen und poliert und mit farbiger, kalter Lackmalerei, Vergoldung und Versilberung versehen. Ferner wurden Emails in Grün, Gelb und Blau auf Biskuit aufgebrannt. 1711 schlug Böttger auch das Ätzen vor. Gefäße für die neu aufgekommenen Getränke Tee, Kaffee, Kakao, sowie Vasen, Plastiken, direkte Abformungen von Tê-hua-Figuren (Typ 84), aber auch Komödien-, Genre- und Heiligenfiguren sowie Herrscherporträts wurden aus Böttgersteinzeug hergestellt, die Figuren zum Teil ebenfalls überschliffen. Goldschmiede montierten diese Keramik, d. h. sie versahen sie mit Edelmetallfassungen oder beklebten sie mit Goldfolie, Perlen und Edelsteinen.

Herstellung. Böttger hat dieses Steinzeug aus feingeschlämmtem Lehm und »Nürnberger Bolus« hergestellt. Die Rezeptur ist nicht erhalten. 1922/23 entwickelte deshalb W. Funk in Meißen eine neue Böttgersteinzeugmasse, nachdem rotes Steinzeug verschiedentlich analysiert und auch andernorts fabriziert worden war. Dabei hatte man die Erfahrung gewonnen, daß sich Basalt sehr günstig als Versatzkomponente verhalte. Legt man eine Analyse von Wagener zugrunde, so erhält man ein Rezept aus: 25,5 Ton Fr. gelb, 25,5 Ton BGR I, 7,5 Basaltmehl, 20,0 Ton V 10, 21,5 Quarzsand (oder Quarzit), für 1200 °C Brenntemperatur. Im 19. Jh. nannte man das aus Basalt hergestellte braune Steinzeug »Mulattenporzellan«. Durch Änderung des Basaltzusatzes läßt sich die Brennfarbe variieren: Mehr Basalt läßt das Gelb überwiegen, mehr BGR I das Rot. Beim Böttgersteinzeug schwanken nämlich die Farbtöne von gelblich bis rotbraun, und es gibt sogar schwarze Stücke durch höheren Brand, die man als »Eisenporzellan« bezeichnet. Geschliffen oder geschnitten wird naß mit Sandstein-Schleifscheiben, poliert mit Linden-, Pappelholz- oder Filzscheiben und feinstem Polierschmirgel. Für den Sgrafittoschnitt eignet sich die biegsame Welle, für den Flächen-, Facetten- oder Muschelschliff ist die feste horizontale Welle günstiger, weil man beide Hände für das Werkstück frei hat. Eine entsprechend eingespannte Bohrmaschine mit Sandsteinscheibe und stetiger Benetzung stellt heutzutage kein technisches Problem mehr dar. Reliefs polierte man mit dem Achatstift.

Was nun die Schwarzglasur betrifft, so ist von Böttgers weißem Porzellan bekannt, daß er eine Glasur aus Kreide, Kiesel und Marienglas verwendete. Aus diesen Stoffen allein läßt sich, wenn man noch etwa 24% Kaolin hinzufügt, eine ritzharte Kalkglasur für 1350 °C gewinnen, nicht jedoch für 1200 °C. Man darf aber annehmen, daß auch die Schwarzglasur kalkreich gewesen ist; von ihr ist bekannt, daß sie durch Kobalt und Mangan gefärbt war. Man kommt am einfachsten zu einem Ergebnis, wenn man zu der roten Steinzeugmasse Kreide und Marienglas (also in beiden Fällen Kalzium), Kiesel (also Quarz) und die färbenden Metalloxide des Kobalts und des Mangans hinzufügt, die mit dem Eisen der roten Masse ein tiefes Schwarz ergeben. Um auf 1200 °C zu kommen, ist noch ein schmelzerleichternder Stoff in Form einer Bleifritte erforderlich. Das Rezept lautet dann: 33 rote Böttgersteinzeugmasse, 23 Kalkspat, 23 Quarzsand, 21 Fritte M 70, 1 Kobaltoxid und 12 Braunstein.

Abwandlungen. Der Basalt ergibt allein schon bei 1200 °C eine Schwarzglasur, wenn man auf 76 Basaltmehl 19 Fritte M 70 und 5 Quarzsand nimmt.

Die Kaltmalerei auf der Schwarzglasur wurde mit Ölfarben (Lackfarben) vorgenommen. Über die Emails sur biscuit siehe Typ 83.

Literatur. *Fichtner, F.* Frühmeißner rotes Steinzeug: Böttgers Anteil an der künstlerischen Gestaltung. Ber. dt. keram. Ges. 36 (1959) Nr. 9 S. 246–259. – *Wagener,* Tonind. Z. 1882 S. 429.

Typ 60

Toft

Geschichte. Der englische Töpfer Thomas Toft (gest. 1689), sein Bruder Ralph, sein Sohn Thomas II. (1670–1703) und ein weiteres Familienmitglied namens James Toft schufen 1660 einen originellen Typ von Keramik mit Schlickermalerei. Es sind große Schüsseln von 43 bis 55 cm Durchmesser, 6 cm tief, in naiver Art mit dicken Schlikkerlinien bemalt, über die weiße Schlickerpunkte gesetzt sind. Schräge Gitterlinien verzieren die Schüsselränder (»Fahnen«). Sie sind mit den Töpfernamen und oft mit der Jahreszahl versehen, die letzte ist 1797. Neben den oben genannten Familienmitgliedern Toft treten die Namen William Talor, Ralph Simpson, Mary Perkins und John Wright auf. Es sind etwa 30 derartige Schüsseln erhalten, die meisten in unvollkommenem Zustand, manche aus Fehlbränden. Sie stammen aus Staffordshire, einige aus Derbyshire, Yorkshire und Sussex. Dargestellt sind Wappen, Löwen, Einhorn, Meerjungfrau, Pelikan, Karl II., Wilhelm III., Königin Katharina, Nixen und gekrönte Häupter.

Der Familienname Toft erscheint häufiger unter den Töpfern von Staffordshire. Ein C. Toft lernte 1871 bei Minton, dem nach Spode zweitgrößten Unternehmen von Stoke-on-Trent, die Pâte-sur-pâte-Malerei von Marc Louis Solon, als dieser von Sèvres nach Stoke übersiedelt war. Solon hatte in den 1860er Jahren diese Schlickermalerei auf Biscuitporzellan in Sèvres zum Erfolg gebracht. Viele Porzellanmanufakturen übernahmen diese Technik: Meißen 1878 (Ju-

Abbildung. Schüssel, in Gießhorntechnik bemalt von Thomas Toft, Staffordshire, um 1675. ∅ 43,8 cm. London: Victoria & Albert Museum.

Abbildung. Deckelpokal mit Pâte-sur-pâte-Malerei von Kretschmar, Meißen, um 1884. H. 30,4 cm. Meißen: VEB Porzellanmanufaktur.

lius Heintze), Berlin 1879, Kopenhagen (C. F. Liisberg), in England neben Minton die Manufaktur in Worcester. Der letzte Künstler in dieser Technik war Richard Bradbury, der noch bis 1945 für Minton arbeitete.

Herstellung. Die bäuerlich-naive Schlickermalerei der Toft-Keramik von 1660 bis 1797 wurde mit dem Gießhorn ausgeführt. Das war ursprünglich ein durchlöchertes Kuhhorn, in das man den Tonschlikker füllte, dann – bis heute – ein getöpfertes und nach der Hand zurechtgedrücktes kleines Gefäß, in das man einen Gänsefederkiel steckte, durch den der Schlicker in einer etwa 1 mm dicken Linie ausfließt. Die Toft-Keramik hat einen lederbraunen Scherben, der mit einer gelblich-weißen Engobe überzogen ist (siehe Seite 20 und über die Erzielung der gelben Tonfarbe Seite 306), auf den mit dunklem Tonschlicher die Konturen und eine Reihe des gitterförmigen Randmusters gezogen wurden. Die zweite Gitterreihe wurde aus rötlichem Tonschlicker darübergelegt; aus diesem wurden mit dem Pinsel auch die Flächen innerhalb der Konturen bemalt. Schließlich versah man die dunklen Konturenlinien mit Punkten aus weißem Schlikker. Die Stücke werden bei 850 °C geschrüht und mit der bei Typ 62 angegebenen Bleiglasur (a) für 970 °C begossen. Eine höhere Glattbrenntemperatur würde das Rot beeinträchtigen.

Abwandlungen. Die Schlickermalerei hat stets eine plastische Wirkung. Ihre Geschichte beginnt mit der sogenannten Barbotine-Technik, die bereits auf Urkeramik vorkommt und noch bei der Majolika des Jugendstils angewandt wurde. Sie besteht im groben Auftragen von Tonschlicker mit den Fingern oder mit dem Pinsel. Der Name kommt von barboter = gründeln (der Enten im Schlamm). Die zweite Art von Schlickermalerei besteht in der Gießhorntechnik, die bereits in der Starčevo- und Criş-Kultur und in der Antike, z. B. auf Terra nigra (Typ 24), angewandt wurde und bis heute auf Bauernkeramik, z. B. in Bürgel, vorkommt. Die dritte, am weitesten verfeinerte Art der Schlickermalerei auf einem kontrastierenden Tongrund ist die Pâte-sur-pâte-Technik auf getöntem Biscuitporzellan, bei der die Transparenz des Porzellans die Möglichkeit gibt, je nach Dicke der mit dem Pinsel aufgetragenen Schicht verschieden stark durchscheinende Schleier zu erzielen. Die Transparenz der Malerei läßt sich durch Frittenzusatz erhöhen. Dazu eignet sich z. B. die Fritte A 3232. Da die Paste mit dem Pinsel aufgetragen wird, spricht man auch von Pinselrelieftechnik.

Literatur. *Rackham, B.* Early Staffordshire Pottery. London: Faber, 1951. – *Cooper, R. G.* English Slipware Dishes, 1650–1850. London: Tiranti, 1968, und Transactions of the English Ceramic Circle, Bd. 6, Teil 1, 1965.

Typ 61

Wedgwood

Geschichte. Obwohl Josiah Wedgwood (1730–95) auch Steingut (cream ware), rotes Steinzeug (rosso antico), schwarzes Steinzeug (black basalt) und Knochenporzellan (bone china) erfolgreich hergestellt hat und obwohl er selbst sein kameenartig verziertes, parianartiges, gefärbtes Steinzeug »Jasperware« nannte, ist diese Jasperware nicht nur im Handel, sondern auch bei seinen Nachahmern (u. a. der Meißner Porzellanmanufaktur von 1814–33) als »Keramik von Wegdwood-Art« zum Typenbegriff geworden. Der Qäker Wedgwood hatte 1768 in der Nähe von Burslem in Staffordshire eine Manufaktur gegründet, die er in seiner Begeisterung für die Antike »Etruria« taufte. Im selben Jahr erfand er den Black basalt, den er mit Aufglasurfarben in Weiß und Rot bemalte und aus dem er auch Büsten und vor allem die Nachbildung der Portlandvase herstellte. Die Jasperware erfand er 1774. Er stellte sie erst voll in der Masse gefärbt (solid) her, später nur farbig engobiert (diped). Die Fondfarben, auf die die weißen Reliefs geklebt wurden, waren: hellblau, meergrün, später dunkelblau, lavendelblau, salbeigrün, Lila, olivgrün, Gelb und tief blauschwarz. Erst wurden nur Kameenschmuck und Plaketten, seit 1780 auch Vasen hergestellt. Für Wedgwood arbeiteten William Hackwood, 1769–1830, als Hauptmodelleur, und zahlreiche außenstehende Künstler, vor allem John Flaxmann, der Hauptmeister des englischen Klassizismus, dessen Ausbildung Wedgwood mitfinanzierte. Wedgwood, der infolge eines körperli-

Abbildung. Wedgwoods Jasperware mit Kameen nach John Flaxmann. Etruria, um 1780.

chen Fehlers wissensdurstig und ehrgeizig war, bot der Meißner Manufaktur, die sich 1790 in einer wirtschaftlichen Krise befand, an, sie für 3000 Pfund pro Jahr in Pacht zu nehmen.

Herstellung. Salvétat hat Wedgwoods Jasperware analysiert und festgestellt, daß sie eher dem ostasiatischen als dem europäischen Steinzeug entspricht; man kann sie jedoch mit dem Parian vergleichen. Wedgwood hat sie mit viel Schwerspat hergestellt. Eines seiner Rezepte lautet: 46 Schwerspat, 11 Kaolin, 14 Blauton, 11 Quarz in Form von Feuersteinpulver, 2 Gips und 16 Feldspat. Dieser weißen Masse setzte er 0,5 Kobaltoxid für Blau, 1,0 Chromoxid für Dunkelgrün, 0,3 Chromoxid + 0,3 Kobaltoxid für Blaugrün zu. Braun erhielt er durch Ersatz von 33% des Blautones durch Ocker + 8% Braunstein. Die Brenntemperatur beträgt 1280 °C. Wenn die Jasperware glasiert wurde, so geschah dies nur innen und mit einer sehr viel niedriger (bei 800 °C) schmelzender Glasur, die man aus 84 Mennige und 14 Quarzmehl zusammensetzte; sie kann durch die Fritte M 70 ohne weitere Zutaten ersetzt werden.

Die kameenartigen Verzierungen wurden als Flachreliefs aus Gipsformen ausgeformt und im lederharten Zustand auf den lederharten Grund mit einem Tonschlicker, der mit Gummi arabicum vermischt war, geklebt.

Abwandlungen. Wegdwood hat nicht nur weiße Kameen auf farbige Fonds geklebt, sondern auch schwarze auf weißen Fond, grauweiße (mit Nickel gefärbte) auf dunkelblauen Grund, schwarze oder braune auf gelben Grund (der mit Bleiantimonat gefärbt war). Die schwarze Masse entsprach dem Black basalt (auch egyptian genannt) und wurde aus 29 Blauton, 43 rotem Ton, 14 gebranntem Ocker und 14 Braunstein zusammengestellt. Die dazugehörige Glasur war die gleiche wie oben, jedoch mit 2% Braunsteinzusatz.

Wedgwoods Fondfarben können heute mit Hilfe handelsüblicher Farbkörper ohne weiteres in allen Farbnuancen erzielt werden.

Literatur: *Burton, W.* Josiah Wedgwood and his Pottery. London, 1922. – *Honey, W. B.* Wedgwood ware. London: Faber, 1948. – *Wedgwood, H.*, und *Graham, J. M.* Wedgwood – A living Tradition. 1948. – Ferner seit 1956: Procedings of the Wedgwood Society. – *Bourry, E.* A Treatise on Ceramic Industries. London: Scott, Greenwood & son, 1926.

Typ 62

Steingut

Geschichte. Die angeblich aus Sachsen stammenden Gebrüder John Philip und David Elers ließen sich 1690 in Fulham nieder und produzierten rotes Steinzeug, wofür sie Arbeiter aus John Dwight's Fulhamer Steinzeugfabrik abwarben. Dieser machte ihnen den Prozeß, und die Elers übersiedelten nach Staffordshire, wo sie in ihrer neuen Fabrik hauptsächlich geistesschwache Arbeiter beschäftigten. Einer von ihnen, John Astbury, hatte sich nur verstellt, um technologische Erfahrungen zu sammeln. Er gilt als der Erfinder des Steinguts, Cream ware, dessen Vorläufer weißes, salzglasiertes Steinzeug war. Das niedriger gebrannte und mit einer Bleiglasur versehene Steingut setzte sich in England als Geschirrkeramik durch, nachdem Wedgwood 1765 Königin Charlotte ein steingutenes Speiseservice geliefert hatte, das er Queens Ware nennen durfte. Daraufhin bestellte auch Katharina die Große von Rußland bei ihm ein Steingutservice, das »Grüne-Frosch-Service«. Mit seinem porösen, leichten Scherben eignete sich das neue Material sehr gut für den Export, wovon Wedgwood ausgiebig Gebrauch machte. Zur Ablösung der arbeitsintensiven Fayence durch das Steingut trug die billigere Dekorationsart im Umdruckverfahren bei. Die Firma Sadler & Green in Liverpool hatte sich darauf spezialisiert; bei ihr ließ auch Wedgwood bis 1800 seine Cream Ware bedrucken. 1765 beschränkte Friedrich II. die Einfuhr des Steinguts, dessen Konkurrenz er für seine Porzellanmanufaktur befürchtete. 1795 entstand in Creil (Oise) die erste Steingutfabrik

Abbildung. Steingutkanne mit Umdruckdekor aus Hornberg, Ende 19. Jh. Mannheim: Kronberg-Frentzen.

auf dem Kontinent; sie ließ bei Stone, Coquerel et Le Gros in Paris drucken. Zahlreiche Neugründungen folgten, vor allem während der Kontinentalsperre, 1806–10. Das bedruckte Steingut wurde für das 19. Jahrhundert zum charakteristischen Geschirr der bürgerlichen Häuslichkeit. Waren Wedgwood und die Leeds Pottery die bedeutendsten englischen Steingutfirmen, so wurde es auf dem Kontinent Villeroy & Boch, entstanden durch Zusammenlegung der Steingutfabriken beider Familien in Mettlach und Wallerfangen durch Eugen von Boch (1809–98) im Jahre 1836.

Herstellung. Charakteristisch für das Steingut ist ein poröser weißer Scherben, der mit einer durchsichtigen Glasur überzogen ist. Um den Weißgehalt dieser Keramik zu erhöhen, wird, wenn keine Unterglasurmalerei beabsichtigt ist, auch eine weiße, deckende Glasur verwendet. Heute pflegt man zwischen Feldspat-, Kalk- und Mischsteingut zu unterscheiden. Das Felspatsteingut wird bei 1260 bis 1320 °C gebrannt, das Kalksteingut bei 970 bis 1240 °C. Am gebräuchlichsten ist das Mischsteingut für 1240 °C, das bereits, wie das Feldspatsteingut, als Hartsteingut bezeichnet wird. (Die Bezeichnung englisches Steingut bezieht sich auf das Feldspatsteingut).

Der Scherben wird hoch gebrannt, und in einem zweiten, niedrigeren Brand wird die Glasur aufgeschmolzen. Bei dem niedrig gebrannten Kalksteingut ist die Haarrissigkeit der Glasuren das größte Problem. Ihr begegnet man durch hohen Kalk- und Quarzgehalt. Kalk macht aber den Scherben weich und locker, Quarz macht ihn porös. Ein gut geeigneter Ton ist der quarzreiche, weiß brennende Ton I 20 der Tongrube Leid in Siershahn. Aus ihm lassen sich alle Steingutarten herstellen, nämlich (a) ein Kalksteingut für 1055 °C aus 44 Ton I 20, 31 Kaolin Kick I, 20 Kalkspat und 5 Magnesit; (b) ein Steingut für 1150 °C aus 85 Ton I 20, 3 Kaolin und 12 Kalkspat; (c) ein Mischsteingut für 1240 °C aus 75 Ton I 20, 17 Kaolin, 3 Feldspat 412 und 5 Kalkspat; (d) ein Feldspatsteingut für 1300 °C aus 71 Ton I 20, 21,5 Kaolin und 7,5 Feldspat 412.

Die Glasuren sind normalerweise blei- und borhaltig und mit Hilfe von Fritten zusammengesetzt, die es ermöglichen, das Blei in einer unschädlichen und die Borsäure in einer wasserunlöslichen Form zu verwenden (wasserlösliche Rohstoffe, wie Borax oder auch Soda, würden eine Glasur entmischen, weil sie mit dem verdunstenden Wasser an die Oberfläche und mit dem angesaugten Wasser in den Scherben abtransportiert würden). Blei und Bor setzen die Schmelztemperatur stark herab und verleihen den Glasuren einen hohen Glanz. Borsäure hat noch den Vorteil, daß sie die Ausdehnung der Glasur vermindert und so der Rissegefahr entgegenwirkt. Eine typische Blei-Borsäureglasur für 950 °C kann aus 63,2 Fritte A 2010, 3,2 Kalkspat, 15,5 Kaolin und 17,1 Quarzmehl zusammengesetzt werden. Diese Glasur ist jedoch auf den kalkreichen Scherben des Kalksteinguts angewiesen, weil sie sonst reißt. Es ist aber möglich, rissesichere und gleichzeitig bleifreie Glasuren für alle Arten von Steingut zusammenzustellen. Die Rezepte für solche Glasuren lauten: für a) zum Aufschmelzen bei 950 °C 54,0 Fritte A 3201, 36,3 Quarzmehl und 9,4 Kaolin; für b) eine bleifreie Glasur für 1055 °C aus 64,99 Fritte A 3022, 3,06 Kalkspat, 7,58 Kaolin, und 24,37 Quarzmehl; für c) eine bleifreie Glasur für 1125 °C aus 73,04 Fritte 3022, 13,75 Kalkspat und 13,21 Quarzmehl; für d) eine bleifreie Glasur für 1195 °C aus 25,1 Fritte A 3201, 18,1 Fritte A 3232, 19,7 Kalziumborat, 5,5 Kalkspat, 11,0 Kaolin und 20,6 Quarzmehl.

Es muß jedoch darauf hingewiesen werden, daß Glasuren, die – um rissesicher zu sein – auf geringe Ausdehnung eingestellt sind, auch das Gegenteil von Haarrissen, nämlich Abplatzungen, hervorrufen und die Keramik sogar völlig zertrümmern können. Die Glasuren müssen also auf den jeweiligen Scherben abgestimmt sein. Zur objektiven Erfassung der Spannungen hat W. Steger einen Spannungsmesser entwickelt, in den glasierte Plättchen eingespannt werden, die sich beim Erhitzen je nach der Ausdehnungsdifferenz zwischen Glasur und Scherben entweder in Richtung Glasur oder in Richtung Scherben krümmen. Man kann die Übereinstimmung von Glasur und Scherben auch durch Abschrecken prüfen; glasierte Keramik, die das Abschrecken bei 190 °C aushält, bleibt rissefrei.

Die angegebenen Glasuren sind durchsichtig und daher für die Unterglasurdekoration geeignet. Der Umdruck wird hingegen zumeist auf die fertig gebrannte Glasur aufgebracht und in einem dritten Brand aufgeschmolzen. Schwarze Aufglasurfarbe bringt den Kupferstichcharakter am deutlichsten zur Geltung. Dazu soll der Untergrund möglichst weiß sein. Hierfür eignet sich eine weißdeckende Glasur. Eine solche, bleifreie für 1125 °C läßt sich nach folgendem Rezept herstellen: 47,1 Fritte A 3114, 6,2 Kalziumborat, 18,2 Kalkspat, 0,9 Fritte A 1316, 0,6 Bariumkarbonat, 18,3 Kaolin und 8,7 Quarzmehl. Diese Glasur ist gut deckend und weiß. Sie erreicht ihr Maximum an Deckkraft und Weißgehalt, wenn man ihr noch 5% Zirkonsilikat (Ultrox) zusetzt.

Abbildung. Steingutkanne mit Schildpattglasur. Thomas Whieldon. Um 1757. H. 8,75 cm. London: Victoria & Albert Museum.

Der Umdruck (*transfer-printing*) besteht darin, daß man mit einer Mischung aus zähem Druckfirnis und Aufglasurfarbe (1:2) auf die mit einem Seifenfilm beschichtete Seite von Druckseidenpapier druckt und die bedruckte Schicht mit einer Gummiwalze unter leichtem Andrücken auf die glattgebrannte Glasur überträgt, wo die Zeichnung – nach dem Abschieben des Papiers mit Hilfe von warmem Wasser – seitenverkehrt erscheint. Sie wird in einem gesonderten Brand bei 780 bis 800 °C eingebrannt. Die Seifenlösung besteht aus 10 g Ölseife, 8 g Pottasche (oder 10 g krist. Soda) und 200 cm^3 Wasser; diese Lösung dampft man auf ein Drittel ihres Volumens ein. Die Druckplatten können aus Kupfer mit sehr tief eingravierten oder punktierten Zeichnungen bestehen, oder man verwendet eine auf Hochglanz polierte Stahlplatte, die man mit Asphalt bestreicht, in den man die Zeichnung einritzt. Dann wird in verdünnter Salpetersäure unter besonderer Vorsicht geätzt. In die eingeätzten Vertiefungen streicht man nach dem Abwaschen das Druckgemisch mit einem Holzspachtel in die Vertiefungen der erwärmten Druckplatte ein und wischt sie mit einem Stoffballen sauber. Man druckt am besten in einer Kupferdruckpresse auf die Seifenschicht des Druckpapiers. Auch Steindruck ist möglich und in gleicher Weise auszuführen. Man kann auch an Stelle der Druckplatten einfach ein Holzbrett nehmen und die Maserung abdrucken (*Décor bois*).

Abwandlungen. Aus den angegebenen Glasuren können durch Hinzufügen von Metalloxiden sehr viele verschiedene Farbglasuren gewonnen werden. Zieht man matte Glasuren vor, so kann man von

Abbildung. Henri-deux-Fayence von C. Toft, Stoke-on-Trent, 1862. H. 38 cm.

dem folgenden Rezept einer Mattglasur für 1060 °C ausgehen: 7,1 Kalkspat, 65,2 Mennige und 27,7 Kaolin. Beim Zusetzen von Kupfer- (für Grün), Kobalt- (für Blau), Mangan- (für Braun bis Braunviolett), Nickel- (für bräunliche bis bläuliche Töne) oder Eisenoxid (für Gelb bis Braun) erniedrigt sich jedoch die Schmelztemperatur etwas (bei Chromoxid nicht). Wenn es also auf die Einhaltung der Temperatur ankommt, muß diese Flußmittelwirkung durch zusätzliches Hinzufügen von 1,2 g Quarzmehl je Gramm Farboxid ausgeglichen werden.

Übrigens lernten die berühmten englischen Keramiker J. Wedgwood I., J. Spode I. und A. Wood bei dem Töpfer Thomas Whieldon (1719–95) in Fenton, der durch seine Schildpattglasur (*Tortoiseshell*) seit 1740 bekannt geworden ist, die er auf reliefverziertes Geschirr und auf Tierfiguren aus Steingut aufbrachte. Man erreicht diesen Schildpatt-Effekt, wenn man aus der auf Seite 201 oben angegebenen Bleiglasur verschiedene Farbglasuren herstellt, indem man ihr jeweils 3–6% Eisenoxid, Kupferoxid, Kupfer- und Silberpulver, Wismutnitrat oder Manganoxid zumahlt. Diese Farbglasuren trägt man fleckig übereinander auf, so daß sie ineinanderlaufen können. Dann spritzt man in dünner Lage (mit dem Ärographen) Metallnitrate: Kobalt-, Kupfer-, Silber-, Wismutnitrat auf die rohe Glasur, brennt bei 970 °C (damit die Glasuren besser zerlaufen, ist die Temperatur etwas höher) und reduziert beim Abkühlen bei 800 °C fünf Minuten lang durch Einwerfen von Naphtalinkugeln durch das Schauloch in den Ofen. Dann läßt man normal weiter abkühlen. (Es gibt auch eine Perlmutt-Fertigglasur im Handel.)

1861 entwickelte Theodor Deck in Paris nach dem Studium persischer Fayencen vom Typ 44 eine Keramik mit Quarzfrittescherben. Diesen setzte er aus 24 weißbrennendem Ton, 24 Kalkspat, 50,8 Quarz und 1,2 Fritte zusammen, wobei dieses Rezept bereits auf die Verwendung der Fritte M 1233 umgerechnet ist. Diese Masse versah er mit einer weißen Engobe, die folgendem Rezept entspricht: 18,9 Fritte M 1233, 44,1 Quarzsand, 32 Zinnglasur und 5 weißer Ton. Als Zinnglasur ist eine handelsübliche weiße Fertigglasur verwendbar. Auf diese Engobe wird mit Unterglasurfarben gemalt, dann folgt das Glasieren mit einer transparenten Bleiglasur, die einer Mischung aus 78 Fritte M 1233 und 22 Fritte M 70 entspricht.

Ein weiteres, als Faïence fine bezeichnetes Steingut stellen die sogenannten *Henri-deux-Fayencen* dar, die 1530 bis 1570 in Saint Porchaire für das Schloß Thouars hergestellt wurden. Sie sind mit eingelegten farbigen Massen verziert und ebenfalls mit einer transparenten Bleiglasur überzogen. Zu ihrer Herstellung werden die Ornamente in das Gipsmodell eingeritzt. Dieses Modell wird mit einer Gipsform abgeformt, so daß also die Gipsform mit Stegen versehen ist. Die Hohlräume zwischen den Stegen füllt man mit einer weißen Masse aus 40 weißbrennendem Ton, 30 Kalkspat und 30 Quarzsand, jedoch nur so weit, daß die Stege als Linien sichtbar bleiben. Dann hinterstreicht man alles mit der farbigen Tonmasse, die den Scherben bilden soll. Nach dem Entformen sind die Muster farbig vertieft in weißem Grund zu erkennen. Sie werden mit einem hellbraunen oder schwarzen Schlicker mit dem Pinsel ausgefüllt. Nach dem Trocknen schabt man den Überschuß ab, um eine gleichmäßige Oberfläche zu erhalten, brennt bei 850 °C, glasiert und brennt bei 970 °C glatt. Das Glasurrezept nach Deck: 14,6 Fritte A 3232, 63,1 Fritte A 1316 und 22,3 Quarzmehl. Die Henri-deux-Fayencen wurden im 19. Jh. von Charles Toft bei Minton in Stoke-on-Trent nachgemacht.

Literatur. *Kronberg-Frentzen, H.* Altes Bildergeschirr. Tübingen: Wasmuth, 1964. – *Berdel, E.* Einfaches chemisches Praktikum, V. und VI. Teil. Coburg: Sprechsaal, 1945. – *Lengersdorff, M.* Steingut und Glasuren. Sprechsaal 92 (1959) Nr. 16 S. 417–420. – *Mountford, A.* Thomas Whieldon's Manufactory at Fenton Vivian. Transactions of the English Ceramic Circle Bd. 8 Teil 2, 1972. – *Deck, Th.* La faïence. Paris: Quantin, 1887. – *Bastenaire-Daudenart, F.* L'Art de fabriquer la Faïence blanche. Paris, 1830. – *Berdel, E.* Einfaches chemisches Praktikum. V. und VI. Teil. Coburg: Sprechsaal, 1945.

Typ 63

Feinsteinzeug

Geschichte. Feinsteinzeug ist ein weißes, aus England stammendes Steinzeug, das dem Feldspatsteingut verwandt ist und wie dieses auf John Dwight in London-Fulham zurückgeht, der 1671 von König Karl II. ein Patent für die Herstellung von Porzellan erhalten hatte. Dwight gewann sein Steinzeug aus einem weißbrennenden Ton, dem er kalzinierten Feuerstein (= Quarz) beimischte. Obwohl er sein Patent erfolgreich in einem Prozeß gegen Nachahmer, darunter auch Thomas Wedgwood, verteidigte, gelangte die Kenntnis doch in die Potteries von Staffordshire, wo Thomas Miles in Shelton 1685 das erste weiße Steinzeug mit Salzglasur herstellte. Die Töpfer der Grafschaft Staffordshire bezogen den weißen Ton aus Dorset oder Devon über See. Die Schiffe brachten ihn nach Chester oder den Mersey hinauf, von wo er in Ballen (deshalb »Ball clay«) auf Packpferden über Land weiterbefördert wurde. Erst 1766 baute Wedgwood den Trent-Mersey-Kanal, der diese Transporte vereinfachte. Aus dem weißen salzglasierten Feinsteinzeug entstand die bleiglasierte Cream ware, das Steingut. Die Blütezeit des weißen Steinzeugs war 1740 bis 1760, dann ging sein Produktionsumfang gegenüber dem Steingut zurück. 1740 brachte Enoch Booth in Tunstall das weiße, salzglasierte Steinzeug mit blau eingefärbtem Ritzdekor (scratched-blue decoration) heraus, 1750 Edward Warner in Shelton ein mit Muffelfarben bemaltes. Anfang des 19. Jh. waren die zahlreichen Fabriken in Staffordshire bemüht, einen Übergang von ihrem Steingut zum Por-

Abbildung. Feinsteinzeug, Stone china, von Josiah Spode II, Stoke-on-Trent, 1805–33. Ø 20 cm. Sammlung des Verfassers.

zellan zu finden. 1800 ließ sich William Turner in Lane End ein weißes Feinsteinzeug mit Reliefverzierung patentieren, das er bis 1803 mit der Marke »Turner's Patent« herstellte. 1805 erwarb Josiah Spode II. die Nutzungsrechte und stellte unter den Namen »Stone china« und »New china« Service und Vasen daraus her, die er mit chinesischen Mustern bedrucken und in Handmalerei ergänzen ließ. Das Feinsteinzeug ist der bevorzugte Typ der Studio-Töpfer, eingeführt in England durch Bernard Leach (geb. 1888), in Deutschland durch Jan Bontjes van Beek (1899–1969).

Herstellung. Das englische Feinsteinzeug ist nur geringfügig feldspatreicher als das Feldspatsteingut (siehe Typ 62). Man kann es nach der rationellen Analyse (siehe Seite 216) durch folgendes Rezept rekonstruieren: 94,66 Ton I 19, 4,70 Feldspat 412 und 0,64 Kalkspat. Dieses Feinsteinzeug erhielt eine Salzglasur nach dem Smearing-Verfahren (= Ausschmieren): Die Ware wurde in einer Schamottekapsel gebrannt, die vorher mit einer Mischung aus 67 Kochsalz, 28 Pottasche (oder Kalisalpeter) und 5 Bleiglätte ausgeschmiert worden war. Beim Brennen bildete sich dampfförmiges Bleichlorid, das vom Scherben aufgesaugt wurde und ihn mit einer dünnen Glasur überzog. Die Brenntemperatur betrug, wie beim Feldspatsteingut, 1300 °C.

Bei der Sratched-blue-Dekoration wurde die Zeichnung in die lederharte Masse eingeritzt, danach füllte man die Ritzlinien mit Hilfe eines feinen Pinsels mit Smalte (siehe Typ 56). Diese Dekorationsart griff im 19. Jh. die Steinzeugfabrik Doulton & Co. in Lambeth wieder auf. (Doulton ist auch insofern erwähnenswert, als hier die größte Terrakottaplastik hergestellt wurde: eine Nachbildung der vier Kolossalgruppen vom Denkmal des Prinzen Albert in London; sie wurde auf der Weltausstellung in Chicago 1893 gezeigt.)

Abwandlungen. Nach dem folgenden Rezept läßt sich eine Feinsteinzeugmasse schon für 1200 °C herstellen: 77 Ton I 19, 9 Quarzsand, 13 Feldspat und 1 Magnesit. Sie wird entweder nach dem Verschrühen (850 °C) oder ohne zu verschrühen, im Einbrandverfahren, bei 1200 °C gebrannt. Als Grundlage für Farbglasuren können folgende zwei Rezepte dienen: das einer glänzenden Glasur aus 42,76 Feldspat 412, 19,91 Colemanit, 14,28 Bariumkarbonat, 22,24 Quarzsand und 0,81 Kaolin, sowie das Rezept einer Mattglasur aus 56,23 Feldspat 412, 16,39 Quarzsand, 5,08 Rutil, 6,46 Zinkoxid, 12,71 Kalkspat und 3,13 Bariumkarbonat.

Abbildung. Feinsteinzeug-Schale von Jan Bontjes van Beek. 1961–66. Ø 19,5 cm.

Leach hat seine Masse aus 16,6 Ball Clay, 45 Kaolin, 13,3 Quarzsand und 25 Feldspat hergestellt (1350 °C). Bontjes van Beek benutzte eine Masse aus 63,2 Kaolin, 7,7 Quarzsand und 29,1 Pegmatit für 1300 °C. Diese Mischung ist quarzärmer und feldspatreicher als das englische Feinsteinzeug. Man erhält sie auch nach folgendem Rezept: 66 Ton I 19, 20 Feldspat 412 und 14 Quarzsand.

Bontjes-Glasurrezepte: a) eine Transparentglasur aus 22,5 Feldspat, 8,1 Kalkspat, 4,8 Baryt, 8,8 Kaolin, 25,5 Fritte M 70, 3,6 Zinkoxid, 7,0 Tonerde, 19,7 Quarzmehl und 1,5 Bentonit; b) eine weiße Glasur aus 21,1 Kalziumborat, 1,5 Kalkspat, 10,1 Magnesit, 42,0 Feldspat, 17,7 Quarzmehl, 6,3 Zirkonsilikat, 2,0 Bentonit und 3,0 Kaolin; c) eine schwarze Mattglasur aus 22,1 Feldspat, 14,2 kalz. Borax, 14,7 Fritte M 70, 5,7 Speckstein, 1,6 Baryt, 1,4 Zinkoxid, 2,8 Kreide, 5,9 Eisenoxid, 2,8 Braunstein, 1,5 Kobaltoxid, 11,5 geglühtem Kaolin, 6,7 rohem Kaolin, 6,2 Quarzmehl und 2,9 Rutil; d) eine Kaliglasur aus 34,5 Kalifeldspat, 13,5 Kalkspat, 6,75 Kaolin, 34,25 Quarzmehl und 11,0 Eisenoxid; e) eine kupferrote Glasur aus 35,10 Kalifeldspat, 15,72 Kalkspat, 35,10 Quarzmehl, 10,51 Borax, 1,93 Zinnoxid, 0,48 Kupferkarbonat, 0,19 Silberpulver und 0,96 Bentonit. Die Glasuren wurden reduzierend bei 1300 °C gebrannt.

Literatur. *Rackham, B.* Early Staffordshire Pottery. London: Faber, 1951. – *Bourry, E. A.* Treatise on Ceramic Industries. London 1926. – Akad. d. Künste: Jan Bontjes van Beek. Berlin 1978. – *Hillier, B.* The Turners of Lane End. Master Potters of the Industrial Revolution. London: Cory, Adams & Mackay, 1965.

Typ 64

Parian

Geschichte. Nach dem parischen Marmor wird das englische Biscuitporzellan benannt, aus dem zuerst 1844 Copeland & Garrett in Stoke-on-Trent Figuren herstellten. Minton, Alcock & Co. (mit der berühmten Parianfigur der Tänzerin Fanny Ellsler) folgten, und 1850 gab es kaum mehr eine englische Porzellanfabrik, in der man diese, dem viktorianischen Geschmack entsprechenden Kopien antiker und zeitgenössischer Skulpturen nicht hergestellt hätte.

Auf dem Kontinent war bereits 1751 durch Bachelier in Vincennes das Frittenporzellan als *Sèvres-Biscuit* für Figuren verwendet und durch den Bildhauer des Königs, E. M. Falconet, berühmt geworden. Das Biscuit – ob aus Weich- oder aus Hartporzellan – verbreitete sich seit dem Klassizismus in fast allen Porzellanmanufakturen aus der jeweiligen Porzellanmasse, die unglasiert blieb. Man versuchte jedoch, sie so abzuändern, daß sie dem Marmor möglichst nahe kam. Die Bezeichnung Biscuit (= zweimal gebrannt) beruht darauf, daß man die im Gießverfahren hergestellten Figuren erst einem Schrühbrand und danach einem Hartbrand (ohne Glasur) unterzog.

Herstellung. Für Parian waren verschiedene Massen, mit und ohne Frittenzusatz, in Gebrauch. Die Fritte war ein Kalium-Aluminium-Silikat und wurde meist nur der für größere Figuren bestimmten Parianmasse zugesetzt. Für kleinere Gefäße und Figuren verwendete man eine Mischung aus 63 Feldspat und 37 Kaolin oder aus 41

Abbildung. Biscuitporzellanfigur, Venus, von Johann Peter Melchior, Höchst 1771. H. 33,5 cm. Darmstadt: Prinz-Georg-Palais.

Feldspat, 34 Kaolin und 22 Pegmatit. Man hat festgestellt, daß sich am besten ein quarzfreier Kaolin eignet (sogenannte Rohkaoline können zu mehr als 50% aus Quarz bestehen, während in sogenannten Porzellankaolinen der Quarzgehalt nur etwa 2% ausmacht; der reinste und zugleich quarzärmste Kaolin ist der Zettlitzer). Quarz im Kaolin verursacht nämlich eine fettglänzende Oberfläche, die unerwünscht ist. Der Fettglanz kann durch Abbeizen des fertigen Stückes mit verdünnter Flußsäure beseitigt werden. Das Beizen bringt auch die marmorähnliche Körnung besser zur Geltung.

Die Herstellung der Objekte erfolgt in Gipsformen im Gießverfahren (siehe Typ 65). Das Parian wird bei 1215–1320 °C gebrannt. Objekte von geringer Formfestigkeit (ein kugeliges Gefäß besitzt z. B. eine höhere Formfestigkeit als ein Teller) müssen beim Brennen durch Brennhilfsmittel aus der gleichen Parianmasse gestützt werden. Einbetten in Sand würde die Oberfläche verderben.

Abwandlungen. Seger untersuchte ein sehr schönes Kopenhagener Biscuitporzellan und entwickelte daraus eine Biscuitmasse aus 45 Feldspat, 54 Zettlitzer Kaolin und 1 Marmormehl für die Segerporzellantemperatur von 1280–1300 °C.

Man kann jedoch eine Biscuitmasse auch für 1200 °C herstellen, sie nur einmal brennen und danach das Ätzverfahren anwenden, um ein marmorartiges Aussehen zu erzielen. Das Rezept: 60 Feldspat 412, 30 Kaolin Kick I und 10 Kreuzton. Diese Masse läßt sich sogar modellieren, man ist also nicht auf Gipsformen angewiesen.

Das Biscuitporzellan hat sich auch als guter Glasurträger für farbige, leicht schmelzbare Steingutglasuren (Typ 62) erwiesen. In England hat man das Parian auch in der Masse gefärbt und darauf mit weißer Parianmasse Pinselreliefs gemalt (Pâte-sur-pâte-Technik, siehe Typ 60). Parian und Biscuitporzellan dekorierte man auch mit Aufglasuremails (Aufglasurfarben) als Émails sur biscuit, also auf dem unglasierten Grund.

Literatur. *Shinn, C.* u. *D.* The illustrated Guide to Victorian Parian China. London: Barrie & Jenkins, 1971. – *Kerl, B.* Handbuch der gesamten Tonwarenindustrie. Braunschweig: Viehweg, 1907.

Typ 65

Frittenporzellan

Geschichte. Die Bezeichnung beruht auf der Verwendung eines glasigen Pulvers (Fritte) zur Herstellung eines niedrig (d. h. »weich«) gebrannten Porzellans (daher »Weichporzellan«). Der französische Erfinder des Frittenporzellans war Louis Poterat um 1673 in Rouen. Das Frittenporzellan von Sèvres geht jedoch auf eine Erfindung von François Gravant aus dem Jahre 1745 im königlichen Schloß zu Vincennes zurück. Zur Verwertung dieser Erfindung bildete sich eine Aktiengesellschaft, die von Ludwig XV. für zwanzig Jahre das ausschließliche Fabrikationsrecht für Porzellan »façon Saxe« (d. h. bemalt und vergoldet in Figuren) erhielt. 1747 wurde dieses Privileg auf die Herstellung von Porzellan überhaupt ausgedehnt. 1751 übernahmen Jean-Jacques Bachelier die künstlerische Direktion und Jean Hellot, der viele farbige Dekore entwickelte, die technische Leitung der gegründeten Manufaktur. Ludwig XV., der zu einem Viertel am Kapital der Gesellschaft beteiligt war, verlieh ihr 1753 den Titel »Manufacture royale de porcelaine«. 1756 übersiedelte das Unternehmen nach Sèvres, und der König erwarb 1759 von der Aktiengesellschaft sämtliche Rechte. Die Blütezeit des französischen Frittenporzellans war 1750 bis 1804. Nach Auffindung des Kaolinvorkommens von Limoges gab man 1804 das Frittenporzellan auf und ging zu Hartporzellan über. Es ist aber später in Sèvres, aber auch in Belgien und England zeitweise wieder aufgenommen worden, weil es sich besonders gut für die farbige Verzierung eignete. Da die Herstel-

Abbildung. Frittenporzellan von Louis Poterat, Rouen um 1673. Musée de Sèvres.

lung jedoch Schwierigkeiten bereitete, entwickelten Lauth und Dutailly 1887 ein neues Frittenporzellan, das *Porcelaine tendre vitreuse nouvelle de Sèvres.*

Herstellung. Die *Pâte tendre* (feine Masse) des *vieux Sèvres* bestand aus 75 Fritte, 15 Kreide und 10 feingeschlämmtem Kalkmergel. Die Fritte war ein fast reines Natriumsilikat, in dem Tonerde, Kalk und Kaliumoxid insgesamt nur 3,77% ausmachten. Das Natrium stammte aus drei verschiedenen Rohstoffen: aus Salpeter, Kochsalz und Soda. Dies ist ein Anschauungsbeispiel für die Erfahrungstatsache, daß es durchaus nicht gleichgültig ist, aus welchen Rohstoffen man die in der chemischen Analyse enthaltenen Oxide bezieht. Die Wirkung der flüchtigen Bestandteile kann von Bedeutung sein, wie hier z. B. das Chlor des Kochsalzes, das zwischen 800 und 1000 °C das Eisenoxid durch Bildung des flüchtigen Eisenchlorids austreibt und dadurch den Weißgehalt des Scherbens erhöht. Eine andere Erfahrung besagt, daß Gasbläschen die Transparenz des Porzellans beeinträchtigen. Deshalb mußte die Fritte, die aus so vielen gasabspaltenden Stoffen zusammengesetzt war, fein zerkleinert und heiß ausgewaschen werden, ehe man sie mit Kreide und Mergel zur Masse vermengte. Auch beim Quarz, der zu 79% in der Fritte enthalten war, ist es nicht gleichgültig, aus welchem Rohstoff er stammt. Ein gut umwandelnder Quarzrohstoff, wie norwegischer Quarzit, verbessert die Transparenz des Porzellans, ein schlecht umwandelnder, wie Quarzsand, verschlechtert sie. Die heute erhältlichen Rohstoffe sind so rein, daß man ein Porzellan mit 70% Weißgehalt auch ohne Chlorieren erhält (immerhin läßt sich der Weißgehalt durch Chlorgas oder Tetrachlorkohlenstoff um 10% verbessern). Für die Frittenporzellanmasse wäre demnach folgendes Rezept anzuwenden: 20 Fritte A 3232, 24 Kalkspat, 3 Kaolin und 53 Quarzsand (für höhere Ansprüche Quarzit). Diese Masse läßt sich schlecht verarbeiten. Man hat ihr deshalb zur Plastifizierung schwarze Seife oder Tragantgummi beigemischt, die im Feuer verdampfen. Außerdem wurden die Stücke in Gipsformen dickwandig hergestellt und nach dem Trocknen abgedreht. Eine Vereinfachung brachte das Gießverfahren, bei dem die in Wasser mit 1–2 Promille Soda als Verflüssigungsmittel aufgeschlämmte Masse in Gipsformen gegossen wird, wo sie durch Wasserentzug an der Form eine Wandung bildet. Danach gießt man den Massebrei wieder aus der Form und läßt die Keramik in der Form trocknen.

Beim Brennen erweicht die Frittenporzellanmasse und schwindet um 15%. Teile, die sich senken können, müssen aus entsprechend geformten Teilen aus der gleichen Masse gestützt werden. Auch die Füße der Gefäße sind mit solchen »Bomsen« vor dem Deformieren zu schützen. Falls erforderlich, werden Hohlgefäße auch mit Sand gefüllt oder Teller auf Sand gebettet. Die Ware wird in glasierten Brennkapseln bei 1150 °C gebrannt. Danach glasiert man sie und brennt sie bei 1080 °C glatt. Die Glasur entspricht der Zusammensetzung: 52 Fritte A 1316 und 48 Fritte A 3232. Sie wird mit Essig vermahlen, um aufgetragen werden zu können, da sie ja nur aus glasigem Pulver besteht. Die Glasur haftet haarrissefrei auf dem Fritscherben, der – wie bei der persischen Quarzkeramik – die mit Kupferoxid gefärbte türkisblaue Glasur gut entwickelt.

Abwandlungen. Lauth und Dutailly benutzten für das neue Sèvreser Frittenporzellan eine Fritte, deren basischer Hauptbestandteil nicht mehr das Natrium-, sondern das Kalziumoxid war. Ihre Masse entspricht folgendem Rezept: 11 Fritte A 3232, 20 Kalkspat, 60 Quarzsand und 9 Kreuzton. Durch den bildsamen, weißbrennenden Ton läßt sich diese Masse besser verarbeiten. Sie wird bei 1300 °C gebrannt und dann mit der gleichen niedrigschmelzenden Bleiglasur überzogen wie das alte Frittenporzellan. Glattbrandtemperatur ebenfalls 1080 °C.

Die Türkisglasur von Sèvres ist ein reines Natrium-Blei-Silikat mit 5% Kupferoxid, das sich nicht ohne wasserlösliche Substanzen zusammensetzen läßt. Sogar das nur mäßig wasserlösliche Natronwasserglas enthält zu wenig Natrium. Wohl läßt sich aber die Mennige des Originalrezeptes durch ungiftige Bleifritte ersetzen. Man kommt dann zu folgendem Rezept: 41 Quarzmehl, 29 Fritte A 1316, 12 kalz. Soda, 13 Salpeter und 5 Kupferoxid.

Literatur. *Gauthier, S.* Les porcelainiers du XVIIIe siècle français. Paris: Hachette, 1964.

Typ 66

Knochenporzellan

Geschichte. Als erster verwendete der Kupferstecher Thomas Frye 1748 in West Ham in Essex, jetzt Ostlondon, Rinderknochenasche zur Herstellung von Porzellan. Er gründete eine Manufaktur, die seit 1750 von zwei Kaufleuten geleitet wurde, und in der er bis zu seinem Tode 1759 künstlerischer und technischer Direktor war. Die allgemein als Manufaktur Bow bekannte Fabrik nannte sich »New Canton«. Aus Fryes Knochenporzellan (*bone china*) stellte man Figuren nach Stichen und nach Meißner Vorbildern sowie vor allem Porzellan im ostasiatischen Stil her. Die Manufaktur bestand nur bis 1776. Das Knochenporzellan wurde 1790 von Josiah Spode II. in Stoke-on-Trent verbessert. In dieser Form fand es auch außerhalb Englands Verbreitung, so in Deutschland in Saargemünd bei Utzschneider & Co. im 19. Jh.

Herstellung. Am besten eignen sich Röhrenknochen von Wiederkäuern, während man Pferde- und Schweineknochen vermeidet. Sie werden nach dem Entfetten unter oxidierenden Bedingungen bis zum völligen Zerstören der Kohle gebrannt und ergeben die weiße Knochenerde oder Knochenasche. Sie besteht zu 85% aus phosphorsaurem Kalk und kann durch Apatit, der 93% Kalziumphosphat enthält, oder andere natürliche Kalziumphosphate (Phosphit, Sombrerit) ersetzt werden. Die Bedeutung dieses Materials liegt in der Beobachtung begründet, daß Eisenoxid Phosphate – im Gegensatz zu den

Abbildung. Figürlicher Kerzenleuchter aus Knochenporzellan. H. 24 cm. Bow, um 1765. Worthing: Messrs Godden.

Silikaten – nicht färbt. Deshalb ist das Phosphatporzellan besonders weiß. Das Masserezept nach einer von Petrik veröffentlichten chemischen Analyse lautet: 44 Knochenasche, 6 Feldspat 412, 4 Kreuzton, 38 Kaolin Kick I, 3 Quarzsand (oder Quarzit) und 5 Fritte A 3305. Die Masse wird bei 1280 °C gebrannt und danach mit einer niedrigschmelzenden Bleiglasur überzogen, die folgendem Rezept entspricht: 17 Fritte M 1511, 38 Fritte M 70, 23 Feldspat und 22 Quarzsand. Glattbrandtemperatur 1130 °C.

Abwandlungen. Heute wird als typischer Versatz für Knochenporzellan eine Mischung aus 20 Kaolin, 20 Feldspat und 60 Knochenasche angesehen. Die Brenntemperaturen bewegen sich zwischen 1240 und 1320 °C. Geeignet sind alle Steingutglasuren (siehe Typ 62). Die üblichen Glattbrenntemperaturen betragen 1125 bis 1170 °C.

Literatur. *Godden, G. A.* British Porcelain. London: Barrie & Jenkins, 1974. – *Petrik,* Z. angew. Chemie (1888).

Typ 67

Segerporzellan

Geschichte. Hermann August Seger (26. Dez. 1839, 30. Okt. 1893) besuchte die Realschule in Posen, die Provinzial-Gewerbeschule in Frankfurt/Oder und studierte an der Königl. Gewerbe-Akademie in Berlin Chemie. Danach leitete er ein Alaun- und Vitriolwerk in Neuwied, promovierte 1868 in Rostock und arbeitete in einer chemischen Fabrik in Schweden. Seit 1869 wandte er sich der Keramik zu und unternahm Studienreisen nach Belgien, England und Ungarn. Er wurde Mitarbeiter von Türrschmidt im Laboratorium der »Deutschen Töpfer- und Ziegler-Zeitung« in Berlin und übernahm nach dessen Tod 1871 sowohl die Redaktion als auch gemeinsam mit Aron das Laboratorium. Gleichzeitig wurde ihm die Redaktion des »Notizblattes« des Deutschen Vereins für Fabrikation von Ziegeln, Tonwaren, Kalk und Zement übertragen. 1876 legte er die Redaktion des »Notizblattes« nieder und gründete mit Aron die »Tonindustrie-Zeitung« mit einem angeschlossenen Laboratorium. 1878 übertrug man ihm die Leitung der in Berlin neu gegründeten »Chemisch-technischen Versuchsanstalt bei der Königl. Porzellan-Manufaktur«. Er stellte seine Vorlesungen an der späteren Technischen Hochschule ein, behielt aber die Redaktion der »Tonindustrie-Zeitung«. Erst 1920 wurde wieder eine engere Verbindung zwischen der Versuchsanstalt und der Technischen Hochschule Berlin hergestellt, indem die Versuchsanstalt keramisches Unterrichtsinstitut der Hoch-

Abbildung. Segerporzellan mit Ochsenblutglasur (Sang de boeuf). H. = 22 cm. Berlin 1884. Sammlung E. Köllmann.

schule wurde, und man dem Leiter der Versuchsanstalt, R. Rieke, die neu geschaffene Dozentur für Keramik übertrug.

Seger hat durch seine wissenschaftlichen Methoden die Keramik nachhaltig beeinflußt. Von ihm stammen die Korngrößenanalyse, die rationelle Analyse, die den Gehalt eines Tones an Tonsubstanz, Quarz und Feldspat angibt, die Anwendung der Rauchgasanalyse zur Regelung der Feuerführung, die Segerkegel zur Messung der Brennhöhe, die Segerformel zur besseren Beurteilung und Vergleichbarkeit von Glasuren und Massen (die Tatsache, daß es Eutektika gibt, schränkt jedoch beides ein) und das Segerporzellan, das er 1880 entwickelte und dessen Technologie anfangs geheim gehalten wurde. Erst nachdem sein ehemaliger Assistent Stein sie im »Sprechsaal« (1891, S. 627) in nicht ganz zutreffender Weise preisgegeben hatte, erfolgte die Publikation von Seger selbst in der »Tonindustrie-Zeitung« (1891, S. 769ff). Er beschrieb darin auch die von ihm fabrikatorisch entwickelte Chinarot-Glasur.

Herstellung. Von der durchschnittlichen Zusammensetzung japanischer Porzellanscherben ausgehend, setzte Seger sein Weichporzellan aus 31 Löthainer Ton, 39 Sand und 30 Feldspat zusammen. Verwendet man an Stelle des Löthainer Tones den tonerde- und eisenärmeren, weißbrennenden Keramik-Ton I 20 von Siershahn, so kann man infolge seines günstigen, hohen Kieselsäuregehaltes auf einen Quarzzusatz ganz verzichten und erhält ein der chemischen Analyse des Segerporzellans genau entsprechendes Rezept: 19 Feldspat 412 und 81 Ton I 20. Diese Masse läßt sich sehr gut verarbeiten. Sie wird bei 920 °C verschrüht und bei 1280 bis 1300 °C glattgebrannt. Die Glasur entspricht folgendem Rezept: 48 Feldspat 412, 10 Kaolin Kick I, 24 Quarzsand und 18 Kalkspat. Seger gibt folgende Vorschriften für den Glattbrand: Bis 1000 °C ist reduzierend zu brennen, um etwaige schwefelige Salze aus Masse und Glasur zu entfernen, dann ist oxidierend weiter zu brennen.

Die Sang-de-boeuf- oder Chinarot-Glasur setzte Seger aus der genannten, schwer schmelzbaren Segerporzellanglasur und einer schon bei 920 °C schmelzenden Barytfritte zusammen. Die Barytfritte ist ein Natrium-Barium-Boro-Silikat, das als Fertigfritte nicht im Handel ist und deshalb selbst hergestellt werden muß. Das Rezept Segers lautet: 30,9 Bariumsulfat (Schwerspat), 6,7 kalz. Soda, 23,8 krist. Borax, 34,9 Sand und 3,7 Holzkohle. Dieses Gemenge füllt man in einen Schamottetiegel und brennt bei 950 °C. War der Tiegel voll mit Gemenge eingesetzt worden, so füllt die geschmolzene glasige Fritte ihn nur noch zu einem Viertel. Man muß dann den Tiegel zerschlagen, die Schamotte vom Glasblock abschlagen, diesen zerkleinern und zusammen mit der Segerporzellanglasur nach folgendem Rezept in der Büchsenmühle mahlen: 75 Segerporzellanglasur, 23,35 Bariumfritte, 0,15 Kupferoxid, 1,00 Zinnoxid und 0,50 Eisenoxid. Wer das Fritten scheut, kann versuchen, die Bariumfritte durch eine Glasur aus Wasserglas und Bariumkarbonat zu ersetzen. Das Karbonat erfordert auch keinen Holzkohlezusatz, wie das Sulfat. Das Rezept: 24 Borax, krist., 25,4 Natronwasserglas (siehe Seite 328), 22,8 Quarzmehl und 27,8 Bariumkarbonat. Enthält ein Gemenge wasserlösliche Substanzen, wie das Wasserglas, so muß es mit Alkohol statt Wasser vermahlen werden. Für das Glattbrennen der Sang-de-boeuf-Glasur gibt Seger folgende Anweisungen: Von 900 °C an wird mit starkem Rauchfeuer gebrannt, um Ruß in die Glasur einzulagern, der das vorzeitige Schließen der Glasurschicht verhindern soll. Erst wenn die Glasur zu sintern beginnt (etwa 1100 °C), ist alle Viertelstunde 1 bis 2 Minuten lang zu oxidieren, dazwischen aber immer wieder stark zu reduzieren. Dieser Feuerwechsel, bei dem, wie Seger meinte, durch kurzzeitige Oxidation gebildetes, für die Rotfärbung verantwortliches Kupfer(I)oxid (Cu_2O) sofort in der Glasur versiegelt wird, muß bis zum völligen Glattschmelzen (etwa 1200 °C) beibehalten werden. Dann kann man oxidierend weiterbrennen, wenn z. B. andere Farbglasuren mit der chinaroten kombiniert werden sollen. Spätere Untersuchungen an der Ingenieurschule in Höhr-Grenzhausen stellten die Notwendigkeit des Zwischenoxidierens und die Deutung der Färbung durch Kupfer(I)oxid in Frage, aber immerhin hatte Seger praktische und rekonstruierbare Erfolge mit der Ochsenblutglasur aufzuweisen.

Abwandlungen. Eine blau irisierende Rotglasur gewann Seger, indem er über die rote, glattgebrannte Glasur dünn Barytfritte spritzte und sie noch einmal glattbrannte. Er hat die rote Glasur auch als Farbfond verwendet, indem er Zeichnungen aus Glasuren, die mit verschiedenen Metalloxiden gefärbt waren, auf ihr anbrachte. Es gelang ihm, sogar die sehr empfindlichen urangelben und pinkroten Glasuren aufzubrennen. Die Segerporzellanglasur selbst ließ sich sehr gut zu Farbglasuren abwandeln. So ergab ein Zusatz von 0,5 Kupferoxid (oxidierend gebrannt) ein helles Seladon. Für die sehr schwierige kupferrote Unterglasurmalerei entwickelte Seger eine

Unterglasurfarbe aus 82,5 Bariumgemenge (wie oben als Fritte), 10,0 Zinnoxid und 7,5 Kupferoxid, alles in reduzierendem Feuer gefrittet, vermahlen und als Unterglasurfarbe auf dem bereits bei 1300 °C gebrannten Scherben verwendet. Die darübergespritzte Segerporzellanglasur soll wie eine Fritte vorher geschmolzen und zerkleinert sein. Gebrannt wird dann nach der selben Vorschrift wie oben für die Chinarot-Glasur angegeben. Da das Segerporzellan leichtschmelzende Steingutglasuren rissefrei trägt, hat Seger auch eine Malerei zwischen zwei Glasurschichten in der Weise vorgenommen, daß er auf das mit Segerporzellanglasur glattgebrannte Erzeugnis mit Steingut-Unterglasurfarben malte, diese Malerei bei 920 °C verglühte und dann mit einer leicht schmelzbaren Steingutglasur überspritzte und erneut, bei 1050 °C, glattbrannte. Diese Deckglasur kann man aus folgendem Rezept gewinnen: 10,76 Colemanit, 51,70 Fritte A 1316, 6,74 Kaolin, 28,20 Quarzmehl und 2,60 Kalkspat. Sie läßt sich auch mit Metalloxiden sehr gut färben und haarrissefrei auf den biscuitgebrannten (also bei 1300 °C) Segerporzellanscherben aufbrennen. Seger entwickelte schließlich auch noch sogenannte Reliefemaillen für sein Porzellan, die bei 800 °C zusammen mit Aufglasurfarben aufgebrannt werden können. Sie sind so borsäurereich, daß man sie nur mit Hilfe von reiner Borsäure herstellen kann nach dem Rezept: 21,2 krist. Borsäure, 16,4 krist. Borax, 18,2 Fritte A 1316, 10,0 Kaolin, 22,3 Quarzmehl, 8,5 Bariumkarbonat und 3,4 Kupferoxid für Kupfergrün, mit entsprechenden anderen Oxiden für weitere Farben.

Es hat nicht an Versuchen gefehlt, das Kupferrot auch in einem oxidierenden Brand unter Verwendung reduzierender Zusatzstoffe zum Glasurgemenge zu erzeugen. Lehnhäuser gibt dazu folgendes Rezept für 1125–1150 °C: 57,5 Borax und 42,5 Fritte A 1316 (beide zusammen zu einer Fritte geschmolzen), 2,0 Zinnoxid, 1,0 Kupferoxid und 1–5 Siliziumkarbid oder Graphit.

Literatur. Hermann August Segers Leben und Wirken. Ber. dt. keram. Ges. 24 (1943) Nr. 10/11 S. 299–318. – *Kerl, B.* Handbuch der gesamten Tonwarenindustrie. Braunschweig: Vieweg, 1907. – *Lehnhäuser, W.* Glasuren und ihre Farben. Düsseldorf: Knapp, 1959.

Ostasiatische Keramik

Mit Ostasien betreten Sie das Gebiet der Scharffeuerkeramik. Wenn ein guter Ton einen guten Töpfer macht, so macht eine hohe Temperatur einen besseren. Der ostasiatische Töpfer hatte seine einfachen Rezepte. Da er sein Leben lang mit den gleichen Rohstoffen arbeitete, kannte er ihre Eigenschaften so genau, daß er sie gefühlsmäßig handhaben konnte, ohne sie zu analysieren. Seine Rezepte waren ausprobiert und überliefert, nicht ausgerechnet. Wer dahinter kommen will, was da eigentlich an natürlichen und gelenkten Prozessen vor sich ging, der muß analysieren und nachrechnen. Die einfachen Rezepte, auf europäische Rohstoffe angewandt, sehen dann sehr viel komplizierter aus. Sie brauchten es oft gar nicht zu sein, wenn man wüßte, auf welche Stoffe es bei bestimmten Effekten ankommt. Diese Unkenntnis kann auch eine Chance für Sie sein. Die Chance nämlich, etwas Neues zu finden, indem Sie die Hauptbedingungen, die die ostasiatische Keramik bestimmten, variieren: 1. die Verwendung natürlicher Rohstoffe (Gesteinsmehle, Roterden, Aschen, Schlacken), 2. die Art des Auftragens der Glasuren (in mehreren Lagen gleiche oder verschiedene Glasuren übereinander) und 3. die Art des Brennens (oxidierend, reduzierend in Kapseln oder unter wechselnder Atmosphäre). Erfahrungsgemäßes Ausprobieren, also empirisches Arbeiten, erfordert viel Zeit. Sie läßt sich abkürzen, wenn man sich eines Taschenrechners bedient, mit dem man innerhalb weniger Minuten eine Glasur berechnen kann. Dazu sind im Anhang dieses Buches Analysen, Formeln und Anleitungen gegeben. Die bei den einzelnen Typen vorgeschlagenen Tone und Glasurrohstoffe stellen jeweils nur eine von mehreren Möglichkeiten dar, eine geforderte Zusammensetzung zu erfüllen. Wer sich an das Ausrechnen von Glasuren gewöhnt hat, wird nicht auf die vorgeschlagenen Rezepte allein angewiesen sein. Ihm geben die Tabellen im Anhang zusätzliche Möglichkeiten für die Verwendung verschiedener Rohstoffe. Aber nicht nur das. Er kann auch eine historisch zutreffende Glasur konstruieren, wenn er sich an die geschichtliche Entwicklung der ostasiatischen Glasuren hält. Sie beginnt in China im 16. Jh. v. Chr., in Japan im 10. Jh. n. Chr. mit reinem Aschenauftrag auf aufgebauten Gefäßen, die bei 1200 °C gebrannt wurden. Es sind, da die Aschen hauptsächlich Kalk enthalten, kalkreiche Glasuren. Im 10. bis 3. Jh. v. Chr. folgten in China Aschen-Anflugglasuren (in Japan der Bizen-Typ, 90) und Glasuren aus Ton und Asche auf scheibengedrehter Keramik bei 1200 bis 1240 °C. Die Zusammensetzung dieser Glasuren muß sich in der Nähe des am niedrigsten, nämlich bei 1170 °C, schmelzenden Gemisches aus Kieselsäure (62%), Tonerde (14,75%) und Kalziumoxid (23,25%) halten, weil sonst die erforderliche Schmelztemperatur schnell und steil ansteigt. In der folgenden Entwicklung bis zum heutigen ostasiatischen Porzellan stieg sie auch tatsächlich an, weil die Kieselsäure zunahm, während der Kalk sich verringerte, dabei aber seit der Sung-Zeit mehr und mehr durch Feldspat ersetzt wurde. Die Rezeptentwicklung zeigt die Umwandlung der Kalk- in eine Kalk-Feldspat-Glasur. Die einzelnen Stufen dieses Verlaufs lassen sich durch Leitglasuren darstellen:

Zeit	Rezept-Typ*)	Theoretische Leitglasur (Hauptbestandteile)			Leittyp (Nr.)	Temperatur °C
		SiO_2	Al_2O_3	CaO		
Han um 200	1 Ton + 3 Asche (z. B. Ton I 20)	62	14,75	23,25	Proto Yüeh	1180
Sui um 600 T'ang um 800	Norden: 1 Ton + 2 Asche (z. B. Ton P 202)	56	16	19	Chia-hsien (70)	1200
	Süden: 2 Ton + 1 Kalk (z. B. Kreuzton)				Yüeh (72)	1200
5 Dyn. um 950	3 Ton + 1 Kalk (z. B. Kreuzton)	62	16	15	Kuan (79)	1230
Sung um 1200	2 Ton + 1 Kalk + 3 Feldspat (z. B. Ton V 10)	66	15	11	Lung-chüan (80)	1250
Yüan um 1300	Kalk + Feldspat + Quarz	68	14	10	Ch'ing-pai (81)	1280
Ming um 1500		69	13	9	Ching-tê (82)	1300
um 1600 in Japan		70	12	6	Shino (92)	1300

*) In Klammern sind die europäischen Tone angegeben, mit denen sich der betreffende Rezept-Typ verwirklichen läßt.

Zehn Orientierungspunkte für das Arbeiten mit Aschen

1. Geschlämmte Aschen sind alkaliärmer und somit schwerer schmelzbar als ungeschlämmte. Das Schlämmen entfernt neben einem Teil der Alkalien Sulfate und Chloride, die die Glasur krätzig machen. Man schlämmt so lange, bis das Schlämmwasser klar ist, und siebt durch ein feines Sieb.
2. Hauptbestandteile der Holzasche sind Kalk (etwa 40%) und Kieselsäure (etwa 20%). Sie enthalten auch immer Eisen und Mangan.
3. Das Besondere an den Aschen ist ihr Phosphorgehalt. Viel Phosphor macht die Glasuren opak. Am phosphorreichsten ist Holzkohlenasche.
4. Reispflanzenasche ist kieselsäurereich und kalkarm. Sie macht die Holzaschenglasur opak.
5. Farnkrautasche besitzt eine hohen Magnesiagehalt. Kohlenasche ist schwefelreich und unbrauchbar.
6. Aschenglasuren enthalten Holzasche und Feldspat (oder Pegmatit). Dabei wirkt die Holzasche als Flußmittel. Die Mengenverhältnisse beeinflussen die Brenntemperatur nach dem Diagramm. (Siehe auch die Temperaturen auf Seite 220.)

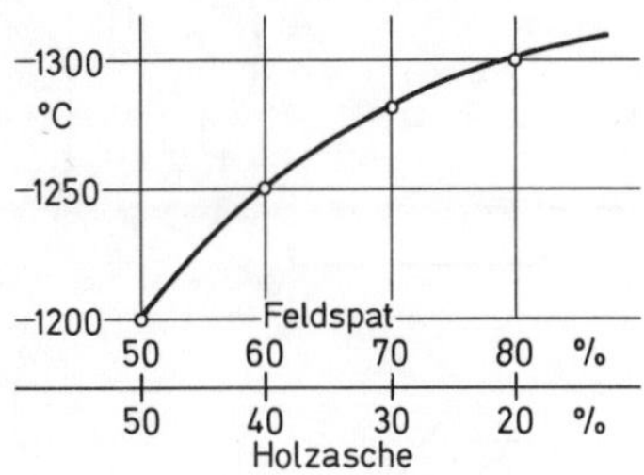

7. Mehr als 50% Asche soll eine Glasur nicht haben. Die Brenntemperatur soll nicht unter 1200 °C liegen.
8. Asche-Feldspat-Mischungen ergeben glänzende, durchsichtige, gelbliche Glasuren.
9. Mattglasuren erhält man durch Zusatz von Magnetit, Zinkoxid und Tonerdehydrat.
10. Färbende Zusätze sind für bestimmte Typen charakteristisch: z. B. Kupferoxid für die Oribe Glasur, Eisenoxid für Ame- und Temmokuglasuren.

Chinesische Formen

China

Die geschichtliche Zeit Chinas beginnt mit der Shang-Dynastie um 1750 v. Chr. Nicht viel später, um 1500 v. Chr., gab es die ersten Scharffeuerglasuren, etwa zweitausend Jahre früher als in Korea, zweitausendfünfhundert Jahre vor Japan und dreitausend Jahre vor Europa. Als die Bleiglasuren aus dem Westen China erreichten, war die Steinzeugtradition bereits fünfzehnhundert Jahre alt. Das war in der Zeit der Han-Dynastie, die ungefähr mit dem römischen Reich übereinstimmte – und während die Römer den Limes bauten, errichteten die Chinesen die Große Mauer, ohne den Lauf der Geschichte aufhalten zu können. Nach vierhundert Jahren innerer und äußerer Kämpfe, in denen auch der Buddhismus von Süden und Westen her in China Eingang fand, setzten in der Sui- (581–618) und T'ang-Zeit (618–906) die ersten großen Epochen der chinesischen Keramik ein. Es entstand das Yüeh, das »dem Jade und dem Eise« glich, und das Porzellan, das beim Anschlagen »einen klagenden Jade-Ton« gab. Die neue Keramik gelangte auch nach dem Westen an den Hof der Abassiden in Samarra, wo sie Archäologen ausgruben und damit einen wichtigen Schlüssel zur Datierung fanden. Das Ansehen der chinesischen Keramik war zu dieser Zeit bereits so gefestigt, daß sie sich trotz innerer Unruhen, die neue Herren mit sich brachten, während der Zeit der Fünf Dynastien (906–960) weiterentwickeln konnte. Auf ihrem hohen Ausgangsniveau erreichte sie in der Sung-Zeit (960–1279) ihren Höhepunkt. Bis heute konnte trotz Analysen und wissenschaftlicher Überlegungen nicht ergründet werden, wie die Chinesen damals ihre Chün-Glasuren, ihre Rebhuhnbrustglasur, ihre Erdwurmgänge zustandebrachten. Die Sung-Kaiser hatten viel Sinn für die Künste, aber zu wenig Macht, um ihrer Feinde Herr zu werden. Mit den Khitan, die im Norden das Liao-Reich gegründet hatten, mußten sie einen schimpflichen Frieden schließen, der sie tributpflichtig machte, bis die Khitan selbst von den Chin-Tataren verdrängt wurden, die aber gleich halb China mit okkupierten und den Sung-Kaiser Hui-Tsung 1123 in seiner Hauptstadt K'ai-fêng gefangennahmen. Sein Bruder floh über den Yangtse-kiang und wählte Hang-chou, das ganz in der Nähe der traditionsreichsten keramischen Zentren Südchinas lag, zur Hauptstadt der Süd-Sung-Dyna-

Chinesische Formen: 1. Zeile: Langhalsflasche, Mei-p'ing, zoomorphe Form; 2. Zeile: Kuei-Form, Kundika, Hahnenkopfkanne; 3. Zeile: Urne, Kinuta = Schlegelform, Doppelkürbis.

stie, während im Norden die Tataren herrschten. 1279 vertrieben die Mongolen unter Kublai Khan die Chin und eroberten ganz China. Der letzte Sung-Kaiser, der noch ein Kind war, wurde von seinen Ministern getötet, die sich daraufhin selbst den Tod gaben. Trotz dieser finsteren Vorzeichen und trotz der Zerstörung vieler Öfen wurde die Zeit der Yüan-Dynastie (1279–1368) zu einer weiteren großen Epoche der chinesischen Keramik. Sie setzte den Anfang für ein ganz neuartiges Porzellan, das mit seiner blauen Unterglasurmalerei in der folgenden Ming-Zeit (1368–1644) und mit seiner bunten Aufglasurmalerei in der Zeit der Ch'ing-Dynastie (1644–1912) China nunmehr nicht nur künstlerisch, sondern auch wirtschaftlich zum führenden Land auf keramischem Gebiet machte. Man schätzte noch die Leistungen der Sung-Zeit, deren Erfahrungen verlorengegangen waren. Aus der Ming-Dynastie wird berichtet, daß Kaiser Wan-li (1573–1619) von einem Töpfer namens T'ung einen besonderen Glasureffekt forderte, worauf T'ung sich aus Verzweiflung in den brennenden Ofen stürzte und seither als Gott des Feuers und der Luft galt.

Die wirtschaftlichen Erfolge hatten ihre selbstzerstörerische Eigendynamik. Was war im 19. Jh., als Keramiker aus Sèvres Tê-hua besuchten, aus dem genialen chinesischen Töpfer von einst geworden? Er lebte bei seiner Drehscheibe, unterstützt von Frau und Kindern, um die Brennkammer, die er in dem Langofen gepachtet hatte, in drei Monaten voll zu bekommen, da dann auch die anderen Familien ihre Kammern im selben Ofen gefüllt hatten. Zeit war zu Geld geworden.

Literatur. *Medley, M.* The Chinese Potter. Oxford: Phaidon 1976. – *Wood, N.* Oriental Glazes. New York: Watson-Guptill, 1978. – *Grabanier, J.* Chinese Stoneware Glazes. New York: Watson-Guptill, 1975. – *Honey, W. B.* The Ceramic Art of China and Other Countries of the Far East. London: Faber & Faber, 1945. – *Hetherington, A. L.* Chinese Ceramic Glazes. South Pasadena: Perkins, 1948. – *Beurdeley, C.* und *M.* Chinesische Keramik. München: Hirmer 1974. – *Rücker-Embden, O.* Chinesische Frühkeramik. Leipzig: Hiersemann, 1922. – *Zimmermann, E.* Chinesisches Porzellan und die übrigen keramischen Erzeugnisse Chinas. Leipzig: Klinkhard & Biermann, 1923. – *Schmidt, R.* Chinesische Keramik von der Han-Zeit bis zum XIX. Jahrhundert. Frankfurt a. M.: Frankfurter Verlags-Anstalt, 1924. – *Funk, W.* Über die technische Herstellung des chinesischen Porzellans. Ber. dt. keram. Ges. 22 (1941) Nr. 5 S. 163–193, Nr. 6 S. 205–226; 23 (1942) Nr. 6 S. 197–237, Nr. 9 S. 326–358.

Typ 68

San ts'ai

Geschichte. Die dreifarbigen (= *san ts'ai*) Glasuren, auch als gefleckte Glasuren bezeichnet, von Engländern humorvoll »Spinat mit Ei« genannt, sind Bleiglasuren der T'ang-Zeit, die von den einfarbig grünen, seltener gelbbraunen Glasuren der Han-Zeit abstammen. Diese wurden vermutlich unter dem Han-Kaiser Wu-Ti (140–86 v. Chr.) in den Provinzen Shensi und Kiangsi eingeführt. Man fand sie bei den alten Hauptstädten Ch'ang-an und Loyang. Ihr Scherben ist graurot. Alle, auch die späteren dreifarbigen Gefäße sind im unteren Teil glasurfrei.

Die Glasuren waren auch in der T'ang-Zeit zunächst einfarbig grün, in verschiedenen Schattierungen, und einfarbig braungelb. Erst seit etwa 680 begann man, die grüne Glasur tupfenweise auf einer weißen Engobe aufzubringen, indem man zwischen den Tupfen freie Stellen aussparte, durch die die weiße Engobe sichtbar war. Diese unglasierten Stellen wurden am Rand von der angrenzenden Glasur benetzt, während sie in der Mitte rauh blieben. Man verwandte dabei auch die Farben Grün und Braungelb nebeneinander, so daß die erste Dreifarbigkeit durch Grün, Braungelb und Weiß zustandekam. Später verwendete man zusätzlich noch weitere Farben: Violettbraun und Dunkelblau (Kobalt wurde erst um 720 aus dem Iran importiert), und schließlich glasierte man auch die weißen Flecken mit einer farblosen Glasur. In diesem Stadium der Entwicklung sammelte der japanische Kaiser Shomu (724–48) diese Keramik, von der

Abbildung. T'ang-Pferd, in »drei Farben« glasiert. China, 8. Jh. China Publications Centre, Peking.

Abbildung. San ts'ai-Teller auf drei Klauenfüßen. China, T'ang-Dynastie, 7./8. Jh. ∅ 30,5 cm. Bristol: City Art Gallery.

heute noch 57 Kultgefäße mit einer Beschreibung der Materialien und der Herstellung im Shoso-in, dem kaiserlichen Schatzhaus in Nara, aufbewahrt sind. Japanische Hofwerkstätten im Dreieck Kyoto – Osaka – Nara stellten nach diesen Vorbildern die von den Japanern sansai genannte Keramik für den Kaiserhof und die buddhistischen Tempel her (Seite 281). Das älteste Beispiel ist datiert 752.

In der weiteren Entwicklung dieses Keramiktyps in China wurden Konturen von Blumen, Vögeln, Ornamenten auf Tellern mit drei Klauenfüßen oder auf Vasen eingestempelt oder eingeritzt, die die einzelnen Farbglasuren voneinander trennten.

Ein großer Teil der San ts'ai-Keramik besteht in Figuren, die als Grabbeigaben dienten (Konfuzius hatte erwirkt, daß die Menschenopfer bei der Bestattung der Kaiser aufhörten). Berühmt sind die T'ang-Pferde, die eine turkestanische Rasse darstellen, aber auch Kamele, Hunde, Rinder. An menschlichen Figuren überwiegen die Damen mit »Mondgesichtern« nach dem damaligen Schönheitsidol, der Maîtresse des Kaisers Chüan Tz'ung (713–55), neben Schauspielern und Musikanten. Außer diesen glasierten Figuren gab es auch unglasierte, kaltbemalte. (In Korea und Japan waren bis ins 10. Jh. Totenbeigaben unglasiert.) Da die Grabbeigaben vor dem Begräbnis zur Schau gestellt wurden, überboten sich die ehrgeizigen Familien im Aufwand für den Verstorbenen, und es kam 741 zu einer kaiserlichen Verordnung, die die Anzahl der Keramikstücke (nicht aber Holz und Metall) nach dem Rang vorschrieb. Die Grabbeigaben wurden dann seltener, aber größer. Ende des 8. Jh. hörte die Produktion von San ts'ai-Keramik ganz auf. Im letzten Stadium bestand sie wieder aus monochromen, meist grünen Bleiglasuren, aber auch aus grün-gelben Zweifarbenglasuren auf Gebrauchskeramik, wie Pilgerflaschen mit aufgeklebten oder abgeformten Reliefs, oder auf Dachziegeln. Die letzte bleiglasierte Keramik, die noch zu diesem Typ zählt, bilden bis über 1 m große Lohan-Figuren, die in der Zeit der Buddhistenverfolgungen (9.–14. Jh.) in schwer zugänglichen Felsentempeln untergebracht waren.

Herstellung. Der Ton war reich an Glimmer und Alkalien; ihm entspricht der glimmerreiche Ton OT 900 der Grube Niederstein, der zwar weniger Eisen besitzt, aber trotzdem, wie der chinesische, graurot brennt. Er wird bis auf den Standring mit einer weißen Engobe bedeckt. Tonfiguren hat man aus zweiteiligen Formen hergestellt; die Naht ist oft deutlich zu sehen. Die Tierfiguren besitzen ein Luftloch am Bauch.

Die grüne Glasur ist kupfergefärbt. Dem historischen Vorgang folgend, kann man von der Han-Bleiglasur ausgehen, die Nichols analysiert hat. Nach den verbreiteten Erfahrungen darf man annehmen, daß sie im Laufe der Zeit durch Tonzusatz verbessert wurde. Man kommt dann zu folgendem Rezept: 69 Fritte M 70, 1 Kalkspat, 11 Quarzsand und 17 Ton OT 900. Für die einzelnen Farben sind jeweils zuzusetzen: für Honiggelb 8 Ocker, für das bräunliche Grün 2,6 Kupferoxid + 1 Ocker (Kupfer allein färbt in Bleiglasuren moosgrün), für Violettbraun 5 Braunstein, für Blau 0,3 Kobaltoxid. Die Punkte, die von der Glasur freibleiben sollen, werden vor dem Glasieren mit Wachs bedeckt (Negativmalerei, siehe Typ 32). Die Glasur, die etwas abläuft, staut sich über diesen unbenetzten Stellen. Gebrannt wird bei 970 °C.

Abwandlungen. Die Japaner verwendeten einen graubrennenden Ton, ohne ihn zu engobieren. Die Farbglasuren tupften sie in folgender Reihenfolge auf: Violettbraun, Grün, Gelb. Wie bei den chinesischen, so kommen auch bei den sansai-Keramiken der Japaner neben dreifarbigen auch zweifarbige (grün-weiß) und monochrome (grün, seltener braun) vor. Auf Raku (Typ 96) erweiterten die Japaner die Farbpalette der Bleiglasuren durch Weiß, Schwarz, Rot und Antimongelb.

Literatur. *Hetherington, A. L.* Chinese Ceramic Glazes. South Pasadena: Perkins, 1948. – *Nichols, H. W.* Report on Technical Investigation of Ancient Chinese Pottery. In: *Laufer, B.* The Beginnings of Porcelain in China. Chicago: Field Museum of Natural History, 1917.

Typ 69

Neriage

Geschichte. Neriage bedeutet Tonmosaik und ist die japanische Bezeichnung für eine gefladerte Keramik mit Bleiglasur, die im Zusammenhang mit der San ts'ai-Keramik in der T'ang-Zeit in China aufkam. Die Neriage-Technik wurde auch von japanischen Töpfern aufgegriffen und weiterentwickelt.

Herstellung. Es werden verschiedenfarbige Tone verwendet, die beim Aneinandersetzen ein kontrastreiches Muster ergeben. Man schneidet aus den einzelnen Tonen Platten, legt sie aufeinander und rollt sie zu einer Wurst, von der man scherbendicke Scheiben abschneidet. Diese gefladerten Scheiben legt man in eine Form und preßt sie aneinander, damit keine Hohlräume bleiben. Die Chinesen verwendeten Keramikformen, die nicht einmal besonders porös waren, und wärmten die Form an, um das Stück herauszubekommen.

Die Ware wird nach dem Trocknen mit einer einfarbig gelben oder grünen oder mit einer farblosen Bleiglasur glasiert und im oxidierenden Feuer bei 970 °C gebrannt. Die Glasur ist dieselbe wie für die San ts'ai-Keramik.

Abwandlungen. Durch verschiedenartiges Falten können die Muster variiert werden. Anstatt zweierlei Tone zu verwenden, kann man auch von einem weißen Ton ausgehen und ihn teils weiß lassen, teils

Abbildung. Armstütze, hergestellt in Neriage-Technik aus rotem und schwarzem Ton unter einer braungelben Glasur. Größe 10×15 cm. China, T'ang-Zeit (618–906). Rücker-Embden.

mit Schwermetalloxiden färben. Man muß dazu etwas mehr nehmen als zum Färben von Glasuren, nämlich 2% Kobaltoxid für Blau, 8% Chromoxid für Grün, 12% Chromoxid in Form von Chromeisenstein gemeinsam mit 0,5% Kobaltoxid für Schwarz; für Rot verwendet man am besten eine rote Klinkerschamotte in einer Menge von 10 bis 20%. Alle diese Zusätze werden mit einer geringen Menge Ton feinst verrieben, und dieses Konzentrat wird dem flüssigen Ton zugesetzt, der nach dem Trocknen auf plastische Konsistenz (am besten auf einer Gipsplatte) verarbeitet werden kann.

Eine interessante Abwandlung wenden japanische Töpfer an, indem sie auf das frisch gedrehte Gefäß längs durchschnittene Wülste des kontrastierenden Tones noch auf der Scheibe auflegen und beim Fertigdrehen in den weichen Ton drücken. Eine mehrfache Farbwirkung wird erreicht, wenn man die Tonwülste vor dem Ankleben in einem andersfarbigen Tonmehl rollt.

Literatur. *Rücker-Embden, O.* Chinesische Frühkeramik. Leipzig: Hiersemann, 1922. – *Sanders, H. H.,* und *Tomimoto, K.* Töpfern in Japan. Bonn-Röttgen: Hörnemann, 1977. – *Herborth, A.* Alte Töpfertechniken: Die Fladerung. Ber. dt. keram. Ges. 30 (1953) Nr. 5 S. 94–102.

Typ 70

Chia-hsien

Geschichte. Chia-hsien ist ein Distrikt in Honan, südlich von Yü-hsien, in dem eine Gruppe von Öfen, vor allem in Huang-tao, ausgegraben wurde, die seit der mittleren und späten T'ang-Zeit, also seit dem Ende des 8. Jh., ein dunkelbraun bis blauschwarz glasiertes Steinzeug mit blauer Laufglasur herstellte. Eine ähnliche Keramik kommt aus dem Distrikt T'ang-yin Hsien mit dem Hauptort Hao-pi-chi, ebenfalls im südlichen Honan. Im Gegensatz zum frühen Steinzeug des Südens, der Yüeh-Ware, ist dieses aus dem Norden Chinas weitgehend unerforscht. Der Scherben ist rötlichgelb, was auf Reoxidation bei einer gewissen Porosität schließen läßt, während die farbige Laufglasur reduzierend gebrannt sein muß. Man kann die schwarze Grundglasur als Vorläuferin des Honan-Temmoku, die blaue Laufglasur als Vorläuferin der Ch'ün-Glasuren der Sung- und Yüan-Zeit betrachten, die aus dem nahen Yü-hsien stammen. In den Sui- und T'ang-Öfen Nordchinas wurden auch Glasuren ohne Laufeffekt gebrannt, darunter gelblichbraune, graugrüne und dunkelbraune mit Teestaubeffekt. Die Formen sind streng und dickbauchig, die Schalen mit verdicktem Rand versehen. Die t'angzeitlichen Vorläufer weiterer nordchinesischer Keramiktypen wurden in den Provinzen Honan und Shensi entdeckt, nämlich in T'ung-ch'üan/Shensi und Lin-ju Hsien/Honan, wo eine Keramik mit graugrüner Glasur dem nördlichen Seladon von Yao-chou, eine weitere mit schwarzer Engobemalerei dem Tz'uchou-Typ vorausging.

Abbildung. Steinzeug mit Laufglasur. T'ang-Zeit (618–906). Huang-tao, Distrikt Chia-hsien. Hamburg: Museum f. Kunst und Gewerbe.

Abbildung. Steinzeug mit graugrüner Glasur. Sui-Zeit (581–618). London: Victoria and Albert Museum.

Herstellung. Nach der Brennfarbe und im Vergleich zu einer von Palmgren mitgeteilten Analyse eines nordchinesischen Scherbens eignet sich der Ton Fr gelb der Grube Schmittenhöhe für diesen Keramiktyp. Er besitzt bei 1200 °C nur noch eine Porosität von 0,25% und brennt gelb-bräunlich. Für die Glasuren als Vorläufer der Temmoku- und Chün-Glasuren kann man, von diesen ausgehend und die Entwicklung zurückverfolgend, die kieselsäureärmsten und kalkreichsten Analysen dieser Keramikgattungen wählen und die Laufglasur möglichst leicht schmelzbar machen. Man kommt dann zu folgender schwarzer Unterglasur: 50,86 Ton BGR I, 12,49 Feldspat 412, 21,28 Kalkspat und 15,37 Quarzmehl. In dieser Glasur sind 9,20% Eisenoxid enthalten, die durch den Ton BGR I eingeführt werden; dieses Eisenoxid ist für die schwarze Farbe verantwortlich, da es mehr ist als die Glasur lösen kann (solange die Glasur das Eisen löst, ist sie braun). In der Laufglasur wird die weißliche Trübung durch Kalziumphosphat, das in Form von Knochenasche zugesetzt wird, hervorgerufen, während das Blau von Titanoxid in Verbindung mit kolloidem Kupfer unter reduzierenden Bedingungen stammt. Das Rezept: 15,80 Knochenasche, 28,46 Feldspat 412, 1,02 Dolomit, 7,78 Kaolin, 45,36 Quarzsand, 1,42 Eisenoxid, 0,16 Rutil und 0,06 Kupferoxid. Um zu langes Vermahlen zur Überführung des Kupferoxids in kolloide Korngröße zu umgehen, kann statt dessen 0,168 basisches Kupferkarbonat genommen werden. Die Unterglasur wird auf den rohen Scherben dick aufgetragen. Wenn sie beim Trocknen reißt, muß ein Teil des Tones vorgeglüht werden. Auf die rohe Unterglasur gießt man die Laufglasur fleckig auf. Gebrannt wird bei 1200 °C mit kurzer Reduktion gegen Ende des Brandes.

Abwandlungen. Die Unterglasur kann auch für sich allein oxidierend gebrannt werden; sie wird dann dunkelbraun bis schwarz. Diese Glasur ist auch sehr reizvoll, wenn man ihren Eisengehalt auf 2% Eisenoxid senkt und sie entweder oxidierend – wobei sie gelblichbraun wird – oder reduzierend brennt, wobei sie, wie bei dem auf Seite 231 abgebildeten Steinzeug aus der Sui-Zeit, eine graugrüne Farbe annimmt. Dazu muß das Rezept umgestellt werden: 13,7 Ton BGR I, 51,3 Feldspat 412, 0,5 Rutil, 22,1 Quarzsand und 12,4 Kaolin.

Eine titanblaue Glasur läßt sich auch aus folgendem Rezept bei 1250 °C unter reduzierenden Bedingungen gewinnen: 31,7 Feldspat 412, 12,8 Kaolin Kick I, 16,1 Zinkoxid, 15,9 Kalkspat, 23,5 Quarzmehl, 10,0 Titanoxid, 0,3 Kupferoxid und bis zu 1,0 Zinnoxid. Die Glasur bildet beim Ablaufen sogar weißliche Schleier.

Literatur. *Medley, M.* The Chinese Potter. Oxford: Phaidon, 1976. – *Goepper, R.* Form und Farbe. Sammlung H. W. Siegel. Köln: Museum f. Ostasiat. Kunst, 1972.

Typ 71

Liao

Geschichte. Im nordost-mandschurischen Liao-Reich, das im Süden bis an den großen Bogen des Gelben Flusses reichte und Peking mit einschloß, gab es im 10. Jh. einige Öfen, vor allem in Nähe der Hauptstadt Shangjing bei dem heutigen Ort Lindong. Die Liao-Keramik stand in der Tradition der T'ang. Sie weist bleiglasierte dreifarbige, einfarbig grüne, bernsteingelbe und schwarze Ware auf, aber auch Steinzeug und porzellenartige Keramik. Viele Formen gibt es in allen drei Warengattungen. Typisch sind beutelförmige Feldflaschen, in denen ein aus Stutenmilch bereitetes alkoholisches Getränk aufbewahrt wurde, phönixköpfige Langhalsflaschen und Vasen in »Hühnerschenkel-Form« sowie über Modeln geformte Platten mit in der Form enthaltener plastischer Dekoration. Diese zuletzt genannte Gattung war eine Neuerung. Ihr Stil hat die chinesische Keramik Anfang des 12. Jh. beeinflußt. Sie bestand aus einem hochgebrannten, gelb bis roten Irdensscherben mit weißer Engobe und farbloser Bleiglasur mit einigen Farbflecken.

Herstellung. Für die Scherbenmasse eignet sich der Ton OT 900 der Grube Niederstein, der nach chemischer Analyse und Mineralgehalt mit 24% Glimmeranteil etwa den in Nordchina vorkommenden Tonen entspricht. Er brennt bei 1200 °C zu einem dichten, auch bei oxidierendem Brand hellgrauen Steinzeug und bei tieferen Temperaturen zu einer leicht rötlichgrauen Irdenware. Die Steinzeugglasur ist

Abbildung. Reibstein für Tusche. China, Liao-Dynastie, 11./12. Jh. Berlin: Staatl. Museen Preuß. Kulturbesitz, Museum f. Ostasiat. Kunst.

von der südchinesischen Yüeh-Glasur verschieden und ähnelt eher der japanischen Karatsu-Glasur. Sie ist nicht ganz so kalkreich, jedoch kieselsäurereicher als die südchinesische. Man stellte sie aus Asche und Ton her und nicht, wie im Süden, aus Kalk und Ton. Bei unserem Ton braucht sie noch einen Kieselsäurezusatz. Das Rezept lautet dann: 50 Ton OT 900, 38 Holzasche und 12 Quarzmehl. Sie schmilzt bei 1200 °C zu einer gelbbraunen Glasur. Setzt man ihr noch 3 bis 6% Eisenoxid zu, so wird sie mit steigendem Zusatz dunkelbraun. Mit 2% Kupferoxid wird sie, ebenfalls in oxidierendem Feuer, grün.

Die dreifarbigen Bleiglasuren der Irdenware entsprachen dem San ts'ai-Typ (Nr. 68), dessen Tradition die Liao-Keramik fortsetzte.

Abwandlungen. Die Steinzeugglasur kann mit den gleichen Metalloxidzusätzen wie die Bleiglasur gefärbt und zu einer Dreifarbenkeramik aus Steinzeug verwendet werden.

Literatur. *Koyama, F.* Liao Pottery Wares. Transactions of the Oriental Ceramic Society 34 (1962/63) S. 69–80. – *Mino Yutaka* Some Aspects of the Development of Liao Ceramics. Oriental Art N. S. 17 (1971) S. 245–251.

Typ 72

Yüeh

Geschichte. Yüeh hieß in alten Zeiten das Königreich an der Ostküste Chinas (südlich von Shanghai), das später die Provinz Chekiang bildete. Hier wurde schon in der Ost-Han-Zeit (25–220) bei Hang-chou, in Huang-yen und bei Nanking eine harte, klingende Keramik mit dünner, olivgrüner Glasur gebrannt, die man auf Vorschlag des amerikanischen Hanzeitforschers Bertold Laufer Protoporzellan nannte; später zog man die Bezeichnung Proto-Yüeh vor, um das frühe Yüeh der Han-Zeit von dem späteren zu unterscheiden, das in der T'ang-Zeit (618–906) die feinste Keramik Chinas darstellte. Während der Sechs Dynastien von Nanking (220–589) waren in der Umgebung von Hang-chou und Nanking weitere Öfen hinzugekommen, die dieses Yüeh herstellten, darunter der »Neun-Felsen-Ofen« von Chiu-yen, aus dem die Yüeh-Keramiken der Sammlung Ingram des Ashmolean Museums in Oxford stammen. Das Yüeh war der Vorläufer des Lung-chüan-Seladons, dem dann das südchinesische Porzellan folgte.

Herstellung. Der Yüeh-Scherben, dessen Analyse auf Seite 313 angegeben ist, läßt sich durch den Kreuzton von Niederdresselndorf reproduzieren, wenn man ihn im Verhältnis 95:5 mit Eisenoxid vermischt. Dazu muß ein Teil des Tones mit dem gesamten Eisenoxid naß vermahlen und dieses Konzentrat dem geschlämmten Ton zugesetzt werden. Den selben Ton kann man auch für die Glasur verwenden, was bei den Yüeh-Töpfern sicherlich auch der Fall war. Es

Abbildung. Yüeh-Keramik. 10. Jh. H. 23,3 cm. Sammlung Siegel.

ergibt sich dann ein einfaches Glasurrezept aus 2 Teilen Ton und 1 Teil Kalkspat. Das entspricht etwa der auf Seite 313 angegebenen chemischen Analyse einer Yüeh-Glasur. Genauer nach der historischen Analyse berechnet, lautet das Rezept: 51,4 Kreuzton, 11,4 Kaolin, 3,9 Quarz, 4,3 Eisenoxid und 29 Kalkspat.

Das Yüeh wird bei 1200 °C reduzierend gebrannt. Durch einen Luftzug auf dem Höhepunkt des Brandes entstehen an den von der Glasur unbedeckten Stellen rotbraune Flecken, die als Eisenfuß (*iron-foot*) bezeichnet werden. Der Luftstrom beeinflußt die Glasurfarbe nicht, da die Glasuroberfläche bereits dichtgeschmolzen ist, während der Scherben noch Porosität aufweist, die dem Luftsauerstoff ausgesetzt ist. Untersuchungen zeigten, daß der Scherben unter der Glasur, wo er vor der Reoxidation geschützt war, grau blieb.

Als Dekoration trägt die Yüeh-Ware mitunter horizontale, auf der Drehscheibe aufgebrachte, eingeritzte Linien oder zart eingeschnittene oder eingeritzte geometrische Muster.

Abwandlungen. Oxidierend gebrannt, ist die Yüeh-Glasur gelbbraun. Sie läßt sich auch aus Holzasche gewinnen, wenn man auf 29 Asche 68 Ton und 3 Eisenoxid nimmt. Mit 10 Eisenoxid wird sie dunkelbraun bis schwarz.

Literatur. *Brandston, A. D.* Yüeh ware of the »Nine Rocks« kiln. Burlington Magazin 73 (1938) S. 257f. – *Sundius, N.* Some Aspects of the Technical Development in the Manufacture of the Chinese Pottery Wares of Pre-Ming Age. Museum of Far Eastern Antiquities, Bulletin Nr. 33.

Typ 73

Nördliches Seladon

Geschichte. Das aus dem Norden Chinas stammende Seladon unterscheidet sich von dem des Südens (Lung-ch'üan) durch seine olivgrüne oder olivbraune Glasur auf einem grauen Scherben. Die Glasur ist infolge Kohlenfeuerung (in pferdehufförmigen Öfen) in der Regel besser durchgeschmolzen, blasenfrei, und wirkt daher glasiger; sie ist haarrissig durch zu hohen Feldspatgehalt. Der wichtigste Ort ist Yao-chou in der Provinz Shensi, wo man neun Öfen ausgrub. Eine zweite Gruppe von Öfen lag in der Provinz Honan bei Lin-ju-Hsien. Die Werkstätten hatten schon in der T'ang-Zeit weiße und schwarze Keramik hergestellt und spezialisierten sich erst im 10. Jh. auf Seladon. Die plastische, scharfkonturierte Verzierung ist auf Innenflächen in der Regel abgeformt, auf Außenflächen mit der Hand geschnitten. In der Nord-Sung-Zeit bestanden die Motive aus Päonie und Lotus, seit der Süd-Sung-Zeit auch aus Enten, Wellen, Fischen, Zweigen, Kindern. Die Ware wurde erst einzeln in Kapseln gebrannt, später stellte man Schalen ineinander und ließ die Berührungsflächen auf dem Innenboden unglasiert.

Verwandt mit dem nördlichen Seladon ist der Typ *Ju*, eine hochgebrannte Irdenware mit körnigem Scherben und dicker, graublauer, opaker, haarrissiger Glasur. Charakteristisch für Ju-Schalen sind die Spuren der Brandstützen am Boden der ganzglasierten Gefäße, als »Sesamkörner« bezeichnet, und der etwas ausgeschweifte kurze

Abbildung. Olivbraunes Nördliches Seladon. Geschnittenes Dekor in der Art der »sinkenden Päonie«. China, Sung-Dynastie. Privatsammlung.

Abbildung. Gepreßtes Muster in einem Schälchen von 9 cm Durchmesser und 3,4 cm Höhe. China, Sung-Dynastie. Berlin: Sammlung G. W.

Schalenfuß. Die Produktion hörte abrupt mit dem Ende der Nord-Sung-Zeit (1127) auf.

Herstellung. Nach der Analyse der Scherbenmasse und nach der Brennfarbe entspricht der graubrennende Steinzeugton P 202 aus Moschheim ziemlich genau dem Scherben der Nördlichen Seladone. In den lederharten Ton wird das einfache Konturenmuster – die Japaner nennen es »schwimmende Päonie« – mit einem Messer eingeschnitten, das Muster mit den um die Konturen vertieften Stellen (»sinkende Päonie«) mit einem hakenförmigen Stahlwerkzeug (siehe auch Typ 86), das eine gezahnte Seite zum Anbringen der parallelen Schraffurlinien (Kammlinien) besitzt. Die Glasur wird auf den trokkenen Scherben aufgetragen. Ihr Rezept lautet: 11 Ton BGR I, 31 Feldspat 412, 4 Dolomit, 16 Kalkspat, 11 Kaolin und 27 Quarzmehl. Brenntemperatur 1230 bis 1250 °C.

Abwandlungen. Außer geschnittenen Außen- und gepreßten Innenmustern gibt es aufgelegte unglasierte Tonmuster wie bei Typ 80.

Seger gab eine Seladonglasur an, die aus Analysen von Proben aus dem Alten Serail in Istanbul ermittelt wurde. Man kann sie aus folgendem Rezept gewinnen: 18,7 Ton BGR I, 37,7 Feldspat 412, 13,8 Kalkspat, 5,9 Dolomit, 5,1 Kaolin, 18,8 Quarzmehl.

Literatur. *Meyer, A. B.* Altes Seladonporzellan. Berlin 1885. – *Palmgren, N., Sundius, N.* und *Steger, W.* Sung Sherds. Stockholm: Almqvist & Wiksel, 1963. – *Hecht, H.,* und *Cramer, C.* Seger's gesammelte Schriften. Berlin 1896.

Typ 74

Tz'ŭ-chou

Geschichte. Tz'ŭ-chou heißt »Töpferstadt«; es ist das heutige Tz'u-hsien in der Provinz Hopei. Die nach Tz'ŭ-chou benannte Keramik ist jedoch nicht auf Hopei beschränkt, sondern war als populäre Ware auch in den Töpfereien der benachbarten Provinzen Honan und Shansi verbreitet. Sie war von großer Mannigfaltigkeit, in der Regel weiß engobiert und durchsichtig glasiert. Bevorzugte Formen waren Meip'ing-Formen (p'ing heißt Vase) und Kopfstützen. Der Familienkonzern der Chang war auf Kopfstützen spezialisiert. Seit der T'ang-Zeit wurde, namentlich in Mi-hsien, Honan, die Engobe in Sgraffitotechnik verziert. Auf älteren Stücken ist der Grund durch Eindrücke von Bambusenden in kleinen Ringen punziert. Diese Technik wich später einer Riefelung des Grundes mit einem kammartigen Werkzeug. Tiefe Einschnitte, die das Muster plastisch hervortreten ließen, waren bis zum Ende der Nord-Sung-Zeit eine Spezialität von Têng-fêng in Honan. Große Stücke hingegen stammen hauptsächlich aus Yü-hsien, Honan. Besonders eindrucksvoll ist die schwarze Engobemalerei in Art der Tuschemalerei auf weißem Grund. Diese Gattung wurde im 12. Jh. in Hao-pi-chi und Yü-hsien auch mit einer niedrigschmelzenden, kupfergefärbten, grünen Bleiglasur überglasiert, im 13. Jh. mit einer Türkisglasur. Diese sowie mehrfarbige Bleiglasuren innerhalb eingeritzter Konturen, wie beim San ts'ai-Typ (68) und, seit dem Ende des 13. Jh., auch Aufglasuremails wie beim Email sur biscuit (Typ 83) wurden in einem niedri-

Abbildung. Tz'ŭ-chou-Keramik mit brauner Engobemalerei auf heller Engobe unter farbloser Transparentglasur. Rücker-Embden.

Abbildung. Tz'ŭ-chou-Keramik mit weißer Schlickermalerei auf eisenreicher Engobe unter brauner Glasur. Yü-hsien, Honan. London: Victoria and Albert Museum.

gen Glattbrand, um 900 °C, auf die bei 1200 °C vorgebrannte Keramik aufgeschmolzen. Neben der weiß-engobierten gab es seit dem Ende des 10. Jh. auch eine Tz'ŭ-chou-Keramik mit schwarzer Engobe, transparent braun überglasiert, auch mit weißen Engobe-Rippen und weißer Schlickermalerei, ferner seit dem 12. Jh. ein schwarzes Glasursgraffito und schließlich ein nördliches Temmoku in der Art des Chien-Typs (77).

Herstellung. Der Scherben der frühen Stücke ist überwiegend gelblich getönt, erst später dunkler braun oder grau. Nach Brennfarbe und chemischer Zusammensetzung würde der Siershahner keramische Ton I 24 der helleren Gattung entsprechen. Da der Ton bei der Sgraffito-Technik nicht genügend kontrastreich zur weißen Engobe erschien, legte man unter die Engobe noch einen dünnen Beguß aus rotem Tonschlamm. Die farblose Glasur für 1250 °C ist vom Typ der in Nordchina üblichen erdalkalireichen Glasuren. Sie kann nach folgendem Rezept zusammengesetzt werden: 28 Feldspat 412, 4 Kalkspat, 12 Dolomit, 23 Kaolin und 33 Quarzmehl. Diese Glasur wird sehr dünn aufgetragen. Über der dicken weißen Engobe wirkt sie wie eine dicke, weißdeckende Glasur. Die schwarze Glasur geht auf die Tone der nördlichen Lößgebiete zurück, die bei 1300 °C zu einer schwarzen Glasur schmelzen. Mit Aschezusatz wird ihre Glattbrandtemperatur auf 1260 °C gesenkt. In dünner Lage ist sie hellbraun, in dicker schwarz. Der Brand ist oxidierend. Das Rezept: 30 Ton BGR I, 21 Feldspat 412, 23 Quarzmehl, 7 Kaolin, 10 Dolomit, 6 Kalkspat, 3 Knochenasche. Weiße Schlickermalerei auf der eisenreichen En-

Abbildung. T'zu-chou-Schale mit Ölfleckenglasur über sandfarbigem, hellem Scherben und bräunlich-violetter Engobe. Ø 20,7 cm, H. 7,4 cm. China, Sung-Dynastie. Berlin: Staatl. Museen Preuß. Kulturbesitz, Museum f. Ostasiat. Kunst.

gobe ergibt unter dieser Glasur ein braunes Muster auf schwarzem Grund. Trägt man die Glasur in dünner Lage über der dunklen, eisenoxidreichen Engobe auf und reduziert sie gegen Ende des Brandes, so bildet sie bei langsamer Abkühlung Ölflecken.

Abwandlungen. Interessante Varianten der schwarzen Tz'u-chou-Keramik stellen dick aufgetragene schwarze Engobemalereien mit eingeritzten Binnenzeichnungen unter farbloser Glasur und dick aufgetragene schwarze Glasur mit eingeritzten Linien dar, was man als Glasur-Sgraffito bezeichnen könnte. Da die Glasur nicht abfließt, bleiben die Muster konturentreu stehen. Diese Gattung wurde in Pai bei Yü-hsien hergestellt. Schwarze Engobe wurde auch mit der Spitze eines vibrierenden Stahlwerkzeugs auf der Drehscheibe in Punktlinien aufgerissen. Die Japaner nennen dieses Muster *kasuri mon* (Scheppermuster); die Engländer nennen es Roulette-Technik. Sie stammt aus Hsiu-wu in Honan.

Literatur. *Medley M.* The Chinese Potter. Oxford: Phaidon 1976. – *Wood, N.* Oriental Glazes. New York: Watson-Guptill, 1978. – *Palmgren, N., Sundius, N.,* und *Steger W.* Sung Sherds. Stockholm: Almqvist & Wiksell, 1963. – *Rücker-Embden, O.* Chinesische Frühkeramik. Leipzig: Hiersemann, 1922.

Typ 75

Ting

Geschichte. Ting-chou in der Provinz Hopei wurde durch seine porzellanartige, weiße Keramik berühmt. Im 11./12. Jh. pflegten kaiserliche Einkaufskommissionen hier Keramik für den Bedarf des Hofes in K'ai-fêng einzukaufen. Als die Nord-Sung-Zeit 1127 zu Ende ging, flohen einige Töpfer nach Chi-chou in Kiangsi, aber die meisten blieben und genossen den Schutz der neuen Herren, der Chin. Ofenfunde in Chien-tzu Ts'un und Yen-shan Ts'un, 50 km nördlich des heutigen Ting-hsien in Hopei, zeigten, daß die Anfänge bis in die T'ang-Zeit zurückgingen. Es wurde überwiegend weiße, dünnscherbige, mit einer elfenbeingetönten Transparentglasur versehene Keramik hergestellt, daneben jedoch auch eine dunkelbraun oder tief schwarz glasierte, eine sehr seltene, braun bemalte weiße und sogar eine ein- und mehrfarbig bleiglasierte. Überwiegend sind es Schalen und Teller, seltener Vasen, mit geschnittenem, geritztem oder aufmodelliertem Lotusmuster, später (seit der zweiten Hälfte des 11. Jh.) auch Rankenwerk, Enten, Drachen, Fische, Kinder. Von Sammlern geschätzt sind Schalen mit etwas abgelaufener Glasur, die sich in »Tränen« am unteren Glasurrand sammelte. Gegen Ende der Nord-Sung-Zeit führte man neue Techniken ein: das Abformen der Schalen über pilzförmigen, tiefschnittverzierten, gebrannten Tonformen und das Stapeln von auf den Rand gestellten Schalen bis zu sechs Stück übereinander in einer entsprechend treppenförmig gestalteten Schamottekapsel. Die Ränder blieben unglasiert und wurden mit einem nahtlosen Kupferband versehen. Mit der mongoli

Abbildung. Ting yao. Sung-Dynastie. ∅ 16 cm. Sammlung Grüterich.

schen Invasion zu Beginn des 13. Jh. setzte der Niedergang ein. Um 1300 erlosch die Produktion.

Herstellung. Die Härte und eine gewisse Transparenz des Scherbens werden, nicht wie in Südchina, dem Feldspat, sondern einem Dolomitgehalt zugeschrieben. Geeignet ist der Siershahner Keramikton I 24, wenn man ihn im Verhältnis 96:4 mit Dolomit mischt. Er wird bei 1250 °C dicht und hellklingend. Der Gefahr des Verziehens im Feuer begegnete man, indem man die Schalen auf den Rand stellte und durch die Wahl solcher geschlossener Formen mit kleiner Öffnung, wie der Mei-p'ing-Form. Die Glasur ist kalkreich, vom Typ der Seladonglasuren, jedoch oxidierend gebrannt. Sie kann nach folgendem Rezept zusammengesetzt werden: 40 Feldspat 412, 18 Kalkspat, 6 Dolomit, 19 Kaolin und 17 Quarzmehl. Sie wird sehr dünn aufgetragen. Die Bildung der Tränen kann man durch entsprechenden Auftrag begünstigen. Für das schwarze Ting kann die beim Typ Tz'ŭ-chou (74) angegebene dunkle Glasur verwendet werden.

Abwandlungen. Margaret Medley beschreibt ein Verfahren der Ting-Töpfer, mit dessen Hilfe sie Schalen mit umgestülptem Rand herstellten, bei denen das eingeschnittene Muster gleichmäßig in den Rand überging. Es wurde in den feuchten Ton geschnitten, und erst danach drückte man die freigedrehte Schale mit gelindem Pressen in eine entsprechende Form.

Die braun bemalte, seltene Gattung ist mit dünn aufgetragenem eisenreichen Tonschlamm direkt auf den Scherben bemalt und mit der farblosen Glasur ebenfalls in dünner Lage bedeckt.

Literatur. *Lovell, H. C.* Ting Yao and Related White Wares in the Percival David Foundation of Chinese Art. London 1964. – *Medley M.* The Chinese Potter. Oxford: Phaidon, 1976. – *Cardew, M.* Pioneer Pottery. New York: St. Martin's Press, 1971. – *Chou Jen, Chang Fu-k'ang* und *Chêng Yung-fu* Technical Studies of the Lung Ch'üan Celadons of Successive Dynasties. Kao-ku hsüeh-pao 1973 Nr. 1 S. 131–156 (chines. mit engl. Zus.).

Typ 76

Chün

Geschichte. Nach Chün-chou (heute Yü-chou) bei K'ai-fêng in der Provinz Honan ist diese Keramik benannt, die durch dicke, opake Glasuren charakterisiert ist, die 1. einfarbig: blau, violett, grün, 2. rötlich oder violett gefleckt oder 3. in bunten Farbtönen geflammt sein können; diese »Transmutationen« wurden durch verschiedene Oxidations- und Reduktionsstadien des Eisens, Titans und Kupfers infolge unterschiedlicher Feuer- und Lufteinwirkung hervorgerufen. Die Opalisierung (»Chün-Effekt«) der Glasuren wird teils auf unzerstörte opalisierende Teilchen (Phytolithen) aus Pflanzenaschen, teils auf die Gegenwart von Bleioxid zurückgeführt. Manche Stücke sind absichtlich krakeliert, manche besitzen feine, oberflächliche Poren (»Ameisengänge«). Eine Gattung mit mittelhartem bis weichem, gelblichem Scherben nennen die Chinesen »ma Chün« (= Pferde-Chün); auf Vorschlag von Hobson spricht man von weichem Chün. Die Hauptzentren lagen in Honan bei Lin-ju Hsien und Yü-hsien, mit im Boden eingestempelten Größen-Nummern 1 bis 10 versehene Stücke kommen seit dem 14. Jh. aus Chên-ting Fu in Hopei; sie wurden seit Ende des 17. Jh. in Kanton nachgeahmt und heißen dann Fat-shan Chün. Bevorzugte Formen sind Blumentöpfe und Untersatzschalen. Die Formen sind seit dem 14. Jh. oft vieleckig oder mit Klauenfüßen versehen, also aus Modeln hergestellt. Die Chün-Keramik ist bis in das 11. Jh. zurück zu verfolgen, als man die Farben nur mit Eisenoxid erzielte. Erst zu Beginn des 12. Jh. setzte die Verwen-

Abbildung. Chün yao. Nördl. Sung-Dynastie, 10./11. Jh. Dmr. 12,3 cm. Sammlung Siegel.

dung von Kupferoxid ein. Im 13. Jh. scheinen die Flecken bewußt als Schriftzeichen gestaltet worden zu sein. Im 14. Jh. begann die Massenproduktion von massiven Blumengefäßen, Narzissenschalen und Weihrauchbrennern. Die Ware wurde bis in die Ming-Zeit produziert. Im 17. Jh. stellte ein Töpfer namens Ou in Y-hsing Chün-Keramik auf grobem Scherben her. Im 18. Jh. hat man sie in Ching-tê-chen auf Porzellan nachgeahmt.

Herstellung. Dem Scherben des harten Chün entspricht etwa der Ton 1200 aus Siershahn. Seine Zusammensetzung entspricht der von Palmgren mitgeteilten Analyse. Das Chün ist – mit Ausnahme der Porzellanlöffel in Tê-hua – das einzige chinesische Erzeugnis, von dem bekannt ist, daß es nicht im Einbrandverfahren hergestellt, sondern vorgeschrüht wurde. Die Glasuren sind mit den Seladonglasuren verwandt. Ihre Reproduktion gehört zu den höchsten Zielen der Glasurkunst und erfordert viele Experimente mit verschiedenen Versatzstoffen, insbesondere Aschen unterschiedlichster Art und Zubereitung. Man kann dabei von folgenden zwei Rezepten ausgehen: einer blauvioletten Aschenglasur aus 28,6 Feldspat 412, 5 Ton BGR I, 6 Dolomit, 11 Kalkspat, 5,8 Kaolin, 42 Quarzmehl, 0,6 Eisenoxid und 1 Knochenasche und einer grünen, bei Reduktion roten, bleihaltigen Glasur aus 0,13 Kupferfritte A 2350, 6,28 Ton BGR I, 31,12 Feldspat 412, 38 Quarzmehl, 1,55 Kaolin, 9,87 Kalkspat, 4,48 Dolomit und 8,57 Mennige. Die Glasuren werden dick aufgetragen und reduzierend bei 1260 °C gebrannt.

Abwandlungen. G. Bierbrauer empfiehlt zur Ausnutzung des schönen Farbgegensatzes Grün bis Blau (oxidierend) und Rot (reduzierend) folgende drei Verfahren: 1. vor dem Brand: Abdecken einzelner Stellen, die die Flecken ergeben sollen, mit Magnesit; 2. während des Brandes: ungleichmäßige Verteilung der Rauchgase; 3. nach dem Brand: Behandlung der Stellen, die fleckig werden sollen, mit Flußsäure, die das Rot zerstört und das Grün hervortreten läßt.

Literatur. *Palmgren, N., Sundius, N.* und *Steger, W.* Sung Sherds. Stockholm: Almqvist & Wiksell, 1963. – *Collie, J. N.* Notes on some Chinese Glazes on Pottery and Porcelain. Transactions of the English Ceramic Society 15 (1915/16) S. 160–165. – *Bierbrauer, G.* Ein Dekorationsverfahren für Reduktionsglasuren mit Kupferoxid. Keram. Z. 6 (1954) Nr. 3 S. 105.

Typ 77

Chien

Geschichte. Das Chien yao wurde nach einer alten Quelle (»Ch'ing yi lu«) seit dem 10. Jh. in Chien-an und Chien-yang in Gebirgstälern Nordfukiens, aber auch außerhalb dieser Orte, z. B. in Chi-chou/Kiangsi hergestellt. In den Klöstern der Ch'an-Buddhisten benutzte man diese Teeschalen bei den Teewettspielen, in denen der gewann, der am häufigsten Wasser aufgießen und immer noch Tee nachweisen konnte. Die Spuren des hellen chinesischen Tees waren auf der dunklen Glasur am besten zu erkennen. Japanische Mönche, die diese Klöster besuchten, nahmen solche Schalen in ihre Heimat mit, wo sich aus den Teewettkämpfen die Teezeremonie entwickelte. In Japan nannte man diese Schalen *temmoku* nach dem Berg Tien-mu bei Hang-chou in Chekiang, auf dem sich buddhistische Tempel befanden. Die japanischen Importeure kauften das Temmoku in Hang-chou ein. Der Scherben dieser Keramik ist dunkelbraun bis schwarz, hart und schwer. Die Glasur wird in einem Werk aus dem Ende der Sung-Zeit (»Fang yü shêng lan«) mit einem Hasenfell verglichen. Da sie diesen gestrichelten Effekt nur beim Ablaufen entwickelt, verdickt sie sich am unteren Rand und im Inneren, während der obere Rand nur einen dünnen Glasurüberzug behält. Deshalb wurde der Rand in Japan häufig in Silber gefaßt. Die japanischen Nachbildungen des Temmoku in Seto haben einen helleren und leichteren Scherben. Die letzte Erwähnung fand das Chien yao im 17. Jh. in der Schrift »Po wu yao lan«.

Abbildung. Chien yao mit Hasenfellglasur. Sung-Dynastie. London: Victoria and Albert Museum.

Herstellung. Die Analyse eines grauen Temmokuscherbens wurde von Palmgren mitgeteilt. Ihr entspricht bis auf den Kieselsäuregehalt der Witterschlicker Blauton. Aus ihm kann der schwarze Temmokuscherben gewonnen werden, wenn man folgende Mischung verwendet: 50 Witterschlicker Blauton, 50 Ton BGR I und 10 Quarzsand. Als Glasur eignet sich nach Wood folgende Mischung: 34,2 Ton BGR I, 27,8 Feldspat 412, 6,5 Dolomit, 7,1 Kaolin, 3,2 Kalkspat, 20,8 Quarzmehl und 0,4 Rutil. Die Glasur wird in dicker Lage auf den rohen Scherben aufgetragen. Falls sie beim Trocknen reißt, verglüht man den Kaolin vorher bei 800 °C und setzt dann anstatt 7,1 nur 6,1% zu. Auf die rohe Glasur sprüht man reines Eisenoxid in dünner Lage auf. Gebrannt wird reduzierend bei 1280 °C.

Abwandlungen. Eine japanische Temmoku-Glasur wird nach Sanders und Tomimoto aus Fukushima-Feldspat und Gairome-Ton zusammengesetzt. Auf unsere Rohstoffe umgerechnet, lautet das Rezept: 42,9 Feldspat 412, 9,2 Kaolin Kick I, 21,1 Quarzmehl, 0,5 Dolomit, 13,3 Kalkspat, 2,0 Bariumkarbonat, 2,0 Manganoxid, 1,0 Chromoxid, 3,6 Kobaltoxid, 4,2 Eisenoxid. Eine zweite japanische Temmoku-Glasur (Mashiko Kaki) gibt Wood an. Ihr entspricht das Rezept: 27,48 Ton BGR I, 28,92 Feldspat 412, 1,74 Eisenoxid, 7,66 Dolomit, 1,93 Kalkspat, 4,29 Kaolin und 27,98 Quarzmehl. Die Glasuren können oxidierend oder reduzierend gebrannt werden, und man kann sie wechselweise als Unter- oder Überglasuren, also übereinander, verwenden.

Literatur. *Wood N.* Oriental Glazes. New York: Watson-Guptill, 1978. – *Palmgren, N., Sundius, N.,* und *Steger W.* Sung Sherds. Stockholm: Almqvist & Wiksell, 1963. – *Sanders, H.,* und *Tomimoto, K.* Töpfern in Japan. Bonn-Röttgen: Hörnemann, 1977.

Typ 78

Chi-chou

Geschichte. Die Stadt Chi-chou war der Handelsplatz für die den Kan-Fluß abwärts in Yung-ho angesiedelten Töpfer, deren Tradition auf die Tang-Zeit zurückging. 21 ihrer Öfen wurden bisher ausgegraben. Nach dem Fall der Nord-Sung-Dynastie erhielten sie Zuzug aus dem Norden. Einige Erfahrungen des nordchinesischen Ting und des nördlichen Temmoku scheinen von den Töpfern in Yung-ho aufgenommen worden zu sein. Berühmt wurde die Chi-chou-Keramik in der Sung-Zeit durch ihre originellen Dekortechniken: 1. das als *feuille mort* bezeichnete natürliche, hellbraune Blatt in einer dunkelbraunen oder schwarzen Glasur, und 2. dunkle Scherenschnitte in einer blau- und braungestrichelten Rebhuhnbrust-Glasur auf der Innenseite von flachen Schalen. Die Außenseite ist häufig mit einer Schildkrötenglasur versehen. Die Schalen sind nach Temmoku-Art am Fuß unglasiert, der Steinzeugscherben ist, oxidierend gebrannt, hellbraun, reduzierend gebrannt, hellgrau. Eine porzellanartige, weiße Ware ist transparent glasiert. In der Yüan-Zeit kamen neue Dekortechniken auf: 1. dunkelbraune, sehr exakt ausgeführte, kleinteilige Engobemalerei (sie erinnert an die Henry-II-Fayencen, siehe Typ 62) auf weißer Engobe unter Transparentglasur, 2. Schwarzglasur mit ausgesparten Streumustern, teils mit Ritzlinien in der Glasur, wie beim Glasursgraffito von Tz'u-chou (Typ 74), und 3. aus Modeln in mehreren Teilen geformte Gefäße mit hohem Fuß und hohem Hals und eingeformten flachreliefierten Dekoren. Im 13. Jh. wander-

Abbildung. Schale mit *feuille mort*. Chi-chou. Sung-Dynastie.

Abbildung. Schale mit Scherenschnittdekor in einer Rebhuhnbrust-Glasur. ∅ 13 cm. China, Sung-Dynastie. London: Victoria and Albert Museum.

ten viele Töpfer in das aufstrebende Keramikzentrum von Yao-chou ab, und im 14. Jh. hörte die Produktion nach einer Naturkatastrophe auf.

Herstellung. Dem Charakter der südchinesischen Tone entspricht der Ton MC 54/56, mit 20% Feldspat 412 vermischt. Für die weißscherbige Ware eignet sich die für den Ch'ing-pai Scherben (Typ 81) empfohlene Rohstoffmischung. Die Feuille-mort-Technik beschreibt Medley: Das Blatt oder ein kleiner Zweig mit Blättern wird auf den ungebrannten Scherben leicht angeklebt und mit der schwarzen Glasur überglasiert. In oxidierender Atmosphäre brennt es völlig aus und hinterläßt seine hellbraune Spur, weil die Glasur an dieser Stelle dünner aufliegt. Sie ist nur in dicker Lage, um das Blatt herum, schwarz. Die Scherenschnittechnik beruht hingegen auf reduzierendem Brennen, bei dem der Kohlenstoff, der sich durch das Verbrennen des Papiers bildet, in der hellen Glasur versiegelt bleibt und das Muster bildet. Die schwarze Glasur, die in dünner Lage hellbraun ist, hat George Vogt in Sèvres rekonstruiert. Sie kann nach folgendem Rezept zusammengesetzt werden: 22,3 Ton BGR I, 29 Feldspat 412, 0,6 Dolomit, 11 Kalkspat, 25 Quarzmehl, 12 Kaolin, 0,1 Rutil. Die Glasur wird in neun Schichten übereinander aufgetragen und bei 1250 °C gebrannt.

Abwandlungen. Die dick aufgetragene, schwarze Glasur hat man in der Yüan-Zeit auch mit Engobemalerei kombiniert, indem man ein Linienmuster aus Masseschlicker auf die rohe Glasur malte. Damals hat man auch die aus der Schwarzglasur ausgesparten Streumuster eingeführt: Die Muster wurden aus Papier ausgeschnitten und mit einer Nadel auf dem rohen Scherben festgehalten. Nach dem Glasieren zog man, solange der Glasurschlamm noch feucht war, an der Nadel das Papier mit darüberliegender Glasur heraus. Diese Stellen blieben dann unglasiert.

Literatur. *Medley, M.* The Chinese Potter. Oxford: Phaidon, 1976. – *Wirgin, J.* Some ceramic wares from Chi-chou. Bulletin of the Museum of Far Eastern Antiquities 34 (1962) Nr. 42 S. 1–271. – *Vogt, G.* Recherches sur les Porcelaines Chinoises. Bulletin de la Societé d'Encouragement pour l'Industrie Nationale. April 1900 S. 530–612.

Typ 79

Kuan

Geschichte. Die Kuan- oder »offizielle« Ware wurde in einer kaiserlichen Manufaktur für den Bedarf des Hofes und der Beamten in der nördlichen Sung-Hauptstadt K'ai-fêng und nach der Vertreibung der Nord-Sung-Dynastie in der neuen Hauptstadt Hang-chou hergestellt. Charakteristisch für die Kuan-Ware ist das Craquelée. Von der nördlichen ist lediglich aus einer schriftlichen Quelle bekannt, daß sie ein Craquelée wie geborstenes Eis besaß, das wie Aalblut gefärbt war. Auch über die Manufaktur in Hang-chou berichten alte Schriften. Sie lag »unter dem Phönixhügel«, dessen Erde rotbraun war. Eine zweite Werkstatt, »unter dem Himmelsaltar« (Chiao-t'an) soll Kuan-Ware minderer Qualität hergestellt haben. Diese Werkstatt wurde 1929 bei Straßenbauarbeiten ausgegraben. Es folgten Grabungen, bei denen zwei weitere Öfen in Ta-yao und Ch'i-k'ou entdeckt wurden, die eine derartige Ware produzierten. Die Sichtung der Funde ergab dreierlei Qualitäten: 1. eine schwarzscherbige mit lichter, graublauer Glasur und langen, schrägen Längsrissen mit wenigen kurzen Querrissen (dieses Craquelée war am höchsten geschätzt); 2. eine ebenfalls schwarzscherbige, grüner getönte, mit engeren Rissen und 3. eine grauscherbige, gröber gearbeitete, mit heller, graubrauner Glasur und sehr engen Rissen. Die Glasuren waren in mehreren Schichten aufgetragen und insgesamt innen und außen weitaus dicker als der sehr dünne Scherben. Die Gefäße wurden

Abbildung. Kuan yao. Weihrauchschale in *kuei*-Form. Größte Breite 16 cm, Höhe 10,5 cm. Ching-Dynastie. Berlin: Sammlung G. W.

archaischen Bronzen (kuei-Form) oder dem Ritualgefäß aus Jade, Tsung, nachgebildet. Die Produktion endete im ausgehenden 14. Jh. Im späten 17. und 18. Jh. wurden viele Kopien angefertigt.

Herstellung. Palmgren, Sundius und Steger haben die Analyse eines Kuan-Scherbens mitgeteilt, der offenbar in dem hier geforderten reduzierenden Brand der grauscherbigen Gattung zuzurechnen ist. Dieser Analyse würde der Ton 171 von Niederahr entsprechen. Für die schwarzscherbige Gattung eignet sich der Ton BGR I, der schon bei 1200 °C dicht wird und seine sonst rote Brennfarbe bei Reduktion vertieft. Die selben Verfasser gaben auch eine Glasuranalyse an, der folgendes Rezept entspricht: 13,6 Kiefernasche, 9,9 Feldspat 412, 2,8 Ton BGR I, 0,5 Speckstein, 13,4 Kalkspat, 34,36 Quarzmehl, 25,4 Kaolin. Die Glasur ist, wenn sie feinmaschig reißen soll, in zwei Schichten, wenn sie grobmaschig werden soll, in vier Schichten aufzutragen und bei 1230 °C reduzierend zu brennen. Zur Verstärkung der Craquelées kann man die auf etwa 100 °C angewärmte Keramik in kaltem Wasser abschrecken.

Interessant an der angegebenen Glasur ist, daß sie nicht, wie man es bei niedriger Temperatur tun würde, durch Erhöhung der Alkalien, sondern durch Erniedrigung der Kieselsäure zur Craquelée-Glasur wurde. Damit ist sie dem ihrer Zeit und Tradition entsprechenden Typ einer Kalkglasur verbunden geblieben, was ihrem Aussehen zugute kommt. Die Craquelée-Glasuren späterer Zeiten wurden auch in China alkali- und kieselsäurereich zusammengesetzt und besitzen daher einen glatteren, glasigeren Charakter.

Obwohl in der alten chinesischen Quelle (»Po wu yao lan«), die über die nördliche Kuan-Ware von K'ai-fêng berichtet, auch vom Einfärben der Risse mit Tusche die Rede ist, brauchen sie nicht immer eingefärbt zu werden – und vielleicht ist die Farbe des »Aalblutes« durch die Erklärung, die Hetherington gibt, zu verstehen. Sie gilt nur für phosphorhaltige Glasuren, wie sie auch oben angegeben ist. In solchen Glasuren bildet sich Eisenphosphat, das durch das Aufreißen der Glasurschicht mit Luftsauerstoff in Berührung kommt und sich braun färbt. Man erhält dadurch ein dunkles Netzwerk ohne künstliches Einfärben.

Abwandlungen. George Vogt hat chinesische Craquelée-Glasuren des 19. Jh. analysiert und erhielt für feinmaschige Haarrisse eine Glasur, die folgendermaßen zusammengesetzt werden kann: 46,91

Natronenfeldspat, 10,32 Kalifeldspat, 8,68 Kaolin, 31,10 Quarzmehl, 2,77 Kalkspat und 0,22 Speckstein. Für grobmaschige Haarrisse: 19 Kalifeldspat, 23,6 Natronenfeldspat, 33,3 Quarzmehl, 19,9 Kaolin, 2,5 Kalkspat und 1,7 Speckstein. Diese Glasuren sind für die spätere Zeit typische kieselsäure- und alkalireiche Craquelée-Glasuren und bei 1290 °C zu brennen.

Denninger gibt eine Craquelée-Glasur mit kupferrot gefärbten Sprüngen an. Sie besteht aus einer Grundglasur mit dem Rezept: 12,88 Borokalzit, 4,53 Zinkoxid, 23,36 Kalifeldspat, 35,56 Fritte A 1316, 3,62 Kaolin, 9,18 Quarzmehl und 10,87 Zinnoxid. Sie wird bei 1000 °C glattgebrannt und danach mit Hilfe von 0,5% Dextrin als Klebstoff mit einer zweiten Glasur bespritzt, die aus folgendem Rezept gewonnen wird: 43,3 Fritte M 1511, 21,9 Mennige, 9,2 Kaolin, 11,5 Quarzmehl, 10,0 Zinnoxid, 2,0 Kupferoxid und 2,0 bas. Wismut-(III)-nitrat (siehe Seite 328). Der zweite Brand erfolgte hierauf in einer dicht verschlossenen Schamottekapsel in Holzkohle bei 800 °C.

Literatur. *Paine, R. T.*, und *Young, W. J.* A preliminary report on the subsurface structure of glazes of Kuan and Kuantype wares. Far Eastern Ceram. Bull. V (1953) Nr. 9 S. 2f. – *Palmgren, N., Sundius, N.*, und *Steger, W.* Sung Sherds. Stockholm: Almqvist & Wiksell, 1963. – *Vogt, G.* Recherches sur les Porcelaines Chinoises. Bulletin de la Societé d'Encouragement pour l'Industrie Nationale. April 1900 S. 530–612. – *Denninger, E.* Versuche über die Anwendung der »Holzkohle-Technik« auf Reduktionsglasuren und keramische Massen. Ber. dt. keram. Ges. 32 (1955) Nr. 2 S. 50–52.

Typ 80

Lung-ch'üan

Geschichte. Lung-ch'üan, am Fluß Hsi gelegen, ist die Hauptstadt des gleichnamigen Distrikts in der südostchinesischen Provinz Chekiang. Auf Grund der Verwandtschaft der Tone wird das Lung-ch'üan-Seladon als Nachfolgerin der Yüeh-Ware angesehen. Dazwischen liegen die sogenannten Übergangsseladone aus der Zeit der Fünf Dynastien (906–960), die in Li-shui hergestellt wurden und durch einen glattgeschabten Boden gekennzeichnet sind. Ihre Glasur ist grau. Das Lung-ch'üan-Seladen wurde schon in der Nord-Sung-Zeit hergestellt, die erhaltenen ganzen Stücke stammen jedoch aus der Süd-Sung-Periode, und zwar nicht nur aus Chekiang, sondern auch aus Fukien (Chin-ts'ŭn). Hauptorte in Chekiang waren das südlich von Lung-ch'üan flußaufwärts gelegene Ch'i-k'ou, wo 16 Öfen ausgegraben wurden, und – noch etwas weiter südlich – Ta-yao, das früher Liu-t'ien hieß, wo man 23 Öfen fand. Die berühmtesten Töpfer von Ta-yao waren die beiden Brüder Chang, von denen der jüngere das typische Lung-ch'üan-Seladon herstellte, während der ältere, namens Ko, die nach ihm benannte Ko-Ware produzierte, ein Seladon mit gefärbtem Craquelée, ähnlich dem Typ Kuan (79). Eine berühmte Vase in Form eines Schlegels (jap. kinuta) mit einer bläulich-grünen Glasur war Anlaß, die höchste Klasse des Lung-ch'üan-Seladons der Süd-Sung-Zeit, unabhängig von der Form, jedoch mit bläulich-grüner Glasur, als Kinuta-Seladon zu bezeichnen. Charakteristisch für die Chekiang-Seladone ist neben der Farbe auch der »Ei-

Abbildung. Lung-ch'üan-Kinuta-Seladon. Schlegelvase mit Elefantenköpfen. H. 28,4 cm. Taipeh: National Palace Museum.

Abbildung. Lung-ch'üan-Seladon-Schälchen mit plastisch aufgelegten Fischen. ∅ 11 cm. Sung-Dynastie. Berlin: Sammlung G. W.

senfuß«, die Bräunung des Scherbens an unglasierten Stellen. Als der Export anstieg, wurden mehr und mehr Öfen um Lung-ch'üan herum errichtet, und die Massenproduktion führte zu einer weniger sorgfältig ausgeführten Ware. Nach der Überlieferung wurden die Öfen von Ta-yao durch eine Überschwemmung zerstört, und die Töpfer übersiedelten nach Li-shui, das nunmehr Ch'u-chou hieß, wo sie ein glasigeres Seladon produzierten.

Herstellung. Dem Chekiang-Ton entspricht der Siershahner Ton MC 54/56, im Verhältnis 80:20 mit Feldspat 412 vermischt. Die frühen Seladone waren kleinformatig und undekoriert, nur die Henkel waren plastisch verziert. Erst Mitte des 13. Jh. kamen plastische Zweige, Päonienblüten, Granatäpfel und Drachen auf. Die größeren Formen der Spätzeit drehte man aus Teilen und garnierte sie zusammen. Im 14. Jh. schnitt man zum Teil die Standflächen ab und ersetzte sie durch eine mit einer Reliefblüte geschmückte Platte. Vielleicht war man durch Schwierigkeiten mit Bodenrissen zu dieser Lösung gekommen. Die Glasur war in der Anfangszeit kräftiger gefärbt, später lichter. Sie wird bei oxidierendem Feuer hell ockergelb, bei starker Reduktion bis zum Glattschmelzen erhält sie ihre charakteristische bläulich-grüne Farbe. Sie darf nicht höher als 1300 °C gebrannt werden, da sonst das Seladon ausbleicht. Die Farbe wird durch Eisenoxid hervorgerufen, das durch eisenreichen Ton oder Ocker eingeführt wird, die das Eisenoxid in günstiger feiner Verteilung enthalten. Die Glasur muß, um optisch tief zu wirken, dick aufliegen. Feldspat ist wichtig, um zu schnelles Schmelzen und Abfließen zu vermeiden. Zu viel Feldspat aber ergibt Haarrisse. Ihre optische Weichheit erhält die Glasur durch Gasbläschen, die vom Phosphorgehalt der Knochenasche gebildet werden. Ohne sie wirken die Seladone glasig. Knochenasche kann man leicht gewinnen, indem man Rinderknochen in einer Kapsel im Scharffeuer mitbrennt. Nach einem einfachen Rezept soll die Seladonglasur zu je einem Drittel zusammengesetzt werden aus You-kuo, Tz'u-kin-chi und Hoei-Yeou (1). Nach einem anderen aus 8 You-kuo, 1,5 Tz'u-kin-chi, 2 Hoei-Yeou und 1 Leao (2). Die chemischen Analysen und Ersatzmischungen dieser Stoffe sind auf Seite 319 mitgeteilt. Die dritte Zusammensetzung wurde aus einem chinesischen Glasurschlicker analytisch bestimmt. Wer sich intensiver mit Seladonglasuren beschäftigen will, wird sich für die Umwandlung dieser Rezeptangaben auf unsere Rohstoffe interessieren:

	1	2	3	4	5
Kreuzton	27	48	53,5	–	34
Ton BGR I	19,5	9	11	8	4
Feldspat 412	2,5	0,5	1	37	21
Kalkspat	31	15	12,5	13	16
Kaolin	1	0,5	0,5	10	0,8
Quarzmehl	19	19	21,5	25	23
Dolomit	–	–	–	6	0,8
Rutil	–	–	–	1	–
Knochenasche	–	–	–	0,3	0,4
Kobaltfritte J 3394	–	3,5	–	–	–
Eisen-Mangan-fritte A 3226	–	4,5	–	–	–
	100	100	100	100	100

Die beiden letzten Rezepte (4,5) sind aus Analysen alter Chekiang-Seladone berechnet. Um einen einheitlichen Farbton zu erzielen, trug man die Glasur in neun dünnen Lagen auf den rohen Scherben auf. Der Glasurschlicker bestand aus 53 Wasser und 47 Feststoff. Die ersten drei Schichten wurden aufgespritzt, die vierte mit dem Pinsel aufgetragen, die nächsten drei wieder aufgespritzt und die beiden letzten erneut mit dem Pinsel aufgebracht. Die einzelnen Schichten müssen erst trocknen, ehe die nächsten darübergelegt werden. Gebrannt wird reduzierend bei 1200–1250 °C mit einem Luftstrom beim Abkühlen zur Erzielung des für die Chekiang-Seladone charakteristischen Eisenfußes, der beim Typ 72 beschrieben ist.

Abwandlungen. Drei interessante Techniken sind hauptsächlich in der Yüan-Zeit (1260–1367), zum Teil auch im Norden, z. B. in Yaochou (Shensi), angewandt worden: 1. Durch Unterlegen von Flecken aus Eisenoxid, später auch aus Kupferoxid, unter die Glasur, erhielt man das »Buchweizenseladon«, von den Japanern *tobi seiji* und entsprechend auch *kinute seiji* genannt (wobei *seiji* Seladon bedeutet). Im ersten Fall dringt die Reduktion nicht tief genug ein, um die Eisenoxidflecken umzuwandeln; sie bleiben rot. Im zweiten Fall entzieht das reduzierte Eisen der Deckglasur dem Kupferoxid den Sauerstoff, weil das Eisen eine größere Affinität zum Sauerstoff besitzt als das Kupfer; die reduzierten Kupferflecken werden rot. Sind sie jedoch zu dick aufgetragen, so sieht man das Rot nur an den Rändern und es gibt rot geränderte dunkle Flecken. 2. Auf Tellern wurden im 14. Jh. auf die rohe Glasur Tonstücke, z. B. in Form von Drachen, aufgelegt, die im Feuer an der Glasur festklebten und nach der Methode des Eisenfußes eine rote, poröse Schicht bildeten. 3. In anderen Werkstätten sparte man auf dem Scherben Stellen mit plastischer Dekoration oder aufgeklebte Medaillons aus, die ohne Glasur blieben und ebenfalls eine rote Farbe annahmen. Die Brennfarbe konnte auch durch Oxidzusätze beeinflußt sein.

Literatur. *Palmgren, N., Sundius, N.* und *Steger, W.* Sung Sherds. Stockholm: Almqvist & Wiksell, 1963. – *Tsuneshi Ishii* Experiments on the Kinuta Blue Celadon Glaze. Transact. Brit. Ceram. Soc. 1930 (Wedgwood Bicentenary Memorial Number). – *Funk, W.* Über die technische Herstellung des chinesischen Porzellans. Berichte dt. keram. Ges. 22 (1941) S. 163–358. – *Chou Jen,* Chang Fu-k'ang und Chêng Yung-fu. Technical Studies of the Lung Ch'üan Celadons of Successive Dynasties. Kao-ku hsüeh-pao 1973 Hr. 1 S. 131–156 (chinesisch mit engl. Zus.). – *Meyer, A. B.* Altes Seladonporzellan. Berlin 1885.

Typ 81

Ch'ing-pai

Geschichte. Ch'ing-pai wird als »bläulich weiß« gedeutet. Es ist ein lichtes Seladon, das auch als »schattenblau« (*ying-ch'ing*) bezeichnet wurde, was auf die zarten Einritzungen unter der Glasur hindeutet, die sich nur schattenhaft abheben. Das Ch'ing-pai steht in der Entwicklung zwischen dem Lung-ch'üan und dem Blauweiß-Porzellan. Sein Herstellungszentrum lag in Jao-chou, Provinz Kiangsi, südlich von Chin-tê-chen, wo es ebenfalls hergestellt wurde. Hauptperiode des Ch'ing-pai, das auf den Beginn der Sung-Zeit zurückgeht, waren das 12. bis 14. Jh. Die älteren Stücke sind durch die eingeschnittenen, geritzten oder gravierten Linien ohne plastische Modellierung gekennzeichnet, darunter auch quergestrichelte, durch »punktiertes Kämmen« gewonnene Linien. Diese ältere Dekoration war bis ins 14. Jh. gebräuchlich. In der zweiten Hälfte des 12. Jh. übernahm man von der Technologie des Ting (Typ 75) das Abformen plastischer Muster von Modeln für flache Schalen und Teller sowie das Aufstellen der Stücke auf den Rand, statt auf den Fuß, zum Brennen. Daher blieb der Rand unglasiert und erhielt später eine silberne Fassung. Durch Abdrehen der lederharten Gegenstände mit einer Stahlklinge und Glätten vor dem Glasieren erhielt man seit dem Beginn der Ming-Zeit das äußerst dünnwandige Eierschalenporzellan. Dazu legte man die Schalen über einen Holzkern, der mit einem Baumwolltuch bedeckt war. Um 1300 kamen die hochschultrigen Kurzhalsflaschen, deren Form als *mei-p'ing* bezeichnet wird

Abbildung. Ch'ing-pai Weinkanne mit Warmhaltekübel. Sung-Dynastie, 11. Jh. Peking: Wenwu Press.

(Seite 222), auf; sie besitzen in der Regel einen geschnittenen Dekor in drei umlaufenden Zonen. In der Yüan-Zeit wurden auch doppelwandige Gefäße, deren äußere Wandung durchbrochen war, hergestellt. Die Produktion des Ch'ing-pai war sehr exportintensiv: nach Südostasien, auf die Philippinen, in den Mittleren Orient und nach Japan.

Herstellung. Charakteristisch für das Ch'ing-pai ist eine dicke, bläulich-grüne Seladonglasur über einem dünnen, weißen, dichten Scherben. Dem Scherben entspricht eine Massemischung aus 33 Feldspat 412, 28,5 Schnaittenbacher Kaolin und 28,5 Quarzsand. Er ist nur geringfügig feuerfester als die Glasur. Deshalb hatte man beim Brennen der auf den Rand gestellten Gegenstände Schwierigkeiten wegen des Durchhängens der Böden. Die Glasur wurde von vielen Forschern analysiert, und man fand bei einer solchen Analyse auch etwas Lithium. Es schien so, als sei man durch diese Spur hinter das Geheimnis der Ch'ing-pai-Glasur gekommen. Versuche, die daraufhin von Sir Herbert Jackson im North Staffordshire Technical College unternommen wurden, blieben jedoch ergebnislos. Heute hält man das blaue Eisenphosphat, wie beim Mineral Vivianit, für die Färbung verantwortlich. Deshalb ist ein gewisser Phosphorgehalt durch Einführung von Knochenasche in das Rezept wichtig: Es setzt sich zusammen aus 33 Feldspat 412, 6 Ton BGR I, 0,4 Knochenasche, 4,6 Dolomit, 15 Kalkspat, 11 Kaolin und 30 Quarzmehl. Die Glasur wird wie beim Lung-ch'üan-Seladon in Schichten aufgetragen. Gebrannt wird reduzierend bei 1230–1250 °C.

Abwandlungen. In der Yüan-Zeit hat man statt der eingeschnittenen Muster auch Engobeschlicker in dünnen Linien aufgelegt. Sie haben die gegenteilige Wirkung wie die Vertiefungen, die die Farbe kräftiger wiedergaben. Durch die Engobe-Linien wird die Farbe gehöht; die Linien erscheinen heller, mit Schatten an beiden Seiten.

Eine flache, erhabene Verzierung mit Zweigen und Schriftzeichen auf dem inneren Rand von Schalen hatte die »offizielle« Ware der Yüan-Dynastie. Wegen der Schriftzeichen *shu-fu* (= Zentralpalast) wird diese Keramik Shu-fu-Porzellan genannt.

Literatur. *Palmgren, N., Sundius, N.,* und *Steger, W.* Sung Sherds. Stockholm. Almqvist & Wiksell, 1963. – *Jackson, H.* Ying-ch'ing Porcelain. Oriental Ceramic Society Transactions 1927/28.

Typ 82

Ching-tê

Geschichte. Der Sung-Kaiser Ching-tê (1004–1007) befahl den Töpfern der Stadt Ch'ang-nan chên, auf den für ihn angefertigten Stükken die Inschrift »In der Periode Ching-té hergestellt« anzubringen. Seither gibt es auf chinesischem Porzellan die Kaisermarke (nien-hao), und seither heißt die Stadt Ching-tê Chên. Es war eine alte Töpferstadt, in der bereits im 5. Jh. weiße Keramik hergestellt worden war. In der Sung-Zeit sollen hier dreihundert Töpfereien gearbeitet haben. Nach der Mongolen-Invasion (1279) wurde sie zum Mittelpunkt der chinesischen Porzellanfabrikation und erhielt einen Oberaufseher für Töpfereien, der auch rigoros für die Eintreibung der Steuern sorgte. In der ersten Hälfte des 14. Jh. kam die kobaltblaue Unterglasurmalerei auf, erst Mitte des 16. Jh. die kupferrote. Die kaiserliche Porzellanmanufaktur ließ der erste Ming-Kaiser, Hung-Wu (1368–98), am Fuß des »Juwelenhügels« bauen; sie arbeitete nur für ihn und seinen Hof und wurde zum Vorbild für alle Manufakturen der Stadt. Unter dem Protektorat der verschiedenen Kaiser der Ming- und der folgenden Ching-Dynastie wurden viele Neuerungen entwickelt: die Schmelzfarbenmalerei in bestimmten Farbgruppierungen (*famille verte, famille rose, famille noire*), viele berühmte Farbglasuren (Ochsenblut oder *sang de boeuf,* Pfirsichblüte oder *peach-bloom,* Mondscheinblau oder *clair de lune,* Brennspiegelschwarz oder *mirror black*) und die Halbscharffeuerglasuren (*émail sur biscuit*). Für den Export wurde das Porzellan aus Ching-tê

Abbildung. Frühes, unterglasurblau bemaltes Väschen. Ching-tê Chên. Yüan-Dynastie. H. 7,5 cm. Berlin: Sammlung G.W.

Chên in Nanking verschifft und deshalb auch »Nanking-Porzellan« genannt. In der T'ai-p'ing-Rebellion (1853–64) wurde Ching-tê Chên verwüstet und konnte sich erst nach Jahrzehnten wieder erholen. Von den Produktionsverhältnissen in dieser Porzellanmetropole wurde Europa informiert 1712 und 1722 durch Briefe des französischen Missionars Père d'Entrecolles, durch Untersuchungsergebnisse von Proben, die P. J. Ly, ein katholischer Geistlicher chinesischer Herkunft, 1844 nach Sèvres gesandt hatte und die Ebelmen und Salvètat veröffentlichten sowie durch Proben, die der französische Konsul F. Scherzer 1882 nach Sèvres geschickt hatte und die G. Vogt untersuchte. Vogt hatte ein Jahr vorher auf Grund der Analysen von Ebelmen und Salvétat in Sèvres das neue französische Porzellan (porcelaine nouvelle de Sèvres) eingeführt.

Herstellung. Nach den chemischen Analysen von Vogt läßt sich ein weißer, dichter Scherben mit Hilfe des Moschheimer Tones P161 erzielen, der 32% Glimmer enthält und durch seine Plastizität zur guten Verarbeitbarkeit der Masse auf der Töpferscheibe beiträgt. Die Mischung lautet: 53 Ton P161, 31 Feldspat 412 und 16 Quarzsand. Im Vergleich dazu besteht die neue französische Porzellanmasse aus 25 Kaolin, 35 Pegmatit und 40 Quarzsand (Pegmatit ist ein kieselsäurereicher Feldspat). Die Glasur erhält man aus 43,1 Feldspat 412, 21,3 Quarzmehl, 16,6 Kaolin und 19 Kalkspat. Die neue Sèvreser Glasur ist dagegen zusammengesetzt aus 42,1 Feldspat, 27,2 Quarzmehl, 13 Kaolin und 17,7 Kalkspat (1270–1300 °C).

Beim Unterglasurblau ist es interessant, daß die Chinesen das Kobalterz ohne Zusatz als Malfarbe verwendeten, während sowohl die Töpfer in Persien als auch die Arkanisten in Meißen nicht verhindern konnten, daß sich das Kobaltoxid in der Glasur auflöste. Die strengflüssigere chinesische Glasur griff das Kobalterz nicht so stark an. Auch hat man die Unterglasurfarben, nur mit Wasser – gelegentlich mit geringem Knochenleimzusatz – angerührt, auf den rohen Scherben aufgemalt, der weniger saugfähig ist als der geschrühte und deshalb feinste Linien zu malen gestattet, die die Chinesen Moskitofüße nannten. (Um die Auflösung des Kobalts zu verhindern, wird es seit dem Meißner Arkanisten David Köhler an Tonerde gebunden.)

Die rote Unterglasurfarbe der Ming-Zeit wurde ebenfalls analysiert und ergab folgende Zusammensetzung: 14 Kupferoxid, 65 Kreide und 21 roter Ton (BGR I). Sie erfordert einen reduzierenden

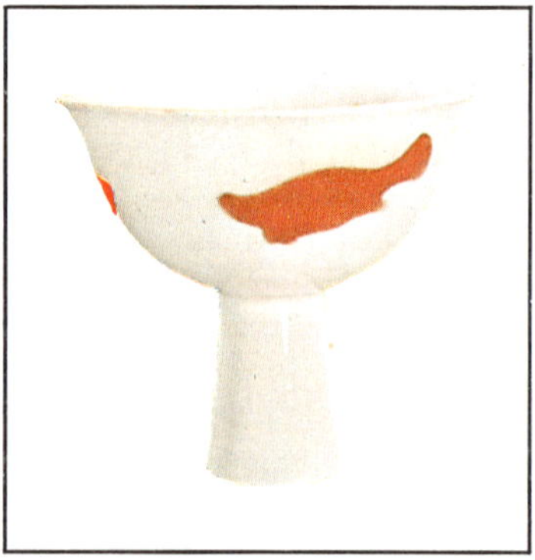

Abbildung. Unterglasurrot bemalte Fußschale. Ching-té Chen, frühes 18. Jh. H. 11,8 cm. London: Percival David Foundation of Chinese Art.

Brand. Die Technik des Unterglasurrots gehört zu den schwierigsten keramischen Dekorationen und ist auch in China äußerst selten.

Die kupferrote Ochsenblutglasur wurde in der K'ang-hsi-Ära (1662–1722), Anfang des 18. Jh., zum ersten Mal hergestellt. Nach einer von Bushell berichteten Überlieferung soll sie Lang T'ing tso, der Vizekönig von Kiangsi und Kiangnan, erfunden haben, nach dem sie als *Langyao* bezeichnet wird. F. Scherzer teilte ein chinesisches Rezept mit: 64 Ting-leao, 64 künstlicher Jadestein, 12 Kupferasche, 12 gefärbte Glasperlen und 12 Flaschenglas. Dieses Gemisch wurde einen Monat lang im Mörser zerrieben, auf einen mehr steinzeug- als porzellanähnlichen, vorgeschrühten Scherben in vier Schichten aufgetragen und in einer Kapsel, die mit verkohlten Hülsen von Reiskörnern ausgelegt war, bei 1260 bis 1300 °C reduzierend gebrannt. Die angegebenen Mischungsbestandteile wurden analysiert. Es ergab sich unter anderem ein Fluorgehalt von 5,65%. Er kann durch Kryolith eingeführt werden, und man kommt dann zu folgender Mischung aus Rohstoffen, die uns zugänglich sind: 28 Fritte M 1233, 10 Kryolith, 17 Kupferfritte A 2350, 9,6 Kalkspat, 2,9 Magnesit, 0,8 Braunstein, 31,1 Quarzmehl, 1,44 Eisenoxid und 0,004 Zinnoxid.

Kupfergefärbt sind auch die pfirsichblütenfarbigen Glasuren, über die es keine Originalangaben gibt. J. Grebanier hat sie rekonstruiert und gibt folgendes Rezept an: 43,4 Nephelinsyenit, 8,7 Kalifeldspat, 2,5 Kaolin, 21 Quarzmehl, 12,1 Colemanit, 9,4 Kalkspat, 1,5 Zinkoxid, 0,4 Kupferoxid und 1 Zinnoxid. Das pfirsichblütenartige Aussehen wird auf milchige Entglasung zurückgeführt.

Das *Clair de lune*, von den Chinesen »Tsi-tsing« (blau wie der Himmel nach dem Regen) genannt, ist nach Salvétat durch kobalthaltiges Manganperoxid gefärbt worden, also durch Erdkobalt. Das chinesische Rezept lautet: 8 Leao, 12,5 Hoei-Yeou und 79,5 Youkuo; aus europäischen Rohstoffen: 59,67 Kreuzton, 2,6 Ton BGR I, 18,1 Quarzmehl, 11,63 Kalkspat, 33,44 Kobaltfritte J 3394 und 4,56 Mangan-Eisen-Fritte A 3226.

Von der brennspiegelschwarzen Glasur (*mirror black*) gibt es ein chinesisches Rezept: 1/3 Leao, 1/3 Hoei-Yeou und 1/3 Tzŭ-kinchi (quarz- und feldspathaltiges Eisenoxid). Vogt hat die Glasur analysiert. Man kann sie aus folgenden Rohstoffen zusammensetzen: 6,66 Eisenoxid, 64,45 Quarzmehl, 7,20 Feldspat, 15,35 Kalkspat, 1,16 Kreuzton, 2,23 Fritte J 3394, 2,95 Fritte A 3226. Diese Glasur schmilzt bereits bei 1180 °C.

Abwandlungen. Kobaltblaue Fonds (sogenanntes Kobaltporzellan) waren eine Erfindung der Chêng-tê-Ära (1506–1521), die Technik wurde aber erst unter K'ang-hsi (1662–1772) beherrscht. Man spritzte die mit Wasser angemachte Farbe (Leao) mit Hilfe eines Röhrchens, dessen Ende mit dichter Gaze überzogen war, auf den rohen Gegenstand, der sich mit Punkten bedeckte. Dadurch erhielt man eine lebendigere Farbfläche als durch Tauchen. Flächen, die ausgespart werden sollten, wurden mit feuchtem Papier abgedeckt, das man nach dem Auftragen entfernte.

Literatur. *Bushell, St. W.* Description of Chinese pottery and porcelain being a translation of the T'ao Schuo. Oxford 1910. – *Julien, St.* Histoire et fabrication de la porcelaine chinoise, ouvrage traduit du Chinois, accompagné des notes et d'additions par A. Salvétat. Paris 1856. – *Ebelmen, J. J.*, und *Salvétat, A.* Recherches sur la composition des matières employées dans la fabrication et la décoration de la porcelaine en Chine, exécutées à la Manufacture Nationale de Sèvres et presentées à l'Académie des Sciences. Ann. de chimie et de physique, 3e série, XXXI 257 (1852). – *Vogt, G.* Recherches sur les porcelaines chinoises. Etudes faites sur les matières recueillies à King-tetchen et envoyées à la manufacure nationale de Sèvres par M. F. Scherzer. Bulletin de la Société d'Encouragement pour l'Industrie nationale, 30. 4. 1900, Nr. 4 V 5e série, S. 530–612. – *Funk, W.* Über die technische Herstellung des chinesischen Porzellans. Ber. dt. keram. Ges. 22 (1941) Nr. 5 S. 163–193, Nr. 6 S. 205–226; 23 (1942) Nr. 6 S. 197–237; Nr. 9 S. 326–358. – *Garner, H.* Vogts »Recherches sur les porcelaines chinoises«. Far Eastern Ceram. Bull. VI (1954) Nr. 4 S. 28.

Typ 83

Fa-hua

Geschichte. Fa-hua bedeutet Keramik mit Emaildekor. Die »Emails« sind niedrigschmelzende, gefärbte Bleiglasuren, die auf den hochgebrannten aber unglasierten Scherben aufgebracht werden. Sie heißen deshalb *Émails sur biscuit.* Diese Keramik entstand in der Ming-Zeit (1368–1644) und war in dieser frühen Periode gekennzeichnet durch starke Reliefs oder erhabene Ornamentkonturen, die die einzelnen Farben wie beim Zellenschmelz trennten. Die Farben der Ming-Zeit waren Grün, Türkis, Gelb und »Brinjal«-Braun. Unter Hsüan-tê (1426–35) wurden porzellanene Gartensitze und große Vasen in der Fa-hua-Technik hergestellt. Besonders begehrt waren Fa-hua-Porzellane mit leuchtend schwarzem, grünem oder gelbem Fond. Aber das Émail sur biscuit war nicht auf Porzellane beschränkt, sondern ist auch auf Steinzeug aufgebracht worden.

In der Ching-Zeit (1644–1912) waren die Farben auch noch eisenrot und blau. Unter K'ang-hsi ersetzte man die erhabenen Engobe-Stege durch manganbraune Konturen und Innenzeichnungen.

In Japan bezeichnet man das Émail sur biscuit als *kochi-yaki* nach Kotchinchina, Südchina, woher diese Technik stammt.

Herstellung. Die Emails werden, um sie von den Aufglasurfarben abzugrenzen, besser als Halbscharffeuerglasuren bezeichnet, weil sie bei 960 °C aufgeschmolzen werden (die Temperaturen der Aufglasurfarben liegen tiefer). Charakteristisch ist für sie ferner, daß sie aus

Abbildung. Fa-hua-Schale der Ming-Zeit. Ø 17,8 cm. Ching-tê Chen um 1500. London: National Gallery.

Abbildung. Schale mit Émail sur biscuit mit brinjalbraunen (= auberginefarbenen) Zweigen. Ø 20 cm. K'ang-hsi-Periode (1662–1722). Berlin: Sammlung G. W.

roh (d. h. ungefrittet) zusammengemischten Rohstoffen bestehen, während die Aufglasurfarben immer aus einem gefritteten Fluß (= Glas) und dem färbenden Schwermetalloxid zusammengesetzt sind. Die Halbscharffeuerglasuren wurden aus folgenden Mischungen gewonnen: Türkis aus 40,83 Kalisalpeter, 8,56 Kupferasche (= 4,28 Kupferoxid + 4,28 roter Ton) und 49,18 Quarzmehl. Grün aus 10 Bleiweiß (oder 11,3 Mennige), 3,3 Quarzmehl und 0,8 Kupferasche (= 0,4 Kupferoxid + 0,4 roter Ton). Gelb aus 20 Quarzmehl, 75 Bleiweiß (entspricht 84,7 Mennige) und 5 rotem Ocker. Brinjal aus 76 Bleiweiß (85,9 Mennige), 3 Leao und 19 Quarzsand. Für Blau kann man statt Leao 0,5 Kobaltoxid nehmen. Die Ersatzmischungen für Leao und für Kupferasche sind auf Seite 319 angegeben. Die Glasuren hat man auch gemischt und dadurch z. B. Schwarz (das tiefste Schwarz ergibt sich, wenn Kupfer, Eisen, Mangan und Kobalt beteiligt sind), die bräunlich-gelbe »Aalhautglasur« und die dunkelgrüne »Schlangenhautglasur« erhalten. Das Eisenrot war vermutlich bereits eine Aufglasurfarbe, die in einem erneuten, tieferen Brand aufgeschmolzen werden mußte und aus Eisenoxid, Bleiweiß und Fluß bestand. Solche Aufglasurfarben wird man heute besser fertig kaufen.

Die Halbscharffeuerglasuren wurden auf den bei 1250 °C gebrannten, nur innen glasierten Ching-tê-Chen-Porzellanscherben aufgetragen. Vor dem Brennen brachte man aus derselben Masse die Stege, die die einzelnen Farben voneinander trennen sollten, auf. Man kann dazu ein Malhorn, das bei Typ 60 beschrieben ist, verwenden. Die Masse muß auf den frisch gearbeiteten Gegenstand aufgebracht werden, weil es sonst Risse gibt. Will man sich mehr Zeit lassen, so muß das Arbeitsstück vorher noch verschrüht werden (siehe Seite 20). Sind dann die Stege aufgebracht und das Stück bei 1250 °C gebrannt, so trägt man die Halbscharffeuerglasuren mit dem Pinsel auf. Damit sie auf dem dichten Scherben haften, wird er angewärmt, oder man setzt der Glasur etwas Dextrin zu. Hat man einen größeren Fond mit Glasur zu bedecken, kann man so verfahren wie es unter den Abwandlungen des Typs 82 beschrieben ist. In die freien Stellen des Fonds setzt man dann die andersfarbigen Glasuren. Der endgültige Brand erfolgt bei 960 °C.

Abwandlungen. Nach europäischen Erfahrungen gewinnt man die schönsten Scharffeueremails bei 1200 °C aus der am niedrigsten schmelzenden Weichporzellanglasur nach dem Rezept: 43,73 Feldspat, 2,63 Magnesit, 3,82 Zinkoxid, 15,67 Kalkspat, 4,07 Kaolin und 30,08 Quarzmehl, die man mit Metalloxiden färben und mit Rutil mattieren kann. Wünscht man Emails für niedrigere Temperaturen, so setzt man der angegebenen Mischung eine leichtschmelzbare Borfritte (z. B. A 3222) zu.

Literatur. *Vogt, G.* Recherches sur les Porcelaines Chinoises. Bull. de la Societé d'Encouragement pour l'Industrie Nationale. April 1900 S. 530–612.

Typ 84

Tê-hua

Geschichte. Tê-hua ist ein Ort in der südchinesischen Provinz Fukien, in dem es schon im 5. Jh. Töpfereien gab. In der Sung-Zeit wurde hier Steinzeug, seit dem 16. Jh. ein Porzellan hergestellt, das man in Europa als *Blanc de Chine* kennt. Es verdankt seine Berühmtheit vor allem weißen Figuren von buddhistischen Gottheiten, unter denen die Göttin der Gnade und Barmherzigkeit, Kuan-yin, am beliebtesten ist. Es wurden jedoch auch Gefäße, »Löwchen« und andere Tierfiguren sowie Menschenfiguren verschiedener Art hergestellt. Die ältesten datierten Stücke befinden sich in der Porzellansammlung des Dresdner Zwingers, im Britischen Museum London und in der Percival David Foundation of Chinese Art in London. Sie stammen alle aus der ersten Hälfte des 17. Jh. In jenem Jahrhundert erreichte Tê-hua den Höhepunkt seiner künstlerischen Qualität und seines Exportanteils neben dem Porzellan von Ching-tê-chen und dem Ch'ing-pai-Seladon von Jao-chou. Über die Produktionsverhältnisse im 19. Jh. hat W. J. Sutton eingehend berichtet.

Herstellung. Das Tê-hua-Porzellan wird wegen der guten Übereinstimmung von Scherben und rahmfarbener Glasur gerühmt. Sie ist darauf zurückzuführen, daß für beides derselbe Rohstoff verwendet wurde; die Glasur erhielt noch einen Kieselsäurezusatz in Form von Reisschalenasche, die zu 93% aus Kieselsäure und zu 2,5% aus Alkalien besteht sowie einen Zusatz von Kalkstein. Die Scherbenmasse

Abbildung. Figur der *Kuan-yin.* H. 24 cm. Tê-hua, 18. Jh. Berlin: Sammlung G.W.

läßt sich nach der von Sutton mitgeteilten Analyse folgendermaßen zusammensetzen: 64,66 Feldspat 412, 1,22 Dolomit und 34,12 Quarzsand. Für die Glasur gilt folgendes Rezept: 34,8 Feldspat 412, 26,5 Kalkspat, 0,2 Dolomit und 38,5 Quarzmehl. Gebrannt wird oxidierend bei 1200 °C.

Abwandlung. Wem Reisschalenasche zur Verfügung steht, der kann die Glasur auch originalgetreu aus 50 Scherbenmasse, 25 Kalkspat und 25 Reisschalenasche zusammensetzen.

Literatur. *Sutton, W. J.* The Manufacture of Porcelain near Tehwa, South China. Bull. Amer. Ceram. Soc. 17 (1938) S. 450–455. – *Donelly, P. A.* Note on Imperial Yung-lo Ware (1408–1424). Oriental Art. N. S. 17 (1971) S. 337–342.

Typ 85

I-hsing

Geschichte. I-hsing-Hsien (auch Yi-hsing) ist ein Ort südlich von Ch'ang-chou, westlich von Shanghai, in der Provinz Kiangsu, wo seit dem 16. Jh. ein dunkelrotes Steinzeug hergestellt wurde. I-hsing-Teekannen gelangten im 17. Jh. zugleich mit dem Tee nach Europa, wo sie so begehrt wurden, daß Keramiker in Holland (Ary de Mylde), England (Gebr. Elers) und Deutschland (Böttger) sie kopierten. Böttger waren sie Vorbild für sein »Jaspisporzellan«, das als Böttgersteinzeug bekannt ist. Böttger hat chinesische Stücke einfach abgeformt. Die Produktion des I-hsing-Steinzeugs geht auf den Priester eines Tempels südöstlich von I-hsing zurück, der in der Chêng-tê-Ära (1506–1521) seine Kenntnisse einem Töpfer namens Kung Ch'un weitergab, der als Gründer der eigentlichen Produktion gilt. In der Wan-li-Ära (1573–1620) führte der Töpfer Tung Han den aufgelegten Reliefschmuck ein. Da der Ton in der Farbe variierte, hat man auch Reliefs in anderen Rottönen aufgebracht. Schließlich wurden auch Stempel eingedrückt und Schriftzeichen eingeschnitten. In europäischen Sammlungen kommen – wie beim Böttgersteinzeug – sogar ganz geschliffene Stücke vor. Im 18. Jh. hat man das I-hsing-Steinzeug auch mit Schmelzfarben der famille rose bemalt. Außer Kannen wurden kleine Figuren hergestellt, von denen man einige mit einer bläulich-grünen Glasur versah. Diese Stücke sind zum Teil kaum von dem roten, glasierten Steinzeug zu unterscheiden, das im 18. und 19. Jh. in der Nähe von Canton erzeugt wurde. Diese Kuang-

Abbildung. I-hsing-Steinzeugkännchen. H. 7,6 cm. Wan-li-Periode, dat. 1597. Hongkong: Sotheby.

tung-Ware wird wegen ihrer Glasuren als später Ausläufer der Chün-Keramik, allerdings auf dunklem Scherben, angesehen.

Herstellung. Als Ton eignet sich der Guckheimer Ton BGR I, der bei 1200 °C dunkel-ziegelrot und völlig dicht brennt und dabei um 12% schwindet. Die Glasur ist eine dem 16. Jh. entsprechende Kalkglasur vom Seladon-Typ, wie sie damals in dieser Gegend üblich war, auf 1200 °C Brenntemperatur zugeschnitten. Sie ist durchsichtig und läßt den dunklen Scherben durchscheinen. Reduzierend gebrannt, besitzt sie eine seladongrüne Eigenfarbe, oxidierend gebrannt, ist sie hellbraun. Ihr Rezept: 7,4 Ton BGR I, 36,5 Feldspat 412, 5,1 Dolomit, 12,3 Kalkspat, 10,8 Kaolin und 27,9 Quarzmehl.

Abwandlungen. Durch Benutzung einer Glasur vom Typ der Chün-Glasuren, jedoch in der dem 17. Jh. entsprechenden kieselsäure- und alkalireicheren Form, erhält man die sehr reizvolle dunkelscherbige Kuang-tung-Ware. Die Glasur, die bei 1200 °C durch Reduktion blau, in oxidierender Atmosphäre grünbraun wird, kann folgendermaßen zusammengesetzt werden: 43,8 Feldspat 412, 38,5 Quarzmehl, 2,53 Kaolin, 6,22 Knochenasche, 6,40 Kalkspat, 0,04 Kupferoxid, 2,5 Eisenoxid. Die Knochenasche kann auch durch Ried- oder Farnkrautasche ersetzt werden.

Literatur. *Bartholomew, Terese Tse.* I-hsing ware. New York, China House Gallery/China Institute in Amerika, 1977. – *Sotheby Parke Bernet* (Hongkong): Mandarin Hotel, 1978.

Korea

Die koreanische Töpferei folgte der chinesischen in der Herstellung hochgebrannter Ware. Die Härte des grauen Scherbens übertraf schon im 4. Jh. die aller gleichzeitigen Keramiken des Fernen Ostens. Im Groß-Silla-Reich (668–935) traten an die Stelle von keramischen Grabbeigaben Aschenurnen mit kleingestempelten Mustern. Als Stempel dienten Bambusenden. Diese Urnen waren bereits mit einer gelblich-braunen oder olivgrünen Glasur versehen. Später hat man die eingestempelten Vertiefungen mit einer Engobe überstrichen, woraus sich in der folgenden Koryŏ-Zeit (912–1392) das Koryŏ-Seladon mit Einlegemuster, das berühmteste keramische Erzeugnis Koreas, entwickelte. Wie die gleichzeitige chinesische Sung-Zeit, war die Koryŏ-Zeit die fruchtbarste Periode der koreanischen Keramik. Nach der mongolischen Besetzung, 1231–71, begründete Prinz Yi (japanisch: Li) im Jahre 1392 die koreanische Yi-Dynastie, die bis zur japanischen Annexion im Jahre 1910 an der Macht blieb. Die wichtigsten kulturellen Ereignisse dieser Periode waren die Erfindung der Buchdruckerkunst mit beweglichen metallenen Lettern und die Einrichtung einer staatlichen Druckerei im Jahre 1395 sowie der Überfall der Japaner unter dem Feldherrn Hideyoshi in den Jahren 1592 bis 1598, der das Land in Elend stürzte und mit der Deportation zahlreicher Töpfer nach Japan endete. Schon vor diesem Überfall waren die rustikalen koreanischen Reisschalen von japanischen Teemeistern hoch gerühmt worden. Ihre Einfachheit entsprach der Teezeremonie besser als die bis dahin in großen Mengen aus China nach Japan importierten vollkommeneren Temmoku-Schalen. 1639 wurde in Pusan an der koreanischen Südküste nach Verhandlungen mit den Japanern eine staatliche Produktionsstätte mit zwei Öfen eingerichtet, die bis 1717 Teeschalen nach Japan lieferte. Im übrigen kapselte sich Korea gegen die Außenwelt ab. Nach 1910 zeigten die Japaner großes Interesse an der koreanischen Archäologie, da sie hierin eine der Wurzeln ihrer eigenen Geschichte erkannten. Viele koreanische Keramiktypen und -techniken sind in ihrer japanischen Bezeichnung bekannt geworden.

Literatur. *Chewon Kim* und *Gompertz, G. St. G. M.* The Ceramic Art of Korea. New York: Yoseloff 1961. – *Honey, W. B.* Corean Pottery. New York: Van Nostrand 1948.

Typ 86

Koryŏ-Seladon

Geschichte. Ende des 10. Jh. übernahmen die koreanischen Töpfer in Puan und Kangjin die Technik und die Formen des chinesischen Yüeh-Seladons. Erst im 12. Jh. entwickelten sie ihr eigenes Seladon, dessen Farbe als »Eisvogel-Farbe« (pi-saek) berühmt wurde. Dieses Eisvogel-Seladon, teils mit eingeschnittenen Mustern nach Yüeh-Art, hatte seinen Höhepunkt im 11./12. Jh. Eine weitere Erfindung knüpfte an die Aschenurnen der Silla-Zeit an und bestand in der *saggam*-Technik, nämlich im Ausfüllen eingeschnittener Muster mit weißer oder dunkler Engobe. Das älteste datierbare Sanggam-Seladon, das erhalten ist, ist eine Schale aus dem Jahre 1159. Von Nord- bis Südkorea konnten zahlreiche Öfen lokalisiert werden, in denen das Koryŏ-Seladon hergestellt wurde. Die meisten erhaltenen ganzen Stücke stammen aus der Gegend um Kaesŏng, der Koryŏ-Hauptstadt, und von der Insel Kanghwa, unweit Soeul, auf die der König mit seinem Hof vor den Mongolen geflohen war. Mit der vierzigjährigen mongolischen Okupation setzte der Verfall des Koryŏ-Seladons ein, der sich durch braune Fehlbrände zu erkennen gibt. Trotzdem wurden noch unter König Ch'ungnyol (1275–1308) Sanggam-Seladone, auf denen die Muster mit Gold konturiert waren, als Geschenke an den Yüan-Hof gesandt. Erst im 14. Jh. löste die Mishima-Technik die Sanggam-Technik ab. Außer in Korea selbst arbeiten in Japan die Töpfer von Agano heute noch in der Tradition des Koryŏ-Seladons.

Abbildung. Koryŏ-Seladon. Wasserkanne mit eingelegtem Weinlaub-Dekor. Korea, Koryŏ-Dynastie, um 1200. H. 38,5 cm. Osaka: Städt. Museum.

Herstellung. Für sämtliche koreanische Typen ist der Ton Fr gelb der Grube Schmittenhöhe des Neuwieder Beckens genau richtig. Die Muster werden bis zu einem Drittel der Scherbendicke in den lederharten Ton eingeschnitten. Die Töpfer verwenden dazu scharf gefeilte Regenschirmstäbchen. Danach wird mit einem Pinsel Schlicker aus weißbrennendem Ton in die Vertiefungen gefüllt. Den Überschuß kratzt man sauber ab. Als Werkzeug verwenden die Töpfer dazu heutzutage einen aus Kisten-Stahlband Z-förmig an beiden Enden je 2 cm eingebogenen, insgesamt 20 cm langen »Hobel« (kanna). Was später schwarz werden soll, wird in einem zweiten Arbeitsgang mit Eisenoxidschlamm gefüllt und ebenfalls abgeschabt. Nach dem Trocknen wird das Stück ganz in Glasur getaucht, so daß es innen und außen, auch am Boden und Standring, mit Glasur überzogen ist. Die Ware wird im Ofen auf Dreispitze gestellt, die drei typische Narben in der Glasur des Bodens hinterlassen.

Unter den Koryŏ-Seladonen ist das in Saggam-Technik verzierte das originellste. Es hat eine ungefärbte Transparentglasur, die sich das Eisen, das sie zum Entwickeln der grünen Farbe im reduzierenden Feuer braucht, selbst aus dem Scherben herauslöst. Wo sie auf weißer, eisenfreier Engobe aufliegt, bleibt sie farblos. Auf Eisenoxidengobe hingegen addiert sich das Eisen-(III)-oxid mit dem reduzierten Eisen-(II)-oxid zum schwarzfärbenden Eisen-(II,III)-oxid. Auf diese Weise bleiben alle Farben, die unter der Glasur aufgetragen werden, erhalten, nur das Eisenrot wird schwarz. Will man ein Rot erzielen, so muß man statt des Eisenoxidschlammes Kupfer nehmen. Die Glasur ist eine »geheime Farbe«. Nach einer alten Überlieferung der aus Korea stammenden Töpfer von Koishibara in Japan (siehe Typ 98) wird eine Transparentglasur aus 4 Feldspat, 2 Reisstrohasche und 4 Holzasche zusammengesetzt. Es ist eine alkalireiche Kalkglasur für 1300 °C. Ersatzmischungen für die Aschen sind auf Seite 320 angegeben.

Daneben gibt es eine Gattung des Koryŏ-Seladons mit graugrüner Glasur, die Kanjiro Kawai von der Städtischen Schule für Töpfer in Tokyo rekonstruierte. Sein Rezept lautet: 25 Feldspat, 32 Holzasche, 17 Reisstrohasche, 25 Kaolin und 1,5 Hammerschlag (= Eisen-(II, III)-oxid). Leach dagegen gibt folgendes Rezept an: 25 Feldspat, 25 Kalkspat, 6,5 Kaolin, 20 Ball Clay, 20 Quarzmehl, 2 Ocker, kalziniert, 1,5 Eisenoxid. Beide Seladonglasuren sind nach reduzierendem Brand bei 1280 °C graugrün, in oxidierendem Feuer werden sie bernsteinfarbig.

Abwandlungen. Unter dem Einfluß der chinesischen Keramik aus Tz'u-chou benutzten die Koryŏ-Töpfer ihre weiße Engobe und den Eisenoxidschlamm – wie beim schwarzen Koryŏ – auch zum Malen, oder sie brachten kupferrote Flecken unter der Glasur auf. Dieses »bemalte Korea« (*egorai*) war gegen Ende des 11. Jh. als erste bemalte koreanische Keramik aufgekommen und endete mit der Koryŏ-Zeit im 14. Jh. Die erwähnten goldenen Konturen, die man aus handelsüblichem Polier- oder Glanzgold aufbringen kann, müssen in einem gesonderten, letzten, oxidierenden Brand bei 800 °C aufgeschmolzen werden.

Literatur. *Stern, H. Ph.* A contemporary Korean Kiln. Far Eastern Ceramic Bulletin (Michigan: Ann Arbor) Bd. 10, Nr. 1 u. 2 (März, Juni) 1958. – *Gompertz, G. St. G. M.* Korean Celadon. London: Faber and Faber, 1963. – *Sander, H. H.*, und *Tomimoto, K.* Töpfern in Japan. Bonn-Röttgen: Hörnemann, 1977. – *Leach, B.* Das Töpferbuch. Bonn-Röttgen: Hörnemann, 1974.

Literatur zu Typ 87. *Gompertz, G. St. G. M.* Black Koryŏ Ware. Oriental Art (London) Bd. 3 (1950) Nr. 2 S. 61–67.

Abbildung Seite 275. Schwarzes Koryŏ. Korea, Koryŏ-Dynastie, 13. Jh. H. 28,3 cm.

Typ 87

Schwarzes Koryŏ

Geschichte. Das seltene schwarze Koryŏ entstand aus der Anregung durch das schwarze chinesische Porzellan aus den Provinzen Honan und Fukien. Es wird nach einem Vorschlag des japanischen Keramik-Historikers Ken Nomori auch tessai-de (Eisen-Typ) genannt, weil seine schwarze Farbe auf einer Eisenoxid-Engobe unter der Seladonglasur beruht. Diese Keramik wurde hauptsächlich in der Nähe von Kangjin im Südwesten Koreas, vermutlich bereits seit dem Ende des 11. Jh. neben dem »bemalten Korea« hergestellt. Alle erhaltenen Stücke stammen jedoch erst aus dem 13. Jh. und werden wegen ihres künstlerischen Stils mit der mongolischen Besetzung in Verbindung gebracht. Sie zeigen auch Ähnlichkeiten zur chinesischen Tz'u-chou-Ware der Yüan-Zeit.

Herstellung. Der verwendete Ton entspricht dem des Koryŏ-Seladons. Die Muster werden entweder vor oder nach dem Tauchen des Gefäßes in Eisenoxidschlamm in den lederharten Ton eingeschnitten. Geschieht es nach dem Eintauchen, so bleibt das Muster hell auf dunklem Grund stehen. Nach dem Trocknen wird das ganze mit der farblosen Glasur des Koryŏ-Seladons glasiert und reduzierend bei 1300 °C gebrannt. Durch die Seladonfarbe der Glasur erscheint die Eisenengobe leuchtend schwarz mit blaugrünem Schimmer.

Abwandlungen. Diese Keramik wurde auch mit eingelegtem weißem Schlicker in eingeschnittenen Mustern verziert. Dagegen sind Stücke, bei denen mit weißem Schlicker erhaben auf den Eisengrund gemalt wurde, eine Variation des »bemalten Korea«.

Typ 88

Punch'ŏng

Geschichte. Die Punch'ŏng-Ware löste in der Yi-Dynastie das Koryŏ-Seladon ab, wurde jedoch nur vom 14. bis 16. Jh. produziert; sie überlebte die japanische Invasion von 1592/98 nicht. Sie ist gekennzeichnet durch kleine gestempelte Vertiefungen (*mishima*), die mit einer Engobe überbürstet sind (*hakeme*). Die Bezeichnung Mishima gaben die Japaner dem kleingemusterten Punch'ŏng nach der ähnlich radial angeordneten Schrift in Kalendern, die in der Stadt Mishima, südwestlich von Tokyo, hergestellt wurden. Hakeme bedeutet »Pinsel-Strich«, wobei als Hake ein breiter, kurzborstiger Pinsel bezeichnet wird. Die Punch'ŏng-Keramik wurde in großen Mengen im 15. Jh. in Südkorea hergestellt, als das Porzellan wegen seiner Seltenheit noch dem Königshaus vorbehalten war. Die Keramik mit Mishima-Dekor galt als »schöne Ware« (reihin). Das aus dichten, radial angeordneten Punktlinien oder Blümchen gestempelte Muster wird als »geraffter Vorhang« bezeichnet.

Herstellung. Der Scherben war bei den ältesten Stücken rötlich, später grau, dem reduziert gebrannten Ton Fr gelb der Grube Schmittenhöhe entsprechend. Mit kleinen Einzelstempeln, mit Rollstempeln oder durch Ritzen werden kleine Vertiefungen angebracht und dann das Arbeitsstück mit weißer Engobe überbürstet. Der dazu geeignete breite Pinsel darf nur so weit mit Engobe benetzt werden,

Abbildung. Punch'ŏng-Keramik mit Eisenmalerei auf aufgebürsteter Engobe aus Keryong-san, zentrales Südkorea, 15. Jh. H. 15,5 cm. National Museum Korea.

daß er einen deutlich streifigen Überzug bildet. Das Aufbürsten kann auf der drehenden Scheibe erfolgen. (Über die Gesichtspunkte, die beim Aufbringen einer Engobe zu berücksichtigen sind, siehe Seite 20.) Die Engobe sammelt sich in den Vertiefungen, und deshalb entspricht das Hakeme einem flüchtig durchgeführten Einlegeverfahren. Die aufgebürsteten Streifen außerhalb der Muster bleiben stehen. Nach dem Trocknen wird die Keramik in die Glasur getaucht, so daß sie innen und außen, auch auf dem Boden, vollkommen mit Glasur bedeckt ist. Sie wird auf Dreispitzen gebrannt, die drei Narben auf dem Gefäßboden hinterlassen.

Die Glasur kann nach einem überlieferten Rezept der Töpfer in Ryūmonji, Japan, das Sanders und Tomimoto vermerkt haben, zu je einem Drittel aus Feldspat, Reisstroh- und Holzasche zusammengesetzt werden. Auf unsere Rohstoffe umgerechnet, ergibt sich folgender Versatz: 44,88 Feldspat 412, 22,68 Kalkspat, 3,35 Kaolin, 25,08 Quarzmehl, 1,67 Magnesit und 2,34 Knochenasche. Brenntemperatur 1280 °C.

Abwandlungen. Neben dem überbürsteten Mishima-Dekor kommt das Hakeme auch auf dem glatten, undekorierten Ton vor. Dieses kann entweder für sich allein als Oberflächenstrukturierung bleiben oder mit Eisenoxid, mit einem stark verunreinigten Kobaltoxid oder mit Kupferoxid bemalt sein und wird dann als *e-hakeme* (bemaltes Hakeme) bezeichnet. Sind in den Hakemegrund Linien eingeritzt oder Muster in Sgraffitotechnik eingeschnitten, so spricht man von *hori-hakeme* (geschnittenes Hakeme). Die einzelnen Dekortechniken sind auch kombiniert angewandt worden, indem man zum Beispiel geritzte Konturen mit kleingestempelten Mustern füllte.

Literatur. *Gompertz, G. St. G. M.* Korean Pottery and Porzellan of the Yi Period. London: Faber and Faber 1968. – *Sanders, H. H.,* und *Tomimoto, K.* Töpfern in Japan. Bonn-Röttgen: Hörnemann 1977.

Typ 89

Ido

Geschichte. Die Bezeichnung Ido stammt vermutlich von einem Ort in der Provinz Kyŏngsang. Ido-Schalen wurden zu Hunderten in dieser südkoreanischen Provinz, die Japan gegenüber liegt, als gewöhnliche Reisschalen hergestellt. Auf ihre Ausführung wurde keine Sorgfalt verwandt. Man achtete nicht auf Regelmäßigkeit beim Freidrehen und stapelte sie im Ofen ineinander, wodurch im Innern Klebespuren in der Glasur zurückblieben. Diese Unvollkommenheiten, die ungekünstelte Art der Herstellung und die rustikale Einfachheit entsprachen gerade den Idealen der japanischen Teemeister, die als Autoritäten des künstlerischen Geschmacks die Teezeremonie festlegten. Alte Quellen berichten, daß man in der Tensho-Ära (1573–92) in Japan 10 000 bis 50 000 Koku Reis für eine Ido-Schale zahlte. Es wurde zur Mode, eine solche Schale zu erwerben, ihr einen besonderen Namen zu geben, Freunde zur Teezeremonie einzuladen, und es war höflich, einige Punkte hervorzuheben, die die individuelle Schönheit der Schale charakterisierten. Alte japanische Schriftsteller beschrieben die »Bambusknotenform« der Ido-Schalen als tiefbodig mit hohem Fuß. Die Glasur wurde als »Haifischhaut« (*kairagi*) bezeichnet. 1593 gründete der deportierte Koreaner Li Kyong, der sich später Saka Koraizemon nannte, einen Ofen für Ido-Schalen in Matsumoto bei Hagi in der Korea gegenüberliegenden Provinz Nagato. Sein Schüler Kurasaki Gombei (gest. 1694) schuf den Typ des Onihagi mit »dämonischer Glasur« in Rakuzan.

Abbildung. Ido-Schale. Korea, Yi-Dynastie, 16. Jh. Südkorea. H. 8,8 cm.

Herstellung. Der »Eierschalenfarbe« des Ido-Scherbens entspricht die Brennfarbe des Tones Fr gelb der Grube Schmittenhöhe bei oxidierendem Brennen. Er wird mit 20% Sand gemagert. Die Reisschalen wurden vom Stock gedreht, das heißt, aus einem größeren zentrierten Hubel Ton wurden nacheinander mehrere Schalen frei gedreht, die jeweils vom verbleibenden Grundstock mit einem Faden abgeschnitten wurden. Dazu wurde der Faden um die Schnittstelle geschlungen, und durch plötzliches Ziehen an einem Ende des Fadens die Schale abgeschnitten. Dieser Fadenschnitt (*itokiri*) ist nur beim Drehen vom Stock möglich.

Es ist anzunehmen, daß die Glasur von größter Einfachheit gewesen ist. Ihre Bernsteinfarbe (jap.: *ame*) weist auf Eisen als färbenden Stoff und oxidierenden Brand hin. Der Scherben ist porös, also wurde die Brenntemperatur nicht bis zur Sinterung getrieben. Sanders und Tomimoto berichten von einer bernsteinfarbenen Glasur koreanischer Herkunft, die nur aus 10 rotem, sandigem Eisenoxid und 16 Holzasche aus dem Küchenfeuer gewonnen wurde. In Prozenten ausgedrückt, sind das 38,5 sandiges Eisenoxid und 61,5 Holzasche. Seger beschrieb derartige Mischungen als europäische Dachsteinglasuren und betonte, daß das verwendete Eisenoxid für diesen Zweck immer Sand enthält und daß man manchmal sogar noch Sand zusetzt. Im System Kalk-Sand-Eisenoxid liegt eine leichtschmelzende Mischung aus 20 Kalk, 39 Sand und 41 Eisenoxid bei 1200 °C. Mit Hilfe dieser Angabe läßt sich errechnen, wie sandig das Eisenoxid sein muß, um zusammen mit der Asche eine möglichst niedrig schmelzende Glasur zu ergeben: es muß aus 77,5 Eisenoxid und 22,5 Sand bestehen. Man kann also, wenn man nur reines Eisenoxid zur Verfügung hat, folgendes Rezept verwenden: 61,5 Holzasche, 8,5 Sand und 30 Eisenoxid. Da die Asche noch weitere Flußmittel enthält, schmilzt die Glasur, oxidierend gebrannt, bei 1100 °C. Bei dieser Temperatur hat der Ton Fr gelb eine Porosität von 0,46%.

Abwandlungen. Seger beschrieb diese Art von Glasuren, die nur aus 57 Eisenoxid und 43 Sand zusammengesetzt waren – also keine Asche enthielten – für das reduzierende Brennen bei 1190 °C. Das ergibt eine schöne schwarze Glasur mit schiefergrauem Schimmer.

Literatur. *Gompertz, G. St. G. M.* Korean Pottery and Porcelain of the Yi Period. London: Faber and Faber, 1968. – *Sanders, H. H.*, und *Tomimoto, K.* Töpfern in Japan. Bonn-Röttgen: Hörnemann, 1977. – *Seger, H.* Über Dachsteinglasuren. Tonind. Z. 1892, S. 379.

Japanische Formen

Japan

Drei große Kulturen, die Jômon-, Yayoi- und Tumulus-(Grabhügel-) Kultur, gingen der ersten hochgebrannten Keramik Japans voraus, die um die Mitte des 5. Jh. aufkam. Sie wird *sueki* oder Sue-Ware genannt nach *sueru*, ein Geschenk darbringen, was auf die religiöse Bedeutung hinweist. Diese Keramik war bereits auf der Töpferscheibe gedreht und in einem Ofen gebrannt, die beide aus Korea kamen. Der Ofen war vom Ana-gama-Typ – ein Einkammerofen, der auf einem etwa 30 Grad steilen Abhang errichtet wurde und bis zu 10 m lang und 1,5 m breit sein konnte. Ende des 15. Jh. führten die Sue-Töpfer einen Mehrkammerofen nordkoreanischer Herkunft ein, den sie »gespaltener Bambus« nannten. Ihm folgte der südchinesische, heute noch in ganz Ostasien übliche Mehrkammerofen mit treppenförmiger Ofensohle. Die einzelnen Stufen sind so breit wie ein Kapselstoß. Die Chinesen nennen ihn »Drachenofen«, weil er wie ein feuerspeiender Drache den Hang empor brennt. Bei den Japanern heißt er Nobori-gama. (Er unterscheidet sich von den nordchinesischen einkammerigen »Pferdehuföfen«, [siehe Seite 237], die für die Massenproduktion unwirtschaftlich waren.)

Die Sue-Keramik wurde im Rauchfeuer gebrannt; ihr Scherben ist reich an Kohlenstoff. Eine Sue-Gattung wird nach einem Ofenfund aus dem 10. Jh. am Berg Sanage in der Präfektur Aichi »Sanage-Keramik« genannt. Sie ist insofern bemerkenswert, als auf sie ein Aschenschlamm durch Tauchen oder Bestreichen aufgebracht worden war, sie also das erste absichtlich glasierte japanische Steinzeug darstellt. Älter als sie war die aus China übernommene bleiglasierte Dreifarbenkeramik der Nara-Periode (646–794), das sogenannte Nara-Sansai (Seite 227), von dem 57 Stücke im Schatzhaus des Shoso-in in Nara aufbewahrt sind. Man nimmt an, daß sie speziell für die Inaugurations-Zeremonie des großen Buddha von Todai-ji am 9. Tage des 4. Monats des Jahres 752 angefertigt wurden. Niedrig gebrannte Dreifarbenkeramik in der Art des t'angzeitlichen chinesischen San ts'ai wurden jedoch auch an anderen Orten im Dreieck Nara-Osaka-Kyoto ausgegraben, aber die Produktion hörte mit der Heian-Periode (794–1185) auf. Die Tradition der bodenständigen

Japanische Teekeramik (Chaki). 1. Zeile: Chaire = Teedose, Kogo = Räucherwerkbehälter; 2. Zeile: Koro = Weihrauchbrenner, darunter: Chawan = Teeschale, Mizusashi = Wasserbehälter; 3. Zeile: Chatsubo = Urne für den Teevorrat, Hanaike = Blumenvase.

hochgebrannten Keramik wurde von den »Sechs Alten Öfen von Japan« vertreten, von Seto, Tokoname, Shigaraki, Echizen, Tamba und Bizen. Es gab noch andere, aber sie waren unbedeutend. Die beiden wichtigsten, Bizen und Seto, sind im folgenden als Typ 90 und 91 beschrieben. Stärker als die T'ang-Keramik beeinflußte die Sung-Keramik, die in die Heian- und in die Kamakura-Zeit (1185–1333) fiel, Japan, vor allem mit den südchinesischen Sung-Typen Lung-ch'üan, Ch'ing-pai und besonders Chien, hier als Temmoku bezeichnet. Die Importe dieser Keramiken führten zu japanischen Nachbildungen.

Die mongolische Okupation blieb den Japanern erspart; Kamikaze, der Götterwind, vertrieb die Invasionsflotte der Mongolen. Trotzdem kam das Land in inneren Machtkämpfen nicht zur Ruhe. Ende des 16. Jh. unternahm der Feldherr Hideyoshi seine Raubzüge nach Korea. Die nach Japan deportierten koreanischen Töpfer und der Einfluß der buddhistischen Teemeister führten die höchste Blüte der japanischen Keramik in der Momoyama-Zeit (1568–1615) herbei, die etwa der chinesischen Ming-Zeit (1368–1644) entspricht. Damals entstanden die meisten der im folgenden beschriebenen Keramik-Typen.

Die Teemeister unterschieden drei Kategorien von Teekeramik: 1. »die berühmtesten Stücke« (*o-meibutsu*) – diese Bezeichnung war Stücken vorbehalten, die vor der Zeit Sen no Rikyus (1521–91), des größten aller Teemeister, hergestellt wurden; 2. »berühmte Stücke« (*meibutsu*) für Keramik, die von Rikyu ausersehen war, und 3. »berühmte erhaltene Stücke« (*chuko meibutsu*), die ihren Ruhm von dem Teemeister Kobori Enshū (1579–1647) herleiten. Von sieben Öfen, die Kobori Enshū bevorzugte, sind heute noch sechs in Tätigkeit.

Die Edo-Zeit (1615–1868), die überwiegend der chinesischen Ch'ing-Epoche entsprach, war vom Porzellan beherrscht. Größere Farbigkeit breitete sich auch in den kleineren Werkstätten aus, wobei die Töpfer von Kyoto eine führende Rolle spielten.

Literatur. *Koyama, F.* The Heritage of Japanese Ceramics. New York/Tokio: Waterhill/Tankosha, 1973. – *Leach, B.* Das Töpferbuch. Bonn-Röttgen: Hörnemann, 1974. – *Sanders, H.*, und *Tomimoto, K.* Töpfern in Japan. Bonn-Röttgen: Hörnemann, 1977.

Typ 90

Bizen

Geschichte. Seit dem 5. Jh. verbreitete sich, von Südkorea kommend, die Herstellung der harten, grau- bis schwarzscherbigen, reduzierend gebrannten Sue-Keramik in ganz Japan. Bis in die Kamakura-Zeit (1185–1336) war sie das vorherrschende Keramikprodukt. Ihre Tradition wurde von der Bizen-Keramik übernommen. Obwohl die Sue-Keramik schon in der Heian-Zeit (794–1185) Ascheglasuren aufwies, blieb die Bizen-Ware unglasiert und pflegte eine besondere Brennweise, die vor allem in den »Drei großen Öfen von Imbe« (einem Bezirk in der Provinz Bizen) während der Momoyama-Zeit (1568–1603) zu hochgeschätzter Teekeramik führte. Die Härte dieser Keramik soll so groß gewesen sein, daß sie am Stahl Funken gab. 1582 besuchte Toyotomi Hideyoshi die Öfen von Imbe und veranlaßte, daß man eine tiefbronzefarbene Glasur anwandte. Später war Bizen durch seine plastischen Zierstücke (*okimono*) und Räuchergefäße (*koro*) berühmt. Nach einem Abstieg im 19. Jh. lebte die Bizenkeramik dank der Bemühungen von Kaneshige Toyo (1896–1967) wieder auf, der dafür 1955 zum »lebenden Staatsschatz« ernannt wurde.

Herstellung. Der Bizen-Ton kann durch eine Mischung aus 66,6 Wallmeroder Ton 732, 15,9 Feldspat 412, 15,9 Quarzsand, 0,8 Eisenoxid und 1,8 Dolomit ersetzt werden. Wer in der Natur einen eisenreichen (rostig aussehenden) Sand findet, nimmt besser diesen an Stelle von Quarzsand und Eisenoxid. Dieses körnige Material soll

Abbildung. Bizen Blumenvase. H. 25,8 cm. Momoyama-Periode.

im Scherben Eisenpunkte (»Sesamkörner«) ergeben. Die Besonderheit der Brenntechnik liegt im Wechsel von reduzierendem und oxidierendem Feuer beim Brennen auf 1300 °C. Durch diesen Feuerwechsel (*higawari*) wird das reduzierte Eisenoxid mit seiner gegenüber dem oxidierten stärkeren Schmelzwirkung zum Erreichen einer kräftigen Oberflächensinterung ausgenutzt. Außerdem sorgen die Bizentöpfer durch Auflegen von Kiefernholz und durch einen kräftigen Luftzug dafür, daß Kiefernasche hochgewirbelt wird und sich stellenweise am Brenngut absetzt, wo sie eine Aschenglasur bildet. Diesen Effekt kann man auch durch vorheriges Betupfen der rohen Keramik mit Holzasche erzielen. Wird der Brand in reduzierender Phase abgeschlossen und der Ofen gut abgedichtet und schnell abgekühlt, so erhält man blaues (*ao*-) Bizen. Sonst entsteht das häufigere rote Bizen.

Abwandlungen. Sanders und Tomimoto geben aus dem Ort Tamba, der im Gebiet der Bizen-Keramik liegt, folgendes Glasurrezept an: 60 Kimachi-Spat, 40 Holzasche und 5 Eisenoxid. Legt man die Analyse einer von Kato mitgeteilten, für Steinzeug verwendeten Do-bai-Holzasche zugrunde, so ergibt sich folgendes Rezept für die braune Tamba-Glasur: 3,4 Fritte M 1233, 17,2 Kaolin, 2,1 Knochenasche, 14,96 Dolomit, 20,84 Kalkspat, 4,0 Eisenoxid, 0,28 Braunstein, 17,12 Quarzmehl, 19,74 Feldspat 412 und 0,36 Rutil. Werden zu den 4% Eisenoxid weitere 5% hinzugefügt, so wird die Glasur schwarz.

Die Bizentöpfer haben eine originelle Verzierungsart entwickelt: Sie wickeln Textilschnüre oder Seetang um die Keramik, die im Feuer Aschenlinien bilden.

Literatur. *Sanders, H. H.*, und *Tomimoto, K.* Töpfern in Japan, Bonn-Röttgen, Hörnemann, 1977. – *Kato, E.* Aschenglasuren in der Keramik. (Ref. G. Stein) Ber. dt. keram. Ges. 37 (1960) S. 469–470.

Typ 91

Seto

Geschichte. Nach der Überlieferung errichtete der Töpfer Kato Shirozaemon Kagemasa, genannt Toshiro, nach einem Studienaufenthalt in China in der Süd-Sung-Zeit 1228 eine Töpferwerkstatt in Seto, Provinz Owari, in der er glasiertes Steinzeug nach chinesischem Vorbild herstellte. In Seto bestanden andere Werkstätten schon lange vor dieser Zeit, doch erhielt die Keramik dieses Gebietes einen großen Auftrieb durch die von Toshiro eingeführten Glasuren, nämlich einer gelblichgrünen, nach der Farbe der welkenden Blätter im Herbst als »Herbstlaub« bezeichnet, und einer karamelbraunen Glasur. Wirtschaftlich gesehen, war das Seto-Steinzeug eine Reaktion auf den enormen Seladon-Import aus China. In und um Seto entstanden an die zweihundert Öfen, die diesen Bedarf auffingen. Der Höhepunkt der mit gestempelten, geritzten oder aufmodellierten floralen Mustern versehenen Alt-Seto-Keramik (*ko-zeto*) lag in der Kamakura-Zeit (1185–1336). In der folgenden Muromachi-Zeit (1336–1568) blieb sie meist undekoriert. Im 16. Jh. verlegten die Seto-Töpfer ihre Werkstätten, die durch die Bürgerkriegskämpfe gefährdet waren, in die Provinz Mino. Dort baute Kato Yosabei Kagemitzu den ersten Ofen 1573 in Kujiri. Die Mino-Töpferei erreichte in der Momoyama-Zeit (1568–1603) hohes Ansehen nach Einführung des Gelben Seto (*ki-zeto*). Besonders das Gelbe Seto mit Kupferoxidspritzern auf der Glasur über eingeritztem Irismuster wurde von den Teemeistern hoch geschätzt. Die besten Erzeugnisse stammen

Abbildung. Ko-zeto mit Herbstlaubglasur. Kamakura-Periode. H. 28,1 cm. Kamakura: Kakuon-ji.

aus der Kamashita-Werkstatt in Okaya aus der Tenshô- (1573–92) und Bunroku-Ära (1593–96). In dieser Werkstatt wurde in der Tenshô-Ära auch schwarzes Seto (*setoguro*) hergestellt, das rotglühend aus dem Ofen gezogen und in Wasser abgeschreckt wurde.

Herstellung. Geeignet ist der gelbbräunlich brennende Ton Fr gelb, der bei 1250–1300 °C dicht wird. Eine Alt-Seto-Glasur gibt Leach an: 25 Feldspat, 50 Asche und 25 Ocker. Wenn man sie dünn aufträgt, ist sie gelb, bei dickem Auftrag und oxidierendem Brennen opak-olivgrün. Reduzierend gebrannt, ist sie in jedem Fall olivgrün. Bei schneller Abkühlung zeigt sie den *Teestaub-Effekt.*

In Seto sind heute noch Handdrehscheiben in Gebrauch, deren hölzerner Scheibenkopf so groß und schwer ist, daß er zugleich als Schwungscheibe dient. Sie werden mit einem Stab in Schwung gebracht, den man in einem von vier Eingriffslöcher am äußeren Umfang der Scheibe ansetzt. Die Seto-Töpfer waren die ersten Japaner, die – in der Kamakura-Zeit – Brennkapseln verwendeten.

Abwandlungen. Farbspritzer aus Kupfer-, Kobalt- oder Eisenoxid werden auf das eingeritzte Muster aufgebracht und liegen unter der Glasur. Eine matte Glasuroberfläche erreichen die japanischen Töpfer durch unzureichendes Ausschmelzen der gelben Glasur in einem kälteren Bereich des Ofens. Für schwarzes Seto setzt man der Glasur 40 statt 25% Ocker zu.

Literatur. *Leach, B.* Das Töpferbuch. Bonn-Röttgen: Hörnemann, 1971.

Typ 92

Shino

Geschichte. Die Bezeichnung geht der Legende zufolge auf Shino Munenobu, den Grüner einer Schule für Teezeremonie, zurück, der in der Momoyama-Zeit weißglasierte Teeschalen in Seto bestellt haben soll. Der Töpfer Arakawa Toyozo bewies jedoch 1930 nach einem Ofenfund in Mutabora, Okaya, daß Shino-Keramik nicht in Seto, sondern in der Provinz Mino, hauptsächlich zwischen 1573 und 1615, hergestellt wurde. Dort sind inzwischen an die vierzig Öfen ausgegraben worden. Shino war die erste weißglasierte Keramik Japans. Besonders begehrenswert sind Stücke aus der Tenshô- und Bunroku-Ära (1573–96), als man noch in Ana-gama-Öfen brannte und darin die geschätzte unregelmäßige Glasur mit roten Eisenflekken (*hiiro* = Feuerfarbe) erzielte. Bei der jüngeren Shino-Keramik ist die Glasur glatter und regelmäßiger.

Herstellung. Der Scherben ist creme-grauweiß, wie man ihn auch aus dem Ton G 20 S erhält, der bei 1250–1300 °C nur 0,3% Porosität aufweist. Für die Glasur gibt Sanders folgendes Rezept an: 60 Fukushima-Feldspat (er entspricht dem Feldspat 412), 10 Kalkspat und 30 Quarzmehl. Sie wird sehr dick aufgetragen, notfalls mit einem Klebstoff (Dextrin) vermischt. Die Japaner verwenden für solche Zwecke einen selbst zubereiteten Seetangsirup, den sie funori nennen.

Abbildung. e-Shino. Provinz Mino, Gifu-ken. Momoyama-Zeit, letztes Viertel 16. Jh. H. 10,1 cm. Berlin: Staatl. Mussen Preuß. Kulturbesitz, Museum f. Ostasiat. Kunst.

Abwandlungen. Neben dem weißen Shino gibt es ein unter der Glasur mit Eisenoxid skizzenhaft bemaltes *e-Shino* sowie ein graues (*nezumi-*), rotes (*beni-*) und gefladertes (*nerikomi-*)Shino. Diese letzten drei Sorten beruhen auf der Mitverwendung eines rotbrennenden Tones (z. B. BGR I) als Engobe bzw. zur Fladerung. Beim grauen und roten sind Muster in die Engobeschicht eingeritzt. Die Engobe wird in reduzierendem Brand (solange die Glasur noch durchlässig ist) grau, bei oxidierendem rot. Das gefladerte Shino, das dem Neriage-Typ (69) der Chinesen entspricht, wird ebenfalls oxidierend gebrannt.

Das graue Shino ist eine Spezialität der Töpfer von Kujiri, das rote von Takane West, das gefladerte von Takane Ost.

Literatur. *Sanders, H. H.,* und *Tomimoto, K.* Töpfern in Japan. Bonn-Röttgen: Hörnemann, 1971.

Typ 93

Karatsu

Geschichte. Das älteste datierte Stück dieser dunkelscherbigen Keramik ist aus dem Jahre 1592 erhalten; das meiste stammt jedoch erst aus der Zeit nach den Koreafeldzügen, als 1598 angesiedelte koreanische Töpfer an der Bucht von Karatsu und in den Bezirken Saga und Nagasaki mehr als zweihundert Öfen gründeten. Die Blütezeit dieser von der koreanischen Bauerntöpferei abstammenden Keramik lag in der Keicho- und Genna-Ära (1596–1624). Die ältere Ware blieb undekoriert und war mit einer transparenten gelbgrünen oder milchigweißen Glasur versehen. Im 17. Jh. herrschte Eisenoxidmalerei vor. Der Teemeister Furutha Oribe (1543–1615) besuchte 1603 einige Werkstätten und veranlaßte die Herstellung von Teekeramik. Die Tradition wird heute von der Familie Nakazato, insbesondere von dem Töpfer Tarōemon Nakazato in Karatsu, fortgeführt.

Herstellung. Geeignet ist der rotbraun brennende Ton BGR I, der schon bei 1200 °C dicht wird. Man magert ihn am besten mit 15% Sand. Die Karatsu-Glasur ähnelt der nordchinesischen kalkreichen Aschenglasur, die aus Ton und Asche zusammengesetzt wurde. Nach einer Analyse von Wood erhält man folgendes Rezept: 21 Feldspat 412, 13,6 Dolomit, 13,2 Kalkspat, 0,2 Rutil, 1,9 Eisenoxid, 21 Kaolin und 29,1 Quarzmehl. Diese Glasur schmilzt schon bei 1230–1250 °C glatt. Sie wird im reduzierenden Brand grünlich, im oxidierenden gelblich. Nach Nakazato bestand die weiße Glasur nur

Abbildung. E-garatsu. Momoyama-Periode. H. 17,2 cm. Tokio: Kunstgalerie Idemitsu.

aus einem örtlichen Feldspat. Die bauchigen Töpfe zeigen durch drei rauhe, unglasierte Stellen im Inneren, daß sie mit der Öffnung nach unten gebrannt oder daß kleinere Gefäße in sie hineingestellt wurden.

Abwandlungen. Neben dem unbemalten (*muji-*) Karatsu gibt es noch folgende Arten: bemalt (*e-garatsu*), weißglasiert (*seto-garatsu*), schwarzglasiert (*chosen-garatsu*), mit breiten Furchen geschnitten (*hori-garatsu*), mit eisenoxidbemalten Ritzlinien (*hori-e-garatsu*) und weiß glasiert mit grünen Flecken (*madara-garatsu*).

Literatur. *Wood, N.* Oriental Glazes. New York: Watsan-Guptill, 1978.

Typ 94

Oribe

Geschichte. Der Name stammt von dem Teemeister Furuta Oribe no Sho Shigenari (1543–1615), der die Herstellung von Teekeramik im Bezirk Mino veranlaßte. Die beste Oribe-Keramik wurde in den Werkstätten in und um Kujiri und besonders in der Töpferei Motoyashiki, die der Töpfer Shiroemon Kagenobu leitete, in der Keicho- und Genna-Ära (1596–1624) hergestellt. Kagenobu war der älteste Sohn des Begründers der Mino-Keramik, Kato Yosabei Kagemitsu (siehe Typ 91). Er baute den ersten Nobori-gama in der Provinz Mino, der bis zum Beginn des 17. Jh. in allen Mino-Töpfereien den Ana-gama ablöste. Das Oribe-Steinzeug ist häufig von viereckiger oder facettierter Form, ganz oder teilweise mit einer kupfergrünen Glasur bedeckt. Es gibt zehn Arten dieses Typs, von denen die originellste (*marum-Oribe*) zur Hälfte aus einem engobierten Scherben mit eisenkonturierter Malerei, farblos glasiert, zur anderen Hälfte aus einem weißen, unbemalten Scherben mit grüner Glasur besteht.

Herstellung. Diese Keramik ist handgeformt, wobei Teile eines Stükkes aus einem weißen und aus einem roten Ton bestehen und wechselseitig engobiert sein können. Als weißer Ton eignet sich der Kreuzton von Niederdresselndorf, als roter der Ton BGR I. Charakteristisch ist die kupfergrüne Glasur, von der es zwei Originalrezepte gibt. Nach dem einen wird sie aus 20 Fukushima-Feldspat, 80 Reisstrohasche und 12–13 Kupferkarbonat hergestellt. Die Reisstroh-

Abbildung. Narumi-Oribe. Momoyama-Periode, L. 15,5 cm.

asche läßt sich nur schwer ersetzen. Masatarō Onishi vom Industrieforschungsinstitut Kyoto hat eine Ersatzmischung vorgeschlagen, mit der man folgendes Rezept erhält: 30,93 Feldspat 412, 2,18 Dolomit, 14,21 Kalkspat, 14,20 Kaolin, 38,48 Quarzmehl und 10,5 Kupferkarbonat. Brenntemperatur 1250 °C.

Abwandlungen. Die häufigste Gattung ist das grüne (ao-)Oribe. Das gemusterte Oribe hat eingeritzte, gestempelte, gekämmte oder geschnittene Muster unter der Glasur. Das Narumi-Oribe ist aus rotem und weißem Ton hergestellt, das rote nur aus rotem mit weißer Engobe und eisenbrauner Malerei, das graue (*nezumi-*)Oribe ebenso, jedoch reduzierend gebrannt. Das bemalte (*e-*)Oribe ist mit Eisenoxid auf den weißen Scherben bemalt. Das schwarze ist wie das schwarze Seto glühend aus dem Ofen gezogen (*hikidashi-de*) und abgeschreckt. Weitere Gattungen sind nach ihrer Ähnlichkeit mit anderen Typen benannt: *Shino-, Karatsu- und Iga-Oribe.*

Literatur. *Koyama, F.* The Heritage of Japanese Ceramics. New York/Tokio: Waterhill/Tankosha, 1973. – *Sanders, H. H.,* und *Tomimoto, K.* Töpfern in Japan. Bonn-Röttgen: Hörnemann, 1977.

Typ 95

Satsuma

Geschichte. 1599 wurden koreanische Familien in der Provinz Satsuma im Südwesten von Kyushu angesiedelt. Der Töpfer Kim Hae baute einen Ofen in Chosa, der Töpfer Hochu in Yokamachi und der Töpfer Boku Hei-i in Kushikino. Alle Orte, auch die später genannten, liegen in der Präfektur Kagoshima. 1610 spalteten sich die Satsuma-Töpfer in zwei Gruppen. Kim Hae und Hochu folgten ihrem Daimyo, dem feinsinnigen Shimazu Yoshihiro, in dessen neuen Amtssitz Kajiki, während die zweite Gruppe mit Boku Hei-i nach Motoyashiki und Naeshirogawa ging. Boku Hei-i wird die Entdekkung eines weißen Tones zugeschrieben, aus dem er das »weiße Satsuma« herstellte, das später sein Enkel Hoko mit Muffelfarben im »Brokatstil« bemalte und das schließlich für das eigentliche Satsuma angesehen wurde. Das am höchsten geschätzte Alt-Satsuma ist jedoch das schwarze Satsuma, das Kim Hae in der Keicho-Ära (1596–1614) in Chosa herstellte. Es ist ein rotscherbiges Steinzeug mit dicker, rotbrauner Glasur, über die eine farblose Strohaschenglasur gelegt ist, wodurch ein schwarzer Effekt erzielt wird. Das weiße Satsuma ist ein weißscherbiges Steinzeug mit feingesprünkelter Transparentglasur.

Herstellung. Nach Brennfarbe und Porosität eignet sich der rotbrennende Ton BGR I für das schwarze und der cremefarbig brennende Ton P 161 für das weiße Satsuma. Heute wird für weißes, mit Muf-

Abbildung. Alt-Satsuma mit Schildkrötenschwanzglasur. Momoyama-Periode. H. 7,9 cm. Tokio: Nezu Kunstmuseum.

felfarben (= Aufglasurfarben) bemaltes Satsuma nach Angaben von Sakujirō Terao vom Bezirksforschungsinstitut Kagoshima weißer Ton im Verhältnis 80:10 mit Sand vermischt. In der Nachbarschaft von Satsuma ist bei den Töpfern von Ryūmonji und Chōsa noch eine Schwarzglasur aus 10 eisenhaltigem Sand und 3 Holzasche überliefert. Ihr Rezept, auf unsere Rohstoffe umgerechnet, lautet: 2,77 Feldspat 412, 14,32 Kalkspat, 2,31 Kaolin Kick I, 0,69 Quarzmehl, 1,15 Magnesit und 1,62 Knochenasche. Als Transparentglasur verwenden diese Töpfer die unter Typ 88 angegebene Reisstrohaschenglasur, als bernsteinfarbige – die ebenfalls über die schwarze Glasur gedeckt werden kann – die bei Typ 89 beschriebene Ido-Glasur.

Auf dem heutigen weißen Satsuma wird folgende Glasur benutzt: 60 Fukushima-Feldspat, 10 Quarzit und 30 Holzasche. Unter Verwendung der von Masatarō Onishi vorgeschlagenen Ersatzmischung für die Holzasche kommt man zu folgendem Rezept: 44,4 Feldspat 412,8 Quarzmehl, 38,3 Kalkspat, 6,2 Kaolin Kick I und 3,1 Magnesit. Brenntemperatur 1280 °C. Die Muffelfarben, die man fertig kauft, werden in einem gesonderten, niedrigen Brand aufgeschmolzen.

Abwandlungen. Bei der schwarzen Satsuma-Keramik sind stets mehrere Glasuren übereinandergelegt, die schwarze zuunterst. Sie kann auch mit der weißen Glasur aus Typ 98 überfangen werden. Infolge der feinen Gasbläschen aus der Asche und einer hohen Oberflächenspannung ist die schwarze Satsuma-Glasur nadelstichig und bildet Inseln, was als »Schildkrötenschwanz-« oder als »Schlangenhautglasur« (*jakatsu*) geschätzt wird. Zur Verstärkung dieser Effekte erhöht man Tonerde, Eisen- und Manganoxid oder den Kalkgehalt der Glasur.

Literatur. *Koyama, F.* The Heritage of Japanese Ceramics. New York/Tokio: Waterhill/Tankosha, 1973. – *Sanders, H. H.*, und *Tomimoto, K.* Töpfern in Japan. Bonn-Röttgen: Hornemann, 1977.

Typ 96

Raku

Geschichte. Tanaka Chojiro (1515–92), Sohn eines nach Japan eingewanderten koreanischen Töpfers, betrieb im Juraku-Palast in Kyoto eine Dachziegelei, in der er um 1576 unter dem Einfluß des Teemeisters Sen-no-Rikyu (1521–91) das erste Raku brannte. Rikyus Sohn, Tanaka Shokei, war Chojiros Geselle, und Shokeis zweiter Sohn, Kichizaemon, genannt Jokei, wurde Raku II. Ihm verlieh Fürst Toyotomi Hideyoshi 1598 im Andenken an Chojiro das goldene Siegel *raku,* das mit »Freude an der Muße« übersetzt wird. Als bedeutendster Rakumeister gilt Chojiros Enkel Donyu, Nonko genannt (1599–1656). Er war Raku III. Die Rakuwerkstatt in Kyoto stellt bis auf den heutigen Tag fast ausschließlich Gefäße für die Teezeremonie, vor allem Teeschalen (*cha-wan*), her. Das heutige Familienoberhaupt heißt Kichizaemon. Die Werkstatt ist seit ihrer Gründung durch Donyu erhalten. Raku wurde bereits im 17. Jh. auch in Außenseiter-Öfen (*wakigama*) von Amateuren hergestellt, von denen der berühmteste, Hon'ami Koetsu (1558–1637), Schüler von Jokei und Donyu war.

Herstellung. Die Informationen über die Raku-Technologie stammen zum Teil von Bernard Leach (siehe Typ 99), der die Rezepte von Ogata Kenzan übermittelt hat, teils aus der heutigen Raku-Manufaktur Waraku Kawasaki in Kyoto, über die Sanders und Tomimoto berichteten. Danach wird ein hellbrennender Fireclay mit 25%

Abbildung. Rote Raku-Teeschale von Chojiro, 1516–92. Tokio: Gotō-Museum.

Abbildung. Schwarze Raku-Teeschale von Ogata Kenzan, 1662–1743. Tokio: Gotō-Museum.

Schamotte verwendet. Dem Fireclay entspricht der Ton V 35/38 der Grube Vallendar. Die Masse wird in der Hand mit dem Daumen geformt (»Daumenschälchen« = *tebineri*), frei aufgebaut oder scheibengedreht und anschließend verformt. Sie erhält eine farbige Sinterengobe, hier Unterglasur genannt, die aus *tonotsuchi* (Bleiweiß), *shiratama* (Bleifritte) und dem betreffenden färbenden Schwermetalloxid zusammengesetzt wurde. Auf unsere Rohstoffe umgerechnet, ergibt sich für die rote Unterglasur das Rezept: 73 Ocker, 23 Fritte M 70 und 5 Fritte M 1511. Für die Deckglasur gibt Tomimoto an: 10 *shiratama,* 100 *tonotsuchi* und 35 *keiseki* (Quarzsand). Dieses Rezept entspricht der Zusammensetzung 11 Quarzmehl, 81 Fritte M 70 und 8 Fritte M 1511. Leach empfiehlt 66 Bleiweiß (= 58,4 Mennige), 30 Quarzsand und 4 Kaolin. In jedem Falle ist die Glattbrandtemperatur 850 °C. Die Glasur wird an dickeren Stellen milchig, was in diesem Falle durch ungleichmäßiges Auftragen mit dem Pinsel noch gefördert wird. Den gelenkten Zufall läßt man auch beim Verschrühten walten, indem man die Bildung von Rußflecken begünstigt. Diese »Schattenmuster« kann man auch nachträglich (vor dem Glasieren) mit einer rußenden Kerzenflamme aufbringen. Die Rußschicht muß dick sein, damit sie nicht von der Glasur aufgezehrt wird. Notfalls besprüht man den Ruß mit etwas Dextrin, damit die Glasur beim Auftragen auf der Rußschicht haftet. Das Rakubrennen besteht darin, daß man die bereitgestellten, geschrühten und nach dem Glasieren gut getrockneten Stücke in den auf mindestens 900 °C vorgeheizten Ofen einsetzt. Dazu braucht man eine 0,5–1 m lange Eisenzange, die man mit Asbesthandschu-

Abbildung. Rakuplastik von R. Piepenburg, Michigan. H. 31 cm. 1974.

hen anfaßt. Beim Elektroofen muß gewährleistet sein, daß beim Öffnen der Tür oder des Deckels der Ofen ausgeschaltet ist, da sonst eine unbeabsichtigte Berührung der Heizdrähte mit der Eisenzange gefährlich werden kann. Nach etwa 20 Minuten nimmt man die Stücke mit der Zange aus dem Ofen und taucht sie in bereitgestelltes kaltes Wasser oder bettet sie schnell in Sägespäne oder Tannennadeln ein. Dann kann der heiße Ofen erneut beschickt werden. Die Spuren, die die Zange auf der zähflüssigen Glasur hinterläßt, gelten als Echtheitsmerkmale.

Im Gegensatz zum roten Raku (*aka-raku*) enthält Chojiros schwarzes Raku (*guro-raku*) keine Unterglasur, sondern eine schwarze Glasur, die je nach Fritteanteil bei 1000 bis 1200 °C reduzierend gebrannt und aus dem Feuer gezogen wird. Das Rezept: 10 *kamogawa-ishi* und 3 bis 10 *shiratama,* kann aus den auf Seite 321 angegebenen Ersatzmischungen leicht zusammengesetzt werden.

Abwandlungen. Der amerikanische Töpfer Robert Piepenburg taucht die rotglühende Keramik nicht in Wasser, sondern übergießt sie mit Motoröl aus der Dose oder er wickelt sie in einen ölgetränkten Lappen. Eine seiner Glasuren besteht aus 60 Colemanit, 38 Fritte M 70, 5 Nephelinsyenit und 5 Kaolin. Mit 7,5 bis 8 Eisenoxid wird sie kognakfarben, mit 2,5 Kupferoxid grün gelüstert. Weitere geeignete Farbglasuren sind unter Typ 99 angegeben.

Literatur. *Leach, B.* Das Töpferbuch. Bonn: Hörnemann, 1974. – *Sanders, H.* und *Tomimoto, K.* Töpfern in Japan. Bonn: Hörnemann, 1977. – *Piepenburg, R.* Raku Pottery. New York: Macmillan, 1972.

Typ 97

Iga

Geschichte. Unter dem Patronat der Feudalherren der Provinz Iga wurde diese Teekeramik – Wassergefäße, Blumenvasen, Teeschalen – in Makiyama und Marubashira, Präfektur Mie, Ende des 16. und in der ersten Hälfte des 17. Jh. hergestellt. Sie ist frei geformt und durch wiederholtes Brennen im Feuer zerklüftet. Die Teemeister, vor allem Kobori Enshu (1579–1647), schätzten die Iga-Keramik als Verkörperung des Prinzips der Zurückhaltung, das dem Geist der Teezeremonie entspricht.

Herstellung. Geeignet ist der dem Fireclay entsprechende Ton V35/38 der Grube Vallendar, dem man 25% eisenhaltigen Sand, den man in der Natur finden kann, beimischt. Die Stücke werden frei geformt und zehnmal oder öfter bei möglichst hoher Temperatur reduzierend gebrannt. Als Glasur eignet sich die kupfergefärbte Reisstrohaschenglasur von Oribe (Typ 94), unregelmäßig aufgetragen.

Abwandlungen. Lederhart getrocknete Stücke lassen sich von innen so weit ausbeulen, daß ihre äußere Oberfläche aufreißt, ohne daß sie ganz durchreißen.

Abbildung. Alt-Iga Wassertopf, genannt »Yaburebukuro« (gerissener Beutel). Momoyama-Periode. H. 21,2 cm. Tokio: Gotō Kunstmuseum.

Literatur. *Koyama, F.* The Heritage of Japanese Ceramics. New York/Tankosha, 1973.

Typ 98

Takatori

Geschichte. 1601 gründete der koreanische Töpfer Pal San, der sich später Takatori Hachizô nannte, in Takatori, in der heutigen Präfektur Fukuoka, unter dem Daimyo Kuroda Nagamasa einen Ofen, in dem er mit seinem Landsmann Shinkurô Steinzeug mit dicker, weiß-opaker Glasur, ähnlich dem madara-garatsu, brannte. 1624 bis 1630 arbeitete er – nachdem er bei dem Daimyo in Ungnade gefallen war – allein in einer Werkstatt in Yamada; aus dieser Zeit stammen die begehrtesten Stücke. 1630 wurde er rehabilitiert und gründete einen Ofen in Kawachinaka, den er mit seinem Sohn und dem Töpfer Igarashi Iizaemon betrieb. Unter dem Einfluß des Teemeisters Kobori Enshu stellte er eine dunkelbraune, schwarzgefleckte Teekeramik her, die Enshu-Takatori genannt wird. 1665 übersiedelten die Takatori-Töpfer nach Koishibara. Dort stellte Hachizô eine Ware mit dunkelkaramelbrauner Glasur her. Die nördlich von Koishibara in der selben Präfektur angesiedelte Töpferei von Agano war durch eine grünliche Glasur gekennzeichnet. Die Takatori- und die Agano-Öfen gehörten zu den sieben von Kobori-Enshu auserwählten Öfen. Sie sind heute noch in Produktion.

Herstellung. Das Takatori ist dem Karatsu ähnlich und kann aus dem selben Ton, BGR I, hergestellt werden. In Koishibara ist heute noch eine Glasur aus 4 Akadani-Spat, 2 Reisstrohasche und 4 Holzasche in Gebrauch (siehe auch Typ 88), der unter Verwendung unserer

Abbildung. Alt-Takatori Wasserbehälter von Hachizô. Momoyama- oder frühe Edo-Periode. H. 22,3 cm.

Rohstoffe folgendes Rezept entspricht: 49,2 Feldspat 412, 25,96 Kalkspat, 15,60 Quarzmehl, 4 Kaolin Kick I, 2 Magnesit und 2,8 Knochenasche. Eine braune, schwarzgefleckte Glasur wird von Masatarō Onishi aus dem Forschungsinstitut in Kyoto mitgeteilt (Jokon-Glasur bei Sanders): 45 Bariumkarbonat, 25 Holzasche, 30 Reisstrohasche, 1 Kupferoxid und 5 Manganoxid. Mit 3 Kupferoxid, ohne Mangan, wird sie grün, mit 3 Kupfer- und 0,8 Kobaltoxid blau. Von Hamada Shoji stammt hingegen folgende gefleckte eisenbraune Glasur (Tessha-Glasur Leach): 6,1 Kaolin, 12,2 Kalkspat, 24,4 Feldspat, 44,3 Quarzmehl und 13 Eisenoxid. Der *Tessha-Effekt*, d. h. die rostroten oder schwarzen Flecken, entwickeln sich am besten bei schneller Abkühlung (Ofen öffnen!).

Die dick aufzutragende weiße Glasur (siehe auch Typ 99) hat folgende Zusammensetzung: 60 Feldspat 412, 16,4 Dolomit, 3,6 Knochenasche, 10 Quarzmehl und 10 Ton P 161. Das Rezept einer dunkelkaramelbraunen Glasur lautet: 23,8 Feldspat 412, 10,9 Kalkspat, 9 Kaolin, 0,6 Magnesit, 25,7 Quarzmehl, 25 Holzasche, 5 Mennige und je nach Farbintensität 8 bis 12 Eisenoxid. Brenntemperatur 1250–1280 °C oxidierend.

Abwandlungen. Zwei weitere gefleckte braune Glasuren werden von Leach bzw. Sanders angegeben: 21 Feldspat, 16 Kalkspat, 13 Quarzmehl, 13 Ton P 161 und 12 bis 16 Eisenoxid. Das zweite Rezept: (Irabo-Glasur): 35 Holzasche, 40 Ocker, 25 Kalkspat und 10 Porzellanmasse, für die ersatzweise 1,6 Feldspat 412, 4,4 Kaolin Kick I und 4 Quarzmehl genommen werden kann – nach der von Sakujirō Terao angegebenen Porzellanmasse: 80 Amakusa To-seki, 20 Gairome-tsuchi, berechnet.

Literatur. *Leach, B.* Das Töpferbuch. Bonn-Röttgen: Hörnemann, 1974. – *Sanders, H. H.*, und *Tomimoto, K.* Töpfern in Japan. Bonn-Röttgen: Hörnemann, 1977.

Typ 99

Kyo-yaki

Geschichte. Kyo-yaki ist der Sammelname für Keramik aus Kyoto und Umgebung. Der in der Provinz Okayama geborene Töpfer Seiemon Nonomura, der sich später Ninsei nannte, gründete zu Beginn der Shoso-Ära (1644–48) im Nordwesten von Kyoto, in der Nähe des Eingangs zu dem Ninna-ji-Tempel der Shingon-Sekte eine Werkstatt, in der er Töpferware mit Aufglasurfarben, Gold und Silber, teils direkt auf den Scherben (Émail sur biscuit), teils auf weiße Glasur, bemalte. Die Aufglasurmalerei wurde von den Töpfern in anderen Teilen der Stadt für die Dekoration von Steinzeug übernommen: 1. im Osten von den Kiyomizu-Töpfern. Kiyuomizu-dera ist ein Tempel der Kwannon (chines. = Kuan-yin) auf einem Hügel gleichen Namens in Ostkyoto. Die Kiyomizu-Töpfer waren eine Gruppe um Kiyumizu Rokubei (1738–99), der mit dem Amateurtöpfer Okuda Eisen (1752–1811) und später mit Gojôzaka zusammenarbeitete. Eisen gelang die Nachbildung der rot und grün bemalten Swatow-Ware und von chinesischen Ming-Porzellanen. 2. in der Vorstadt Awata von der Töpferwerkstatt Kinkôzan, die heute noch von der Familie Kobayashi betrieben wird und damals für den Hof des Shogun arbeitete.

Ninseis Geburts- und Todesdatum sind nicht bekannt. Seine produktivste Zeit war 1655–61. Sein Schüler war Ogata Kenzan (1663–1743), der mehrere Öfen in Kyoto baute und mit fünfzig Jahren nach Edo, dem heutigen Tokyo, ging. Er setzte die Aufglasur-

Abbildung. Schale von Ogata Kenzan, Kyoto, 1663–1743. Osaka: Städt. Museum.

malerei auf niedrig gebrannter Keramik fort und erweiterte die malerischen Techniken auf Unterglasurdekoration in Kobalt- und Eisenoxid, zum Teil auf weißer Engobe. Schüler des letzten Kenzan (VI.) war Bernard Leach, der 1912 den Titel Kenzan VII. erhielt.

Herstellung. In Kyoto verwendete man zu Ninseis Zeiten den weißen Ton von Shigaraki, der durch folgende Mischung ersetzt werden kann: 22,9 Kaolin Kick I, 66,8 Ton P 161 und 10,3 Quarzsand. Der weißen Glasur, die bereits für das weiße Takatori empfohlen wurde, entspricht das bei Typ 98 angegebene Rezept. Die zum Malen auf dem bei 1200 °C mit oder ohne Glasur vorgebrannten Steinzeugscherben verwendeten Emails sind Halbscharffeuerglasuren wie beim chinesischen Fa-hua-Typ (83), jedoch wie die Rakuglasuren aus der Bleifritte *shiratama* hergestellt und für 750 °C bestimmt. Ihre Rezepte, von Leachs Angaben auf unsere Rohstoffe umgerechnet, lauten: Gelb: 17,5 Fritte M 1511, 51,8 Fritte A 1316, 22,9 Quarzmehl und 7,8 Antimonoxid; Hellgrün (nach Kozan): 20,6 Fritte M 1511, 76,1 Fritte A 1316 und 3,3 Kupferoxid; Hellgrün (nach Hamada): 7,9 Fritte M 1511, 76,2 Fritte A 1316, 13,6 Quarzmehl und 2,3 Kupferoxid; Blau: 17,9 Fritte M 1511, 59,9 Fritte A 1316, 13,0 Quarzmehl und 9,2 Kobaltoxid; Hellrot: 33,6 Fritte M 1511, 35,6 Fritte A 1316 und 30,8 Eisenoxid; Türkis; 14,4 Fritte M 1511, 36,4 Fritte A 36,4, 29,2 Quarzmehl und 20,0 Kupferoxid; Schwarz: 70 Manganoxid, 10 Kobaltoxid und 20 Quarzmehl. Diese Glasuren sind zum Teil – wie die Pueblo-Glasuren, Typ 35 – an Oxiden übersättigt. Deshalb sind die auf Seite 174 angegebenen Mengen an färbenden Oxiden vorzuziehen.

Abwandlungen. Die farbigen Halbscharffeuerglasuren können auch auf Farbengoben, die man zum Teil – wie bei Typ 78 beschrieben – aussparen kann, als Émails sur biscuit aufgebracht werden. Ferner eignen sie sich zur Aufglasurdekoration außer auf der weißen auch auf andersfarbigen Glasuren. Sie sind jedoch, bis auf das Schwarz, nicht deckend; nur das Antimongelb ist halbdeckend.

Literatur. *Leach, B.* Das Töpferbuch. Bonn-Röttgen: Hörnemann, 1974.

Typ 100

Kutani

Geschichte. Mitte des 17. Jh. fand Hoto Saijiro einen weißen Ton in der Provinz Kaga, der heutigen Präfektur Ishikawa, worauf er mit Unterstützung des Daimyo Maeda Tashiharu nach Arita ging, um das Porzellanmachen zu erlernen. Nach seiner Rückkehr baute er einen Ofen in Kutani (er führte auch die in Arita verwendete Fußdrehscheibe ein, während sonst in Japan die Handdrehscheibe, wie bei Typ 91 beschrieben, gebräuchlich ist) und begann die als Ko-Kuatni (Alt-Kutani) bezeichnete porzellanartige Keramik mit grau-weißem Scherben und Aufglasurmalerei herzustellen. In den Diensten des Hauses Maeda auf Schloß Kanazawa stand auch der Maler Kuzumi Morikage (1630–1700), der die Vorlagen lieferte. Die Produktion beschränkte sich auf die Jo-o- und Meireki-Ära (1652–58) und hörte dann plötzlich auf.

Um 1818 wurde Aoki Mokubei (1767–1833), ein Schüler von Okuda Eisen (siehe Typ 99) eingeladen, Kanazawa zu besuchen und die Kutani-Keramik wieder aufleben zu lassen. Er baute 1824 einen Ofen in Kasugayama. Unabhängig davon betrieb ein Amateurtöpfer namens Yoshidaya eine Werkstatt in der Nähe des alten Kutani-Ofens, in der er Keramik im alten Stil herstellte. Seither sind weitere Öfen errichtet worden, die neben der Reproduktion von Ko-Kutani und unterglasurblauer Ware seit 1830 vor allem das Kutani Kinrande erzeugen. Das ist ein Porzellan mit roter Aufglasurmalerei und Golddekor.

Abbildung. Ko-Kutani-Teller. Edo-Zeit, 2. H. 17. Jh. Dmr. 35 cm. Hamburg: Mus. f. Kunst u. Gewerbe.

Herstellung. Der in Kaga gefundene weiße Ton ist dem Shigaraki-Ton ähnlich. Der bei 1200 °C cremeweiß und dicht brennende Ton P 161 aus Moschheim ist für das Kutani sehr gut geeignet. Eine Glasur aus 50 To-seki und 50 Isu-bai (= Holzasche) gibt E. Kato aus dem Regierungsinstitut in Nagoya an. Auf unsere Rohstoffe umgerechnet, lautet das Rezept: 0,59 Knochenasche, 16,00 Kaolin Kick I, 11,30 Feldspat 412, 2,80 Dolomit, 31,50 Kalkspat, 0,04 Manganoxid, 0,13 Eisenoxid und 34,64 Quarzmehl. Eisen und Mangan ergeben die gelbliche, im reduzierenden Feuer graue Tönung, die beide für das Kutani charakteristisch sind. Glattbrandtemperatur 1200 °C. Die Aufglasurfarben bezieht man durch den Fachhandel.

Abwandlungen. Außer den Aufglasurfarben lassen sich auch die Halbscharffeuerglasuren, die bei Typ 99 angegeben sind, für die Aufglasurdekoration verwenden.

Literatur. *Kato, E.* Aschenglasuren in der Keramik. Ber. dt. keram. Ges. 37 (1960) Nr. 10 S. 469–470.

Scherben- und Glasuranalysen

Die folgenden chemischen Analysen liegen den bei den einzelnen Typen angegebenen Rezepten zugrunde. Sie wurden von den zitierten Autoren in der Regel den gleichen Typen zugeschrieben. In seltenen, abweichenden Fällen sind die Zuordnungen hier historisch oder geographisch gerechtfertigt. Die Quellen sind unter den Autorennamen in den Literaturangaben bei den betreffenden Typen zu finden.

		Chemische Analyse												Glühverlust
Nr.	Typ	SiO_2	Al_2O_3	Fe_2O_3	FeO	TiO_2	CaO	MgO	K_2O	Na_2O	MnO	Cr_2O_3	P_2O_5	(GV)
1	Can Hasan Scherben nach Blin-Stoyle	48,92	18,70	–	7,90	0,96	17,40	4,90	–	1,05	0,096	0,07	–	–
2	Hassuna Scherben nach Noll	53,93	11,91	–	6,32	0,58	13,58	8,30	3,60	1,08	–	0,07	–	–
3	Halaf Ton nach Noll	47,51	11,15	–	6,97	1,09	22,54	3,82	2,16	0,63	–	0,04	–	4,20
4	Obed Scherben nach Noll	52,22	11,34	–	5,42	0,67	21,00	6,81	1,92	1,08	–	0,03	–	–
7	Dimini Scherben nach Blin-Stoyle	80,60	16,00	–	8,70	0,99	10,40	6,10	–	1,70	0,13	0,08	–	–
9	Amrah »Nilschlamm« nach Bakr	43,10	14,80	15,70	–	–	3,30	3,20	1,10	2,30	–	–	–	15,50
	Weiße Engobe nach Lukas	59,60	17,20	5,60	–	–	3,80	3,80	–	–	–	–	1,70	9,60
10	Gerzeh Ton von Ballas nach Lucas	34,80	20,60	6,10	–	–	12,70	0,40	1,00	1,10	–	–	1,10	21,40
	Ton von Qena nach Bakr	33,00	15,00	8,10	–	0,70	17,50	2,00	1,00	1,00	–	–	–	20,00

Nr.	Typ	SiO_2	Al_2O_3	Fe_2O_3	TiO_2	CaO	MgO	K_2O	Na_2O	Mn0	P_2O_5	Cr_20_3	CuO	SnO_2	BaO	GV
11	Ägypt. Fayence															
	Kernsubstanz	93,00	0,30	0,03	0,20	1,60	0,18		2,90	–	–	–	1,4	0,04	–	–
	Glasige															
	Bindesubstanz	55,00	2,00	1,34	0,20	10,80	1,30	19,50		–	–	–	9,4	0,27	–	–
	Glasur	55,00	1,00		0,10	2,90		24,00		0,03	–	–	16,00	0,70	–	–
	nach Kühne															
12	Kamares															
	Scherben	61,23	11,20	8,00*)	0,81	11,20	6,30	1,97	1,07	0,073	–	0,12	–	–	0,03	–
	nach B[illegible]n-Stoyle															
17	Rössen															
	Inkrustation (Alzey)	20,95	8,90		0,22	35,67	1,21	–	–	–	–	Sp.	–	–	–	32,70
	Megalith-Inkrustation	12,38	4,90	1,29	–	40,95	–	–	–	–	31,55	–	–	–	–	9,32
	nach Geilmann															
20	Bucchero															
	Scherben	47,07	18,40	8,10	0,79	21,00	3,60	–	0,94	0,08	–	0,025	–	–	–	–
	nach Schweizer															
21	Attika															NiO
	Scherben	39,17	16,70	11,80	0,85	4,30	4,40	–	0,92	0,09	–	0,06	–	–	–	0,05
	nach Schweizer															
22	Tanagra															
	Scherben	50,66	13,60	8,50*)	0,96	17,60	7,30	–	1,15	0,10	–	0,13	–	–	–	0,03
	nach C[illegible]ling															
23	Terra sigillata															
	Scherben															
	von Rheinzabern	61,84	18,66	5,65	0,76	6,20	2,35	3,22	0,73	0,057	0,25	–	–	–	–	–
	von Graufesenquen	54,49	20,06	6,87	0,83	5,52	5,74	5,68	0,40	0,082	0,21	–	–	–	–	–
	von Westerndorf	56,00	22,70	8,02	1,00	1,55	3,38	4,42	–	0,078	–	–	–	–	–	–
	nach Schneider/															
	Hoffmann															

*) FeO

Nr.	Typ	SiO_2	Al_2O_3	Fe_2O_3	TiO_2	CaO	MgO	K_2O	Na_2O	MnO	PbO	SnO_2	P_2O_5	CuO	GV
25	Hallstatt														
	Inkrustation	14,20	6,40	3,60*)	0,60	37,40	0,30	–	–	0,80	–	–	29,80	–	5,90**)
	nach Geilmann														
35	Pueblo-Farben														
	1a	31,90	9,30	2,40	–	11,00	–	–	–	1,00	38,70	–	–	6,90	–
	1b	23,10	11,20	3,10	–	11,60	4,60	–	–	6,10	35,00	–	–	–	–
	2	23,60	5,90	1,50	–	7,20	8,70	–	–	–	52,90	–	–	–	–
	3	54,90	–	4,40	–	–	1,00	–	(Rest: 23,6 n. b.)			–	–	16,10	–
	nach Shepard														
36	Afrāsyāb														
	Glasur	47,00	0,55	0,80	–	3,85	2,40	4,00	6,55	–	29,80	2,10	–	1,90	–
	nach Pernicka														
37	Nišāpūr														
	Scherben	58,96	28,18		–	1,40		1,47		–	–	–	–	–	8,89
	Engobe	79,05	2,83	0,21	–	3,39	–	–	10,82	–	–	–	Sp.	–	–
	Deckglasur	45,36	–	–	–	–	–	–	12,44	–	42,20	–	–	–	–
	Türkisglasur	43,67	2,84	0,005	–	0,79	0,17	3,74	8,62	–	25,51	10,29	–	4,96	–
	nach Seger														
38	Samarra														
	roter Ton	49,90	29,39	8,17	0,28	3,65	1,59	2,80	–	–	–	–	–	–	4,41
	»Samarra-Ton«	47,41	12,65	6,46	Sp.	16,49	6,28	2,52	–	–	–	–	–	–	8,46
	nach Arnold/Sarre														
	Zinnglasur	47,50	1,00	2,10	–	6,10	0,70	Sp.	6,20	0,20	31,40	4,80	–	–	–
	nach Clifford/Lucas														
42	Laqabi														
	Grundglasur														
	nach Seger	43,67	2,84	0,005	–	0,79	0,17	3,74	8,62	–	25,51	10,29	–	–	–
	nach Pernicka	47,00	0,55	0,80	–	3,85	2,40	4,00	6,55	–	29,80	2,10	–	–	–

*) + 0,1 FeO

**) + 0,5 SO_3 + 0,3 CO_2

Nr.	Typ	SiO_2	Al_2O_3	Fe_2O_3	TiO_2	CaO	MgO	K_2O	Na_2O	MnO	PbO	SnO_2	CuO	GV
43	Rayy													
	Deckglasur	60,00	–	–	–	–	–	–	15,00	–	25,00	–	–	–
	nach Lindhorst													
44	Qāšān													
	Scherben a)	87,40	4,40	0,32	0,38	1,15	0,75	2,00	3,60	0,041	–	–	–	–
	Scherben b)	89,30	0,80	0,41	0,08	2,45	0,43	1,00	5,50	0,077	–	–	–	–
	Grundglasur				Rest:	72,00 n. b.					16,5	11,5		
	nach Llewellyn													
45	Lağvardina													
	Kobaltglasur	71,10	1,77	1,23	–	5,30	3,61	2,19	14,80	–	–	–	–	–
	nach Pernicka													
46	Sultanabad													
	Scherben und	92,80	1,30	0,36	0,052	0,93	0,51	0,94	3,10	–	–	–	–	–
	Glasur				Rest:	n. B.					< 0,2			
	nach Llewellyn													
	Glasur	67,70	1,30	0,85	–	5,05	3,55	4,40	15,20	–	–	–	1,25	–
	nach Pernicka													
47	Iznik													
	Glasur	47,00	0,55	0,80	–	3,85	2,40	4,00	6,55	–	29,8	(2,10)		–
	nach Pernicka													
48	Kubači													
	Türkisglasuren	66,10	1,20	0,95	–	7,80	5,25	1,85	15,70	–	–	–	1,50	–
	nach Pernicka	66,00	0,85	0,85	–	8,00	3,45	2,60	13,30	–	3,10	–	2,10	–
49	Paterna													
	Scherben	46,04	18,45	3,64	–	17,64	0,87	~10		–	–	–	–	~4
	nach Bourry													
51	Majolika													
	Robbia-Scherben	49,65	15,50	3,70	–	22,40	0,17	Rest: 8,58 n. b.						
	nach Bastenaire-D.													
	Glasur	43,52	–	–	–	–	–	–	9,31	–	24,26	23,42	–	–
	nach Piccolpasso													

Nr.	Typ	SiO_2	Al_2O_3	Fe_2O_3	TiO_2	CaO	MgO	K_2O	Na_2O		MnO	PbO	SnO_2	CoO	As_2O_3
52	Palissy														
	Glasur	42,80	7,28	0,30	–	6,97	3,47	–	–	–	39,78	–	–	–	–
53	Hafnerware														
	Weißhafnerglasur	44,96	5,12	–	–	0,15	0,23	–	6,11	–	26,92	15,66	–	–	–
	nach Seger														
54	Fayence														
	Scherben														
	von Nevers	56,49	19,22	2,12	–	14,96	0,71	Rest: 6,50 n. b.							
	Scherben														
	von Rouen	47,96	15,02	4,07	–	20,24	0,44	Rest: 12,27 n. b.							
	Glasur	44,60	–	–	–	–	–	–	3,20	–	39,20	13,00	–	–	–
	nach Bastenaire-D.														
55	Delft														
	Scherben	49,07	16,19	2,82	–	18,01	0,82	Rest: 13,09 n. b.							
	nach Bastenaire-D.														
	Glasur	43,55	–	–	–	–	–	22,41	3,75	–	20,23	18,23	–	–	–
	nach Encyclop.														
	Glasur nach A. F.	33,46	–	–	–	–	–	11,64	9,37	–	34,15	11,38	–	–	–
	Kwaart	38,68	–	–	–	–	–	10,66	8,79	–	41,87	–	–	–	–
56	Siegburg														
	Smalte nach Seger	67,51	0,17	0,66	–	0,27	0,26	14,72	–	–	–	–	7,07	9,41	–
59	Böttgersteinzeug														
	Böttgerton	60,30	19,70	6,90	–	0,40	1,70	6,20	–	–	–	–	–	–	5,20
	Scherben	67,42	15,57	4,00	–	0,64	0,29	1,29	0,30	–	–	–	–	–	8,31
	nach Wagener														
61	Wedgwood														
	Scherben	66,49	26,00	6,12	–	1,04	0,15		0,20	–	–	–	–	–	–
	Glasur	85,70	–	–	–	–	–	–	–	–	14,30	–	–	–	–
	nach Bourry														

Nr.	Typ	SiO_2	Al_2O_3	Fe_2O_3	CaO	MgO	K_2O	Na_2O	BaO	PbO	ZrO_2	B_2O_3	ZnO
62	Steingut												
	Kalksteingutglasur a)	36,01	7,29	–	1,92	–	–	3,90	–	42,06	–	7,96	–
	Kalksteingutglasur b)	58,68	10,83	–	7,32	2,97	–	4,62	–	–	–	15,57	–
	Mischsteingutglasur	50,80	8,63	–	14,26	3,39	–	5,25	–	–	–	17,69	–
	Feldspatgutglasur	54,03	11,48	–	3,94	0,92	–	4,99	12,95	–	–	9,80	1,88
	weißdeckende Glasur	55,83	10,58	–	8,20	1,06	2,50	4,12	–	–	8,17	9,26	–
	Mattglasur	15,05	11,94	–	4,38	–	–	–	–	69,63	–	–	–
	nach Berdel												
63	Feinsteinzeug												
	Masse und Glasur	74,90	20,40	–	0,50	0,34	3,	00	–	–	–	–	–
	nach Bourry	55,03	9,35	–	5,88	–	5,43	1,30	12,06	–	–	10,95	–
64	Parian												
	Scherben	63,74	29,71	–	1,41	0,41	–	4,39	–	–	–	–	–
	nach Kerl												
	Biscuitporzellanscherben	63,00	24,74	Sp.	0,77	0,64	10,86	–	–	–	–	–	–
	nach Seger												
65	Frittenporzellan												
	Alt-Sèvres: Massefritte	79,38	0,94	–	1,96	–	0,87	16,85	–	–	–	–	–
	Scherben	74,522,		70	16,10	0,61	3,45	2,63	–	–	–	–	–
	Glasur	41,40	–	–	–	–	11,70	5,70	–	41,20	–	–	–
	Neue Massefritte	77,00	–	–	10,30	–	7,70	5,00	–	–	–	–	–
	Scherben	80,31	2,62	–	13,27	–3,		80	–	–	–	–	–
	Glasur	42,36	–	–	–	–	8,58	5,88	–	43,17	CuO	–	–
	Türkisglasur	51,34						17,58		25,93	5,14		
	nach Lauth u. Dutailly												
66	Knochenporzellan												
	Massefritte	63,90	8,55	0,20	5,45	0,20	2,48	4,55	–	–	8,25	5,70	–
	Scherben und Glasur	34,83	19,36	–	25,45	0,66	1,34	–	–	–	–	–	18,65
	nach Petrik	42,80	9,30	–	–	–	2,83	1,49	–	31,11	–	–	–

Nr.	Typ	SiO_2	Al_2O_3	Fe_2O_3	TiO_2	CaO	MgO	K_2O	Na_2O	MnO	BaO	PbO	B_2O_3	CuO
67	Segerporzellan													
	Scherben	77,50	17,50	n. b.	n. b.	0,30	0,20	3,80	0,70	–	–	–	–	–
	Glasur	66,95	14,23	–	–	10,95	–	7,88	–	–	–	–	–	
	Bariumfritte	51,28	–	–	–	10,60	–	–	–	–	26,22	–	11,90	–
	Deckglasur	44,26	2,79	–	–	4,59	–	–	–	–	–	42,65	5,71	–
	Reliefemaille	38,71	4,95	–	–	–	–	–	3,35	–	8,28	17,99	22,46	4,26
	nach Seger													
68	San ts'ai und													
	Neriage													
	Scherben und	71,61	18,67	3,96	–	0,59	0,33	1,37	4,43	–	–	–	–	–
	Glasur	29,91	–	0,90	–	0,94	–	–	–	–	–	65,45	–	2,60
	nach Nichols													
70	Chia-hsien												P_2O_5	
	Scherben	63,7	29,01	1,78	0,94	0,62	1,12	1,84	0,45	–	–	–	–	–
	Unterglasur	58,00	16,22	9,20	0,55	11,90	0,29	2,60	1,24	–	–	–	–	–
	Laufglasur	57,00	10,00	1,68	0,21	9,95	0,67	5,00		–	–	–	1,31	0,06
	nach Palmgren													
71	Liao													
	Scherben	71,61	18,67	3,96	–	0,59	0,33	1,37	4,43	–	–	–	–	–
	nach Nichols													
	Glasur	60,57	14,00	2,19	0,26	16,00	3,38	3,49		0,50	–	–	–	–
	nach Wood													
72	Yüeh													
	Scherben und	73,68	17,19	4,47	0,76	0,20	0,46	2,8	0,22	0,02	–	–	–	–
	Glasur	55,50	16,10	5,60	0,30	18,80	1,00	2,70		–	–	–	–	–
	nach Sundius													
73	Nördl. Seladon													
	Scherben	63,7	29,01	1,78	0,94	0,62	1,12	1,84	0,45	–	–	–	–	–
	nach Palmgren													

Nr.	Typ	SiO_2	Al_2O_3	Fe_2O_3	TiO_2	CaO	MgO	K_2O	Na_2O	MnO	PbO	P_2O_5	CuO	
	Seladonglasur													
	nach Wood	67,20	13,80	1,77	0,26	10,85	1,15	4,83		–	–	–	–	
	nach Seger	64,88	14,33	1,54	1,39	10,09	1,55	5,61	0,81	–	–	–	–	
74	Tz'u-chou													
	Scherben	60,90	32,00	1,90	1,60	1,70	0,10	1,50	0,30	–	–	–	–	
	nach Palmgren													
	Glasur, farblos	63,50	16,30	–	0,40	6,40	2,90	3,60	0,90	–	–	–	–	
	schwarz	63,50	16,30	5,70	0,40	6,40	2,90	3,60	0,90	–	–	–	–	
	nach Wood													
75	Ting													
	Scherben	61,72	32,12	0,55	0,69	1,04	1,12	1,31	0,92	–	–	–	–	
	nach Gardew													
	Glasur	63,25	16,82	1,42	0,23	13,00	1,09	3,26	0,57	0,43	–	–	–	
	nach Chou Jen													
76	Chün													
	Scherben	64,90	28,30	2,00	0,90	1,00	0,10	1,90	0,30	–	–	–	–	
	nach Palmgren													
	Glasur, blauviolett													
	nach Palmgren	72,80	9,94	1,58	0,07	8,80	1,50	4,57		–	–	0,50	–	
	grün-rot													
	nach Wood	66,05	8,53	1,69	0,02	7,23	1,08	5,44		–	9,09	–	0,06	
77	Chien													
	Scherben	60,90	32,00	1,90	1,60	1,70	0,10	1,50	0,30	–	–	–	–	
	nach Palmgren													
	Glasur	62,60	16,55	5,55	0,80	6,45	3,52	2,60	1,96	–	–	–	–	
	Mashiko Kaki	68,40	14,30	6,54	0,36	3,70	2,00	2,30	2,25	–	–	–	–	
	nach Wood													
	Temmokuglasur	51,83	11,03	4,12	–	7,43	0,11	4,12	1,93	1,79	1,55	1,0	2–5	–
	nach Sanders													

Nr.	Typ	SiO_2	Al_2O_3	Fe_2O_3	TiO_2	CaO	MgO	K_2O	Na_2O	MnO	BaO	Cr_2O_3	CoO	GV
78	Chi-chou													
	Scherben	69,76	22,39	2,36	–	0,40	–	4,42	0,75	–	–	–	–	–
	nach Chou Jen													
	Glasur	66,67	16,67	3,75	0,36	7,35	0,50	3,14	1,53	–	–	–	–	–
	nach Vogt													
79	Kuan													
	Scherben und	64,40	28,72	1,98	1,10	0,26	0,48	2,48	0,24	–	–	–	–	–
	Glasur	63,00	15,31	1,08	0,03	14,54	1,02	4,00	0,16	–	–	–	–	–
	nach Palmgren													
	engmaschig	72,92	14,98	0,60	–	1,51	0,15	1,72	5,44	Sp.	–	–	–	2,73
	weitmaschig	73,70	14,13	0,61	–	2,16	0,14	2,88	1,68	Sp.	–	–	–	3,57
	nach Vogt													
80	Lung-ch'üan													
	Scherben	69,76	22,39	2,36	–	0,40	–	4,42	0,75	–	–	–	–	–
	nach Chou Jen													
	Glasur													
	nach Funk	64,77	13,67	1,40	Sp.	7,50	0,21	2,95	1,98	–	–	–	–	5,22
	nach Meyer	64,98	14,33	1,39	1,39	10,09	1,55	5,61	0,81	Sp.	–	–	–	–
	nach Chou Jen	66,33	14,28	1,00	0,03	11,34	1,17	4,35	1,00	–	–	–	–	–
81	Ch'ing-pai													
	Scherben	70,58	21,43	0,91	0,02	1,14	0,91	4,70	0,23	–	–	–	–	–
	nach Palmgren													
	Glasur	67,90	13,76	1,03	0,25	11,04	1,16	4,60	0,78	–	–	–	–	–
	nach Meyer													
82	Ching-tê													
	Scherben und	69,50	23,60	1,20	–	0,30	0,20	3,30	2,90	–	–	–	–	–
	Glasur	69,43	14,35	0,78	–	9,62	0,44	3,30	2,12	–	–	–	–	–
	nach Vogt													

Nr.	Typ	SiO_2	Al_2O_3	Fe_2O_3	TiO_2	ZnO	CaO	MgO	K_2O	Na_2O	MnO	PbO	SnO_2	CuO
	Ochsenblutglasur	55,18	2,29	0,64	–	–	9,15	2,19	7,26	1,99	0,77	14,43	0,0005	3,88
	nach Scherzer												B_2O_3	
	Peach Bloom	59,10	14,50	–	–	1,60	9,30	–	4,00	4,80	–	–	6,70	–
	nach Grebanier												CoO	
	Claire de lune	63,71	13,02	0,88	–	–	6,50	Sp.	2,94	2,31	1,69	–	0,42	–
	nach Vogt													
	Mirror black	54,82	10,07	8,11	–	–	9,44	0,09	1,72	1,20	2,70	0,04	0,38	0,03
	nach Salvétat													
83	Fa-hua													
	Emails:													
	türkis	45,71	1,75		–	–	0,20	0,21	19,61	0,32	–	0,05	–	6,70
	grün	22,40	1,33	0,82	–	–	0,10	0,10	0,88	0,48	0,10	59,30	0,10	4,52
	gelb	18,99	1,36	2,74	–	–	0,09	Sp.	0,18	0,20	–	65,28	–	–
	aubergine (brinjal)	18,90	0,65	0,20	–	–	0,10	Sp.	0,07	0,23	1,49	65,75	0,30	–
	nach Vogt													
84	Tê-hua													
	Scherben und	76,81	12,60	0,73	0,06	–	0,44	0,31	2,85	4,99	–	–	–	–
	Glasur	68,69	8,14	0,40	0,03	–	16,96	0,44	5,34		–	–	–	–
	nach Sutton													
85	I-hsing													
	Scherben	62,00	22,00	14,00	–	–	0,50	Sp.	1,00		–	–	P_2O_5	
	nach Salvétat													
	Glasur	65,50	14,00	1,50	–	–	11,00	–	5,50		–	–	–	–
	Kuang-tung-Glasur	68,20	9,50	2,50	–	–	7,10	Sp.	5,90				Sp.	8,00
	nach Collie													
86	Koryŏ-Seladon													
	Saggam-Seladonglasur	57,17	14,97	1,50	0,004	–	11,18	1,83	8,56	2,66	0,65	–	–	1,46
	korean. Seladonglasur													
	nach Kawai	67,45	16,55	2,18	0,08	–	5,41	0,96	4,00	2,75	–	–	–	0,60
	nach Leach	64,82	11,91	2,71	0,37	16,24	0,07	3,70	0,18	–	–	–	–	–

Nr.	Typ	SiO_2	Al_2O_3	Fe_2O_3	TiO_2	CaO	MgO	K_2O	Na_2O	MnO	PbO	P_2O_5	CuO	GV
88	Punch'ong													
	Glasur nach Sanders	66,37	10,69	1,31	0,003	9,75	2,09	6,69	2,03	0,47	–	0,96	–	–
89	Ido													
	Glasur nach Sanders	32,77	6,52	–	37,90	16,39	2,41	1,70	0,92	–	–	1,39	–	–
90	Bizen													
	Glasur nach Sanders	45,38	11,77	4,71	0,38	25,18	4,45	1,73	2,54	0,22	–	1,308	–	–
91	Seto													
	Glasur nach Leach	42,76	12,00	5,89	0,16	28,85	3,40	1,48	1,34	0,06	–	1,635	–	–
92	Shino													
	Glasur nach Sanders	69,15	11,46	0,05	–	5,76	0,14	5,89	2,76	–	–	–	–	–
93	Karatsu													
	Glasur nach Wood	60,57	14,00	2,19	0,26	1,60	3,38	3,49		0,5	–	–	–	–
94	Oribe													
	Glasur nach Sanders	45,05	4,72	0,226	–	2,51	1,15	4,82	1,54	0,24	–	2,01	–	–
	nach Masatarō/Onishi	66,50	11,53	0,03	–	8,83	0,48	2,19	2,36	–	–	–	–	8,41
95	Satsuma													
	Ryūmonji-Schwarz-Glasur	35,61	8,24	26,72	–	20,75	3,05	3,62	2,16	1,16		1,77		
	Weiße Satsuma-Glasur	47,47	12,86	0,06	–	28,07	1,92	5,14	2,41	–	–	2,08	–	–
	nach Sukujirō Terao											B_2O_3		
96	Raku													
	Aka-raku-Unterglasur	52,87	14,79	8,35	–	0,16	0,75	–	0,56	–	21,26	1,26	–	–
	Deckglasur	31,00	–	–	–	–	–	–	0,84	–	66,28	1,88	–	–
	Guro-raku-Glasuren:													
	für 1000 °C	45,77	7,24	7,58	1,17	3,62	2,09	0,66	3,84	0,25	23,62	4,16	–	–
	für 1200 °C	47,93	11,26	11,74	1,82	5,63	3,25	1,03	3,96	0,39	11,02	1,94	–	–
	nach Sanders													
	Raku-Farbglasur													
	nach Piepenburg	5,17	5,06	–	–	19,01	–	–	1,27	–	34,08	35,41	–	–

Nr.	Typ	SiO_2	Al_2O_3	Fe_2O_3	TiO_2	CaO	MgO	K_2O	Na_2O	MnO	BaO	B_2O_3	Sb_2O_3	CoO	CuO	P_2O_5
97	Iga															
	Glasur	66,50	11,53	0,03	–	8,83	0,48	2,11	2,36	–	–	–	–	–	8,41	–
	nach Masatarō/Onishi															
98	Takatori															
	Koishibara-Glasur	57,17	14,97	1,50	–	11,18	1,56	8,56	2,66	0,65	–	–	–	0,004	–	1,46
	Jokon-Glasur	26,01	3,38	1,10	–	8,59	1,62	2,70	1,67	6,44	46,14	–	–	–	1,30	1,62
	nach Masatarō Onishi															
	Tessha-Glasur	67,61	7,31	13,92	–	7,31	0,004	3,08	0,73	–	–	–	–	0,02	–	–
	weiße Glasur	59,81	15,51	0,43	–	8,63	4,54	6,06	2,88	–	–	–	–	0,31	–	1,82
	nach Leach										PbO					
	dkl. karamelbraun	54,99	10,43	10,93	–	11,93	1,17	2,54	2,26	0,31	4,94	–	–	–	–	0,49
	nach Sanders															
	braungefleckt	64,69	8,18	13,09	–	9,79	0,06	3,01	0,75	–	–	–	–	0,42	–	–
	nach Leach															
	Irabo-Glasur	48,80	13,87	6,08		25,33	1,76	1,89	0,98	0,5	–	–	–	–	–	0,77
	nach Sanders															
99	Kyo-yaki															
	Halbscharffeuer-Glasuren:															
	gelb	38,93	–	–	–	–	–	–	1,92	–	46,70	4,33	8,1	–	–	–
	hellgrün (Kozan)	18,18	–	–	–	–	–	–	2,23	–	70,91	5,03	–	–	3,64	–
	hellgrün (Hamada)	32,12	–	–	–	–	–	–	0,78	–	62,94	1,77	–	–	2,37	–
	weinrot	29,03	–	–	–	–	–	–	1,78	–	56,67	4,00	–	8,50	–	–
	hellrot	29,38	–	23,05	–	–	–	–	2,55	–	39,28	5,73	–	–	–	–
	türkis	37,30	–	–	–	–	–	–	1,44	–	40,09	3,23	–	–	17,92	–
	schwarz	20,00	–	–	–	–	–	–	–	70,00	–	–	–	10,00	–	–
	nach Leach															
100	Kutani															
	Glasur	52,79	8,10	0,24	0,05	19,52	0,57	1,45	0,30	0,003	–	–	–	–	–	0,24
	nach Kato															

Exotische Rohstoffe und ihre Ersatzmischungen

Typ Nr.	Bezeichnung	Chemische Analyse SiO_2	Al_2O_3	Fe_2O_3	TiO_2	PbO	CaO	MgO	K_2O	Na_2O	MnO	CuO	CoO	Glühverlust (GV)
77	Gairome-tsuchi nach Sakujirö Terao	46,54	37,68	1,03	–	–	0,44	0,30	–	–	–	–	–	13,32
	Ersatz: Kaolin Kick I													
80,82	You-kuo nach Salvétat	78,07	13,07	0,90	–	–	1,11	Sp.	2,88	1,18	–	–	–	–
	Ersatzmischung: 73,9 Kreuzton, 3,3 Ton BGR I, 22,8 Quarzsand													
80,82	Tz'u-kin-chi nach Salvétat	70,00	13,47	8,52	0,73	–	–	0,43	1,58	0,62	0,21	–	–	–
	Ersatzmischung: 56 Ton BGR I, 7 Feldspat 412, 3 Kaolin, 34 Quarzsand, 0,1 Braunstein													
80,82	Hoei-Yeou nach Salvétat	3,91	1,46	0,49	–	–	52,36	0,73	Sp.	0,25	–	–	–	–
	Ersatzmischung: 93 Kalkspat + 7 Kreuzton													
80,82	Leao nach Salvétat	26,96	36,05	2,42	–	0,06	–	–	0,08	0,34	24,61	1,00	5,30	–
	Ersatzmischung: 43 Fritte 3394 + 57 Fritte 3226													
82,83	Kupferasche nach Vogt	22,71	6,49	2,77	–	0,83	2,12	0,77	–	–	0,50	52,71	–	–
	Ersatzmischung: 50 Kupferoxid, 50 Ton BGR I, 50 Holzkohle													
90	Bizen-Ton nach Kaneshige	62,80	22,10	3,20	–	0,67	0,86	2,15	1,90	–	–	–	–	–
	Ersatzmischung: 66,6 Wallmeroder Ton 732, 15,9 Feldspat 412, 15,9 Quarzsand, 0,8 Eisenoxid, 1,8 Dolomit.													
90,95	Kimachi-Spat nach Sanders	61,28	15,86	5,88	0,63	–	5,36	1,88	1,36	3,68	0,23	–	–	3,94
	Ersatzmischung: 32,90 Feldspat 412, 4,40 Kalkspat, 22,50 Kaolin, 25,70 Quarz, 0,60 Rutil, 5,50 Eisenoxid, 8,1 Dolomit, 0,3 Braunstein													

Typ Nr.	Bezeichnung	SiO$_2$	Al$_2$O$_3$	Fe$_2$O$_3$	TiO$_2$	PbO	CaO	MgO	K$_2$O	Na$_2$O	MnO	P$_2$O$_5$	SO$_3$	GV
86,90	Do-bai Holzasche nach Kato	14,08	3,69	1,94	–	–	35,90	5,44	1,49	0,55	0,14	2,14	–	34,32
		21,54	5,64	2,97	–	–	54,92	8,32	2,28	0,84	0,21	3,27	–	–
	Ersatzmischung: 8,5 Fritte M 1233, 9,2 Kaolin, 5,3 Knochenasche, 25,2 Dolomit, 45,4 Kalkspat, 1,9 Eisenoxid, 0,2 Braunstein, 4,3 Quarzsand													
91	Odo (Ockerton) nach Sanders	58,61	18,50	10,44	–	–	0,20	0,95	–	–	–	–	–	7,69
		66,07	20,86	11,77	–	–	0,22	1,07	–	–	–	–	–	–
92,94 95	Fukushima-Feldspat nach Sanders	65,26	19,10	0,09	–	–	0,26	0,23	9,82	4,60	–	–	–	0,36
	Ersatz: Feldspat 412													
86,94	Wara-bai Reisstrohasche nach Sanders	40,00	1,13	0,26	–	–	3,07	1,38	3,57	0,77	0,30	2,51		47,26
		75,48	2,13	0,49	–	–	5,79	2,60	6,73	1,45	0,56	4,74		–
	Von Masatarō Onishi wird folgende Ersatzmischung empfohlen: 22,2 Fukushima-Feldspat, 5,8 Kalkspat und 72,0 Quarz. Dieser Mischung entsprechen folgende Werte:													
		86,49	4,24	0,02	–	–	3,31	0,05	2,18	1,02	–	–	–	–
	Wara-bai Reispflanzenasche nach Kato	82,18	1,36	0,42	–	–	3,69	1,35	2,48	0,36	0,004	0,68	0,38	6,2
86,95 98	Do-bai Holzasche nach Sanders	30,99	8,91	3,04	–	–	22,42	3,30	3,91	2,33	1,26	1,91		21,44
	Von Masatarō Onishi wird folgende Ersatzmischung empfohlen: 12 Fukushima-Feldspat (= Feldspat 412), 62 Kalkspat, 10 korean. Kaolin, 3 Quarz, 5 Magnesit, 7 Knochenasche													

Typ Nr.	Bezeichnung	SiO_2	Al_2O_3	Fe_2O_3	TiO_2	PbO	CaO	MgO	K_2O	Na_2O	MnO	B_2O_3	P_2O_5	GV
	koreanischer Kaolin nach Sanders	45,24	38,96	0,76	–	–	0,96	0,26	–	–	–	–	–	13,83
	Diesem Kaolin entspricht am besten der oberösterreichische Kamig-Kaolion P 50 aus Kriechbaum. Für die vorliegenden Zwecke ist er jedoch durchaus durch den Kaolin Kick I ersetzbar.													
96	Kamogawa-ishi nach Sanders	47,88	14,21	14,80	2,33	–	7,08	4,12	1,34	3,92	0,52	–	–	4,02
	Ersatzmischung: 33,23 Feldspat 412, 0,59 Braunstein, 17,36 Dolomit, 2,01 Kalkspat, 2,13 Rutil, 13,54 Eisenoxid, 17,31 Kaolin, 13,83 Quarzsand													
	Shiratama nach Leach	41,87	–	–	–	46,32	–	–	–	3,64	–	8,17	–	–
	Ersatzmischung: 38,9 Fritte M 1511, 33,2 Fritte M 70, 27 Quarzsand													
98	Farnkrautasche nach Leach	40,37	11,97	0,72	–	–	20,61	10,90	2,35	–	–	–	4,43	–
	Rest: Karbonate, Sulfate, Chloride Ersatzmischung: 9 Knochenasche, 50 Feldspat 412, 41 Dolomit													
	Ball Clay nach Wood	77,3	14,2	0,5	1,5	–	0,2	0,2	1,3	0,4	–	–	–	4,3
	Ersatzmischung: 50 Ton P 161, 50 Quarzsand													
99	Shigaraki-Ton nach Sanders	57,55	27,13	1,98	0,41	–	0,48	0,22	–	2,38	1,50	–	–	8,40
	Ersatzmischung: 22,9 Kaolin Kick I, 66,8 Ton P 161, 10,3 Quarzsand													
100	Amakusa-To-seki nach Kato	78,52	15,04	0,30	–	–	0,04	Sp.	2,68	0,34	–	–	–	3,15
	Ersatzmischung: 20 Feldspat 412, 30 Kaolin Kick I, 50 Quarzsand													

Europäische Rohstoffe, die in den Rezepten verwendet wurden, und ihre Bezugsquellen

Bezeichnung	Chemische Analyse (getrocknet, darunter geglüht) SiO_2	Al_2O_3	Fe_2O_3	TiO_2	CaO	MgO	K_2O	Na_2O	Glühverlust (GV)
Tone									
Ton OT [illegible]00	65,13	22,91	1,53	1,28	0,18	0,04	2,78	0,23	6,02
Grube Niederstein	69,30	24,40	1,63	1,36	0,19	0,05	2,95	0,24	–
	Bezugsquelle: Bergbaugesellschaft Marx, 5431 Ruppach-Goldhausen								
Ton BG[illegible] I	51,00	21,80	14,85	0,92	0,11	0,45	2,74	0,19	7,42
Guckheim	55,39	23,68	16,13	1,00	0,12	0,48	2,98	0,22	–
	Bezugsquelle: Walderdorff'sche Tongruben GmbH u. Herz u. Co., Hauptstraße 15, 5431 Boden/Westerwald								
Ton Fr [illegible]elb	57,4	25,8	4,50	1,65	0,35	–	2,05	0,15	8,72
Schmittenhöhe	62,4	28,2	4,90	1,81	0,38	–	2,25	0,16	–
	Bezugsquelle: Bergbaugesellschaft Marx, 5431 Ruppach-Goldhausen. Ähnlich ist der gelbbrennende Ton *157/G* von Carl Jäger KG, Postfach 45, 5410 Möhr-Grenzhausen								
Ton G 2[illegible] S	72,4	17,4	0,92	1,54	0,12	0,21	1,45	0,17	5,60
Großholbach	76,6	18,4	0,97	1,63	0,13	0,22	1,54	0,18	–
	Bezugsquelle: Bergbaugesellschaft Marx, 5431 Ruppach-Goldhausen								
Ton 732[illegible]	54,0	28,1	3,63	1,05	0,04	0,58	2,41	0,19	9,02
Wallmerod	59,4	31,0	4,00	1,16	0,04	0,64	2,65	0,21	–
	Bezugsquelle: A. J. Müller, Tonbergbau. 5433 Siershahn								
Keramik-Ton I 19									
Siershahn, Grube	71,60	19,50	0,49	1,07	0,12	0,34	1,93	0,35	4,92
Leic[illegible]	75,30	22,50	0,52	1,12	0,13	0,36	2,03	0,37	–
	Bezugsquelle: Vallendar Clay Itschert Söhne KG D-5414 Vallendar								

Bezeichnung	Chemische Analyse SiO_2	Al_2O_3	Fe_2O_3	TiO_2	CaO	MgO	K_2O	Na_2O	GV
Hochfeuerfest-Ton VI	44,46	35,71	1,57	0,67	0,17	0,20	0,62	0,08	16,60
Ponholz, Grube Rohrhof	53,26	42,82	1,89	0,80	0,20	0,24	0,74	0,10	–
	Bezugsquelle: Oberpfälzische Schamotte- und Tonwerke GmbH D-8411 Ponholz								
Ton V 10	76,4	12,1	4,3	0,74	0,58	–	2,11	0 98	3,25
Grube Vallendar	78,9	12,5	4,4	0,76	0,60	–	2,18	1,01	–
	Bezugsquelle: Bergbaugesellschaft Marx, 5431 Ruppach-Goldhausen								
Ton I 20									
Tongrube Leid,	76,9	16,1	0,56	0,74	0,16	0,09	1,42	0,24	4,0
Siershahn	80,1	16,8	0,58	0,77	0,17	0,09	1,48	0,25	–
	Bezugsquelle: Vallendar Clay Itschert Söhne KG. 5414 Vallendar								
Kreuzton									
von Niederdresselndorf	72,3	17,5	0,53	1,20	0,10	0,38	3,5	0,88	3,3
Grube: Auf dem Kreuz	74,9	18,1	0,55	1,25	0,10	0,39	3,6	0,91	–
	Bezugsquelle: Theodor Stephan KG. 6342 Haiger. Als »Spezialgießton 132/1« zu beziehen durch Carl Jäger KG, Postfach 45, 5410 Höhr-Grenzhausen								
Steinzeugton P 202									
Moschheim,	61,09	24,65	2,87	1,05	0,27	0,35	2,60	0,18	6,99
Grube Petschmorgen	65,70	26,50	3,06	1,13	0,29	0,38	2,80	0,19	–
	Bezugsquelle: Fuchs'sche Tongruben KG. 5412 Ransbach								
Ton I 24									
Tongrube Leid,	57,3	28,71	0,80	1,22	0,27	0,08	2,90	0,59	8,10
Siershahn	62,50	31,12	0,87	1,33	0,29	0,09	3,15	0,64	–
	Bezugsquelle: Vallendar Clay Itschert Söhne KG, 5414 Vallendar. Ähnlich ist der weißfette Ton *178/wf I* von Carl Jäger KG, Postfach 45, 5410 Höhr-Grenzhausen								
Ton 1200									
Grube Gute Hoffnung,	61,10	26,26	0,92	1,16	0,31	0,19	2,75	0,56	6,91
Siershahn	65,64	28,20	1,0	1,25	0,33	0,20	2,95	0,60	–
	Bezugsquelle: Goerg & Schneider KG, 5433 Siershahn								

Bezeichnung	SiO_2	Al_2O_3	Fe_2O_3	MnO_2	TiO_2	CaO	MgO	K_2O	Na_2O	P_2O_5	GV	organ. Subst.
Witterschlicker	51,20	32,30	1,33	–	1,50	0,20	0,63	2,00	0,17	–	9,70	–
Blauton HB	56,80	35,90	1,47	–	1,66	0,22	0,69	2,20	0,19	–	–	–
	Bezugsquelle: H. J. Braun Tonbergbau. 5305 Alfter-Witterschlick											
Ton MC 54/56												
Grube Christian,	65,96	20,64	2,61	–	1,64	0,41	0,51	1,99	0,23	–	6,19	–
Siershahn	70,30	22,00	2,78	–	1,75	0,44	0,55	2,12	0,25	–	–	–
	Bezugsquelle: Vallendar Clay Itschert Söhne KG, 5414 Vallendar											
Ton 171												
Tongrube Richard,	58,90	26,30	0,95	–	1,19	0,22	0,35	3,25	0,48	0,06	8,55	0,02
Niederahr	64,30	28,70	1,05	–	1,30	0,24	0,38	3,65	0,50	0,06	–	–
	Bezugsquelle: Fuchs'sche Tongruben KG, 5412 Ransbach											
Ton P 161												
Moschheim,	56,80	28,80	1,06	–	1,10	0,28	0,61	3,30	0,13	–	7,84	–
Grube Petschmorgen	61,60	31,30	1,15	–	1,19	0,30	0,66	3,58	0,14	–	–	–
	Bezugsquelle: Fuchs'sche Tongruben KG, 5412 Ransbach											
Ton V 35/38	49,70	31,20	1,28	–	1,34	0,55	0,12	1,68	0,22	–	14,3	–
Grube Vallendar	58,00	36,50	1,50	–	1,56	0,64	0,14	1,96	0,26	–	–	–
	Bezugsquelle: Bergbaugesellschaft Marx, 5431 Ruppach-Goldhausen											
Manganton 262	27,50	12,0	23,0	15,0	–	0,40	0,30	–	–	–	14,0	0,02
	Bezugsquelle: Carl Jäger KG, Postfach 45, 5410 Höhr-Grenzhausen											
Kaolin												
Kick I	47,6	37,9	0,42	–	0,32	0,1	0,03	0,56	0,08	–	13,01	–
Schnaittenbach	54,8	43,5	0,48	–	0,37	9,12	0,03	0,64	0,09	–	–	–
	Bezugsquelle: Eduard Kaolin- und Quarzwerke, 8454 Schnaittenbach											

Bezeichnung	SiO_2	Al_2O_3	Fe_2O_3	TiO_2	CaO	MgO	K_2O	Na_2O	FeO	MnO	P_2O_5	H_2O
Sand												
Eisenberger Klebsand B 1	91,90	5,00	0,35	0,24	–	0,05	0,24	0,02	–	1,80	–	–
	Bezugsquelle: Eisenberger Klebsandwerke GmbH, Bahnhofstraße 18 (Postfach 12 20), 6719 Eisenberg/Pfalz											
Feldspat												
Feldspat 412	66,2	18,6	0,08	0,01	0,24	0,01	11,7	2,8	–	–	–	0,31
	Bezugsquelle: Franz Mandt Mineralmahlwerke, 8592 Krohenhammer/Post Wunsiedel, Postfach 350. Als »Feldspat 82/K11« zu beziehen durch Carl Jäger KG, Postfach 45, 5410 Höhr-Grenzhausen											
Pegmatit												
Tirschenreuther Pegmatit (Standard)	82,20	9,90	0,09	0,05	0,03	0,01	6,9	0,27	–	–	–	0,42
	Bezugsquelle: Porzellanfabrik Tirschenreuth D-8593 Tirschenreuth (Opf.)											
Gesteine												
Andesit	59,59	17,31	3,33	0,77	5,80	2,75	2,04	3,58	3,13	0,18	0,26	1,26
Basalt	49,06	15,70	5,38	1,36	8,95	6,17	1,52	3,11	6,37	0,31	0,45	1,62
Bentonit (Hauptbestandteile $Al_2O_3 \cdot 4SiO_2 \cdot 9H_2O$)	47,62	20,24	–	–	–	–	–	–	–	–	–	32,14
Dolomit	0,73	–	1,25	–	31,25	19,88	–	–	–	–	–	46,90
Nephelin-Syenit	54,63	19,89	3,37	0,86	2,51	0,87	5,46	8,26	2,20	0,35	0,25	1,35
Phonolith	57,45	20,60	2,35	0,41	1,50	0,30	5,23	8,84	1,03	0,13	0,12	2,04
Talk (Speckstein)	34,80	1,30	5,60	–	0,40	34,50	–	–	–	–	–	21,10
Trachyt	60,68	17,74	2,64	0,38	3,09	1,12	5,74	4,43	2,62	0,06	0,24	1,26
	Bezugsquelle: Carl Jäger KG, Postfach 45, 5410 Höhr-Grenzhausen											
Nephelin-Syenit M 325	57,6	23,8	0,12	0,10	1,03	0,02	9,10	6,80	–	0,65	–	–
	Bezugsquelle: Degussa-Geschäftsbereich keramische Farben, 6000 Frankfurt a. M.											
Knochenasche	2,71	Sp.	0,32	–	52,44	1,33	–	–	–	–	40,88	1,88
	Herzustellen durch Veraschen von entfettetem Knochenmehl bei 960 °C; schmilzt bei 1730 °C!) oder zu beziehen bei Riedel de Haën AG, Seelze-Hannover.											

Fritten

Die hier aus dem Marktangebot ausgewählten Fritten eignen sich besonders für folgende Zwecke: Fritten Nr. 1 an Stelle von Bleirohstoffen, Nr. 2 für kalkfreie Glasuren (wie auch Nr. 1, 5, 7, 8 und 11), Nr. 3 für bleifreie Glasuren (wie auch Nr. 3–8, 10 und 12), Nr. 4 für Barytglasuren, Nr. 5 zur Erniedrigung des Ausdehnungskoeffizienten (Verminderung von Haarrissen), Nr. 6 für weiße deckende (Fayence-)Glasuren, Nr. 7 für kieselsäurearme, z. B. matte Glasuren, Nr. 8 zur Erniedrigung der Schmelztemperatur (schmilzt bei 600 °C), Nr. 9 für farbige, deckende (Majolika-)Glasuren, Nr. 10 für borfreie Alkaliglasuren (islamische und früheuropäische Glasuren, wie auch Nr. 12), Nr. 11 für Rakuglasuren, Nr. 12 für Alkaliglasuren (tonerdearme Fritte). Fensterglas für blei- und borfreie Natriumglasuren (islamische Glasuren).

Nr.	Bezeichnung	SiO_2	Al_2O_3	B_2O_3	ZrO_2	CaO	MgO	BaO	K_2O	Na_2O	Li_2O	PbO	ZnO
1	A 1316, M 70, D 90001	21,2	–	–	–	–	–	–	–	–	–	78,8	–
2	A 2010	13,3	–	12,7	–	–	–	–	–	6,3	–	67,7	–
3	A 3022	42,5	12,0	24,6	–	8,8	4,8	–	–	7,3	–	–	–
4	A 3041	53,9	9,8	13,5	–	5,4	–	10,6	–	6,8	–	–	–
5	A 3069	56,7	9,0	29,1	–	–	3,0	–	–	–	2,2	–	–
6	A 3114	56,4	2,8	8,7	13,6	4,6	–	–	–	6,0	–	–	7,9
7	A 3201	29,5	8,9	20,2	–	–	–	–	–	17,9	–	–	23,5
8	A 3222	47,8	–	18,5	–	–	3,2	–	5,0	13,1	1,6	–	10,8
9	A 3224	57,7	7,0	11,2	7,0	1,9	1,8	–	–	6,4	–	5,1	1,9
10	A 3232	61,3	5,2	–	–	5,7	–	–	7,2	20,6	–	–	–
11	M 1511, D 90187	29,8	–	23,0	–	–	–	–	–	10,3	–	36,9	–
12	M 1233, D 90167	66,4	1,4	–	–	7,8	–	–	13,0	11,4	–	–	–
	Fensterglas	70,0	0,5	–	–	12,0	1,5	–	–	16,0	–	–	–

Bezugsquellen für Fritten mit A- und J-Nummern (Seiten 263, 256): Heinz Welte Ing.-GmbH & Co., mit M-Nummern (Mondré & Manz, Troisdorf): Carl Jäger KG., mit D-Nummern (Degussa) Hans Wolbring. Anschriften siehe Seite 328.

Als chemisch rein angenommene Rohstoffe

Rohstoff	Formel	in 100% Rohstoff sind enthalten
Amblygonit	$LiFAlPO_4$	3,2–4,2 Li_2O, 9,1 Al_2O_3, 12,8 F, 32,0 P_2O_5
Antimon(III)oxid	Sb_2O_3	100 Sb_2O_3
Antimon(V)oxid	Sb_2O_5	90,11 Sb_2O_3
Bariumkarbonat (Witherit)	$BaCO_3$	77,85 BaO
Bariumsulfat (Baryt, Schwerspat)	$BaSO_4$	65,82 BaO
Berylliumkarbonat	$BeCO_3 + 4\ H_2O$	17,79 BeO
Berylliumoxid	BeO	100 BeO
Bleichromat	$PbCrO_4$	69,06 Pbo, 23,54 Cr_2O_3
Blei(II)oxid (Glätte)	PbO	100 PbO
Blei(II,IV)oxid (Mennige)	Pb_3O_4	97,60 PbO
Bleikarbonat, bas. (Bleiweiß)	$2\ PbCO_3 \cdot Pb(OH)_2$	86,30 PbO
Borax, kalz.	$Na_2B_4O_7$	30,80 Na_2O, 69,20 B_2O_3
Borax, krist.	$Na_2B_4O_7 \cdot 10\ H_2O$	16,25 Na_2O, 36,51 B_2O_3
Kernit	$Na_2B_4O_7 \cdot 4\ H_2O$	22,68 Na_2O, 70,74 B_2O_3
Rasorit	$Na_2B_4O_7 \cdot 5\ H_2O$	21,27 Na_2O, 67,40 B_2O_3
Borazit	$6\ MgO \cdot MgCl_2 \cdot 8\ B_2O_3$	18,1 MgO, 35,7 B_2O_3
Borphosphat	BPO_4	35,6 B_2O_3, 64,4 P_2O_5
Borphosphid	BP	25,9 B_2O_3, 74,1 P_2O_5
Borsäure, krist.	H_3BO_3	56,30 B_2O_3
Borokalzit	$CaO \cdot 2\ B_2O_3 \cdot 4\ H_2O$	20,9 CaO, 25,98 B_2O_3
Braunstein, s. u. Mangan		
Chrom(III)oxid	Cr_2O_3	100 Cr_2O_3
Colemanit	$Ca_2B_6O_{11} \cdot 5\ H_2O$	27,22 CaO, 50,70 B_2O_3
Eisen(III)oxid (Hämatit)	Fe_2O_3	100 Fe_2O_3
Eisen(II,III)oxid (Magnetit, Hammerschlag)	Fe_3O_4	93,09 FeO
Ilmenit	$FeO \cdot TiO_2$	47,4 FeO, 52,6 TiO_2
Kaliwasserglas	$K_2O \cdot 2{,}45\ SiO_2$	39 K_2O, 61 SiO_2
Kalkspat (Kreide)	$CaCO_3$	56,1 CaO
Kalzium(meta)borat	$CaO \cdot B_2O_3 \cdot 6\ H_2O$	30 CaO, 24 B_2O_3
Kalzium(meta)borat	$CaO \cdot B_2O_3$	44,6 CaO, 55,4 B_2O_3
Kalziumfluorid (Flußspat)	CaF_2	51,3 CaO, 48,7 F_2O
Kalziumsilikat (Wollastonit)	$CaSiO_4$	48,28 CaO, 51,72 SiO_2
Kobalt(II)oxid (FFKO)	CoO	100 CoO
Kobalt(III)oxid (RKO)	Co_2O_3	90,35 CoO
Kobalt(II,III)oxid (FKO)	Co_3O_4	93,36 CoO
Kobaltkarbonat (KOH)	$CoCO_3$	63,00 CoO
Kobaltphosphat (PKO)	$Co_3(PO_4)_2 + 8H_2O$	43,98 CoO, 27,77 P_2O_5

Rohstoff	Formel	in 100 Rohstoff sind enthalten
Kryolith	Na_3AlF_6	16,43 Na_2O, 6,42 Al_2O_3, 54,3 F
Kupfer(II)oxid	CuO	100 CuO
Kupferkarbonat, bas.	$2CuCO_3 \cdot Cu(OH)_2$	69,24 CuO
Lepidolit	$LiF \cdot KF \cdot Al_2O_3 \cdot 3\ SiO_2$	49 SiO_2, 28 Al_2O_3, 1,6–2,1 Li_2O
Lithiumkarbonat	Li_2CO_3	40,46 Li_2O
Magnesia usta	MgO	100 MgO
Magnesit (Bitterspat)	$MgCO_3$	41,45 MgO
Magnesiumkarbonat (Magnesia alba)	$4\ MgCO_3 \cdot Mg(OH)_2 \cdot 4\ H_2O$	43,1 MgO
Mangan(III)oxid	Mn_2O_3	89,86 MnO
Mangan(II,IV)oxid (Hausmannit)	Mn_3O_4	93,00 MnO
Mangan(IV)oxid (Braunstein)	MnO_2	75 MnO
Manganoxidhydrat	$MnO(OH)_2$	67,61 MnO
Natronwasserglas	$Na_2O \cdot 3{,}3\ SiO_2$	76,7 SiO_2, 23,3 Na_2O
Nickel(II)oxid (schwarz oder grün)	NiO	77 NiO
Nickelkarbonat	$NiCO_3$	62,92 NiO
Petalit	$LiAlSi_4O_{10}$	2,1 Li_2O, 36,6 SiO_2, 4,4 Al_2O_3
Pottasche	K_2CO_3	68,16 K_2O
Pyrophyllit	$Al_2(OH)_2 \cdot Si_4O_{10}$	28,30 Al_2O_3, 66,70 SiO_2
Quarzsand	SiO_2	100 SiO_2
Soda, kalz.	Na_2CO_3	58,48 Na_2O
Soda, krist.	$Na_2CO_3 \cdot 10\ H_2O$	21,66 Na_2O
Spodumen	$LiAlSi_2O_6$	3–3,7 Li_2O, 30,5 SiO_2, 7,3 Al_2O_3
Strontiumkarbonat	$SrCO_3$	70,2 SrO
Titan(IV)oxid (rein)	TiO_2	100 TiO_2
(Rutil = eisenhaltig)	TiO_2	85–98 TiO_2
Titan-Natrium-Silikat (V26)	$Na_2O \cdot TiO_2 \cdot SiO_2$	30,69 Na_2O, 39,61 TiO_2, 29,70 SiO_2
Tonerdehydrat	$Al_2O_3 \cdot 3H_2O$	65,35 Al_2O_3
Vandinpentoxid	V_2O_5	100 V_2O_5
Wismut(III)nitrat	$Bi(NO_3)_3 \cdot 5\ H_2O$	48 Bi_2O_3
Wismut(III)nitrat, bas. (Wismutsubnitrat)	$Bi(NO_3) \cdot H_2O$	34,3 Bi_2O_3
Wismutoxid	Bi_2O_3	100 Bi_2O_3
Zinkoxid (Rot-, Grün-, Weißsiegel)	ZnO	99–99,5–99,8 ZnO, je 0,2 PbO
Zinkborat, synthet.	$ZnO \cdot 2B_2O_3$	36,88 ZnO, 63,12 B_2O_3
Zinn(IV)oxid (Zinnstein)	SnO_2	100 SnO_2
Zinn(II)oxid	SnO	100 SnO_2
Zirkonoxid	ZrO_2	100 ZrO_2
Zirkonsilikat (Ultrox)	$ZrSiO_4$	65 ZrO_2, 35 SiO_2

Bezugsquellen der Materialien: Degussa, Geschäftsbereich keramische Farben, Weißfrauenstraße 9 (Postfach 2644), 6000 Frankfurt a. M. 1; EPAM Hobby-Geräte GmbH & Co. KG, Schilligstraße 27 1/2, 4600 Dortmund 1; Carl Jäger KG, Postfach 45, 5410 Höhr-Grenzhausen; Heinz Welte Ing.-GmbH & Co., Max-Planck-Straße 7, 5030 Hürth-Hermühlheim; Hans Wolbring, St.-Martin-Weg 5 (Postfach 20) 5410 Höhr-Grenzhausen.

Beispiel für die Berechnung eines Rezeptes aus chemischen Analysen mit dem Taschenrechner

Die Chia-hsien-Unterglasur (Typ 70) soll in diesem Beispiel *BGR I* und Feldspat *412* zusammengesetzt werden. Man beginnt die Berechnung bei den Alkalien (K_2O, Na_2O), die man zusammenfaßt. Als zweites ist darauf zu achten, daß durch die Einführung der geforderten Alkalien, nicht zuviel Tonerde in das Rezept gelangt. Die übrigen Bestandteile folgen in der Regel problemlos dem ermittelten Verhältnis der beiden Rohstoffe und müssen gegebenenfalls durch weitere Rohstoffe erfüllt werden:

	SiO_2	Al_2O_3	Fe_2O_3	TiO_2	CaO	MgO	K_2O+Na_2O
Chia-hsien-Unterglasur	58,00	**16,22**	9,20	0,55	11,90	0,29	**3,84**
aus:							
Ton BGR I *(=T)*	55,39	**23,68**	16,13	1,00	0,12	0,48	**3,20**
Feldspat 412 *(=F)*	65,73	**19,50**	0,10	0,01	0,18	0,02	**14,46**

gefordert

Alkalien: *T* 3,20 + *F* 14,46 = **3,84** : 3,20

Al_2O_3: *T* 23,68 + *F* 19,50 = **16,22** : 23,68

T + *F* 4,52 = 1,20

– *T* + *F* 0,82 = 0,68

0 + *F* 3,70 = 0,52 *T* + (0,14 × 4,52 = 1,20

$F = \frac{0,52}{3,70}$ *T* + 0,63 = 1,20

T = 1,20–0,63

F = 0,14 *T* = 0,57

Rezept:

	SiO_2	Al_2O_3	Fe_2O_3	TiO_2	CaO	MgO	K_2O+Na_2O
57 Ton BGR I	31,57	13,49	9,19	0,57	0,07	0,2736	1,82
14 Feldspat 412	9,20	2,73	0,01	0,001	0,02	0,0002	2,02
	40,77	16,22	9,20	0,57	0,09	0,2738	3,84
fehlen noch:	17,23	–	–	–	13,36	–	–
aus							
23,85 Kalkspat					13,36		
17,23 Quarzsand	17,23						
112,08							

Auf 100 gebracht (also in Prozenten ausgedrückt), lautet das Rezept: 50,86 Ton BGR I, 12,49 Feldspat 412, 21,28 Kalkspat, 15,37 Quarzsand.

Wenn man einen Taschenrechner benutzt, lassen sich die einzelnen Analysenwerte des Tones mit 0,57 und des Feldspats mit 0,14 multiplizieren, indem man die jeweils erste Multiplikation mit dem gemeinsamen Multiplikator beginnt: 0,57 × 55,39 = 31,57. Das Ergebnis wird sofort in den Speicher gedrückt und dann notiert. Bei den folgenden Multiplikationen braucht man den Befehl nicht zu wiederholen, sondern nur noch die variable Größe einzutasten: 23,68 = 13,49 (wieder Speicher tasten und notieren) usw. Der Speicher kontrolliert mit. Er muß am Ende der Berechnung für den Ton 57 und für den Feldspat 14 zeigen.

Ebenso einfach ist die Umrechnung des Rezeptes auf Prozente. Die einzelnen Rohstoffmengen müssen mit 100 multipliziert werden (durch Anhängen von zwei Nullen oder Verschiebung des Dezimalpunktes um zwei Stellen nach rechts). Die Division durch 112,08 braucht nur das erste Mal eingetastet zu werden. Also: 5700: 112,08 = 50,86 (diesen Wert in den Speicher drücken und notieren). Der nächste Schritt ist 1400 = 12,49 (speichern und notieren) usw. Am Schluß den Speicher abrufen. Er zeigt 100. Speicher löschen.

Ist nur *ein* Rohstoff oder eine Fritte einzurechnen, so beginnt man ebenfalls mit den Alkalien und dividiert die verlangte Menge durch die im Rohstoff vorhandene. Das Ergebnis ist eine Dezimalzahl, mit der – wie oben – alle Analysenwerte des Rohstoffs multipliziert werden.

Rezeptbeispiele zu den Glasureffekten auf Seite 127

Zu 2.) Eine Aventuringlasur für 1055 °C: 61,7 Borax, krist., 15,2 Eisenoxid, 23,1 Quarzmehl; auf kalkfreiem, tonerdearmen, quarzreichem Scherben oder ebensolcher Grundglasur.

Zu 5.) Eine grüne Transparentglasur mit weißlichen, flechtenartigen Kristallen für 1150 °C: 24,9 Fritte M 1511, 86,6 Borax, krist., 23,6 Mennige, 1,9 Zinnoxid, 0,9 Kupferoxid, 2,8 Graphit.

Zu 7.) Eine braune Mattglasur mit großen hellbraunen Titankristallen für 1050 °C: 15,0 Fritte A 3232, 49,4 Fritte A 1316, 2,5 Kalkspat, 5,0 Zinkoxid, 10,0 Kaolin, 9,5 Rutil, 6,5 Quarzmehl, 2,1 Eisenoxid.

Zu 8.) Eine braune Glasur mit blauen Sprenkeln für 1160 °C: 61,0 Fritte A 3224, 5,8 Fritte M 1233, 2,7 Bariumkarbonat, 2,8 Strontiumkarbonat, 3,0 Flußspat, 2,9 Magnesit, 6,7 Kaolin, 8,7 Zinkoxid, 0,4 Kobaltoxid, 6,0 Rutil (grob zugesetzt).

Zu 9.) Eine feinkristalline gelbbraune Mattglasur für 1200 °C: 20,26 Fritte A 3232, 16,0 Fritte A 1316, 4,82 Kalkspat, 3,48 Magnesit, 5,62 Zinkoxid, 19,58 Kaolin, 15,73 Quarzmehl, 3,31 Eisenoxid, 10,49 Rutil, 1,0 Zirkon-Vanadin-Farbkörper.

Zu 10.) Eine grüne Flockenglasur für 1050 °C: 20,2 Fritte A 3069, 10,0 Flußspat, 20,3 Kalziumborat, 4,4 Kalkspat, 5,4 Zinkoxid, 3,9 Magnesit, 3,5 Kupferoxid, 29,2 Kaolin, 3,1 Rutil.

Register

Aalblutfarbe 252
Aalhautglasur 265
Abformungstechniken 68,72,78,80, 134, 172, 184, 203, 238, 242
Abplatzungen (Glasurfehler) 201
Abrollungen (Glasurfehler) 172, 175
Abschreckprobe 201
Ägyptischblau 49, 124, 135
Ägyptische Fayence (Typ 11) 48
Äscher 149, 166, 169, 179
Afrāsyāb (Typ 36) 131
Alkaliglasuren 70, 116, 130, 135
Alt Lübeck 96
Amarna (Typ 13) 48, 52
Ameisengänge 244
Amlach (Typ 16) 60
Amol (Typ 40) 141
Amrah (Typ 9) 44
Anflugglasuren 185, 187
Aschenglasuren 221
Attika (Typ 21) 73
Aufglasurmalerei 126, 146, 187, 194, 201, 294, 301, 303
Aussparungen aus Engoben 90, 250
Auswischverfahren 86
Aventuringlasuren 120, 127, 330

Badari 45
Badorf (Typ 27) 94
Ball clay 205, 321
Bandkeramik 62
Barbotine 20, 26, 68, 83, 195, 240
Basalt 113, 192, 325
Bartmannskrüge 164, 165, 185
Bauernmajolika 168
Belgische Ware 83
Bentonit 86, 105, 149, 154
Biscuitporzellan 208
Bizen (Typ 90) 283
Black incised ware 47
Black toped ware 18, 45
Blanc de Chine 267
Blaudämpfen 22
Blaue Glasuren
– aus Kupfer 123, 124
– aus Kobalt 124, 149, 152, 157
– aus Nickel 124
– aus Zinn-Antimon-Pigment 124
Bleifreie Glasuren 201
Bleiglasuren 117, 166
– antike und mittelalterliche 70, 91, 123, 130, 174
– chinesische 227, 234
– japanische 296
Bodenzeichen, slawische 91, 97
Böttgersteinzeug (Typ 59) 191
Bolusrot 133, 157
Bone china 213
Bontjes van Beek 207
Borsäureglasuren 166, 201, 297
Bow-Porzellan 213
Braune Glasuren aus Eisen 127, 189
– aus Mangan 174, 227
– aus Nickel 125
Brennen im Elektroofen 21
– im Freien 17
Brennspiegelschwarz 263
Brenntemperaturbestimmung 51, 55
Bucchero (Typ 20) 71
Buchweizenseladon 257
Bunzlau (Typ 58) 188

Calenische Ware 83
Campanareliefs 77
Can Hasan (Typ 1) 27
Carved slate ware 102
Castor Ware 83
Champlevé-Technik 143
Chia-hsien (Typ 70) 230
Chi-chou (Typ 78) 248
Chien (Typ 77) 246
Chinarote Glasur 216, 262
Ch'ing-pai (Typ 81) 258
Ching-tê (Typ 82) 260
Chromoxid als Unterglasurfarbe 141

Ch'ün (Typ 76) 244, 270
Clair de lune 263
Cloisonné-Keramik 101
Coperta 178
Craquelée 119, 121, 251
Cuenca (Typ 50) 162
Cuerda seca 160

Deck, Theodor 204
Décor bois 202
Delft (Typ 55) 180
Depasbecher 54
Dimini (Typ 8) 42

Edelmetallösungen 126
Effektglasuren 127, 175, 207, 217, 230, 240, 245, 248, 249, 252, 330
Einbrandverfahren (China) 245
Einlegetechnik 203, 273, 275
Eisenfuß 236, 254
Eisengelb 127, 227, 240, 273, 279
Eisengrün 232, 235, 255, 259
Eisenporzellan 192
Eisenreduktionsschwarz 22, 29, 31, 33, 45, 75, 105
Eisenrote Farbe 107, 178, 179
Eisenschwarze Glasuren 127, 231, 240, 246, 265, 275
Emails 87, 113, 121, 126, 187, 218
Émail sur biscuit 209, 264
Engobemalerei 20, 111, 239, 291
Engobieren 20
Europäische Glasurtypen 166
Europäische Keramik 165
Eutektika 116, 117, 118, 279

Fadenschnitt 279
Fa-hua (Typ 83) 264
Faience à grand feu 176
Faience à petit feu 180
Farben (Malfarben) 126
Farbengoben 126
Farbglasuren 121–126, 167, 171, 174, 202, 217, 245, 296
Farbkörper 121, 123, 124, 125, 126
Farboxide 121, 126, 203
Fayence (Typ 54) 176
Fayence, ägyptische (Typ 11) 48
Fayencefarben 126
Feinsteinzeug (Typ 63) 205
Feldspatglasuren 166
Fertigglasuren 12, 120
Feuerfestes Kochgeschirr 189
Feuerwechsel 216, 284
Feuille mort 248
Figurengefäße 25, 41, 55, 57, 60, 63, 87, 98, 164, 165, 185
Figurenplastik 41, 44, 48, 57, 60, 63, 77, 103, 177, 208, 213, 225, 267
Fine orange ware 99, 102, 104
Fireclay 296
Fladerung 228
Fliesen 148, 162
Flöten 103
Flowing colours 187
Flußmittel 115
– Wirkungsreihen 306
Formschüsseltechnik 72, 80, 134
Fostat-Glasur 130
Fränkische Keramik 94
Fritten 12, 49, 116, 169, 200, 326
Frittenporzellan (Typ 65) 210

Garbrand 122
Garrus (Typ 41) 142
Gefäßplastiken 23, 36, 41, 55, 57, 63, 65, 87, 98, 170
Geflammte Glasuren 217, 245
Geflammtes Steinzeug 183, 287
Geißfußeinstiche 61
Gelbe Glasuren aus Antimon 125, 138
– aus Eisen 125, 127, 227, 240, 273
– aus Titan und Eisen 231, 232
Germanische Keramik 91
Gerzeh (Typ 10) 46
Gießhorn 195, 196
Glanzgold 126
Glanzkohlenstoff 22, 43
Glanztonmalerei 74, 108
Glanztontechnik 22, 74, 80, 84, 104

– Entwicklung 26, 31, 51
Glasieren 119, 123, 140, 247, 256, 262, 263
Glasuren 115
– antike und mittelalterliche 70, 91, 123, 130, 174
Glasurerz 123, 166
Glasurfehler 119, 121, 140, 172
Glasurschlicker 119
Glasurtypen, europäische 166
– islamische 130
– ostasiatische 220
Glasur-Sgraffito 241
Gnathiavasen 68
Grapen 91, 93
Graphitierte Keramik 22, 86
Graphittonkeramik 22, 84, 88
Grüne Glasuren aus Chrom 123
– aus Eisen 127, 256
– aus Kobalt oder Nickel und Titan 232
– aus Kupfer 123, 124, 175, 227

Haarrisse 119, 122, 140, 201
Hafnerware (Typ 53) 173
Haifischhautglasur 278
Halbscharffeuerglasuren 264, 302
Hallstatt (Typ 25) 71, 85
Hamangia (Typ 7) 40
Hasenfellglasur 247
Hassuna (Typ 2) 29
Henri-deux-Fayencen 203
Herbstlaubglasur 285
Hethitische Keramik 56
Higawari 284
Holzmaserung 201

Ido (Typ 89) 278
Iga (Typ 79) 298
I-hsing (Typ 85) 269
Illitische Tone 26, 74, 76, 84, 86
Impastokeramik 71
Indianer, nordamerikanische 113
Inglasurmalerei 126
Inkrustationen, perlartige 87
–, rote, weiße 61, 62
–, schwarze 47
Intentional red 75
Irabo-Glasur 300
Islamische Glasurtypen 130
Islamische Keramik 129
Itokiri 279
Iznik (Typ 47) 130, 156

Jacobakanne 93, 182
Japan 281
Jasperware 197, 198
Jōmon (Typ 19) 65
Ju-Typ 237

Kalenderbergware 86
Kalkgehalt des Tones 51, 55, 122, 306
Kalkglasuren 163, 220
Kaltmalerei 22, 53, 76
Kamares (Typ 12) 50
Kammstichkeramik 89, 96
Kaoline 209
Karolingische Keramik 91
Karatsu (Typ 93) 234, 289
Keltische Keramik 85
Kerbschnitt 85
Kieselkeramik 48, 148, 154
Kinuta-Seladon 222, 254
Klebstoffe in Glasuren 49, 119, 123, 134, 149, 155, 174, 179
Knochenporzellan (Typ 66) 87, 213
Kobalt als Unterglasurfarbe 261
Kobaltblaue Glasuren 149, 152, 157, 261
Kobaltporzellan 263
Kochi-yaki 264
Kohlenstoffschwarz 22, 42, 55, 71, 84, 107
Korea 271
Koryŏ-Seladon (Typ 86) 272
Ko-Ware 254
Kreussen (Typ 57) 186
Kristallglasuren 120, 124, 127, 330
Kuan (Typ 79) 251

Kuang-tung-Ware 270
Kubači (Typ 48) 158
Kuei-Form 222, 251, 252
Kültepe (Typ 15) 56
Kugeltopf 91, 93
Kupferblaue Glasuren 123, 124, 159
Kupfergrüne Glasuren 123, 124
Kupferrot 76; Glasuren 257, 262
Kutani (Typ 100) 303
Kwaart 181
Kyo-yaki (Typ 99) 301

Laeuger, Max 168
Lāğwardina (Typ 45) 152
Laqabi (Typ 42) 144
Latène (Typ 26) 88
Laufglasuren 121, 231
Leach, Bernard 206, 207, 295, 302
Lehmglasuren 166, 189
Leittypen 130, 166, 220
Lezoux-Ware 70, 88
Liao (Typ 71) 233
Locrische Votivtafeln 77
Lüster 126, 138, 150, 202
Lung-ch'üan (Typ 80) 254

Mäander 42
Majolika (Typ 51) 167
Majolikafarben 126
Malmethoden 126
Manganpurpur 125, 155
Manganschwarz 22, 27, 37, 38, 40, 43, 103, 111
Marlik (Typ 16) 59
Mashiko Kaki 247
Mattglasuren 117, 203, 206, 207, 221, 330
Maya (Typ 30) 102
Megarische Becher 68, 79
Mei-p'ing 222, 259
Merowingische Keramik 91
Metallische Effekte 120, 175
Milet-Ware 157
Mīnā'ī (Typ 43) 146
Mittelalter 91
Mirror black 263
Mishima-Technik 276
Moche (Typ 33) 99, 108
Montmorillonitton 86, 105
Mulattenporzellan 192

Nadelstiche 172, 175, 189, 294
Naqada I 44, II 46
Nankingporzellan 260
Nazca (Typ 34) 110
Neapelgelb 138
Negativmalerei 90, 99, 107, 227
Neriage (Typ 69) 228
Nilschlamm 45, 52, 307
Nišāpūr (Typ 37) 130, 133
Nördliches Seladon (Typ 73) 237
Notenkopfverzierung 62

Obed (Typ 4) 33
Ochsenblutrot 216, 262
Ocker 28, 320
Ölfleckenglasur 241
Öllampen, antike 81
Ofenarten 33, 35, 81, 113, 281, 286, 291
Ofenkachelglasuren 175
Omphalos-Schalen 84
Orange-Keramik 99
Oribe (Typ 94) 291
Opalisierende Glasuren 202, 244
Osmanische Keramik 156
Ostasiatische Glasurtypen 220
Ostasiatische Keramik 219

Palissy (Typ 52) 170
Paracas-Keramik 111
Parian (Typ 64) 208
Parther 70, 146
Paterna (Typ 49) 160
Pâte sur pâte 195, 196, 209
Perlmuttglasur 120, 202
Pfeifgefäße 108, 109
Piepenburg, Robert 297
Pigmente 53, 76, 103, 123, 124
Pinkbildung 178
Pinkrote Glasuren 125

Pinselrelieftechnik 196
Pintaderas 40, 101
Polieren 59, 60
Plastifizierungsmittel 105, 149, 154
Prototypen der Glasurrezepte 116, 117, 130, 166, 220
Plumbate (Typ 31) 99, 104
Pueblo (Typ 35) 112
Punch'ŏng (Typ 88) 276

Qāšān (Typ 44) 129, 130, 148
Quarzscherben 149, 154

Rädchenverzierung 81, 91, 95
Raku (Typ 96) 295
Rebhuhnbrustglasur 249
Recuay (Typ 32) 106
Red-cross bowls 54
Reduktionsmethoden 16
Reiskorntechnik 153
Reliefbandamphora 92, 94
Reliefemaillen 121, 218
Reliefkeramik 65, 71, 79, 85, 94, 96, 100, 134, 137, 171, 173, 184, 196, 197, 237, 238, 243, 255
Reliefstrich, attischer 75
Renaissancekeramik 173
Reoxidationstechnik 32, 74
Rezepte, allgemein, 122
– Typen 116, 117, 130, 166, 220
Ringelkrug 164, 165, 187
Robbia, Luca della 167
Rössen (Typ 17) 61
Rollstempel 82, 91, 95
Rosa Glasuren aus Chrom (Pink) 125
– aus Nickel 125
Rot, beabsichtigtes 75
Rote Glasuren aus Chrom 123, 178
– aus Gold 125
– aus Nickel 125
– aus Kupfer 216, 218
– aus Selen oder Uran 125
Rotfigurige Vasenmalerei 74

Saggam-Technik 273
Salzglasur 118, 166, 183, 185
Samarra (Typ 38) 29, 136
Sang-de-boeuf 216, 262
San ts'ai (Typ 68) 225, 234
Sari (Typ 39) 139
Satsuma (Typ 95) 293
Scarlet ware 26
Schabetechnik 101
Schamotte 19, 34, 78
Scharffeuerfarben 126
Scharffeuerglasuren 118
Schattenmuster 296
Scheppermuster 241
Scherenschnittechnik 249
Schildkrötenschwanzglasur 294
Schildpattglasur 202
Schlämmen des Tones 26, 31, 51
Schlangenhautglasur 121, 175, 294
Schlickermalerei s. u. Engobemalerei
–, transparente 89, 102, 103, 108
Schnitt- u. Schlifftechniken 82, 85, 191
Schnelle 184
Schnurkeramik 65
Schwämmchenverzierung 190
Schwarz, urkeramisches 22
Schwarze Glasuren aus Basalt 193
– aus Eisen 127, 240, 246, 265, 275
– metallisch glänzende 174
Schwarzes Koryŏ (Typ 87) 275
Schwarzfigurige Vasenmalerei 73
Scratched-blue 205, 206
Seetangsirup 287
Seger, Hermann August 215
Segerformel 216
Segerporzellan (Typ 67) 215
Seladon 217, 237, 256
Self slip 59
Sesamkörner 237
Sesklo-Keramik 87
Seto (Typ 91) 285
Sèvres-Porzellan 210, 261
Sgraffitotechnik 20, 131, 241, 277
Shino (Typ 92) 175, 287

Shiratama 296
Shu-fu-Porzellan 259
Sialk (Typ 5) 35
Siegburg (Typ 56) 182
Silhouetten-Ware 147
Slawische Keramik 91, 96
Smalten 113, 185, 311
Smearing-Verfahren 187, 206
Stegerscher Spannungsmesser 201
Steingut (Typ 62) 199
Steinzeug 165, 182
–, rotes 191, 269
Stempelverzierung 91, 276
Stone china 205
Stuckkeramik 101
Style rustique 171
Sue-Keramik 281, 283
Sultānābād (Typ 46) 154
Susa (Typ 6) 38

Takatori (Typ 98) 299
Tanagra (Typ 22) 77
T'ang-Keramik 225
Tatinger Gruppe 92
Teekeramik 280, 282
Teestaubglasur 286
Teewettkämpfe 246
Tê-hua (Typ 84) 267
Temmoku 246
Teotihuacán (Typ 29) 100
Terrakotta 77, 99, 101, 102
Terra nigra (Typ 24) 83
Terra sigillata (Typ 23) 79
Terra sigillata chiara 70
Tessha-Glasur 300
Ting (Typ 75) 242
Titanblaue Glasur 231
Titanglasuren 127, 231, 330
Tobi seiji 257
Töpferscheibe, Konstruktion 74, 97, 184, 279, 286
–, langsam laufende 11, 97
–, Verbreitung 24, 35, 50, 54, 57, 63, 86, 88, 91, 96, 281, 303
Töpferware 173

Toft (Typ 60) 194
Tonarbeiten 19
Tonfarben 306
Tonflöten 103
Tonlampen, antike 81
Transmutationen 244
Troja (Typ 14) 54
Türkisglasuren 124, 135, 158, 212
Typ (Definition) 7
Tz'ŭ-chou (Typ 74) 239

Umdruckverfahren 202
Unterglasurkupferrot 217, 261
Unterglasurmalerei 126, 141, 156, 261
Urkeramik 17, 25
Ur- und frühgeschichtliche Zeit 23
Usbekische Keramik 132

Vasenmalerei, griechische 67, 73
Villanovakultur 71
Vorkolumbische Zeit 99

Wachsmalerei 107, 227
Wasserdichtheit 113, 122
Wasserlösliche Substanzen 200
– – Vermahlung 217
Wavy handed ware 46
Wedgwood (Typ 61) 197
Weisdin (Typ 28) 96
Weiße Glasuren aus Antimon 138
– aus Titan 127
– aus Zinn 137, 160, 169, 174
– aus Zirkon 166, 201
Weißgrundige Vasenmalerei 76
White cross lined ware 44

Yang-shao (Typ 18) 63
Yi-hsing 269
Ying-ch'ing 258
Yüeh (Typ 72) 235

Zinn-Blei-Äscher 149, 166, 169
Zinnemails, elamische 38, 130
Zinnfolien, aufgeklebte 87, 92
Zinnglasuren 38, 130, 166, 169
Zirkonglasuren 166, 201
Zwischenglasurmalerei 126, 146, 178, 181, 218